PROCESSO DE INVENTÁRIO

FRANÇA PITÃO

PROCESSO DE INVENTÁRIO

(NOVA TRAMITAÇÃO)

5.ª EDIÇÃO, ACTUALIZADA E AUMENTADA

Notas e comentários aos artigos 1326.° a 1406.° do
Código de Processo Civil, de acordo com o texto republicado pelo
Decreto-Lei n.° 329-A/95, de 12.12 e alterações posteriores,
com remissões, legislação subsidiária, anotações e jurisprudência

ALMEDINA

PROCESSO DE INVENTÁRIO

AUTOR
FRANÇA PITÃO

EDITOR
EDIÇÕES ALMEDINA, SA
Av. Fernão Magalhães, n.° 584, 5.° Andar
3000-174 Coimbra
Tel.: 239 851 904
Fax: 239 851 901
www.almedina.net
editora@almedina.net

PRÉ-IMPRESSÃO | IMPRESSÃO | ACABAMENTO
G.C. GRÁFICA DE COIMBRA, LDA.
Palheira – Assafarge
3001-453 Coimbra
producao@graficadecoimbra.pt

Agosto, 2008

DEPÓSITO LEGAL
280110/08

Biblioteca Nacional de Portugal – Catalogação na Publicação

PITÃO, José António de França

Processo de inventário : nova tramitação. – 5ª ed.
actual. e aument. – (Legislação anotada)
ISBN 978-972-40-3591-8

CDU 347

PREFÁCIO À 5.ª EDIÇÃO

Encontrando-se esgotada a 4.ª edição desta obra, pede-nos a "Edições Almedina" a nova publicação deste livro, com as actualizações que se mostrem pertinentes.

Dado que a lei base não sofreu alterações desde a última edição, procuramos apenas actualizar a mais recente jurisprudência, bem como introduzir actualizações na legislação subsidiária entretanto alterada, nomeadamente, a nível do Código de Processo Civil.

Queremos agradecer a colaboração prestada pelo nosso Colega Dr. Ricardo Pinto Pereira na recolha de Jurisprudência, o que para nós foi um incentivo para mais rapidamente prepararmos o texto actualizado desta edição.

Funchal, Julho de 2008

FRANÇA PITÃO

PREFÁCIO À 1.ª EDIÇÃO

Com o Decreto-Lei n.° 227/94, publicado no Diário da República de 8 do passado mês de Setembro, operou-se uma profunda reforma na nossa lei processual fundamental, em matéria de inventário.

Conforme refere o Preâmbulo do citado diploma, visou-se, essencialmente, dar cumprimento a três objectivos: a eliminação da obrigatoriedade de inventário prévio à aceitação de herança por menor, a adopção de disposições que garantem, não obstante aquela eliminação, a efectiva defesa dos interesses do menor e a simplificação do processo de inventário.

Assim, alterou-se profundamente a tramitação processual, dando nova redacção a alguns preceitos e eliminando-se outros, tudo no sentido de uma simplificação substancial do processo. Quanto a outras normas, mantiveram-se inalteradas umas, ou com ligeiras modificações noutros casos, num intuito meramente adaptativo à nova realidade criada.

Mas, sem dúvida, a trave mestra do diploma manifesta-se na eliminação da obrigatoriedade de inventário, quando a herança seja deferida a menores (e equiparados), com alteração fundamental na lei substantiva (e implicações importantes na lei adjectiva), que resulta da conjugação do disposto nos artigos 2053.° e 2102.°, n.° 2, ambos do Código Civil, abolindo-se, assim, aquela modalidade de obrigatoriedade de aceitação beneficiária da herança, que a lei "velha" previa para certas situações.

Finalmente, adaptaram-se, aqui e além, preceitos de legislação subsidiária, sem se esquecer o legislador de fazer a ressalva generalizada de adaptação de toda a restante legislação extravagante, quando alguma referência houvesse a "inventário obrigatório" (artigo 9.° do diploma).

Uma última referência: o novo regime de processo de inventário, a entrar em vigor 180 dias após a sua publicação, só se aplicará às heranças cuja abertura ocorra após aquela data, ou seja, 8 de Março de 1995, o que, em certa medida frustra o objectivo fundamental do diploma – a simplificação do processo de inventário.

No presente trabalho pretendeu anotar-se cada um dos preceitos (mantidos, alterados ou inovadores) reguladores do processo de inventário, tentando "fazer a sua história", indicando remissões para outros preceitos e transcrevendo, quando se justifique, as normas subsidiárias do Código de Processo Civil ou de outros diplomas, que servem de suporte ao normativo em análise. Finalmente, incutindo maior espírito prático à obra, anotam-se e transcrevem-se anotações da doutrina fundamental, bem como a principal jurisprudência relativa a cada artigo.

Pensamos que com esta obra, assim estruturada e devidamente sistematizada, ajudaremos o prático do foro nas duras tarefas que, tal como nós, enfrenta no quotidiano profissional.

Funchal, Novembro de 1994

O AUTOR

DECRETO-LEI N.° 227/94

de 8 de Setembro

Enformam o presente diploma três grandes linhas de força: a eliminação da obrigatoriedade de inventário prévio à aceitação de herança por menor; a adopção de disposições que garantem, não obstante aquela eliminação, a efectiva defesa dos interesses de menor e a simplificação do processo de inventário.

Tais coordenadas atravessam, de forma horizontal, as alterações que ora se introduzem nos Códigos Civil, de Processo Civil, das Custas Judiciais, do Notariado e do Registo Predial e à Tabela de Emolumentos do Notariado.

Crê-se não subsistirem hoje as razões que – fundadas na desconfiança com que o legislador e a Administração encaravam os cidadãos e, neste particular, os pais e representantes legais do menor – exigiam ao Ministério Público, em regra, a instauração obrigatória de inventário sempre que estava em causa a aceitação de herança por menor.

Na verdade, a necessidade de manutenção da integração e coesão familiares aponta iniludivelmente para que se adapte o princípio de que ninguém melhor do que os pais ou representantes legais do menor para definir, em cada caso, o que, de forma mais eficaz, defende os interesses deste. Também assim no que respeita a heranças que sejam deferidas ao menor, na medida em que é o pai ou seu representante legal quem se encontra melhor posicionado para decidir, no caso, se a respectiva partilha se deve fazer por via judicial ou extrajudicial. Sendo assim, haveria, coerentemente, que eliminar a actual obrigatoriedade de inventário prévio à aceitação da herança por menor, medida que ora se adopta.

Não se quis, porém, isentar todo e qualquer acompanhamento judicial e controlo legislativo àquela opção dos pais ou representante legal do menor, consciente de que casos haverá em que a defesa dos interesses deste exigirá outras medidas.

Daí que a partilha extrajudicial de herança deferida a menor se encontre condicionada a autorização prévia do tribunal; que o Ministério Público, sempre que, de acordo com os elementos que tenha podido obter – designadamente as relações que as repartições de finanças lhe enviarão relativas à liquidação do imposto sobre sucessões e doações –, entenda que a defesa dos interesses do menor na herança passa pela instauração de inventário o possa fazer; que o pai ou o representante legal do menor seja obrigatoriamente advertido no respectivo acto notarial de que o deve registar no prazo de três meses; que, enfim, se incumba o Ministério Público, no caso de partilha judicial, e o pai ou representante legal do menor, no caso contrário, de requerer o registo predial de direitos sobre imóveis que tenham sido adjudicados ao menor.

Aproveitou-se a introdução das medidas acima mencionadas para proceder a uma reformulação substancial da tramitação do processo de inventário, em particular das fases que precedem as licitações, no sentido da sua simplificação.

Assim, procedeu-se a uma significativa alteração do regime das notificações no processo de inventário aplicando-lhes as normas gerais sobre notificações às partes e extraindo todas as consequências de estas terem passado a ser feitas por via postal, sendo perfeitamente anacrónico condicionar a feitura de tais notificações ao local da residência dos notificados.

Daqui resulta que as notificações passarão a ser feitas às partes, mesmo que não hajam constituído mandatário, e que o serão por via postal.

No que respeita à forma de efectivar as citações, optou-se pela citação por via postal como regra. Na verdade, pareceu plenamente justificado que se procurem "testar", no âmbito deste processo, as virtualidades da citação pelo correio de pessoas singulares, de há muito generalizadamente sustentada como devendo estender-se a todos os processos. É que os riscos de tal forma de citação são aqui bem menores, já que, por um lado, a cabeça-de-casal terá certamente indicado, nas suas declarações, a residência actual dos interessados, sendo certo que àquelas sempre se atribui uma certa "presunção de fidedignidade"; por outro lado, não surgem à revelia no inventário os gravosos efeitos cominatórios vigentes no processo declarativo comum.

Supomos que esta solução irá aligeirar e acelerar muito significativamente o andamento desta fase liminar do processo, permitindo a rápida citação dos interessados – directos e indirectos –, reduzindo drasticamente a expedição de cartas precatórias e permitindo eliminar a tramitação em paralelo das citações e das restantes diligências.

No que respeita ao relacionamento dos bens objecto do inventário, eliminou-se a primeira avaliação, bem como a descrição de bens.

Ao cabeça-de-casal incumbe indicar o valor que atribui aos bens relacionados, não havendo qualquer razão para confiar no seu critério quanto a alguns bens eventualmente de elevado valor e não quanto a outros: no sistema adoptado, apenas se procede à avaliação quando se frustrar o acordo acerca da partilha, surgindo as avaliações como forma de evitar que a base de partida das licitações se apresente falseada, permitindo aos herdeiros mais abonados pecuniariamente apropriar-se da totalidade do património hereditário. Parece, por outro lado, dispensável, como acto processual autónomo, a descrição de bens pela secretaria, particularmente quando a mera inscrição na relação de bens inicialmente apresentada das alterações consequentes à decisão das reclamações permite resultado análogo, com mais celeridade e eficácia.

No entanto, relativamente à indicação do valor dos imóveis relacionados, optou-se por manter, como regra, a sua avaliação inicial baseada no valor matricial e não no respectivo valor "real" – de modo a obstar a drásticos agravamentos, em todos os processos, do montante de valor do inventário e, reflexamente, das custas e do imposto sucessório devido –, sendo certo que a possibilidade conferida aos interessados de reclamar contra o valor atribuído aos bens os defende satisfatoriamente da não coincidência entre a matriz e o valor "real" ou de mercado dos imóveis.

Relativamente à disciplina e finalidades da conferência de interessados, admite-se a modalidade de acordo traduzida na venda de bens e repartição do respectivo produto e que o acordo dos interessados possa ser precedido de arbitramento, que facilite a repartição igualitária dos bens a partilhar, aderindo-se, assim, à solução da nomeação de "partidores".

Por outro lado – e trata-se de uma das mais relevantes alterações à disciplina do inventário –, admite-se, quando o acordo sobre a partilha se frustrar irremediavelmente, que possa ser questionado o valor de quaisquer bens relacionados, com vista a obstar a que a base de partida das licitações possa estar gravemente falseada, permitindo aos interessados mais abonados apropriarem-se, com base num valor não real, dos bens da herança.

Derroga-se, pois, claramente a regra de que a "segunda avaliação" só pode ter lugar nos casos especialmente previstos na lei, uma vez que é sabido que a solução actualmente vigente – que confia quase exclusivamente na licitação como forma de chegar ao apuramento do valor dos bens descritos – sempre mereceu reparos da doutrina.

No que respeita às avaliações, prevê-se a sua realização, em regra, por um único perito, designado pelo tribunal, já que a estrutura do processo de inventário torna particularmente complexa a designação de peritos pelas partes – uma vez que no inventário não existem, com frequência, partes em directo contraditório – e sendo certo que as possibilidades de contraditório face aos resultados da avaliação pelo perito judicialmente designado serão suficientes para assegurar os legítimos direitos dos interessados na partilha.

Finalmente, constitui intenção do Governo solicitar à Assembleia da República autorização legislativa para estabelecer a isenção do imposto do selo relativamente às escrituras de habitação e partilha, aquando da apresentação da Lei do Orçamento do Estado, pelo que se estabelece o vacatio legis *de 180 dias.*

Cumpre ainda assinalar que se procurou minimizar relativamente às partes, os custos resultantes da realização extrajudicial da partilha, isentando-se, reduzindo-se e não permitindo agravamentos legalmente previstos das taxas e emolumentos respectivos.

DECRETO-LEI N.° 3/95

de 14 de Janeiro

Com vista a prevenir as dúvidas e dificuldades interpretativas e de aplicação do direito habitualmente associadas à formulação de normas de direito transitório com alguma complexidade, optara-se por estabelecer que o regime constante do Decreto-Lei n.° 227/94, de 8 de Setembro, apenas se aplicava para o futuro, nenhuma incidência podendo, em consequência, ter no processamento dos inventários já iniciados antes da sua entrada em vigor.

Ponderando, porém, o significativo grau de adesão às soluções nele consagradas – designadamente à dispensa da obrigatoriedade do inventário e a simplificação e racionalização da tramitação processual deste – e o interesse manifestado na possível aplicação imediata de alguns pontos do regime ora estabelecido aos próprios inventários desencadeados para partilha de heranças abertas antes da data da vigência do citado Decreto-Lei n.° 227/94, pareceu pertinente abrir duas excepções à regra constante do n.° 2 do artigo 11.° daquele diploma.

Assim, a requerimento do Ministério Público ou do representante do incapaz no processo – que normalmente terá em vista a realização da partilha por via extrajudicial – e com o assentimento do Ministério Público, quando não seja o requerente, e dos demais interessados já citados para a causa, admite-se o arquivamento do inventário obrigatório, iniciado em obediência ao prescrito na lei em vigor.

Pretende-se, nomeadamente, que o Ministério Público chame a si todos os inventários obrigatórios pendentes, com vista à eventual dispensa da obrigatoriedade do inventário, no caso de ser possível a aplicação imediata do novo regime.

Trata-se de solução que, para além de não comportar qualquer dificuldade de interpretação e aplicação, assegura integralmente os interesses de todos os sujeitos processuais participantes na causa, não frustrando quaisquer possíveis expectativas de que o inventário já iniciado pudesse culminar na efectivação de partilha judicial. E, se tiver sido arquivado o inventário e houver lugar à efectivação da partilha extrajudicial, aplicar-se-ão naturalmente as disposições que inovatoriamente a instituem e regulam.

Admite-se, por outro lado, que aos inventários que apenas se iniciem após a entrada em vigor do Decreto-Lei n.° 227/94 – embora fundados em óbitos anteriores a essa data – se possa aplicar integralmente a nova tramitação processual instituída. Tal solução – que evita o inconveniente manifesto de ter de se adequar, a cada caso, a tramitação de processos já iniciados e pendentes a uma disciplina adjectiva superveniente e substancialmente inovatória – permitirá obviar a que os inventários facultativos, muitas vezes requeridos com uma significativa dilação relativamente ao momento da abertura da sucessão a que se reportam, devam continuar a reger-se integralmente, na sua tramitação processual, pelas disposições ora modificadas do Código de Processo Civil.

Assim:

Nos termos da alínea a) do n.° 1 do artigo 201.° da Constituição, o Governo decreta o seguinte:

ARTIGO ÚNICO

1. É admitido o arquivamento dos inventários obrigatórios instaurados em consequência de sucessões abertas anteriormente à data da entrada em vigor do Decreto-Lei n.° 227/94, de 8 de Setembro, se tal for requerido pelos representantes dos incapazes neles interessados ou pelo Ministério Público e desde que este, quando não seja o requerente, e os demais interessados, já citados para a causa, não deduzam oposição ao requerido.

2. No caso previsto no número anterior, se, em consequência do termo do inventário obrigatório, tiver lugar a realização de partilha extrajudicial, aplica-se o disposto no Decreto-Lei n.° 227/94, de 8 de Setembro.

3. As disposições do Decreto-Lei n.° 227/94, de 8 de Setembro, são aplicáveis à tramitação processual dos inventários facultativamente requeridos após a sua data de entrada em vigor, mesmo que fundados em sucessão antes dela aberta.

4. O disposto nos números anteriores produz efeitos a partir da data da entrada em vigor do Decreto-Lei n.° 227/94, de 8 de Setembro.

CÓDIGO DE PROCESSO CIVIL

DO INVENTÁRIO

ANOTAÇÕES AOS ARTIGOS 1326.° A 1406.°

DO INVENTÁRIO

SECÇÃO I
Disposições gerais

ARTIGO 1326.°
(Função do inventário)

1. O processo de inventário destina-se a pôr termo à comunhão hereditária ou, não carecendo de realizar-se partilha judicial, a relacionar os bens que constituem objecto de sucessão e a servir de base à eventual liquidação da herança.

2. Ao inventário destinado à realização dos fins previstos na segunda parte do número anterior são aplicáveis as disposições das secções subsequentes, com as necessárias adaptações.

3. Pode ainda o inventário destinar-se, nos termos previstos nos artigos 1404.° e seguintes, à partilha consequente à extinção da comunhão de bens entre os cônjuges.

HISTÓRICO:

Redacção do artigo 2.° do DL 227/94, de 08.09.

Corresponde, em parte, ao n.° 1 do art. 1326.° do CPC, que, na redacção original, dizia:

1. Aquele que pretenda pôr termo à comunhão hereditária requererá que se proceda a inventário, juntando logo documento comprovativo do óbito do autor da herança e indicando quem deve, nos termos da lei civil, servir como cabeça-de-casal.

No entanto, as exigências processuais contempladas no excerpto acabado de transcrever, vêm hoje previstas no art. 1338.° deste Código.

O n.° 4 do preceito original não tem hoje correspondência, nem na letra, nem no espírito da lei. Apesar disso, transcreve-se o texto revogado:

4. Cessando a causa que tornava obrigatória a partilha judicial, o inventário pode continuar a requerimento de qualquer interessado na partilha; se a causa da obrigatoriedade surgir no decurso de inventário facultativo, é logo oficiosamente tomada em conta.

REMISSÕES:

Direito de exigir partilha – arts. 108.° e 2101.° CC; aceitação a benefício de inventário – art. 2053.° CC; liquidação da herança – arts. 2097.° e segs. CC; forma da partilha – art. 2102.° CC; aplicação do processo especial – art. 460.°, n.° 2 CPC; disposições reguladoras do processo especial – art. 463.° CPC; relação de bens – art. 1345.° CPC; inventário em consequência de separação, divórcio, declaração de nulidade ou anulação de casamento – arts. 1404.° a 1406.° CPC.

LEGISLAÇÃO SUBSIDIÁRIA:

TRIBUNAL COMPETENTE: ARTIGO 77.° DO CÓDIGO DE PROCESSO CIVIL

Artigo 77.° *(Inventário e habilitação)*

1. O tribunal do lugar da abertura da sucessão é competente para o inventário e para a habilitação de uma pessoa como sucessora por morte de outra.

2. Aberta a sucessão fora do País, observar-se-á o seguinte:

a) Tendo o falecido deixado bens em Portugal, é competente para o inventário ou para a habilitação o tribunal do lugar da situação dos imóveis, ou da maior parte deles; ou, na falta de imóveis, o do lugar onde estiver a maior parte dos móveis;

b) Não tendo o falecido deixado bens em Portugal, é competente para a habilitação o tribunal do domicílio do habilitando.

3. O tribunal onde se tenha procedido a inventário por óbito de um dos cônjuges é o competente para o inventário a que tiver de proceder-se por óbito do outro, excepto se o casamento foi contraído segundo o regime da separação; quando se tenha procedido a inventário por óbito de dois ou mais cônjuges do autor da herança, a competência é determinada pelo último desses inventários, desde que o regime de bens não seja o da separação.

4. No caso de cumulação de inventários, quando haja uma relação de dependência entre as partilhas, é competente para todos eles o tribunal em que deva realizar-se a partilha de que as outras dependem; nos restantes casos, pode o requerente escolher qualquer dos tribunais que seja competente.

ANOTAÇÕES:

1. RATIO:

Eliminando-se a figura do inventário obrigatório, não tinha razão de ser manter-se o n.° 4 do preceito em análise, na redacção anterior, o qual não tem qualquer correspondência no texto actual.

Com a reforma introduzida pelo DL 227/94, de 08.09, acabou-se com a distinção entre inventário facultativo e inventário obrigatório, eliminando-se esta última figura. Tal significa que, com a redacção dada ao artigo 2053.° do Código Civil, a herança deferida a menor, interdito, inabilitado ou pessoa colectiva não tem de ser, necessariamente, partilhada através de inventário, podendo recorrer-se à partilha extrajudicial. Isto, claro, com as limitações impostas pela lei civil, no que se refere à necessidade de autorização judicial para o efeito (arts. 1889.°, n.° 1, al. *l)*, e 1938.°, n.° 1, al. *c)*, ambos do Código Civil), e ainda pela lei processual, impondo a intervenção do Ministério Público no inventário e atribuindo-lhe legitimidade para o requerer quando a herança seja deferida a incapazes (menor, interdito ou inabilitado), ausentes em parte incerta ou pessoas colectivas (art. 1327.°, n.° 1, al. *b)*, do Código de Processo Civil).

2. COMO SE INICIA O PROCESSO:

"Esse processo inicia-se com o requerimento a que se alude no artigo 1326.°, n.° 1 do Código de Processo Civil.

Normalmente, nos serviços do Ministério Público existe um impresso destinado a tal fim, o qual deverá ser preenchido com a indicação do nome do inventariado, local da residência habitual dele, a indicação genérica de que deixou bens e herdeiros sujeitos a inventário [obrigatório], bem como o nome e residência do cabeça-de-casal e o valor do inventário.

Com esse requerimento se junta a certidão de óbito do inventariado. Essa certidão é enviada normalmente pelo conservador do registo civil, nos casos em que foi ele o participante ao Ministério Público. Nos outros casos, deverá o M.P. requisitar previamente à Conservatória respectiva tal certidão.

Acontece que, muitas vezes, não existe certidão de óbito. A sua falta, bem como a sua perda só podem ser supridas nos termos constantes do Código de Registo Civil." *(Carvalho de Sá, Do Inventário – Descrever, Avaliar e Partir, 1993, pág. 22)*

3. INVENTÁRIO-DIVISÓRIO:

"O inventário-divisório tem como objectivo final a partilha duma massa de bens pelos respectivos titulares.

Descrevem-se e avaliam-se os bens não com fim meramente conservatório ou cautelar, mas com vista à preparação da partilha. Quer dizer, este inventário exerce função divisória: dissolve uma universalidade, substituindo-lhe a formação de quinhões ou quotas individuais ou concretizadas." *(Alberto dos Reis, Processos Especiais, Vol. 2.°, pág. 356)*

4. ELEMENTOS DO REQUERIMENTO INICIAL:

O requerimento inicial, embora não sujeito às regras dos duplicados, deve ser apresentado com cópia (artigo 152.°, n.° 3, do CPC). Os elementos que dele devem constar são:

a) Nome e qualidade do requerente;

b) Nome e último domicílio do inventariado;

c) Declaração de que herdeiros lhe sucedem;

d) Indicação do valor provável da herança;

e) Indicação da pessoa a quem incumbe o cargo de cabeça-de-casal e seu domicílio.

Com o requerimento inicial, deve ser junta certidão de óbito, que terá de ser de narrativa completa. Na falta de documento comprovativo do óbito, não pode proceder-se à sua justificação no próprio inventário, havendo antes que observar o disposto nos artigos 198.° e 199.° do Código do Registo Civil, de molde a obter aí a certidão que há-de servir de base àquele processo.

5. INTERPRETAÇÃO:

"A regra do artigo 1326.°, n.° 2 do Código de Processo Civil tem de interpretar-se no sentido de excluir a atribuição oficiosa do juiz.

Não era assim no Cód. Civil anterior, nem na legislação que o precedeu, nem mesmo no nosso antigo direito, mas a circunstância da lei substantiva vigente não conter norma que o consinta força à conclusão que se deixou firmada. À míngua de regra específica ficará defeso ao julgador tomar a iniciativa dele, dado que o impulso processual incumbe às partes e só lhe pertence [ao juiz] o poder de realizar ou ordenar oficiosamente as diligências que considere necessárias para o apura-mento da verdade, quanto aos factos de que é lícito conhecer (Cód. Proc. Civil, art. 264.°)." *(J. A. Lopes Cardoso, Partilhas Judiciais, Vol. I, reimp. da 4.ª ed. de 1990, Coimbra, 2000, págs. 186 e seg.)*

6. CESSIONÁRIO DO DIREITO À HERANÇA:

"Relativamente à cessão do direito à herança, o cessionário, desde que tenha a seu favor uma escritura donde conste a cessão, pode, com base nela, requerer inventário, considerando-se na mesma qualidade que o cedente. E desde que a cessão não tenha ainda sido julgada válida, o próprio cedente tem legitimidade para o requerer." *(J. A. Lopes Cardoso, Partilhas Judiciais, Vol. I, reimp. da 4.ª ed. de 1990, Coimbra, 2000, pág. 179)*

7. REQUERIMENTO INICIAL:

"... o requerimento inicial equivale, sob certos aspectos, a uma petição inicial, isto é, comporta-se como um verdadeiro articulado na função que desempenha. Daqui poderá inferir-se, como lógica conclusão, que o requerente deverá apresentar os respectivos duplicados. Mas não é assim. Pelo requerimento inicial dá-se começo ao inventário, é certo, mas o seu conteúdo não carece de ser levado ao conhecimento dos interessados, já porque é da sua essência muito restrito, já por que no momento em que é apresentado em juízo se desconhece a existência de alguns deles e do seu número, o que logo importa a impossibilidade de dar cumprimento à segunda fase do n.° 1 do artigo 152.°, além de que, pela citação, os interessados ficam sabedores da sua existência." *(J. A. LOPES CARDOSO, Partilhas Judiciais, Vol. I, reimp. da 4.ª ed. de 1990, Coimbra, 2000, págs. 260 e seg.)*

JURISPRUDÊNCIA:

FUNÇÃO DO INVENTÁRIO:

"**I** – O processo de inventário é essencialmente uma medida de protecção que se destina a evitar prejuízos e a distribuir fiel e equitativamente todo o património duma herança, e assim o que nele interessa sobretudo apurar é toda a verdade para que a partilha seja efectuada com igualdade e justiça.(...)" *(Acórdão do Supremo Tribunal de Justiça, de 26.10.76, Boletim do Ministério da Justiça 260.°, pág. 113)*

DOAÇÃO DA MEAÇÃO – NECESSIDADE DE INVENTÁRIO:

"Partilhados, extrajudicialmente, os bens da herança, e tendo o meeiro doado a seus filhos, com reserva do usufruto, toda a sua meação, o meio próprio para determinar quais os bens que ficam onerados com esse usufruto, no caso de os interessados não se acharem de acordo nessa determinação, é o processo de inventário." *(Acórdão da Relação do Porto, de 10.05.83, Colectânea de Jurisprudência, 1983, Tomo III, pág. 226)*

JUSTIFICAÇÃO DE AUSÊNCIA – MORTE PRESUMIDA:

"**I** – O processo especial de inventário (artigos 1326.° e seguintes do Cód. Proc. Civil) emprega-se no caso de 'óbito do autor de herança'.

(...)

III – Todavia, o inventário pode não decorrer da morte física e também da 'justificação da ausência' ou da 'declaração de morte presumida', situações a definir nos termos dos artigos 1103.° e seguintes do Cód. Proc. Civil." *(Acórdão da Relação de Évora, de 11.01.90, Colectânea de Jurisprudência, 1990, Tomo I, pág. 286)*

RECONHECIMENTO DO DIREITO DE PROPRIEDADE:

"O processo de inventário não é o adequado para reconhecer o direito de propriedade com fundamento em usucapião, nem para decidir se terá (ou não) havido uma doação inválida de imóveis a um ou mais dos interessados." *(Acórdão da Relação de Coimbra, de 22.03.94, Boletim do Ministério da Justiça 435.°, pág. 913)*

PESSOA FALECIDA NO ESTRANGEIRO – PROVA DO ÓBITO:

"O processo de inventário respeitante à herança de pessoa que se diz falecida no estrangeiro não pode ter seguimento sem a prova do ingresso no registo nacional do registo do óbito efectuado em câmara municipal estrangeira ou da integração no livro de assentos consulares da Conservatória dos Registos Centrais do assento de óbito lavrado no respectivo consulado de Portugal." *(Acórdão da Relação do Porto, de 03.12.96, Boletim do Ministério da Justiça 462.°, pág. 492)*

LEGADO A MENOR: "Judicialmente autorizados os representantes legais de menor a aceitar um legado feito a este, com ou sem encargos, não se impõe, só por essa circunstância da menoridade, a instauração de inventário." *(Acórdão da Relação do Porto, de 27.10.97, Colectânea de Jurisprudência, 1997, Tomo V, pág. 175)*

CÁLCULO DA QUOTA DISPONÍVEL E DA LEGÍTIMA - PROCESSO PRÓPRIO:

"**I** – O processo comum não é o próprio para o cálculo da quota disponível e da legítima dos filhos, herdeiros legitimários, para verificar se o valor das doações feitas à ré excede o valor da quota disponível.

II – Para esse efeito, a sede própria e exclusiva é o processo de inventário." *(Acórdão da Relação do Porto, de 20.01.98, Boletim do Ministério da Justiça 473.°, pág. 572)*

QUALIDADE DE HERDEIRO; SUSPENSÃO DO PROCESSO DE IMPOSTO SUCESSÓRIO:

"**I** – O processo de inventário é um processo idóneo para decidir o litígio sobre a qualidade de herdeiro de um descendente português de um cidadão inglês não contemplado como herdeiro num testamento feito pelo autor da herança.

II – A suspensão do processo de liquidação referida no artigo 84.° do Código do Imposto Municipal de Sisa e do Imposto sobre as Sucessões e Doações pode fundar-se assim na pendência de processo de inventário em que esteja a ser discutida a qualidade de herdeiro do descendente português e enquanto essa questão aí não estiver decidida." *(Acórdão do Supremo Tribunal Administrativo, de 06.05.98, Boletim do Ministério da Justiça 477.°, pág. 547)*

DISPOSIÇÃO FIDEICOMISSÁRIA; ACÇÃO DE DIVISÃO DE COISA COMUM; REMANESCENTE DA HERANÇA:

"**I** – Nos casos em que o testador institui em legado, com disposição fideicomissária, inexiste fundamento para inventário sendo a acção de divisão de coisa comum o meio próprio para os fideicomissários colocarem termo à indivisão.

II – Se os irmãos do testador lhe sucederam como fiduciários, num conjunto indeterminado de bens, constituído pelo "remanescente da herança", devem eles e os fideicomissários ser havidos como herdeiros de testador, havendo então lugar a inventário." *(Acórdão da Relação do Porto, de 21.02.2006, Colectânea de Jurisprudência, 2006, Tomo I, pág. 195)*

NOTAS PESSOAIS:

ARTIGO 1327.°
(Legitimidade para requerer ou intervir no inventário)

1. Têm legitimidade para requerer que se proceda a inventário e para nele intervirem, como partes principais, em todos os actos e termos do processo:

***a)* Os interessados directos na partilha;**

***b)* O Ministério Público, quando a herança seja deferida a incapazes, ausentes em parte incerta ou pessoas colectivas.**

2. Quando haja herdeiros legitimários, os legatários e donatários são admitidos a intervir em todos os actos, termos e diligências susceptíveis de influírem no cálculo ou determinação da legítima e implicar eventual redução das respectivas liberalidades.

3. Os credores da herança e os legatários são admitidos a intervir nas questões relativas à verificação e satisfação dos seus direitos, cumprindo ao Ministério Público a representação e defesa dos interesses da Fazenda Pública.

HISTÓRICO:

Redacção do art. 2.° do DL 227/94, de 08.09.

Corresponde, em parte, ao n.° 2 do art. 1326.° do CPC, na versão original, cuja redacção era a seguinte:

2. O inventário pode ser requerido pelas pessoas directamente interessadas na partilha e deve ser requerido pelo Ministério Público quando seja obrigatório.

REMISSÕES:

1. Incapacidades – menoridade – arts. 122.° e segs. CC; interdições – arts. 138.° e segs. CC; inabilitações – arts. 152.° e segs. CC; pessoas colectivas – arts. 157.° e segs. CC; associações – arts. 167.° e segs. CC; fundações – arts. 185.° e segs. CC; sociedades comerciais – DL 262/86, de 2-9; conceito de legitimidade processual – art.26.° CPC; competência territorial – art. 77.° CPC; a ilegitimidade é uma excepção dilatória – arts. 493.°, n.° 2, e 494.°, n.° 1, al. *e)* CPC; representação de incapazes e ausentes – art. 1329.° CPC; intervenção principal – art. 1330.° CPC; intervenção de outros interessados – art. 1331.° CPC; oposição e impugnações – art. 1343.° CPC.

2. Doação em vida – arts. 940.° e segs. CC; cálculo da legítima – art. 2162.° CC; liberalidades inoficiosas – arts. 2168.° e segs. CC; legados – arts. 2249.° e segs. CC.

LEGISLAÇÃO SUBSIDIÁRIA:

Podem confrontar-se as anotações ao artigo 1338.° sobre *"JUSTIFICAÇÃO DE AUSÊNCIA"*.

ANOTAÇÕES:

1. LEGITIMIDADE – INTERESSADOS NA PARTILHA:

O preceito enumera as pessoas com legitimidade para requerer o inventário.

Tal como acontecia com o n.° 2 do art. 1326.°, na redacção anterior, continua a dar-se legitimidade, em primeira linha, aos directamente interessados na partilha. Estes são, naturalmente, os herdeiros legitimários e, entre eles, com maior relevância, o cônjuge sobrevivo, qualquer que seja o regime de bens do casamento. Na verdade, hoje o cônjuge sobrevivo é um herdeiro legitimário privilegiado, dado que sucede em, pelo menos, um quarto da herança (legítima+quota disponível ou seu remanescente), quando concorra com descendentes (art. 2139.°, n.° 1 do Cód. Civil) ou duas terças partes, quando concorra com ascendentes (art. 2142.°, n.° 1 do Cód. Civil). E tal situação torna-se ainda mais evidente quando o regime de bens do casamento é o da comunhão. Neste caso, ter-se-á de proceder à partilha dos bens comuns do casal (art. 1689.° do Cód. Civil). Pode, até, dizer que nesta hipótese há lugar a duas partilhas: a primeira, para a atribuição da meação dos bens comuns ao cônjuge sobrevivo; a segunda, para a partilha da meação do falecido (assim como dos seus bens próprios) pelos seus herdeiros, entre os quais se inclui o cônjuge. Para maiores desenvolvimentos, cfr. *J. A. França Pitão, A posição do cônjuge sobrevivo no actual direito sucessório português, Coimbra, 1994, págs. 35 e segs.*

2. LEGITIMIDADE – MINISTÉRIO PÚBLICO:

Em segundo lugar, tem legitimidade para requerer o inventário o Ministério Público, quando concorram à sucessão incapazes, ausentes em parte incerta ou pessoas colectivas. Examinemos cada uma destas situações:

a) Incapazes – Os arts. 122.° e segs. do Cód. Civil referem-se à menoridade, que é, sem dúvida, a situação mais vulgar de incapacidade. Na verdade, o art. 123.° começa por dizer que os menores carecem de capacidade para o exercício de direitos, determinando, no entanto, o seu suprimento através do poder paternal, regulado nos arts. 1877.° e seguintes do mesmo Código. Esta incapacidade cessa com a maioridade, aos dezoito anos, ou através da emancipação pelo casamento (art. 132.° do CC).

Um outro caso de incapacidade é o da interdição, ou seja, aqueles que por anomalia psíquica, surdez-mudez ou cegueira se mostrem incapazes de governar suas pessoas e bens (arts. 138.° e segs. do CC).

Finalmente, devem referir-se os inabilitados, que são aqueles indivíduos cuja anomalia psíquica, surdez-mudez ou cegueira, embora de carácter permanente, não seja de tal modo grave que justifique a sua interdição, assim como aqueles que, pela sua habitual prodigalidade ou pelo abuso de bebidas alcoólicas ou de estupefacientes, se mostrem incapazes de reger convenientemente o seu património (art. 152.° do CC).

Ainda a este propósito, devem fazer-se duas observações.

A primeira delas diz respeito a questionarmos se o legislador quis abranger neste normativo os casos de incapacidade acidental, ou seja, aquele que devido a qualquer causa se encontrava acidentalmente incapacitado de entender o sentido da declaração negocial ou não tinha o livre exercício da sua vontade (art. 257.° do CC). Ora, parece que a *ratio* do preceito não se coaduna com os interesses que pretendem defender-se no art. 1327.° do CPC. Até porque, resta sempre a anulabilidade do acto que venha a ser praticado em estado de incapacidade acidental, sem necessidade de imposição da intervenção do M.P. em todo o *iter* processual.

O segundo deles é que não pretendeu abranger-se aqui os casos de incapacidades sucessórias, isto é, as situações de incapacidade por indignidade (art. 2034.° do Cód. Civil) e de deserdação (art. 2166.° do Cód. Civil). Trata-se, nestas hipóteses, não de incapacidades de exercício de direitos, mas de verdadeiras incapacidades de suceder ao *de cuius*, em virtude de circunstâncias particulares referidas naqueles preceitos, que dizem respeito a qualquer relação específica entre o sucessor e o autor da sucessão, que o impedem de se habilitar à herança ou ao legado. Para maiores desenvolvimentos sobre esta matéria, veja-se, por todos, PEREIRA COELHO, *Direito das Sucessões, Coimbra, 1992, págs. 210 e segs. e 327 e seg.*.

b) Ausentes em parte incerta – Poderão, a este propósito, citar-se dois tipos de situações. Uma delas diz respeito à ausência em lugar distante da sua residência habitual, muito embora nos pareça que tal ausência tem de ser acompanhada da *falta de notícias*, que deve ser analisada em termos objectivos; ou seja, é necessário que o ausente não só não dê notícias, mas também que ninguém saiba do seu paradeiro (situação semelhante à prevista na al. *b)* do art. 1781.°, em matéria de fundamento de divórcio litigioso). A outra prende-se com a regulamentação estabelecida em matéria de ausência em sentido jurídico, ou seja, nos casos em que alguém desapareceu sem que dele se saiba parte e sem ter deixado representante legal ou procurador, casos em que pode ser requerida a curadoria provisória (arts. 89.° e segs. do CC) ou mesmo a curadoria definitiva, quando se requer a justificação da ausência (arts. 99.° e segs. do CC). O mesmo parece já não ser de aplicar quando seja declarada a morte presumida, já que esta produz os mesmos efeitos da morte (art. 115.°), retroagindo-se ao dia das últimas notícias que houve do ausente (art. 114.°, n.° 3, *in fine*), o que nos remeterá para o instituto do direito de representação (arts. 2039.°) ou até mesmo para a transmissão do direito de aceitar a herança (art. 2058.°).

c) Pessoas colectivas – Atendendo à enorme extensão desta matéria, de enumeração e qualificação das pessoas colectivas, sugerimos a consulta das remissões *supra*, em anotação a este artigo.

3. DOAÇÃO – INOFICIOSIDADE – CADUCIDADE:

"(...) No caso do donatário ser herdeiro legitimário do doador, os princípios da salvaguarda da legítima – art. 2169.° do CC – e do respeito pela vontade normal do doador impõem que, nas doações feitas por conta da quota disponível, a parte que exceda esta quota deva ser imputada na legítima do donatário e, somente no caso da doação exceder aquelas duas indicadas quotas, deverá então proceder-se à sua redução por inoficiosidade – vide art. 1374.°, al. *a)* do CPC, 'Direito das Sucessões' do Prof. Pereira Coelho, pág. 295 e vol. e obra citados do Prof. Capelo de Sousa, pág. 315 e notas (1092) e (1093).

Por outro lado, e já no que respeita às doações feitas a terceiros que não sejam herdeiros, a inexistência da necessidade de recomposição de qualquer quinhão legitimário do respectivo donatário, conduz a que o beneficiário da liberalidade, em caso de redução da mesma, se possa ver confrontado com a perda de parte ou da totalidade do bem sobre o qual aquela incidiu, conforme a natureza divisível ou indivisível do mesmo – art. 2174.°.

Ora, uma vez que, nesta última situação, a eficácia da referida doação, no caso de ser inoficiosa – art. 2168.° –, sempre fica dependente do eventual exercício do direito à sua redução, por parte de qualquer herdeiro legitimário – art. 2169.° –, seria manifestamente ofensiva dos princípios da certeza e da segurança jurídicas, a manutenção *ad aeternum*, relativamente ao donatário, da aludida situação de incerteza e dependência, nomeadamente tendo em consideração que sempre lhe está vedada a faculdade de exigir a partilha dos bens hereditários do doador – arts. 2101.°, n.° 1 e 1327.°, este do CPC.

Temos, portanto, que, para obviar à indefinição do donatário, quanto à definitiva titularidade dos bens que lhe hajam sido doados, por conta da quota disponível do respectivo doador, deve ser estabelecido um prazo durante o qual deva ser exercido o aludido direito de redução da liberalidade, exigência esta porém que já se não impõe quando o donatário seja também herdeiro legitimário, uma vez que, dada a necessária imputação do excesso da doação na sua quota legitimaria, só em casos muito raros poderá ter de haver lugar à aludida redução." *(Acórdão da Relação do Porto, de 08.11.2001, in www.dgsi.pt)*

4. LEGITIMIDADE PARA REQUERER INVENTÁRIO:

"Têm legitimidade para requerer inventário os interessados directos na partilha, ou seja, em geral, os herdeiros e o Ministério Público. (...) O usufrutuário de parte da herança sem determinação de valor e objecto, segundo opinião generalizada dos autores, terá legitimidade para requerer inventário. De considerar, ainda, a legitimidade do cônjuge do herdeiro casado no regime da comunhão geral de bens e do adquirente de quinhão hereditário, pois são interessados directos na partilha.

Não são interessados directos na partilha e, por isso, não têm legitimidade para requerer inventário, os donatários entre vivos, os legatários e os credores da herança, embora possam intervir para fins específicos, em diversos actos do mesmo." *(Carlos Ricardo Soares, Heranças & Partilhas, Almedina, 2003, 2.ª ed., pág. 50)*

5. REQUERIMENTO PELO MINISTÉRIO PÚBLICO:

"Na nossa actividade inspectiva, temos verificado diversos modos de proceder, no tratamento dado pelos serviços do Ministério Público às informações provenientes das Conservatórias do Registo Civil: arquivamento puro e simples, numa pasta, sem se proceder a qualquer averiguação da necessidade de requerer inventário; instauração de processo administrativo por cada uma das comunicações referidas, o que origina uma inflação de processos administrativos; organização de 12 processos administrativos, um por cada mês, com os óbitos ocorridos em cada um dos meses, o que origina processos administrativos complexos e difíceis de controlar. Seja qual for o método utilizado, o que será preciso é que o Ministério Público averigúe seriamente se cada um dos casos é caso, ou não, de instauração de processo de inventário, não se podendo ficar pela simples audição do pretenso cabeça de casal, o primeiro, muitas vezes, a ser o principal interessado em ocultar a existência de um interessado incapaz, de facto, de um ausente em parte incerta ou de quezílias familiares suficientes para determinar a pronta intervenção do Ministério Público, para requerer a abertura do processo judicial." *(Carvalho de Sá, Do Inventário, Almedina, 4.ª ed., pág. 35)*

6. VERIFICAÇÃO DO VALOR:

"O requerimento que dá início ao inventário deve conter a indicação do valor da causa, nos termos da alínea *f)* do n.° 1 do artigo 467.°.

Só que no processo de inventário tal valor não é mais do que um *valor provisório*, o qual *vai sendo corrigido* para mais ou para menos à medida que o processo avança e fixando-se apenas quando ele chega ao seu termo. Isto mesmo se afirma no artigo 308.°, n.° 3 do Código de Processo Civil.

Ora, sendo assim, parece ter algum interesse saber-se se é ou não possível, no processo em questão, *impugnar o valor inicial* através do processo de verificação do valor previsto nos artigos 317.° e seguintes do Código de Processo Civil e qual a utilidade dessa verificação.

Sendo o inventário uma causa como outra *qualquer*, *parece possível* o surgimento nela do referido incidente. Além disso, a sua dedução *pode ter utilidade*.

De facto todos sabemos que a possibilidade ou impossibilidade de interposição de recurso de determinado despacho judicial está dependente, na maioria dos casos, do valor do processo, isto é, do facto desse estar ou não dentro da alçada do tribunal de que se recorre.

Acontece que os Tribunais Superiores nem sempre têm considerado o valor indicado no requerimento de inventário como um valor meramente provisório, antes o têm considerado, às vezes, como o valor atendível para saber se é ou não admissível a interposição de recurso de determinado despacho, pelo que, por simples *cautela*, não será demais suscitar, logo de início, a questão da verificação do valor da causa sempre que seja previsível a interposição de recursos de despachos proferidos na fase inicial do processo.

Por aplicação da regra geral contida no artigo 153.° do Código de Processo Civil, o incidente em questão deverá ser suscitado de forma avulsa e no prazo de *dez dias a contar da citação.*" *(Carvalho de Sá, Do Inventário, Almedina, 4.ª ed., pág. 48)*

JURISPRUDÊNCIA:

HERANÇA A FAVOR DO ESTADO:

"(...)

III – A instauração do inventário no caso de instituição de herdeiro a favor do Estado só deve ter lugar depois de ao Ministério Público ser comunicada a decisão de aceitação proferida pelo Ministro das Finanças...

(...)

VI – Se antes das declarações de cabeça-de-casal lhe não for comunicada a decisão ministerial sobre a aceitação por parte do Estado, (o Ministério Público) deve requerer logo que tomadas, a suspensão da instância ao abrigo do art. 276.°, n.° 1, do Cód. Proc. Civil, até ser levado ao processo o teor dessa decisão. (...)" *(Parecer da Procuradoria Geral da República, de 19.04.75, Boletim do Ministério da Justiça 252.°, pág. 41)*

CESSIONÁRIO DO DIREITO E ACÇÃO A HERANÇA:

"**I** – O cessionário do direito e acção a herança só pode intervir no respectivo inventário através da sua habilitação, requerida inicialmente ou no correspondente incidente (arts. 1326.°, n.° 2, e 1335.°, do Cód. Proc. Civil).

II – O interesse do procurador ou de terceiro deve ter-se como relevante, no sentido do princípio da irrevogabilidade da procuração, sempre que, auferindo eles alguma vantagem de ordem económica ou jurídica, não seja posta em causa a relação de confiança entre o representante e o representado ou a autonomia da vontade deste, o que deverá ser apreciado em função de cada caso concreto (art. 265.°, n.° 3, do Cód. Civil).

III – Passadas duas procurações, uma com poderes para fazer doação a terceiro do direito e acção a herança e outra com poderes para requerer e intervir no respectivo inventário, a segunda, em particular depois de feita a doação, deve terse como conferida no interesse, pelo menos preponderante, desse terceiro, sendo por isso, em princípio, irrevogável.

IV – O recurso pode ser provido por razões jurídicas diferentes das invocadas pelo recorrente." *(Acórdão do Supremo Tribunal de Justiça, de 13.02.96, Boletim do Ministério da Justiça 454.°, pág. 635)*

HERANÇA TESTAMENTÁRIA:

"**I** – Declarando-se no registo de casamento ser a comunhão de adquiridos o regime de bens, quando legalmente devia ser o de separação de bens, procedeu-se a averbamento posterior para efeitos da devida rectificação.

II – Este averbamento não afecta os direitos de herdeiros testamentários que, sendo terceiros, vêem-nos naturalmente ressalvados, pelo que o regime de comunhão de adquiridos será o supletivo." *(Acórdão do Supremo Tribunal de Justiça, de 16.04.98, Colectânea de Jurisprudência, Acórdãos do Supremo Tribunal de Justiça, 1998, Tomo II, pág. 34)*

TITULAR DO DIREITO À MEAÇÃO:

"Tem interesse directo na partilha, sendo por isso parte legítima no inventário, o titular do direito à meação que pertenceu ao ex-cônjuge marido (artigo 26.° do Cód. Proc. Civil)." *(Acórdão da Relação de Lisboa, de 28.04.98, Boletim do Ministério da Justiça 476.°, pág. 478)*

DESISTÊNCIA DO PEDIDO:

"Em processo de inventário facultativo é admissível a desistência do pedido pelos requerentes, até porque essa desistência não tem como consequência a renúncia ao direito de partilhar." *(Acórdão da Relação de Coimbra, de 03.12.98, Colectânea de Jurisprudência, 1998, Tomo V, pág. 39)*

INDETERMINAÇÃO DE TITULARES – ACEITAÇÃO DA HERANÇA – TUTELA:

"**I** – Só em caso de indeterminação dos respectivos actuais titulares, uma qualquer massa patrimonial proveniente da esfera de pessoa falecida pode ser enquadrada no artigo 6.° do Código de Processo Civil e só nesse caso disporá de personalidade judiciária, embora seja desprovida de personali-dade jurídica.

II – A herança cujo titular ainda não está determinado é a jacente.

III – Na aceitação da herança, mais que as formas ou expressões utilizadas, o importante é que o teor do escrito – que pode até consistir numa simples carta – implicite a assunção da qualidade de herdeiro.

IV – A herança indivisa ou não partilhada apenas enquanto se mantiver na situação de jacente goza de personalidade judiciária.

V – Após a sua aceitação por parte dos sucessíveis chamados não poderá em seu nome próprio, desempenhar o papel de parte processual em lide forense, demandar ou ser demandada.

VI – Estando os herdeiros já determinados serão eles que deverão intervir.

VII – A um cidadão não emancipado e com idade inferior a 18 anos não assiste, regra geral, capacidade de exercício de direitos, pelo que se os respectivos progenitores já tiverem falecido, o mesmo tem obrigatoriamente de estar sujeito a tutela com a inerente representação pelo tutor.

VIII – O prazo, conquanto não possa ser suspenso ou objecto de interrupção, pode ser ampliado ou prorrogado na sua duração até ao momento em que o titular do direito, livre do facto impeditivo e para a verificação do qual ele nada contribuiu, o possa efectivamente exercer." *(Acórdão da Relação do Porto, de 04.12.98, Colectânea de Jurisprudência, 1998, Tomo V, pág. 211)*

LEGITIMIDADE PARA REQUERER O INVENTÁRIO - CÔNJUGE DO HERDEIRO:

"O cônjuge do herdeiro do *de cuius* só tem legitimidade para requerer inventário se o regime de bens for o da comunhão." *(Acórdão da Relação do Porto, de 09.02.99, Colectânea de Jurisprudência, 1999, Tomo I, pág. 219)*

DESISTÊNCIA DO PEDIDO:

"**I** – Em processo de inventário não é, legalmente, admissível a desistência do pedido, feita pelo interessado-requerente.

II – É que o direito de partilhar, tal como resulta do artigo 2101.°, n.ºs 1 e 2 do Código Civil, é um direito irrenunciável e, como tal, fora da disponibilidade das partes.

III – Assim, é nula a sentença homologatória da desistência de tal pedido." *(Acórdão da Relação de Coimbra, de 09.03.99, Colectânea de Jurisprudência, 1999, Tomo III, pág. 17)*

NOTAS PESSOAIS:

ARTIGO 1328.°
(Notificações aos interessados)

As notificações aos interessados no inventário, ou respectivos mandatários judiciais, para os actos e termos do processo para que estão legitimados, nos termos do artigo anterior, e das decisões que lhes respeitem, são efectuadas conforme o disposto na parte geral deste Código.

HISTÓRICO:

Redacção do art. 2.° do DL 227/94, de 08.09.

Preceito inovador.

Os arts. 1329.° e 1330.° do CPC, na redacção original, referiam-se a citações e notificações. Por mero interesse informativo, transcrevemos os dois indicados preceitos:

Artigo 1329.° ***(Prosseguimento do processo)***

1. Quando o processo deva prosseguir, são citados para os seus termos o Ministério Público, as pessoas com interesse directo na partilha e os seus cônjuges, os legatários, os credores da herança e os donatários. O requerente do inventário e o cabeça-de-casal não são citados, mas notificados do despacho que ordene as citações.

2. Quando o processo haja de prosseguir, a despeito de o cabeça-de-casal afirmar que não há fundamento para o inventário, são citados não só os interessados por ele indicados como os referidos pelo requerente e pelo Ministério Público.

3. As diligências para as citações não suspendem o andamento do processo, salvo o disposto nos artigos 1332.°, 1340.° e 1351.°.

4. Verificada em qualquer altura a falta de citação de algum interessado, é este citado com a cominação de que, se nada requerer no prazo de dez dias, o processo se considera ratificado. Dentro desse prazo é o citado admitido a exercer os direitos que lhe competiam, anulando-se o que for indispensável.

Artigo 1330.° ***(Decisões que devem ser notificadas)***

1. Além de serem citados nos termos do artigo anterior, os herdeiros e o meeiro são notificados da sentença final e dos despachos que designem dia para a conferência de interessados, licitações e sorteios e do que ordene o exame do mapa da partilha.

Os legatários são notificados da sentença final e do despacho que designe dia para a conferência destinada à aprovação das dívidas e forma do seu pagamento, quando toda a herança for dividida em legados ou quando da aprovação das dívidas resulte redução dos legados.

Os credores são notificados da sentença que atenda os seus créditos e do despacho que marque dia para a conferência destinada à aprovação do passivo.

2. Estas notificações fazem-se sempre que os notificandos residam na área da comarca, ainda que não tenham domicílio nem constituam mandatário na sua sede.

3. Fica salvo o disposto nos artigos 229.°, 253.°, 254.° e 255.°, quanto à notificação de outros despachos.

REMISSÕES:

Patrocínio judiciário – arts. 32.° e segs. CPC; formas de requisição e comunicação dos actos – art. 176.° CPC; função da notificação – art. 228.° CPC; notificações oficiosas da secretaria – art. 229.° CPC; notificações de incapazes, incertos, pessoas colectivas, sociedades, patrimónios autónomos e condomínio – art. 231.° CPC; lugar da citação – art. 232.° CPC; notificação às partes com mandatário – art. 253.° CPC; formalidades da notificação – art. 254.° CPC; notificação às partes sem mandatário – art. 255.° CPC; notificação pessoal segundo as regras da citação – art. 256.° CPC; notificações a intervenientes acidentais – art. 257.° CPC; notificações ao Ministério Público – art. 258.° CPC; notificação de decisões judiciais – art. 259.° CPC; notificações feitas em acto judicial – art. 260.° CPC; citação dos interessados no inventário – arts. 1341.° e 1342.° CPC.

LEGISLAÇÃO SUBSIDIÁRIA:

NOTIFICAÇÕES: CÓDIGO DE PROCESSO CIVIL, ARTIGOS 253.° A 260.°-A

SUBDIVISÃO I – Notificações da secretaria

Artigo 253.° ***(Notificação às partes que constituíram mandatário)***

1. As notificações às partes em processos pendentes são feitas na pessoa dos seus mandatários judiciais.

2. Quando a notificação se destine a chamar a parte para a prática de acto pessoal, além de ser notificado o mandatário, será também expedido pelo correio um aviso registado à própria parte, indicando a data, o local e o fim da comparência.

3. Sempre que a parte esteja simultaneamente representada por advogado ou advogado estagiário e por solicitador, as notificações que devam ser feitas na pessoa do mandatário judicial sê-lo-ão sempre na do solicitador.

Artigo 254.° *(Formalidades)*

1. Os mandatários são notificados por carta registada, dirigida para o seu escritório ou para o domicílio escolhido, podendo ser também notificados pessoalmente pelo funcionário quando se encontrem no edifício do tribunal.

2. Os mandatários das partes que pratiquem actos processuais pelo meio previsto no n.° 1 do artigo 150.°, ou que se manifestem nesse sentido, são notificados nos termos definidos na portaria prevista no n.° 1 do artigo 138.°-A.

3. A notificação postal presume-se feita no terceiro dia posterior ao do registo, ou no primeiro dia útil seguinte a esse, quando o não seja.

4. A notificação não deixa de produzir efeito pelo facto de o expediente ser devolvido, desde que a remessa tenha sido feita para o escritório do mandatário ou para o domicílio por ele escolhido; nesse caso, ou no de a carta não ter sido entregue por ausência do destinatário, juntar-se-á ao processo o sobrescrito, presumindo-se a notificação feita no dia a que se refere o número anterior.

5. A notificação por transmissão electrónica de dados presume-se feita na data da expedição.

6. As presunções estabelecidas nos números anteriores só podem ser ilididas pelo notificado provando que a notificação não foi efectuada ou ocorreu em data posterior à presumida, por razões que lhe não sejam imputáveis.

Artigo 255.° *(Notificações às partes que não constituam mandatário)*

1. Se a parte não tiver constituído mandatário, as notificações ser-lhe-ão feitas no local da sua residência ou sede ou no domicílio escolhido para o efeito de as receber, nos termos estabelecidos para as notificações aos mandatários.

2. Exceptua-se o réu que se haja constituído em situação de revelia absoluta, que apenas passará a ser notificado após ter praticado qualquer acto de intervenção no processo, sem prejuízo do disposto no n.° 4.

3. Na hipótese prevista na primeira parte do número anterior, as decisões têm-se por notificadas no dia seguinte àquele em que os autos tiverem dado entrada na secretaria, ou em que ocorrer o facto determinante da notificação oficiosa.

4. As decisões finais são sempre notificadas, desde que a residência ou sede da parte seja conhecida no processo.

Artigo 256.° *(Notificação pessoal às partes ou seus representantes)*

Para além dos casos especialmente previstos, aplicam-se as disposições relativas à realização da citação pessoal às notificações a que aludem os artigos 12.°, n.° 4, 23.°, n.° 3, e 24.°, n.° 2.

Artigo 257.° *(Notificações a intervenientes acidentais)*

1. As notificações que tenham por fim chamar ao tribunal testemunhas, peritos e outras pessoas com intervenção acidental na causa são feitas por meio de aviso expedido pelo correio, sob registo, indicando-se a data, o local e o fim da comparência.

2. A secretaria entregará à parte os avisos relativos às pessoas que ela se haja comprometido a apresentar, quando a entrega for solicitada, mesmo verbalmente.

3. A notificação considera-se efectuada mesmo que o destinatário se recuse a receber o expediente, devendo o distribuidor do serviço postal lavrar nota da ocorrência.

4. O agente administrativo ou funcionário público que, dependendo de superior hierárquico, tiver sido notificado para comparecer em juízo, não carece de autorização, mas deve informar imediatamente da notificação o superior e apresentar-lhe documento comprovativo da comparência.

Artigo 258.° ***(Notificações ao Ministério Público)***

Para além das decisões finais proferidas em quaisquer causas, serão sempre oficiosamente notificadas ao Ministério Público quaisquer decisões, ainda que interlocutórias, que possam suscitar a interposição de recursos obrigatórios por força da lei.

Artigo 259.° ***(Notificação de decisões judiciais)***

Quando se notifiquem despachos, sentenças ou acórdãos, deve enviar-se, entregar-se ou disponibilizar-se ao notificado cópia ou fotocópia legível da decisão e dos fundamentos.

Artigo 260.° ***(Notificações feitas em acto judicial)***

Valem como notificações as convocatórias e comunicações feitas aos interessados presentes em acto processual, por determinação da entidade que a ele preside, desde que documentadas no respectivo auto ou acta.

SUBDIVISÃO II – Notificação entre os mandatários das partes

Artigo 260.°-A ***(Notificações entre os mandatários)***

1. As notificações entre os mandatários judiciais das partes, nos termos do n.° 1 do artigo 229.°-A, são realizadas por todos os meios legalmente admissíveis para a prática dos actos processuais, aplicando-se o disposto nos artigos 150.° e 152.°.

2. Os termos a que devem obedecer as notificações entre os mandatários judiciais das partes, quando realizadas por transmissão electrónica de dados, são definidos na portaria prevista no n.° 1 do artigo 138.°-A.

3. O mandatário judicial notificante deve juntar aos autos documento comprovativo da data da notificação à contraparte, sendo essa junção dispensada quando a notificação seja realizada por transmissão electrónica de dados, nos termos definidos na portaria prevista no n.° 1 do artigo 138.°-A.

4. Se a notificação ocorrer no dia anterior a feriado, sábado, domingo ou férias judiciais, o prazo para a resposta a tal notificação inicia-se no primeiro dia útil seguinte ou no primeiro dia posterior ao termo das férias judiciais, respectivamente, salvo nos processos judiciais que correm termos durante as férias judiciais.

PATROCÍNIO EM INVENTÁRIO-ARTIGO 32.°, N.° 3 DO CÓDIGO DE PROCESSO CIVIL:

Artigo 32.° ***(Constituição obrigatória de advogado)***

(...)

3. Nos inventários, seja qual for a sua natureza ou valor, só é obrigatória a intervenção de advogados para se suscitarem ou discutirem questões de direito.

HERANÇA JACENTE – CÓDIGO DE PROCESSO CIVIL, ARTIGOS 1467.° A 1469.°:

Artigo 1467.° ***(Declaração de aceitação ou repúdio)***

1. No requerimento em que se peça a notificação do herdeiro para aceitar ou repudiar a herança, o requerente justificará a qualidade que atribui ao requerido e, se não for o Ministério Público, fundamentará também o seu interesse.

2. A notificação efectua-se segundo o formalismo prescrito para a citação pessoal, devendo o despacho que a ordenar marcar o prazo para a declaração.

3. Decorrido o prazo marcado sem apresentação do documento de repúdio, julgar-se-á aceita a herança, condenando-se o aceitante nas custas; no caso de repúdio, as custas serão adiantadas pelo requerente, para virem a ser pagas pela herança.

Artigo 1468.° ***(Notificação sucessiva dos herdeiros)***

Se o primeiro notificado repudiar a herança, a notificação sucessiva dos herdeiros imediatos, até não haver quem prefira ao Estado, será feita no mesmo processo, observando-se sempre o disposto no artigo anterior.

Artigo 1469.° ***(Acção sub-rogatória)***

1. A aceitação da herança por parte dos credores do repudiante faz-se na acção em que, pelos meios próprios, os aceitantes deduzam o pedido dos seus créditos contra o repudiante e contra aqueles para quem os bens passaram por virtude do repúdio.

2. Obtida sentença favorável, os credores podem executá-la contra a herança.

ANOTAÇÕES:

1. PATROCÍNIO:

Em princípio não é obrigatório aos intervenientes em inventário fazerem-se representar por advogado. No entanto, assim não acontece quando se suscitem ou discutam questões de direito, nomeadamente, no caso de oposição ao inventário fundada em não haver fundamento legal para se proceder a ele, a impugnação da competência do cabeça-de-casal, a impugnação da legitimidade das pessoas citadas como herdeiros, o exercício do direito de preferência, o requerimento de resposta ao cabeça-de-casal ou ao donatário que negar a obrigação de conferir ou tiver levantado questões sobre quais os bens que têm obrigação de conferir, a dedução da excepção de incompetência do juízo, a interpretação de testamento ou escrituras, a forma da partilha, etc..

2. CONSTITUIÇÃO DE ADVOGADO; PODERES GERAIS E ESPECIAIS:

A constituição de advogado faz-se, por princípio, através de procuração com poderes forenses gerais. No entanto, convém destacar duas considerações:

a) As declarações do cabeça-de-casal, a que se refere o art. 1340.° do CPC, é um acto pessoal, no qual é prestado um compromisso de honra do bom desempenho da sua função, muito embora o n.° 2 deste preceito permita delegação de poderes em mandatário judicial. Ora, neste caso entendemos que o mandato concedido deverá conter poderes especiais para o acto, não bastando os meros poderes forenses gerais, muito embora aquele preceito seja omisso quanto àquela exigência;

b) Do mesmo modo deverá entender-se relativamente aos poderes para intervir em conferência de interessados (art. 1352.°, n.° 2 do CPC), bem como nas licitações, que terão lugar na falta de acordo entre os interessados.

3. NOTIFICAÇÕES:

"Enquanto a citação é o acto através do qual se dá conhecimento à outra parte de que foi proposta contra ela determinada acção, chamando-a ao processo para se defender, a notificação serve para *dar a qualquer interessado já chamado* aos autos conhecimento de qualquer facto ou situação, ou para chamar alguém a juízo.

Por isso é que, ao contrário dos outros interessados, quer o cabeça-de-casal, quer o requerente do processo não são citados, mas antes notificados do despacho que ordenou as citações. O primeiro porque já se encontra no processo, por já ter sido citado a fim de prestar declarações; o segundo porque, sendo o requerente, tem a posição equivalente, em processo de inventário, à de autor, no processo comum." *(CARVALHO DE SÁ, Do Inventário, Almedina, 4.ª ed., pág. 82)*

JURISPRUDÊNCIA:

RESIDÊNCIA:

"**I** – Não residindo os herdeiros e o meeiro na área da comarca, nem tendo escolhido domicílio nem mandatário na sua sede, não têm de ser notificados para requerer a composição dos seus quinhões ou reclamar o pagamento de t ornas.

II – Na convocação das pessoas para a conferência de interessados há que fazer-se menção do objecto da conferência." *(Acórdão da Relação de Coimbra, de 13.10.76, Colectânea de Jurisprudência, 1976, Tomo III, pág. 569)*

CITAÇÃO:

"**I** – Na citação em processo de inventário não tem aplicação o preceituado no art. 242.° do Cód. Proc. Civil: indicação do dia até ao qual pode oferecer a defesa e a cominação. (...)" *(Acórdão da Relação de Coimbra, de 03.05.78, Colectânea de Jurisprudência, 1978, Tomo III, pág. 983)*

NOTIFICAÇÕES AOS INTERESSADOS:

"As notificações aos interessados no processo de inventário dos despachos referidos no art. 1330.°, n.° 1 do Cód. Proc. Civil e da sentença final devem ser feitas nos termos do art. 255.° do mesmo Código." *(Acórdão da Relação de Coimbra, de 22.05.90, Boletim do Ministério da Justiça 397.°, pág. 582)*

NOTIFICAÇÕES:

"**I** – O art. 255.°, n.° 2, do Cód. Proc. Civil, na redacção do Dec.-Lei n.° 242/85, de 9 de Julho, ao dispor que a notificação será feita à parte que não tiver constituído mandatário, acabou com a distinção de tratamento entre parte (ou interessado) com advogado e parte que o não tenha constituído.

II – Não impondo a lei em todos os casos a constituição de mandatário, não se justifica tratamento diferente no que diz respeito ao reconhecimento que deve ser dado aos interessados sobre o andamento do processo.

III – O art. 1330.° do Cód. Proc. Civil dispensando a notificação de actos praticados, desde que não devessem ser notificados segundo as regras gerais sobre notificações, foi parcialmente revogado no ponto em que contraria as disposições gerais sobre notificações constantes do art. 255.°, n.° 2, do Cód. Proc. Civil." *(Acórdão do Supremo Tribunal de Justiça, de 24.04.91, Boletim do Ministério da Justiça 406.°, pág. 564)*

NOTIFICAÇÃO PARA A CONFERÊNCIA DE INTERESSADOS:

"A notificação para a conferência de interessados do herdeiro que não resida na sede da comarca é feita por carta registada para o endereço que consta do processo, e em que foi citado, produzindo o seu efeito ainda que a carta venha devolvida." *(Acórdão do Supremo Tribunal de Justiça, de 21.10.93, Colectânea de Jurisprudência, Acórdãos do Supremo Tribunal de Justiça, 1993, Tomo III, pág. 78)*

NOTIFICAÇÃO PARA A CONFERÊNCIA:

"A notificação para a conferência de interessados do herdeiro que não resida na sede da comarca é feita por carta registada para o endereço que consta do processo, e em que foi citado, produzindo o seu efeito ainda que a carta venha devolvida." *(Acórdão do Supremo Tribunal de Justiça, de 21.10.93, Colectânea de Jurisprudência, Acórdãos do Supremo Tribunal de Justiça,1993, Tomo III, pág. 78)*

NOTAS PESSOAIS:

ARTIGO 1329.°
(Representação de incapazes e ausentes)

1. O incapaz é representado por curador especial quando o representante legal concorra com ele à herança ou a ela concorrerem vários incapazes representados pelo mesmo representante.

2. O ausente em parte incerta, não estando instituída a curadoria, é também representado por curador especial.

3. Findo o processo, os bens adjudicados ao ausente que carecerem de administração são entregues ao curador nomeado, que fica tendo, em relação aos bens entregues, os direitos e deveres do curador provisório, cessando a administração logo que seja deferida a curadoria.

HISTÓRICO:

Redacção do art. 2.° do DL 227/94, de 08.09.

Corresponde, em parte, ao art. 1331.° do CPC, que tinha a seguinte redacção:

Artigo 1331.° ***(Representação do incapaz e do ausente)***

1. O incapaz é representado no inventário pelo seu representante legal, e quando este concorra com ele à partilha ser-lhe-á nomeado curador que o represente em todos os actos.

2. O ausente, quando não compareça nem tenha sido deferida a curadoria, é também representado por um curador.

3. Findo o processo, se os bens adjudicados ao ausente carecerem de administração, serão entregues ao curador nomeado, mediante caução; o curador fica tendo, em relação aos bens entregues, os direitos e deveres do curador provisório, cessando a sua administração logo que seja deferida a curadoria.

REMISSÕES:

1. Incapacidades – arts. 122.° e segs. CC; capacidade judiciária dos incapazes – art. 10.° CPC; representação por curador especial ou provisório – art. 11.°

CPC; desacordo entre os pais na representação dos menores – art. 12.° CPC; capacidade judiciária dos inabilitados – art. 13.° CPC; representação dos incapazes, incertos, ausentes, Estado, pessoas colectivas, sociedades e entidades que careçam de personalidade judiciária – arts. 16.°, 17.°, 20.° a 22.° CPC; suprimento da incapacidade e irregularidade de representação – arts. 23.° e seg. CPC.

3. Administração de bens – arts. 1967.° e segs. CC.

ANOTAÇÕES:

1. NOMEAÇÃO DE CURADOR – PROPOSTA DO MINISTÉRIO PÚBLICO:

Tem-se questionado se a nomeação do curador deve ser precedida da proposta do Ministério Público.

"Continuamos convencidos da necessidade da prévia proposta do Ministério Público. (...) Por razões várias e de ociosa enumeração o legislador nem sempre prevê todas as hipóteses que se suscitam na prática, mas é dever do intérprete buscar, para situações análogas, preceito equivalente, fazendo prudente e criterioso uso da analogia como norma de interpretação do texto.

Ora, é manifesto que o art. 10.°, n.° 4 oferece completa similitude com o caso do curador a nomear ao ausente em parte incerta e não se vê que razão possa invocar-se para nesse caso se exigir a proposta do Ministério Público e noutro se dispensar. Em qualquer dos casos, trata-se de prover à organização de uma curatela, em ambos há incapazes e também nos mesmos subsiste idêntica função do Ministério Público para ditar igual intervenção.

(...) Para a nomeação do curador ao ausente em parte incerta, é pertinente o disposto no actual art. 10.°; (...) o juiz deixa de ouvir as pessoas que entender para ouvir o Ministério Público. E compreende-se que seja assim. Pela natureza especial da função que desempenha é mais da atribuição do Ministério Público a averiguação da pessoa idónea para o exercício da curatela que, propriamente, do julgador, ao qual a lei confiou poderes de direcção e de julgamento. O Ministério Público é parte principal no processo de inventário; compete-lhe, pois, e em ultima análise, a iniciativa e o impulso processuais." *(J. A. Lopes Cardoso, Partilhas Judiciais, Vol. I, reimp. da 4.ª ed. de 1990, Coimbra, 2000, págs. 405 e seg.)*

2. PRAZO DOS ÉDITOS:

"Deverá ou não aguardar-se o decurso do prazo dos éditos e o não comparecimento do citado para a nomeação do curador?

A letra da lei parece inculcar a necessidade do decurso desse prazo e com base nela alguns assim o entenderam.

Por nossa parte entendemos que este argumento, de ordem puramente gramatical, não basta para alterar a tradição que vem do Código velho. A analogia que deriva do art. 236.° do Código vigente, a circunstância de não se suspender o andamento do inventário senão em certos casos, e haver necessidade e conveniência de fazer intervir alguém em representação do ausente para certas providências que não consentem demoras, levam a ter por mais idónea a opinião que defendemos.

Por isso, averiguada, pelas informações, a ausência em parte incerta, o processo deverá continuar com vista ao Ministério Público para este promover a nomeação do representante, depois do que o juiz ordenará o seguimento dos ulteriores termos e nomeará o curador.

Seguidamente, o curador é citado como legal representante do ausente em parte incerta, e ainda mesmo que esta haja sido citado editalmente. Só desta forma fica assegurada a sua eficaz defesa, que só a citação pessoal convence de que o citando tomou conhecimento da existência de um processo onde há-de fazer valer os seus direitos. A citação poderá ordenar-se no próprio acto do juramento do curador nomeado." *(J. A. Lopes Cardoso, Partilhas Judiciais, Vol. I, reimp. da 4.ª ed. de 1990, Coimbra, 2000, págs. 406 e seg.)*

3. Cfr. *supra* anotações ao artigo anterior.

NOTAS PESSOAIS:

ARTIGO 1330.°
(Intervenção principal)

1. É admitida, em qualquer altura do processo, a dedução de intervenção principal espontânea ou provocada relativamente a qualquer interessado directo na partilha.

2. O cabeça-de-casal e demais interessados são notificados para responder, seguindo-se o disposto nos artigos 1343.° e 1344.°.

3. O interessado admitido a intervir tem os direitos processuais a que se refere o n.° 2 do artigo 1342.°.

4. A dedução do incidente suspende o andamento do processo a partir do momento em que deveria ser convocada a conferência de interessados.

HISTÓRICO:

Redacção do art. 2.° do DL 227/94, de 08.09.

O n.° 3 foi alterado pelo art. 1.° do DL 329-A/95, de 12.12.

Corresponde, em parte, ao art. 1334.° do CPC, na sua versão original, que tinha a seguinte redacção:

Artigo 1334.° ***(Intervenção de qualquer interessado)***

1. Pretendendo alguém ser admitido a intervir no inventário como interessado, deduzirá a sua pretensão em qualquer altura, indicando logo todos os meios de prova.

2. Notificados o cabeça-de-casal e os interessados para dizerem o que se lhes oferecer, seguir-se-á o mais que vai disposto no artigo 1332.°.

3. O requerente considera-se citado para os termos do inventário a partir do trânsito em julgado da decisão que o admita e tem os direitos processuais a que se refere o n.° 4 do artigo 1329.°.

4. A dedução deste incidente suspende o andamento do processo depois da descrição.

REMISSÕES:

1. Disposições gerais dos incidentes da instância – arts. 302.° a 304.° e 1344.° CPC; intervenção principal espontânea – arts. 320.° e segs. CPC; intervenção principal provocada – arts. 325.° e segs. CPC; legitimidade para requerer ou intervir no inventário – art. 1327.° CPC; intervenção de outros interessados – art. 1331.° CPC; obrigação do cabeça-de-casal indicar as pessoas interessadas – art. 1340.°, n.° 2, al. *b)* CPC.

2. Oposição, impugnação e tramitação – arts. 1343.° e 1344.° CPC.

LEGISLAÇÃO SUBSIDIÁRIA:

INTERVENÇÃO PRINCIPAL ESPONTÂNEA: CÓDIGO DE PROCESSO CIVIL, ARTIGOS 320.° A 324.°

Artigo 320.° ***(Quando tem lugar)***

Estando pendente uma causa entre duas ou mais pessoas, pode nela intervir como parte principal:

a) Aquele que, em relação ao objecto da causa, tiver um interesse igual ao do autor ou do réu, nos termos dos artigos 27.° e 28.°;

b) Aquele que, nos termos do artigo 30.°, pudesse coligar-se com o autor, sem prejuízo do disposto no artigo 31.°.

Artigo 321.° ***(Posição do interveniente)***

O interveniente principal faz valer um direito próprio, paralelo ao do autor ou do réu, apresentando o seu próprio articulado ou aderindo aos apresentados pela parte com quem se associa.

Artigo 322.° ***(Oportunidade da intervenção)***

1. A intervenção fundada na alínea *a)* do artigo 320.° é admissível a todo o tempo, enquanto não estiver definitivamente julgada a causa; a que se baseia na alínea *b)* só é admissível enquanto o interveniente possa deduzir a sua pretensão em articulado próprio.

2. O interveniente aceita a causa no estado em que se encontrar, sendo considerado revel quanto aos actos e termos anteriores; mas goza de todos os direitos de parte principal a partir do momento da sua intervenção.

Artigo 323.° ***(Dedução da intervenção)***

1. Quando a intervenção tenha lugar antes de proferido o despacho saneador, o interveniente pode deduzi-la em articulado próprio, formulando a sua própria petição, se a intervenção for activa, ou contestando a pretensão do autor, se se tratar de intervenção activa.

2. Quando o processo não comportar despacho saneador, a intervenção nos termos previstos no número anterior pode ter lugar até ser designado dia para discussão e julgamento em 1.ª instância, ou até ser proferida sentença em 1.ª instância, se não houver lugar nem a despacho saneador, nem a audiência final.

3. Sendo a intervenção posterior aos momentos processuais referidos nos números anteriores, o interveniente deduzi-la-á em simples requerimento, fazendo seus os articulados do autor ou do réu.

Artigo 324.° ***(Oposição das partes)***

1. Requerida a intervenção, o juiz, se não houver motivo para a rejeitar liminarmente, ordena a notificação de ambas as partes primitivas para lhe responderem, podendo estas opor-se ao incidente com o fundamento de que não se verifica nenhum dos casos previstos no artigo 320.°.

2. A parte com a qual o interveniente pretende associar-se deduz a oposição em requerimento simples e no prazo de 10 dias; a parte contrária deve deduzi-la nos mesmos termos, se o interveniente não tiver apresentado articulado próprio, podendo a oposição neste caso fundar-se também em que o estado do processo já não permite a essa parte fazer valer defesa especial que tenha contra o interveniente.

3. Se o interveniente tiver apresentado articulado próprio, a parte contrária cumulará a oposição ao incidente com a que deduza contra o articulado do interveniente, seguindo-se os demais articulados admissíveis.

4. O juiz decide da admissibilidade da intervenção no despacho saneador, se o processo o comportar e ainda não tiver sido proferido ou, no caso contrário, logo após o decurso do prazo para a oposição.

INTERVENÇÃO PRINCIPAL PROVOCADA: CÓDIGO DE PROCESSO CIVIL, ARTIGOS 325.° A 329.°

Artigo 325.° ***(Âmbito)***

1. Qualquer das partes pode chamar a juízo os interessados com direito a intervir na causa, seja como seu associado, seja como associado da parte contrária.

2. Nos casos previstos no artigo 31.°-B, pode ainda o autor chamar a intervir como réu o terceiro contra quem pretenda dirigir o pedido.

3. O autor do chamamento alega a causa do chamamento e justifica o interesse que, através dele, pretende acautelar.

Artigo 326.° ***(Oportunidade do chamamento)***

1. O chamamento para intervenção só pode ser requerido, em articulado da causa ou em requerimento autónomo, até ao momento em que podia deduzir-se a intervenção espontânea em articulado próprio, sem prejuízo do disposto no artigo 269.°, no n.° 1 do artigo 329.° e no n.° 2 do artigo 869.°.

2. Ouvida a parte contrária, decide-se da admissibilidade do chamamento.

Artigo 327.° ***(Termos em que se processa)***

1. Admitida a intervenção, o interessado é chamado por meio de citação.

2. No acto de citação, recebem os interessados cópias dos articulados já oferecidos, apresentados pelo requerente do chamamento.

3. O citado pode oferecer o seu articulado ou declarar que faz seus os articulados do autor ou do réu, dentro de prazo igual ao facultado para a contestação, observando-se, com as necessárias adaptações, o disposto para a intervenção espontânea.

4. Se intervir no processo passado o prazo a que se refere o número anterior, tem de aceitar os articulados da parte a que se associa e todos os actos e termos já processados.

Artigo 328.° ***(Valor da sentença quanto ao chamado)***

1. Se o chamado intervier no processo, a sentença apreciará o seu direito e constituirá caso julgado em relação a ele.

2. Se não intervier, a sentença só constitui, quanto a ele, caso julgado:

a) Nos casos da alínea *a)* do artigo 320.°, salvo tratando-se de chamamento dirigido pelo autor a eventuais litisconsortes voluntários activos;

b) Nos casos do n.° 2 do artigo 325.°.

Artigo 329.° ***(Especialidades da intervenção passiva suscitada pelo réu)***

1. O chamamento de condevedores ou do principal devedor, suscitado pelo réu que nisso mostre interesse atendível, é deduzido obrigatoriamente na contestação ou, não pretendendo o réu contestar, no prazo em que esta deveria ser apresentada.

2. Tratando-se de obrigação solidária e sendo a prestação exigida na totalidade a um dos condevedores, pode o chamamento ter ainda como fim a condenação na satisfação do direito de regresso que lhe possa vir a assistir.

3. Na situação prevista no número anterior, se apenas for impugnada a solidariedade da dívida e a pretensão do autor puder de imediato ser julgada procedente, é o primitivo réu logo condenado no pedido no despacho saneador, prosseguindo a causa entre autor do chamamento e chamado, circunscrita à questão do direito de regresso.

JURISPRUDÊNCIA:

DIREITOS RELATIVOS À HERANÇA INDIVISA:

"**I** – Os direitos relativos à herança indivisa só podem ser exercidos conjuntamente por todos os herdeiros.

II – Se a lei exige que todos os directamente interessados estejam presentes em determinado processo e algum não queira nele figurar, aos que pretendam recorrer a juízo só resta requerer o incidente de intervenção principal provocada e, assim, vencer a inércia do recusante e garantir a legitimidade activa." *(Acórdão da Relação de Coimbra, de 11.12.90, Colectânea de Jurisprudência, 1990, Tomo V, pág. 67)*

PETIÇÃO DA HERANÇA:

"**I** – A acção de petição de herança envolve os pedidos de reconhecimento da qualidade de herdeiro e a restituição dos bens hereditários.

II – O pedido de reconhecimento da qualidade de herdeiro pode resultar de forma implícita.

III – Provando o R. o poder de facto, por 20 anos, dos bens que faziam parte das heranças, presume-se o *animus*, improcedendo a petição de herança quanto a eles." *(Acórdão da Relação de Coimbra, de 19.05.98, Colectânea de Jurisprudência, 1998, Tomo III, pág. 16)*

NOTAS PESSOAIS:

ARTIGO 1331.°
(Intervenção de outros interessados)

1. Havendo herdeiros legitimários, os legatários e donatários que não hajam sido inicialmente citados para o inventário podem deduzir intervenção no processo e nele exercer a actividade para que estão legitimados, nos termos do n.° 2 do artigo 1327.°, aplicando-se, com as necessárias adaptações, o disposto no artigo anterior.

2. Os titulares activos de encargos da herança podem reclamar no inventário os seus direitos, mesmo que estes não hajam sido relacionados pelo cabeça-de-casal, até à realização da conferência de interessados destinada à aprovação do passivo; se não o fizerem, não ficam, porém, inibidos de exigir o pagamento pelos meios comuns, mesmo que hajam sido citados para o processo.

HISTÓRICO:

Redacção do art. 2.° do DL 227/94, de 08.09.
Preceito inovador.

REMISSÕES:

1. Doação – arts. 940.° e segs. CC; legados – arts. 2249.° e segs. CC.
2. Encargos da herança – arts. 2068.° e segs. CC.

ANOTAÇÕES:

1. INTERVENÇÃO DE LEGATÁRIOS E DONATÁRIOS:
Havendo herdeiros legitimários, os legatários e donatários são, em princípio, admitidos a intervir no inventário (art. 1327.°, n.° 2 do CPC). No entanto, quando tal não aconteça, poderão, eles próprios deduzir a sua intervenção principal no processo (art. 1331.° do CPC).

Parece haver uma duplicação de preceitos, se não mesmo, uma contradição entre os dois excerptos legais indicados. No entanto, tal não acontece. Efectivamente, com a primeira daquelas normas pretende defender-se, essencialmente o princípio da intangibilidade da legítima, ou seja, garantir-se que o cumprimento de uma liberalidade feita pelo autor da sucessão por conta da sua quota disponível venha pôr em crise a legítima dos herdeiros "forçados", os legitimários. Ora, se é isto que se pretende, melhor seria que o legislador, em vez de se referir à admissibilidade de intervenção inicial daqueles legatários ou donatários, tivesse optado por impor a sua citação, no sentido de obrigação da sua intervenção *ab initio*. E é para obviar a essa eventual incorrecção na letra da lei que no segundo dos preceitos o legislador admite a intervenção dos legatários e donatários que não hajam sido inicialmente citados, reconhecendo que a sua intervenção inicial promove-se por via da citação e não por sua iniciativa. Quer-se com isto dizer que o legislador, ao admitir a dedução posterior de intervenção do legatário e donatário, está a dar a estes uma oportunidade de conseguirem um equilíbrio de interesses, agora em protecção das deixas com que foram contemplados, as quais, na falta dessa intervenção, poderiam vir a ser drasticamente reduzidas.

2. ENCARGOS DA HERANÇA:

Diz o art. 2068.° do Código Civil que a herança responde pelas despesas com o funeral e sufrágios do seu autor, pelos encargos com a testamentaria, administração e liquidação do património da herança, pelo pagamento das dívidas do falecido e pelo cumprimento dos legados. Estes são os encargos da herança.

Ora, o cálculo da legítima (quando a ele houver lugar) faz-se depois de pagos os encargos referidos, à excepção dos legados; ou seja, esse cálculo é efectuado a partir do valor líquido da herança e não do seu valor bruto. E raciocínio semelhante tem lugar mesmo no caso de não haver herdeiros legitimários. Nesta hipótese, porém, os legados são cumpridos antes de se proceder ao cálculo da quota que caberá a cada um dos herdeiros legítimos (v.g., no caso de a herança ser deferida a irmãos ou colaterais do *de cuius*).

Em qualquer uma destas duas hipóteses justifica-se plenamente a intervenção dos titulares activos de encargos da herança, já que são sempre privilegiados no pagamento daquilo a que têm direito.

NOTAS PESSOAIS:

ARTIGO 1332.°
(Habilitação)

1. Se falecer algum interessado directo na partilha antes de concluído o inventário, o cabeça-de-casal indica os sucessores do falecido, juntando os documentos necessários, notificando-se a indicação aos outros interessados e citando-se para o inventário as pessoas indicadas.

2. A legitimidade dos sucessores indicados pode ser impugnada quer pelo citado, quer pelos outros interessados notificados, nos termos dos artigos 1343.° e 1344.°; na falta de impugnação, têm-se como habilitadas as pessoas indicadas, sem prejuízo de os sucessores eventualmente preteridos deduzirem a sua própria habilitação.

3. Os citados têm os direitos a que se refere o n.° 2 do artigo 1342.°, a partir do momento da verificação do óbito do interessado a que sucedem.

4. Podem ainda os sucessores do interessado falecido requerer a respectiva habilitação, aplicando-se, com as necessárias adaptações, o disposto nos números anteriores.

5. Se falecer algum legatário, credor ou donatário que tenha sido citado para o inventário, podem os seus herdeiros fazer-se admitir no processo, seguindo-se os termos previstos no número anterior, com as necessárias adaptações.

6. A habilitação do cessionário de quota hereditária e dos subadquirentes dos bens doados, sujeitos ao ónus de redução, faz-se nos termos gerais.

HISTÓRICO:

Redacção do art. 2.° do DL 227/94, de 08.09.

No entanto, o n.° 3 foi alterado pelo art. 1.° do DL 329-A/95, de 12.12, que substituiu a referência ao n.° 4 do artigo 1342.° pelo n.° 2 do mesmo preceito.

Preceito novo, à excepção do n.° 6, que corresponde parcialmente ao anterior art. 1335.° do CPC, que tinha a seguinte redacção:

Artigo 1335.° ***(Habilitação do cessionário ou adquirente)***

A habilitação do cessionário de quota hereditária e do subadquirente de bens doados faz-se nos termos gerais.

REMISSÕES:

Cabeça-de-casal – art. 2080.° CC; alienação da herança – arts. 2124.° e segs. CC.

Habilitação – arts. 371.° e segs. CPC; habilitação de cessionário ou adquirente – art. 376.° CPC; oposição, impugnações e tramitação – arts. 1343.° e 1344.° CPC; composição da quota de herdeiro preterido – art. 1389.° CPC.

LEGISLAÇÃO SUBSIDIÁRIA:

HABILITAÇÃO - ARTIGOS 371.° A 377.° DO CÓDIGO DE PROCESSO CIVIL:

Artigo 371.° ***(Quando tem lugar a habilitação. Quem a pode promover)***

1. A habilitação dos sucessores da parte falecida na pendência da causa, para com eles prosseguirem os termos da demanda, pode ser promovida tanto por qualquer das partes que sobreviverem como por qualquer dos sucessores e deve ser promovida contra as partes sobrevivas e contra os sucessores do falecido que não forem requerentes.

2. Se, em consequência das diligências para citação do réu, resultar certificado o falecimento deste, poder-se-á requerer a habilitação dos seus sucessores, em conformidade do que nesta secção se dispõe, ainda que o óbito seja anterior à proposição da acção.

3. Se o autor falecer depois de ter conferido mandato para a proposição da acção e antes de esta ter sido instaurada, pode promover-se a habilitação dos seus sucessores quando se verifique algum dos casos excepcionais em que o mandato é susceptível de ser exercido depois da morte do constituinte.

Artigo 372.° ***(Regras comuns de processamento do incidente)***

1. Deduzido o incidente, ordena-se a citação dos requeridos que ainda não tenham sido citados para a causa e a notificação dos restantes, para contestarem a habilitação.

2. O incidente é autuado por apenso, sem prejuízo do disposto no n.° 1 do artigo 373.°.

3. A improcedência da habilitação não obsta a que o requerente deduza outra, com fundamento em factos diferentes ou em provas diversas relativas ao mesmo facto. A nova habilitação, quando fundada nos mesmos factos, pode ser deduzida no processo da primeira, pelo simples oferecimento de outras provas, mas as custas da primeira habilitação não serão atendidas na acção respectiva.

Artigo 373.° ***(Processo a seguir no caso de a legitimidade já estar reconhecida em documento ou noutro processo)***

1. Se a qualidade de herdeiro ou aquela que legitimar o habilitando para substituir a parte falecida já estiver declarada noutro processo, por decisão transitada em julgado, ou reconhecida em habilitação notarial, a habilitação terá por base certidão da sentença ou da escritura, sendo requerida e processada nos próprios autos da causa principal.

2. Os interessados para quem a decisão constitua caso julgado ou que intervieram na escritura não podem impugnar a qualidade que lhes é atribuída no título de habilitação, salvo se alegarem que o título não preenche as condições exigidas por este artigo ou enferma de vício que o invalida.

3. Na falta de contestação, verificar-se-á se o documento prova a qualidade de que depende a habilitação, decidindo-se em conformidade; se algum dos chamados contestar, seguir-se-á a produção da prova e depois se decidirá.

4. Havendo inventário, ter-se-ão por habilitados como herdeiros os que tiverem sido indicados pelo cabeça-de-casal, se todos estiverem citados para o inventário e nenhum tiver impugnado a sua legitimidade ou a dos outros dentro do prazo legal ou se, tendo havido impugnação, esta tiver sido julgada improcedente. Apresentada certidão do inventário, pela qual se provem os factos indicados, observar-se-á o que fica disposto neste artigo.

Artigo 374.° ***(Habilitação no caso de a legitimidade ainda não estar reconhecida)***

1. Não se verificando qualquer dos casos previstos no artigo anterior, o juiz decide o incidente logo que, findo o prazo da contestação, se faça a produção de prova que no caso couber.

2. Quando a qualidade de herdeiro esteja dependente da decisão de alguma causa ou de questões que devam ser resolvidas noutro processo, a habilitação será requerida contra todos os que disputem a herança e todos são citados, mas o tribunal só julga habilitadas as pessoas que, no momento em que a habilitação seja decidida, devam considerar-se como herdeiras; os outros interessados, a quem a decisão é notificada, são admitidos a intervir na causa como litisconsortes dos habilitados, observando-se o disposto nos artigos 322.° e seguintes.

3. Se for parte na causa uma pessoa colectiva ou sociedade que se extinga, a habilitação dos sucessores faz-se em conformidade do disposto neste artigo, com as necessárias adaptações e sem prejuízo do disposto no artigo 162.° do Código das Sociedades Comerciais.

Artigo 375.° ***(Habilitação no caso de incerteza de pessoas)***

1. Se forem incertos, são citados editalmente os sucessores da parte falecida.

2. Findo o prazo dos éditos sem que os citados compareçam, a causa segue com o Ministério Público, nos termos aplicáveis no artigo 16.°.

3. Os sucessores que comparecerem, quer durante, quer após o prazo dos éditos, deduzirão a sua habilitação nos termos dos artigos anteriores.

4. Nos casos em que à herança é atribuída personalidade judiciária, é lícito requerer a respectiva habilitação.

Artigo 376.° ***(Habilitação do adquirente ou cessionário)***

1. A habilitação do adquirente ou cessionário da coisa ou direito em litígio, para com ele seguir a causa, far-se-á nos termos seguintes:

a) Lavrado no processo o termo da cessão ou junto ao requerimento de habilitação, que será autuado por apenso, o título da aquisição ou da cessão, é notificada a parte contrária para contestar; na contestação pode o notificado impugnar a validade do acto ou alegar que a transmissão foi feita para tornar mais difícil a sua posição no processo.

b) Se houver contestação, o requerente pode responder-lhe e em seguida, produzidas as provas necessárias, se decidirá; na falta de contestação, verificar-se-á se o documento prova a aquisição ou a cessão e, no caso afirmativo, declarar-se-á habilitado o adquirente ou cessionário.

2. A habilitação pode ser promovida pelo transmitente ou cedente, pelo adquirente ou cessionário, ou pela parte contrária; neste caso, aplica-se o disposto no n.° 1, com as adaptações necessárias.

Artigo 377.° ***(Habilitação perante os tribunais superiores)***

1. O disposto nesta secção é aplicável à habilitação deduzida perante os tribunais superiores, incumbindo o julgamento do incidente ao relator.

2. Se houver lugar a prova testemunhal, pode o relator determinar que o processo baixe com o apenso à 1.ª instância, para aí ser julgado o incidente.

Se falecer ou se extinguir alguma das partes enquanto a habilitação estiver pendente na 1.ª instância, aí será deduzida a nova habilitação.

3. Se o processo do incidente estiver parado na 1.ª instância por mais de um ano, por inércia do habilitante, será devolvido ao tribunal superior para os efeitos do artigo 291.°.

4. Os recursos interpostos para o tribunal onde o incidente foi suscitado são julgados pelos juizes da causa principal.

ANOTAÇÕES:

1. PROCESSO DO INCIDENTE:

"A habilitação a que se refere o n.° 6 deste artigo é requerida nos termos fixados no artigo 376.°." *(Abílio Neto, Código de Processo Civil Anotado, 15.ª ed., Set./1999, pág. 1323)*

2. HABILITAÇÃO DE CESSIONÁRIO OU ADQUIRENTE DA QUOTA DE UM INTERESSADO:

"O transmitente continua a ter legitimidade para intervir no processo enquanto não for substituído pela dita habilitação.

Pode ter lugar *em qualquer altura*, isto é, enquanto não houver trânsito em julgado da sentença homologatória da partilha.

Os termos dessa habilitação são os constantes do *artigo 376.°* do Código de Processo Civil.

(...)

Desde que a cessão do direito do interessado não esteja sujeita a quaisquer formalidades especiais, poderá fazer-se por simples termo no processo principal. (...)

Mas, integrando o direito à herança direitos de propriedade sobre imóveis será questionável se a sua cessão se poderá fazer por simples termo ou apenas por escritura pública. Parece-nos ser a última a solução mais acertada.

Para se processar esta habilitação, é *necessário um requerimento ou do cedente ou do cessionário. Mais nenhum interessado tem legitimidade* para a requerer, já que se trata de uma substituição processual facultativa.

Esta necessidade de requerimento subscrito pelo cedente ou pelo cessionário leva-nos a concluir, ao contrário do Dr. Lopes Cardoso (Partilhas Judiciais, 3.ª ed., Vol. III, pág. 147) que *é necessária tal habilitação mesmo nos casos em que o cabeça-de-casal declara a existência de determinada cessão e o cessionário é citado.*

Igualmente nos parece que, ao contrário do que aquele autor defende no local citado, *quando o cessionário é o requerente do processo de inventário não fica dispensado de requerer a sua própria habilitação*, a qual é prévia relativamente ao próprio processo." *(Carvalho de Sá, Do Inventário, Almedina, 4.ª ed., págs. 89 e seg.)*

JURISPRUDÊNCIA:

HABILITAÇÃO DO CESSIONÁRIO:

"Atento o disposto neste artigo, a habilitação do cessionário de quota hereditária e do subadquirente de bens doados, tem lugar de harmonia com o preceituado no art. 1334.°, com a consquência de o transmitente continuar a ter legitimidade na causa enquanto não for substituído por habilitação." *(Acórdão da Relação de Lisboa, de 19.01.70, Jurisprudência das Relações, 16.°, pág. 23 e Revista dos Tribunais, 89.°, pág. 285)*

MORTE DO INTERESSADO – SUSPENSÃO DA INSTÂNCIA:

"**I** – Com a morte do interessado suspende-se a instância (art. 276.°, n.° 1, alínea *a)*, do Cód. Proc. Civil), e, por conseguinte, fica suspenso o prazo até à habilitação dos sucessores (art. 1390.° do mesmo diploma legal).

II – Nos termos do n.° 1 do referido artigo 1390.°, os herdeiros são habilitados sem prejuízo do disposto no art. 1334.°, onde se consigna que, a partir do trânsito em julgado da decisão que os admita, têm eles os direitos processuais a que se refere o n.° 4 do artigo 1329.° daquele diploma, isto é, os direitos que pertenciam ao falecido.

III – Tendo ficado precludida, quanto à meeira do interessado falecido, a faculdade a que se refere o art. 1377.° do referido diploma legal, não pode a mesma, posteriormente, embora na qualidade de herdeira do falecido, exercer tal faculdade, que assistirá aos restantes herdeiros." *(Acórdão do Supremo Tribunal de Justiça, de 13.01.89, Boletim do Ministério da Justiça 383.°, pág. 511)*

HABILITAÇÃO DE HERDEIROS:

"**I** – A habilitação dos herdeiros falecidos antes de concluído o inventário faz-se pela forma estabelecida no n.° 1 do art. 1390.° do Cód. Proc. Civil, e não de outro modo, nomeadamente através do incidente do artigo 371.° do mesmo Código.

II – É imperativo o recurso às normas do aludido artigo 1390.°, n.° 1, para habilitação dos herdeiros dos interessados cujo decesso ocorra na pendência da causa." *(Acórdão da Relação de Évora, de 26.01.89, Boletim do Ministério da Justiça 383.°, pág. 629)*

CESSIONÁRIO DO DIREITO E ACÇÃO À HERANÇA:

"**I** – O cessionário do direito e acção à herança só pode intervir em inventário depois de habilitado.

II – O provimento de recurso pode ocorrer por razões jurídicas diferentes das expostas pelo recorrente.

III – O interesse do procurador ou de terceiro é relevante para efeitos de irrevogabilidade da procuração sempre que haja auferição de vantagem económica ou jurídica e não seja posta em causa a relação de confiança entre representante e representado ou a autonomia da vontade deste.

IV – Existindo duas procurações, uma com poderes para doar a terceiro o direito e acção à herança e a outra com poderes de intervenção no inventário, a segunda, após feita a doação, ter-se-á como irrevogável, atento o interesse relevante do terceiro." *(Acórdão do Supremo Tribunal de Justiça, de 13.02.96, Colectânea de Jurisprudência, Acórdãos do Supremo Tribunal de Justiça, 1996, Tomo I, pág. 86)*

HABILITAÇÃO DE SUCESSORES – LEGITIMIDADE:

"**I** – A habilitação de sucessores de parte falecida na pendência de causa, para com eles prosseguir os termos da demanda, deve ser promovida contra as partes sobrevivas e contra os sucessores do falecido que não forem requerentes.

II – A parte interessada em fazer prosseguir a causa tem de requerer a prévia citação edital dos sucessores incertos do falecido, para, no prazo dos éditos, deduzirem a sua habilitação, sob pena de a causa seguir, findo esse prazo, com o Ministério Público.

III – O Ministério Público mantém a legitimidade para representar os incertos se, no decurso da referida citação edital, um dos requeridos certos vier dar conhecimento da existência de um descendente do falecido, só cessando tal legitimidade quando o herdeiro em causa vier deduzir a sua habilitação e for julgado habilitado." *(Acórdão da Relação do Porto, de 17.02.98, Boletim do Ministério da Justiça 474.°, pág. 551)*

HABILITAÇÃO DE HERDEIROS – HERANÇA JACENTE – INCIDENTE DE HABILITAÇÃO:

"**I** – No incidente de habilitação de herdeiros cuida-se de apurar quem tem a qualidade que o legitima para substituir a parte falecida na pendência da causa ou antes da propositura.

II – No entanto, também nesse incidente, é ao direito substantivo que compete dizer quem substitui o *de cujus* na relação jurídica substantiva que constitui o objecto da lide.

III – Durante o período de tempo em que a herança permanece jacente (isto é: em que ainda não foi aceite nem declarada vaga para o Estado), ainda não há verdadeiramente sucessores, mas tão só sucessíveis, assumindo a herança, provisoriamente, o lugar do *de cujus*, sendo ela o titular dos direitos e obrigações respectivos.

IV – Como património autónomo ou universalidade, a herança jacente tem personalidade jurídica e judiciária, podendo demandar e ser demandada.

V – Só pela aceitação da herança (que pode ser expressa ou tácita), é que o chamado ingressa na titularidade dos direitos hereditários.

VI – Enquanto não houver aceitação, a herança permanece jacente e dotada de personalidade jurídica e judiciária, pelo que, em vez dos sucessíveis, deve requerer-se a habilitação da própria herança, que será substituída pelos herdeiros, logo que houver aceitação destes.

VII – Mas, como regra é o herdeiro aceitar a herança, cai sobre ele o ónus de provar a sua não aceitação, juntando documento de repúdio.

VIII – O mecanismo de notificação dos sucessíveis para declararem se aceitam ou repudiam a herança, previsto nos arts. 2049.° do CC e 1467.° e seguintes do CPC, é utilizável no próprio incidente de habilitação de herdeiros." *(Acórdão da Relação do Porto, de 30.20.2003, Colectânea de Jurisprudência, 2003, Tomo IV, págs. 194 e seg.)*

NOTAS PESSOAIS:

ARTIGO 1333.°
(Exercício do direito de preferência)

1. A preferência na alienação de quinhões hereditários dos interessados na partilha pode ser exercida incidentalmente no processo de inventário, salvo se envolver a resolução de questões de facto cuja complexidade se revele incompatível com a tramitação daquele processo.

2. Apresentando-se a preferir mais de um interessado, observar-se-á o disposto no n.° 2 do artigo 1464.°.

3. O incidente suspende os termos do processo a partir do momento em que deveria ser convocada a conferência de interessados.

4. O não exercício de preferência no inventário não preclude o direito de intentar acção de preferência, nos termos gerais.

5. Se for exercido direito de preferência fora do processo de inventário, pode determinar-se, oficiosamente ou a requerimento de algum dos interessados directos na partilha, a suspensão do inventário, nos termos do artigo 279.°.

HISTÓRICO:

Redacção do art. 2.° do DL 227/94, de 08.09.

Corresponde, em parte, ao art. 1336.° do CPC na versão original, cuja redacção era a seguinte:

Artigo 1336.° ***(Exercício do direito de preferência)***

1. A preferência na alienação de quinhões de interessados na partilha pode ser exercida no processo de inventário quando envolva apenas questões de direito ou que simplesmente exijam prova documental.

O cessionário é notificado pessoalmente para responder no prazo de oito dias.

Com o requerimento e a resposta são juntos todos os documentos.

2. O incidente suspende os termos do processo a partir da descrição dos bens.

3. Apresentando-se a preferir mais de um interessado, observar-se-á o disposto no n.° 2 do artigo 1464.°.

4. O exercício do direito de preferência fora do processo tem o mesmo efeito sobre o andamento do inventário, se a suspensão for requerida por qualquer interessado na partilha.

REMISSÕES:

1. Preferência na alienação de quinhão hereditário – art. 2130.° CC.
3. 5. Suspensão da instância – art. 279.° CPC; tramitação dos incidentes do inventário – art. 1334.° CPC; direitos de preferência concorrentes – art. 1464.° CPC.

LEGISLAÇÃO SUBSIDIÁRIA:

NOTIFICAÇÃO PARA PREFERÊNCIA - ARTIGOS 1458.° A 1466.° DO CÓDIGO DE PROCESSO CIVIL:

Artigo 1458.° ***(Termos a seguir)***

1. Quando se pretenda que alguém seja notificado para exercer o direito de preferência, especificar-se-ão no requerimento o preço e as restantes cláusulas do contrato projectado, indicar-se-á o prazo dentro do qual, segundo a lei civil, o direito pode ser exercido e pedir-se-á que a pessoa seja pessoalmente notificada para declarar, dentro desse prazo, se quer preferir.

2. Querendo o notificado preferir, deve declará-lo dentro do prazo indicado nos termos do número anterior, mediante requerimento ou por termo no processo; feita a declaração, se nos vinte dias seguintes não for celebrado o contrato, deve o preferente requerer, nos dez dias subsequentes, que se designe dia e hora para a parte contrária receber o preço por termo no processo, sob pena de ser depositado, podendo o requerente depositá-lo no dia seguinte, se a parte contrária, devidamente notificada, não comparecer ou se recusar a receber o preço.

3. O preferente que não observe o disposto no número anterior perde o seu direito.

4. Pago ou depositado o preço, os bens são adjudicados ao preferente, retrotraindo-se os efeitos da adjudicação à data do pagamento ou depósito.

5. Não é admitida oposição à notificação com fundamento na existência de vícios do contrato em relação ao qual se vai efectivar o direito, susceptíveis de inviabilizar o exercício da preferência, os quais apenas pelos meios comuns podem ser apreciados.

6. O disposto nos números anteriores é aplicável, com as necessárias adaptações, à obrigação de preferência que tiver por objecto outros contratos, além da compra e venda.

Artigo 1459.° ***(Preferência limitada)***

1. Quando o contrato projectado abranja, mediante um preço global, outra coisa além da sujeita ao direito de preferência, o notificado pode declarar que quer exercer o seu direito só em relação a esta, requerendo logo a determinação do preço que deve ser atribuído proporcionalmente à coisa, e aplicando-se o disposto no artigo 1429.°.

2. A parte contrária pode deduzir oposição ao requerido, invocando que a coisa preferida não pode ser separada sem prejuízo apreciável.

3. Procedendo a oposição, o preferente perde o seu direito, a menos que exerça a preferência em relação a todas as coisas; se a oposição improceder, seguem-se os termos previstos nos n.ºs 2 a 4 do artigo anterior, contando-se o prazo de vinte dias para a celebração do contrato do trânsito em julgado da sentença.

Artigo 1459.°-A ***(Prestação acessória)***

1. Se o contrato projectado abranger a promessa de uma prestação acessória que o titular do direito de preferência não possa satisfazer, requererá logo o preferente que declare exercer o seu direito a respectiva avaliação em dinheiro, quando possível, aplicando-se o disposto no artigo 1429.°, ou a dispensa da obrigação de satisfazer a prestação acessória, mostrando que esta foi convencionada para afastar o seu direito.

2. Se a prestação não for avaliável pecuniariamente, pode o preferente requerer, nos termos do artigo 418.° do Código Civil, o exercício do seu direito, mostrando que, mesmo sem a prestação estipulada, a venda não deixaria de ser efectuada ou que a prestação foi convencionada para afastar a preferência.

3. O prazo para a celebração do contrato conta-se nos termos previstos no n.° 3 do artigo anterior.

Artigo 1459.°-B ***(Direito de preferência a exercer simultaneamente por vários titulares)***

Quando o direito de preferência for atribuído simultaneamente a vários contitulares, devendo ser exercido por todos em conjunto, serão notificados todos os interessados para o exercício do direito, aplicando-se o disposto nos artigos anteriores, com as necessárias adaptações, sem prejuízo do disposto nos artigos 1462.° e 1463.°.

Artigo 1460.° ***(Direitos de preferência alternativos)***

1. Se o direito de preferência competir a várias pessoas simultaneamente, mas houver de ser exercido apenas por uma, não designada, há-de o requerente pedir que sejam todas notificadas para comparecer no dia e hora que forem fixados, a fim de se proceder a licitação entre elas; o resultado da licitação é reduzido a auto, no qual se registará o maior lanço de cada licitante.

2. O direito de preferência é atribuído ao licitante que ofereça o lanço mais elevado. Perdê-lo-á, porém, nos casos previstos no artigo 1459.°.

3. Havendo perda do direito atribuído, este devolve-se ao interessado que tiver oferecido o lanço imediatamente inferior, e assim sucessivamente, mas o prazo de vinte dias fixado no artigo 1459.° fica reduzido a metade. À medida que cada um dos licitantes for perdendo o seu direito, o requerente da notificação deve pedir que o facto seja notificado ao licitante imediato.

4. No caso de devolução do direito de preferência, os licitantes não incorrem em responsabilidade se não mantiverem o seu lanço e não quiserem exercer o seu direito.

Artigo 1461.° ***(Direito de preferência sucessivo)***

1. Competindo o direito de preferência a mais de uma pessoa sucessivamente, pode pedir-se que sejam todas notificadas para declarar se pretendem usar do seu direito no caso de vir a pertencer-lhes, ou pedir-se a notificação de cada uma à medida que lhe for tocando a sua vez em consequência de renúncia ou perda do direito do interessado anterior.

2. No primeiro caso prossegue o processo em relação ao preferente mais graduado que tenha declarado querer preferir, mediante prévia notificação; se este perder o seu direito, proceder-se-á da mesma forma quanto ao mais graduado dos restantes, e assim sucessivamente.

Artigo 1462.° ***(Direito de preferência pertencente a herança)***

1. Competindo o direito de preferência a herança, pedir-se-á no tribunal do lugar da sua abertura a notificação do cabeça-de-casal, salvo se os bens a que respeita estiverem licitados ou incluídos em algum dos quinhões, porque neste caso deve pedir-se a notificação do respectivo interessado para ele exercer o direito.

2. O cabeça-de-casal, logo que seja notificado, requererá uma conferência de interessados para se deliberar se a herança deve exercer o direito de preferência.

3. O processo é dependência do inventário, quando o haja.

Artigo 1463.° ***(Direito de preferência pertencente aos cônjuges)***

Se o direito de preferência pertencer em comum aos cônjuges, é pedida a notificação de ambos, podendo qualquer deles exercê-lo.

Artigo 1464.° ***(Direitos de preferência concorrentes)***

1. Se forem atribuídos simultaneamente direitos de preferência concorrentes a diversos titulares, será pedida a notificação de todos eles.

2. Quando se apresente a preferir mais de um titular, o bem objecto de alienação é adjudicado a todos, na proporção das suas quotas.

Artigo 1465.° ***(Exercício da preferência quando a alienação já tenha sido efectuada e o direito caiba a várias pessoas)***

1. Se já tiver sido efectuada a alienação a que respeita o direito de preferência e este direito couber simultaneamente a várias pessoas, o processo para a determinação do preferente segue os termos do artigo 1460.°, com as alterações seguintes:

a) O requerimento inicial é feito por qualquer das pessoas com direito de preferência;

b) O licitante a quem for atribuído o direito deve, no prazo de vinte dias, depositar a favor do comprador o preço do contrato celebrado e a importância da sisa paga, salvo, quanto a esta, se mostrar que beneficia de isenção ou redução e, a favor do vendedor, o excedente sobre aquele preço;

c) O licitante deve ainda, nos trinta dias seguintes ao trânsito em julgado da sentença de adjudicação, mostrar que foi proposta a competente acção de preferência, sob pena de perder o seu direito;

d) Em qualquer caso de perda de direito, a notificação do licitante imediato é feita oficiosamente.

2. A apresentação do requerimento para este processo equivale, quanto à caducidade do direito de preferência, à instauração da acção de preferência.

3. O disposto neste artigo é aplicável, com as necessárias adaptações, aos casos em que o direito de preferência cabe a mais de uma pessoa, sucessivamente.

Artigo 1466.° ***(Regime das custas)***

1. As custas dos processos referidos nesta secção serão pagas pelo requerente, no caso de não haver declaração de preferência, e pela pessoa que declarou querer preferir, nos outros casos.

Se houver vários declarantes, as custas são pagas por aquele a favor de quem venha a ser proferida sentença de adjudicação ou por todos eles, se não chegar a haver sentença.

2. Fora dos casos de desistência total, a desistência de qualquer declarante tem como efeito que todos os actos processuais que lhe digam respeito se consideram, para efeitos de custas, como um incidente da sua responsabilidade.

3. Quando os processos tenham sido instaurados depois de celebrado o contrato que dá lugar à preferência, aquele que vier a exercer o direito haverá as custas pagas da pessoa que devia oferecer a preferência.

ANOTAÇÕES:

1. EXERCÍCIO DO DIREITO DE PREFERÊNCIA:

"*Se determinado interessado* ***promete*** *alienar a um estranho o seu quinhão hereditário deverá notificar para preferir os seus co-herdeiros*, de acordo com as disposições combinadas dos artigos 416.° do Código Civil e 1458.° do Código de Processo Civil. Nesse caso, de acordo com o n.° 2 do artigo 1462.° deste último diploma legal, *o cabeça-de-casal requererá uma conferência de interessados* para deliberar se deverá ou não ser exercido o direito de preferência, o que deverá ser feito *em oito dias*, sob pena de caducidade, salvo se o promitente alienante lhes conceder prazo mais longo.

Este processo é dependência do de inventário quando o haja (n.° 3 do artigo 1462.° do Código de Processo Civil).

Depois terão mesmo de exercer o dito direito de preferência no prazo de dois meses, sob pena de caducidade.

Se os bens a que diz respeito a preferência já foram licitados no processo de inventário, notifica-se o interessado que licitou para ele exercer o direito – artigo 1462.°, n.° 1 do Código de Processo Civil." *(Carvalho de Sá, Do Inventário, Almedina, 4.ª ed., pág. 92)*

2. IDEM:

"*Se o direito de preferência se exercer* ***depois*** *da alienação ter sido realizada*, das duas uma: ou o cessionário se habilitou no processo **ou não**.

Na *primeira hipótese*, será no decurso do prazo para contestar tal habilitação (isto é, nos 10 dias seguintes à sua notificação para tal fim – artigo 303.° do Código de Processo Civil – que *deverá ser convocada a conferência de interessados para se pronunciar sobre o exercício do direito em questão* e, no caso de os co-herdeiros não quererem exercer em conjunto tal direito, declarar qualquer deles individualmente se o quer fazer.

Com o requerimento é junta toda a prova documental e o cessionário é notificado para responder no prazo de dez dias, juntando também o respondente todos os documentos.

A questão será decidida no processo de inventário se envolver apenas questões de direito ou que exijam prova sumária.

Claro está que tal direito apenas pode ser exercido pelos co-herdeiros se o requererem *dentro do prazo de seis meses a contar da data em que tiveram conhecimento dos elementos essenciais da alienação* e desde que se deposite o preço nos quinze dias seguintes ao despacho que ordene a notificação do cessionário para responder.

O incidente suspende os termos do processo a partir do momento em que deveria ser convocada a conferência de interessados.

Pode ainda acontecer que o conjunto dos co-herdeiros não queira exercer o direito em questão mas, não obstante, se apresentem a preferir *mais do que um dos co-herdeiros, a título individual.*

Nesse caso, diz-se no n.° 2 do artigo 1333.°, que se observa o disposto no n.° 2 do artigo 1464.°, ambos do Código de Processo Civil.

(...)

Presentemente, *a necessidade de determinação do preferente no caso em exame desapareceu, bem como a preferência do maior consorte*, dispondo-se no artigo 1409.°, n.° 3 do actual Código Civil que 'sendo dois ou mais os preferentes (comproprietários), a quota alienada é adjudicada a todos, na proporção das suas quotas'." *(Carvalho de Sá, Do Inventário, Almedina, 4.ª ed., págs. 93 e seg.)*

IDEM:

"*Se o direito de preferência se vem exercer ao processo de inventário depois da alienação* da quota ter sido realizada, mas *sem que tenha havido habilitação* do cessionário, o interessado poderá fazê-lo, desde que se não mostre excedido o já aludido prazo de *seis meses* e em qualquer tempo, deduzindo o já analisado incidente previsto no artigo 1333.° do Código de Processo Civil." *(Carvalho de Sá, Do Inventário, Almedina, 4.ª ed., pág. 94)*

IDEM:

"*Se o exercício do direito de preferência depender de prova mais que sumária*, ou no caso de não ter havido notificação para preferência e não correr termos processo de inventário quando o preferente tem conhecimento das condições de alienação será aos *meios comuns* que o interessado deverá recorrer, instaurando a acção própria, cumprindo-lhe observar previamente, se for caso disso, o disposto no artigo 1465.° do Código de Processo Civil – determinação do preferente.

O exercício do direito de preferência fora do processo tem o mesmo efeito sobre o andamento do inventário, se a suspensão for requerida por qualquer interessado na partilha – artigo 1333.°, n.° 6 do Código de Processo Civil." *(Carvalho de Sá, Do Inventário, Almedina, 4.ª ed., pág. 94)*

JURISPRUDÊNCIA:

PREFERÊNCIA – QUESTÕES DE DIREITO:

"**I** – Enquanto não for julgada a cessão de herança, é o cedente quem continua a intervir como herdeiro.

II – O exercício do direito de preferência de co-herdeira, a exercer no inventário, além de estar limitado às questões de direito ou às que exijam prova documental, só pode ter lugar até à realização da partilha." *(Acórdão da Relação de Coimbra, de 04.12.79, Colectânea de Jurisprudência, 1979, Tomo V, pág. 429)*

REQUISITOS:

"O exercício do direito de preferência na alienação a estranhos de quinhões hereditários de interessados na partilha, a efectuar nos termos do artigo 1336.° [hoje, artigo 1333.°] do Cód. Proc. Civil, pressupõe: *a)* a pendência do processo de inventário; *b)* a habilitação do cessionário ou adquirente, em conformidade com o artigo 1335.° [hoje, 1332.°] do mesmo Código; *c)* a inexistência de questões de facto susceptíveis de outra prova que não a documental." *(Acórdão do Supremo Tribunal de Justiça, de 24.06.80, Boletim do Ministério da Justiça 298.°, pág. 262)*

CESSÃO DE MEAÇÃO – RELACIONAMENTO DOS BENS:

"**I** – Em inventário (facultativo), instaurado por óbito de um dos cônjuges, têm que ser relacionados e descritos todos os bens que constituem o acervo hereditário, ainda que o cônjuge sobrevivo tenha cedido a terceiro o seu direito à meação nos bens do casal.

II – Por óbito do cônjuge sobrevivo que fez cessão da sua meação não há que proceder a inventário ou partilha da herança.

III – O exercício do direito de preferência só excepcionalmente o pode ser em inventário." *(Acórdão da Relação de Évora, de 16.06.83, Colectânea de Jurisprudência, 1983, Tomo III, pág. 322)*

NOTAS PESSOAIS:

ARTIGO 1334.°
(Tramitação dos incidentes do inventário)

É aplicável à tramitação dos incidentes do processo de inventário, não especialmente regulados na lei, o disposto nos artigos 302.° a 304.°.

HISTÓRICO:

Redacção do art. 2.° do DL 227/94, de 08.09.
Preceito novo.

LEGISLAÇÃO SUBSIDIÁRIA:

ARTIGOS 302.° A 304.° DO CÓDIGO DE PROCESSO CIVIL – INCIDENTES DA INSTÂNCIA

Artigo 302.° ***(Regra geral)***

Em quaisquer incidentes inseridos na tramitação de uma causa observar-se-á, na falta de regulamentação especial, o que vai disposto na presente secção.

Artigo 303.° ***(Indicação das provas e oposição)***

1. No requerimento em que se suscite o incidente e na oposição que lhe for deduzida, devem as partes oferecer o rol de testemunhas e requerer os outros meios de prova.

2. A oposição é deduzida no prazo de 10 dias.

3. A falta de oposição no prazo legal determina, quanto à matéria do incidente, a produção do efeito cominatório que vigore na causa em que o incidente se insere.

Artigo 304.° ***(Limite do número de testemunhas; registo dos depoimentos)***

1. A parte não pode produzir mais de três testemunhas sobre cada facto, nem o número total de testemunhas, por cada parte, será superior a oito.

2. Os depoimentos prestados antecipadamente ou por carta são gravados ou registados nos termos do artigo 522.°-A.

3. Quando sejam prestados no tribunal da causa os depoimentos produzidos em incidentes que não devam ser instruídos e julgados conjuntamente com a matéria daquela são gravados se, comportando a decisão a proferir no incidente recurso ordinário, alguma das partes tiver requerido a gravação.

4. O requerimento previsto no número anterior é apresentado conjuntamente com o requerimento e oposição a que aludem os artigos 302.° e 303.°.

5. Finda a produção da prova, o juiz declara quais os factos que julga provados e não provados, observando, com as devidas adaptações, o disposto no n.° 2 do artigo 653.°.

{**Artigo 522.°-A** ***(Registo dos depoimentos prestados antecipadamente ou por carta)***

1. Os depoimentos das partes, testemunhas ou quaisquer outras pessoas que devam prestá-los no processo são sempre gravados, quando prestados antecipadamente ou por carta.

2. Revelando-se impossível a gravação, o depoimento é reduzido a escrito, com a redacção ditada pelo juiz, podendo as partes ou os seus mandatários fazer as reclamações que entendam oportunas e cabendo ao depoente, depois de lido o texto do seu depoimento, confirmá-lo ou pedir as rectificações necessárias.

Artigo 653.° ***(Julgamento da matéria de facto)***

(...) 2. A matéria de facto é decidida por meio de acórdão ou despacho, se o julgamento incumbir a juiz singular; a decisão proferida declarará quais os factos que o tribunal julga provados e quais os que julga não provados, analisando criticamente as provas e especificando os fundamentos que foram decisivos para a convicção do julgador.}

JURISPRUDÊNCIA:

INDEFERIMENTO LIMINAR:

"O indeferimento liminar da petição é princípio geral aplicável a todas as formas de processo (comum, especiais, procedimentos cautelares e incidentes dos artigos 302.° e segs. do Código de Processo Civil)." *(Acórdão da Relação de Lisboa, de 31.03.76, Colectânea de Jurisprudência, 1976, Tomo II, pág. 469)*

PROVA TESTEMUNHAL:

"**I** – Nos procedimentos cautelares a prova testemunhal produzida no tribunal da causa é prestada oralmente, devendo depois o tribunal indicar quais os factos que considera provados.

II – A omissão desta indicação implica a nulidade da decisão." *(Acórdão da Relação de Coimbra, de 08.02.89, Boletim do Ministério da Justiça 384.°, pág. 673)*

NOTAS PESSOAIS:

ARTIGO 1335.°
(Questões prejudiciais e suspensão do inventário)

1. Se, na pendência do inventário, se suscitarem questões prejudiciais de que dependa a admissibilidade do processo ou a definição dos direitos dos interessados directos na partilha que, atenta a sua natureza ou a complexidade da matéria de facto que lhes está subjacente, não devam ser incidentalmente decididas, o juiz determina a suspensão da instância, até que ocorra decisão definitiva, remetendo as partes para os meios comuns, logo que os bens se mostrem relacionados.

2. Pode ainda ordenar-se a suspensão da instância, nos termos previstos nos artigos 276.°, n.° 1, alínea *c)*, e 279.°, designadamente quando estiver pendente causa prejudicial em que se debata alguma das questões a que se refere o número anterior.

3. A requerimento das partes principais, pode o tribunal autorizar o prosseguimento do inventário com vista à partilha, sujeita a posterior alteração, em conformidade com o que vier a ser decidido, quando ocorra demora anormal na propositura ou julgamento da causa prejudicial, quando a viabilidade desta se afigure reduzida ou quando os inconvenientes no diferimento da partilha superem os que derivam da sua realização como provisória.

4. Realizada a partilha nos termos do número anterior, serão observadas as cautelas previstas no artigo 1384.°, relativamente à entrega aos interessados dos bens que lhes couberem.

5. Havendo interessado nascituro, o inventário é suspenso desde o momento em que se deveria convocar a conferência de interessados até ao nascimento do interessado.

HISTÓRICO:

Redacção do art. 2.° do DL 227/94, de 08.09.
Preceito novo.

REMISSÕES:

1. Questões prejudiciais – art. 79.° CPC; suspensão da instância por vontade do juiz – art. 279.° CPC.

2. Causas de suspensão da instância – art. 276.°, n.° 1 CPC.

3. Nova partilha – art. 1385.° CPC.

4. Entrega de bens antes de a sentença passar em julgado – art. 1384.° CPC.

5. Capacidade sucessória dos nascituros – art. 2033.° CC; convocação da conferência de interessados – art. 1352.°, n.° 1, CPC.

ANOTAÇÕES:

1. QUESTÕES PREJUDICIAIS:

Podem surgir no decurso do inventário questões prejudiciais, quer quanto à admissibilidade do processo, quer quanto à definição dos direitos dos interessados directos na partilha.

Nestes casos, poderá a questão ser incidentalmente resolvida no próprio inventário, quando a sua resolução seja linear, prosseguindo aquele os seus termos.

No entanto, situações há em que a complexidade da questão "obriga" a que a sua solução seja tomada através dos meios comuns. Será, por exemplo, o caso de se questionar sobre a consistência ou não do direito de propriedade do *de cuius* sobre determinado bem que foi relacionado, ou discutir-se sobre a aquisição do direito de propriedade por usucapião sobre um certo imóvel, com vista a saber-se se faz ou não parte do acervo patrimonial da herança. Quando tal aconteça, o juiz determina a suspensão da instância relativamente ao inventário, até que aquela outra questão se encontre decidida nos meios comuns.

Suspenso o andamento do inventário, mesmo assim pode o juiz mandá-lo prosseguir com vista à partilha, que será necessariamente, provisória, ou seja, sujeita a alterações, quando tal tenha sido requerido por alguma das partes principais (art. 1327.° do CPC) e desde que ocorra demora anormal na propositura ou julgamento da causa prejudicial e a viabilidade desta se mostre reduzida ou ainda quando os inconvenientes no deferimento da partilha superem os que derivam da sua realização como provisória. Claro que o deferimento no prosseguimento do inventário, apesar da questão prejudicial, depende sobretudo do critério de prudente arbítrio do juiz, que analisará casuisticamente cada uma das situações que se lhe deparem e decidirá de acordo com o equilíbrio dos interesses em causa. Assim sendo, o juiz terá, em primeiro lugar de "guiar-se" por um critério *concreto*, e não segundo princípios abstractos; por outro lado, estará presente o critério *subjectivo* do juiz, isto é, aquele que determine, em seu entender, a melhor solução para o caso vertente.

2. ACÇÃO PENDENTE E CONEXA:

"A suspensão do inventário com fundamento em acção pendente e conexa pode eternizar as partilhas, dificulta a administração de cada um, os interessados só tardiamente entram na posse do que lhes vem a pertencer e causa graves embaraços ao Fisco e aos herdeiros, na cobrança e pagamento do imposto sucessório. Pode mesmo constituir uma arma perigosa nas mãos de um herdeiro pouco honesto, v.g. o cabeça-de-casal, que sempre arranjaria forma de fazer com que outrem propusesse, sob a maior reserva, uma acção de paternidade ilegítima exclusivamente destinada a suspender os termos do inventário." *(J. A. LOPES CARDOSO, Partilhas Judiciais, vol. I, reimp. da 4.ª ed. de 1990, Coimbra, 2000, págs. 205 e 207)*

3. NASCITUROS CONCEBIDOS:

"Os nascituros já concebidos podem adquirir por sucessão testamentária ou legítima (*lato sensu*, abrangendo-se aqui a sucessão legitimária). A lei é muito clara a este respeito, ao dispor que têm capacidade sucessória, além do Estado, *todas as pessoas nascidas ou concebidas ao tempo da abertura da sucessão*, não exceptuadas por lei (art. 2033.°, n.° 1 do Código Civil). Os nascituros têm pois capacidade sucessória, desde que venham a nascer com vida (art. 66.°, n.° 2).

Quanto a saber quais os nascituros já concebidos à data da abertura da sucessão, devem assim considerar-se, em princípio, os que venham a nascer nos 300 dias subsequentes a essa data, como resulta dos princípios gerais (cfr. art. 1798.°). O art. 1800.° admite, porém, acção destinada a provar que o período de gestação do filho foi superior a 300 dias, ou a fixar a data provável da concepção dentro do período referido no art. 1798.°. Pode assim provar-se que o nascituro, embora tendo nascido decorridos mais de 300 dias sobre a data da abertura da sucessão, *já estava concebido* a essa data; ou que, pelo contrário, embora tendo nascido dentro dos 300 dias subsequentes à data da abertura da sucessão, *ainda não estava concebido* a essa data, não podendo, por isso, ser chamado à sucessão do falecido." *(PEREIRA COELHO, Direito das Sucessões, Coimbra, 1992, págs. 190 e seg.)*

4. NASCITURO NÃO CONCEBIDO:

"A lei admite igualmente a *sucessão de nascituros ainda não concebidos.*

Nos termos da al. *a)* do n.° 2 do art. 2033.°, na sucessão testamentária ou contratual têm capacidade sucessória os nascituros não concebidos, que sejam filhos de pessoa determinada, viva ao tempo da abertura da sucessão.

A instituição de nascituros ainda não concebidos não é admitida em todas as legislações, e na verdade oferece vários inconvenientes. Que razões poderão justificá-la? Costuma dizer-se que são duas. Em primeiro lugar, pode acontecer que o testador não estime ou não tenha confiança em determinadas pessoas e portanto não as queira instituir, mas não queira deixar de beneficiar os filhos dessas pessoas. Tratar-se-á, sobretudo, de alguém ter perdido a confiança ou afeição que tinha pelo seu parente mais próximo (filho, irmão), mas não ter perdido os sentimentos familiares e, por isso, não desejar que os seus bens vão para parentes mais afastados ou até para pessoas estranhas à família. Ora pode dar-se o caso de esse parente mais próximo, que o testador quer excluir da sucessão, ainda não ser casado, ou de todo o modo não ter ainda filhos (mas poder vir a tê-los) no momento da morte do testador. Então, o meio adequado à realização dos desejos do testador será permitir-lhe instituir directamente os filhos que esse seu parente eventualmente venha a ter. Pode, porém, também dar-se o caso de já estarem nascidos ou concebidos alguns filhos à data da morte do testador, mas ser possível que nasçam ainda outros. E aqui intervém uma segunda razão a justificar a instituição dos nascituros ainda não concebidos, que é a de evitar uma desigualdade entre os filhos, certamente contrária à vontade do testador." *(Pereira Coelho, Direito das Sucessões, Coimbra, 1992, págs. 194 e segs.)*

5. SUSPENSÃO DA INSTÂNCIA:

"A questão que agora se coloca é a de saber se é possível ao Juiz ordenar a suspensão da instância nos termos previstos no artigo 279.° do Código de Processo Civil, isto é, quando o bom andamento do processo esteja dependente do julgamento de outra acção já proposta, designadamente uma acção de anulação de testamento ou uma acção de investigação de paternidade. Atendendo ao facto de ter desaparecido o chamado processo obrigatório de inventário, já é possível entender-se que o juiz pode ordenar a suspensão do processo." *(Carvalho de Sá, Do Inventário, Almedina, 4.ª ed., pág. 43)*

JURISPRUDÊNCIA:

USUCAPIÃO:

"**I** – O problema da usucapião envolve a alegação de factos complexos, importando averiguação bastante complicada que exige larga produção de prova, para depois se poder decidir a questão jurídica da aquisição, pela posse, do direito de propriedade, a qual só se compadece com os meios ordinários, sem poder ser resolvida sumariamente em processo de inventário.

(...)

V – Só podendo prosseguir o inventário, com relacionação de todos os bens – doados e não doados – e se isso não for possível enquanto se não decidir nos meios comuns a questão da usucapião dos prédios não doados, deverá o processo de inventário aguardar sem prejuízo do disposto no art. 122.°, n.° 2 do Cód. das Custas Judiciais que os interessados provem que vão resol-ver o referido problema.

VI – Embora o art. 1332.°, n.° 3, do Cód. Proc. Civil, no caso de oposição ao inventário e da remissão das partes para os meios comuns, se refira à suspensão do inventário até resolução definitiva da questão suscitada, isso não impõe, contudo, que se suspenda desde logo a instância, podendo ficar essa providência para momento ulterior, ou seja, para a altura em que os herdeiros demonstrem já haverem recorrido aos meios comuns.

VII – Trata-se de uma medida de cautela que não contraria abertamente aquele preceito legal e antes serve para assegurar que a suspensão da instância só irá decretar-se quando realmente houver fundamento sério para isso." *(Acórdão da Relação do Porto, de 19.01.73, Boletim do Ministério da Justiça 223.°, pág. 281)*

REMESSA PARA OS MEIOS COMUNS – CRITÉRIO:

"**I** – O juiz, para remeter os interessados para os meios comuns, no processo de inventário, não é obrigado a produzir todas as provas oferecidas, mas tem de ter no processo elementos bastantes para reconhecer que a questão posta exige mais larga, variada e cuidada indagação do que a sumária instrução do inventário.

II – O juiz tem de se basear em elementos de facto já apurados nos autos, e justificar devidamente o seu julgado, tendo, portanto, se necessário, de produzir as provas que julgar estritamente indispensáveis a essa decisão. No entanto, pode mesmo chegar a essa conclusão só em face dos termos em que a questão é posta e do que há a provar." *(Acórdão do Supremo Tribunal de Justiça, de 09.05.78, Boletim do Ministério da Justiça 277.°, pág. 194)*

QUESTÕES DE FACTO – PROVA DOCUMENTAL:

"**I** – Devem resolver-se no processo de inventário as questões de facto que dependam de prova documental e aquelas cuja indagação se possa fazer com provas que, embora de outra espécie, se coadunem com a índole sumária da prova a produzir naquele processo.

I – Salvo nas questões cuja complexidade desde logo evidencia só poderem ser decididas pelos meios comuns, há que convidar os interessados a produzir provas, não sendo lícito remetê-los, sem mais, para tais meios." *(Acórdão da Relação do Porto, de 30.11.78, Colectânea de Jurisprudência, 1978, Tomo V, pág. 1624)*

REMESSA PARA OS MEIOS COMUNS:

"A remessa dos interessados para os meios comuns está condicionada à produção prévia das provas aí aludidas e só perante resultado delas poderá decidir-se da sua insuficiência e da necessidade de mais larga indagação justificativa do processo comum." *(Acórdão da Relação do Porto, de 01.03.83, Boletim do Ministério da Justiça 325.°, pág. 607)*

PENDÊNCIA DE ACÇÃO DE INVESTIGAÇÃO DE PATERNIDADE:

"**I** – A pendência de acção de investigação de paternidade, como questão prejudicial que é em relação ao inventário, tem um tratamento próprio, no art. 1384.°, n.° 2 do Cód. Proc. Civil que prefere à solução geral prevista no n.° 1 do art. 279.° do mesmo Código.

II – Para ser aplicável a 2.ª parte do mesmo preceito – quando ocorrer *outro* motivo justificado – é necessário que o motivo invocado seja *outro* que não a pendência de causa prejudicial." *(Acórdão da Relação do Porto, de 25.01.90, Boletim do Ministério da Justiça 393.°, pág. 661)*

ACÇÃO PREJUDICIAL; NÃO SUSPENSÃO DO INVENTÁRIO:

"A propositura de uma acção prejudicial não implica a suspensão do inventário anteriormente distribuído." *(Acórdão da Relação de Coimbra, de 13.07.93, Boletim do Ministério da Justiça 429.°, pág. 897)*

ACÇÃO PREJUDICIAL NO ESTRANGEIRO:

"**I** – Uma causa depende do julgamento de outra quando na causa prejudicial se esteja a apreciar uma questão cuja resolução por si só possa modificar uma situação jurídica que tem de ser considerada para a decisão de outro pleito.

II – Se a causa prejudicial tiver sido instaurada no estrangeiro não deve ser suspensa a causa principal." *(Acórdão do Supremo Tribunal de Justiça, de 25.05.94, Colectânea de Jurisprudência, Acórdãos do Supremo Tribunal de Justiça, 1994, Tomo II, pág. 116)*

RELAÇÃO DE BENFEITORIAS; SEU VALOR:

"**I** – Só quando a questão não puder ser resolvida formalmente por haver necessidade de mais larga indagação é lícito remeter os interessados para os meios comuns, o que só deve fazer-se quando seja de todo impossível decidir a questão no inventário.

II – O que manifestamente não sucede, quando pelo número de louvações já feitas, não se descortina que maior indagação seria possível numa acção comum, caso em que não é de manter o despacho proferido devendo o Sr. Juiz decidir a questão do valor das benfeitorias." *(Acórdão da Relação do Porto, de 28.09.99, Colectânea de Jurisprudência, 1999, Tomo IV, pág. 210)*

QUESTÃO PREJUDICIAL - ACÇÃO DE ANULAÇÃO DE CASAMENTO:

"**I** – A decisão a proferir em acção de anulação de casamento é prejudicial em relação a um processo de inventário facultativo requerido pelo cônjuge do inventariado.

II – Apesar da remissão do n.° 2 do artigo 1335.° do Código de Processo Civil para o artigo 279.° do mesmo Código, deve aquele n.° 2 ser entendido em conjugação com o n.° 1 do mesmo artigo 1335.°." *(Acórdão da Relação de Lisboa, de 18.11.99, Colectânea de Jurisprudência, 1999, Tomo V, pág. 93)*

QUESTÃO PREJUDICIAL - SUSPENSÃO DA INSTÂNCIA:

"**I** – A regra no processo de inventário, nos termos do artigo 1335.°, n.os 1 e 2 do CPC, é a de que deve suspender-se a instância quando estiver pendente causa prejudicial em que se debatam questões complexas que interferem na definição dos direitos dos interessados.

II – Tendo sido autorizado o prosseguimento do inventário por se entender que interrupção da instância ocorrida na acção se reconduzia a demora anormal no julgamento final do inventário e se a decisão foi aceite por todos os interessados (Art. 1335.°-3 do CPC), já não é de admitir o pedido de nova suspensão da instância com fundamento na mesma acção.

III – Tendo a acção de inventário retomado já a sua tramitação até à elaboração do mapa de partilha, acentuou-se um enorme desfasamento entre as duas acções, no que respeita à duração provável até ao termo de cada uma delas, sendo razoável pensar que os prejuízos da suspensão superem as vantagens." *(Acórdão da Relação do Porto, de 08.02.2007, Colectânea de Jurisprudência, 2007, Tomo I, pág. 186)*

NOTAS PESSOAIS:

ARTIGO 1336.°
(Questões definitivamente resolvidas no inventário)

1. Consideram-se definitivamente resolvidas as questões que, no inventário, sejam decididas no confronto do cabeça-de-casal ou dos demais interessados a que alude o artigo 1327.°, desde que tenham sido regularmente admitidos a intervir no procedimento que precede a decisão, salvo se for expressamente ressalvado o direito às acções competentes.

2. Só é admissível a resolução provisória, ou a remessa dos interessados para os meios comuns, quando a complexidade da matéria de facto subjacente à questão a dirimir torne inconveniente a decisão incidental no inventário, por implicar redução das garantias das partes.

HISTÓRICO:

Redacção do art. 2.° do DL 227/94, de 08.09.
Preceito novo.

REMISSÕES:

Cabeça-de-casal – art. 2080.° CC; interessados no inventário – art. 1327.° CPC.

ANOTAÇÕES:

1. RESOLUÇÃO DEFINITIVA:

O preceito em análise vem na sequência do estabelecido no preceito anterior (para cujas anotações se remete).

Na verdade, há questões prejudiciais que não podem (devem) ser resolvidas incidentalmente no inventário. Neste caso, o juiz remete as partes, ou seja, os interessados para os meios comuns. E entre esses interessados devem incluir-se, não só os interessados directos na partilha e o Ministério Público (quando haja intervenção principal deste), mas ainda os legatários e donatários, quando haja lugar à abertura da sucessão legitimária (sucessão de cônjuge, descendentes ou ascendentes).

No entanto, relativamente a determinados incidentes, confrontados os interessados, pode resultar a sua resolução definitiva no próprio inventário, muito embora se admita às partes intervenientes ressalvar o seu direito a recorrer a acção pelos meios comuns. Trata-se, nomeadamente, de questões de facto de simples solução, como seja a falta de relacionação de determinado ou determinados bens, por mero lapso do cabeça-de-casal, ou erro manifesto na sua identificação na relação de bens.

2. RESOLUÇÃO PROVISÓRIA:

Quando a complexidade da matéria de facto o exija, o juiz pode optar por uma de duas soluções: a primeira delas é a resolução provisória, que implica o prosseguimento dos autos, muito embora com a eventualidade de correcções a final, seja quanto à relação de bens, à composição dos lotes ou mesmo ao valor atribuído àqueles. Esta solução depende do prudente arbítrio do juiz, que decidirá a requerimento das partes principais, quando os inconvenientes no deferimento da partilha superem a sua realização provisória.

A segunda das soluções, que resulta, aliás, do critério já definido no preceito anterior, implica a remessa dos interessados para os meios comuns, determinando o juiz a suspensão da instância, quanto ao inventário.

JURISPRUDÊNCIA:

BENFEITORIAS REALIZADAS PELO DONATÁRIO:

"**I** – Não tem aplicação às benfeitorias realizadas pelo donatário nos prédios doados a segunda parte do art. 1337.° do Cód. Proc. Civil, que manda descrever, como dívidas da herança, as benfeitorias feitas por terceiro em prédio pertencente à massa hereditária.

II – Os tribunais de recurso não gozam de atribuições para conhecer de questões não decididas nos tribunais recorridos.

III – Assim, se na 1.ª instância não foi suscitado o problema das benfeitorias realizadas no prédio doado como necessárias ou úteis, o tribunal de recurso não pode conhecer de tal questão.

IV – A negação da existência das benfeitorias tem de ser decidida no inventário, na medida do possível, em obediência ao disposto no n.° 1 do art. 1397.° do Cód. Proc. Civil." *(Acórdão da Relação do Porto, de 05.06.70, Jurisprudência das Relações, 16.°, pág. 546)*

DECISÃO EM PROCESSO ANTERIOR:

"Se os interessados no inventário do cônjuge predefunto e do cônjuge supérstite foram os mesmos, constitui caso julgado em relação a estes o despacho proferido no primeiro, na parte em que, como antecedente necessário da decisão final (arquivamento do processo por falta de bens), decidiu terem sido os inventariados casados no regime da separação de bens com comunhão nos adquiridos." *(Acórdão da Relação do Porto, de 09.02.78, Colectânea de Jurisprudência, 1978, Tomo I, pág. 169)*

BENFEITORIAS – FUNDAMENTAÇÃO DE DECISÃO DE FACTO:

"**I** – Constitui benfeitoria e não acessão, a construção, por ambos os cônjuges, de uma casa no terreno de um deles.

II – A lei só atribui ao autor da benfeitoria um direito de crédito contra o dono da coisa benfeitorizada, na impossibilidade de separar a construção do terreno onde está implantada.

III – No inventário para separação de meações não deve relacionar-se o prédio urbano edificado em tal terreno, mas o valor da construção como dívida do cônjuge, proprietário daquele, ao património do casal.

IV – Não pode considerar-se provado que o pai do cabeça-de-casal emprestou certa quantia ao casal, se o juiz fundou a sua decisão nos depoimentos de duas testemunhas que disseram saber do facto, porque o mutuante lhes disse." *(Acórdão da Relação de Coimbra, de 24.11.98, Colectânea de Jurisprudência, 1998, Tomo V, pág. 21)*

NOTAS PESSOAIS:

ARTIGO 1337.°
(Cumulação de inventários)

1. É permitida a cumulação de inventários para a partilha de heranças diversas:

***a)* Quando sejam as mesmas as pessoas por quem hajam de ser repartidos os bens;**

***b)* Quando se trate de heranças deixadas pelos dois cônjuges;**

***c)* Quando uma das partilhas esteja dependente da outra ou das outras.**

2. No caso referido na alínea *c)* do número anterior, se a dependência for total, por não haver, numa das partilhas, outros bens a adjudicar além dos que ao inventariado hajam de ser atribuídos na outra, não pode deixar de ser admitida a cumulação; sendo a dependência parcial, por haver outros bens, pode o juiz indeferi-la quando a cumulação se afigure inconveniente para os interesses das partes ou para a boa ordem do processo.

3. Não obsta à cumulação a incompetência relativa do tribunal para algum dos inventários.

HISTÓRICO:

Redacção do art. 2.° do DL 227/94, de 08.09.

Corresponde, com alterações, à versão anterior do art. 1394.° do CPC, que tinha a seguinte redacção:

Artigo 1394.° ***(Cumulação de inventários)***

1. É permitida a cumulação de inventários para a partilha de heranças diversas:

a) Quando sejam as mesmas as pessoas pelas quais hajam de ser repartidos os bens;

b) Quando se trate de heranças deixadas pelos dois cônjuges;

c) Quando uma das partilhas esteja dependente da outra ou das outras. Se a dependência for total, por não haver, numa das partilhas, outros bens a adjudicar além dos que ao inventariado hajam de ser atribuídos na outra partilha, não pode deixar de ser admitida a cumulação. Se a dependência for parcial, por haver outros bens, é autorizada ou não a cumulação conforme pareça conveniente ou inconveniente, tendo-se em atenção os interesses das partes e a boa ordem do processo.

2. Não obsta à cumulação a incompetência relativa do tribunal para algum dos inventários nem o facto de só haver herdeiros incapazes.

REMISSÕES:

Competência territorial no caso de cumulação de inventários – art. 77.°, n.° 4 CPC; incompetência relativa do tribunal – arts. 108.° e segs. CPC.

ANOTAÇÕES:

1. ÂMBITO DE APLICAÇÃO – N.° 1, ALÍNEA A):

"Este preceito tem exclusiva aplicação à hipótese de serem os interessados os mesmos, afastando por isso a necessidade de serem também idênticos os legatários e os credores. Para estes é indiferente que a cumulação tenha ou não lugar e o facto de serem diversos não suscita quaisquer dificuldades na partilha.

Pertence-lhes receber um legado certo, uma quantia certa cuja entrega ou pagamento há-de ser feito nos termos convencionados.

Da sua redacção se conclui por igual que o Código afastou-se sensivelmente do que havia disposto nos artigos 30.° e 31.° quanto à coligação. Nestes preceitos exige-se que a 'causa de pedir seja a mesma e única' e, no que respeita à cumulação de inventários, basta que sejam as mesmas pessoas pelas quais hajam de ser repartidos os bens. Dá-se, desta maneira, um grande passo no sentido de a facilitar quanto possível. Permite-se a cumulação em termos amplos e desta forma vai-se ao encontro da doutrina da Revista de Legislação e de Jurisprudência (Ano 41.°, pág. 311).

Posto que a hipótese mais frequente prevista por esta regra seja a de heranças deixadas por dois irmãos solteiros, concorrendo os mesmos herdeiros, o certo é que ela comporta a cumulação de partilhas de heranças deixadas por estranhos ou quaisquer parentes, sendo indiferente que os interessados estejam na mesma condição jurídica, isto é, no mesmo grau de parentesco em relação a cada uma delas ou em idêntica situação beneficiária." *(J. A. Lopes Cardoso, Partilhas Judiciais, Vol. I, Reimp. da 4.ª ed. de 1990, Coimbra, 2000, págs. 195 e seg.).*

2. ÂMBITO DE APLICAÇÃO – N.° 1, ALÍNEA B):

"O artigo pressupõe que se não procedeu a inventário por óbito do cônjuge predefunto, pois neste caso a cumulação seria manifestamente impossível, certo que ela visa obter a partilha do que está por partilhar e não rever partilha judicialmente feita. Assim, no caso em apreço não cabe lugar para cumulação mas apenas caberá, quando caso disso, distribuir inventário por óbito do cônjuge supérstite e por dependência daquele (Cód. Proc. Civil, art. 77.°-3).

(...) Se o inventário por óbito do cônjuge predefunto não se ultimou, a regra do art. 1394.°-1-*b)* do Cód. Proc. Civ. pode entrar em funcionamento.

À cumulação não obsta a circunstância de serem diversos os herdeiros ou diferente a sua participação nos bens a relacionar.

(...) Tão pouco exigiu que os bens a partilhar por óbito de ambos os cônjuges sejam os mesmos. Por consequência, ainda no caso de casamento celebrado em regime de separação de bens, ou regime dotal, o falecimento de ambos os cônjuges ocorrido nas sobreditas condições importa a cumulação de inventários para partilha das respectivas heranças." *(J. A. Lopes Cardoso, Partilhas Judiciais, Vol. I, Reimp. da 4.ª ed. de 1990, Coimbra, 2000, págs. 197 e seg.)*

3. ÂMBITO DE APLICAÇÃO – N.° 1, ALÍNEA C):

Esta alínea admite "a cumulação de inventários de duas ou mais gerações, designadamente as partilhas dos bens dos avós e dos pais.

Dependência que pode ser total ou parcial, não preterindo a cumulação a circunstância de nem todos os herdeiros serem os mesmos ou a de uma das heranças compreender bens que não façam parte da outra." *(J. A. Lopes Cardoso, ibidem, pág. 198)*

4. DESPACHO PARA CUMULAÇÃO:

"É indispensável proferir despacho ordenando a cumulação para que esta possa ter lugar. Mesmo quando peticionada no requerimento inicial do inventário cumpre proferi-lo, pois a simples designação de dia e hora para alguém prestar as declarações não equivale à decisão naquele sentido.

(...) Nos casos previstos na sua alínea *c)* há que distinguir-se: se a dependência é total, por não haver, numa das partilhas, outros bens a adjudicar além dos que ao inventariado hajam de ser atribuídos na outra partilha, não pode deixar de ser admitida a cumulação; se a dependência for parcial, por haver outros bens, é autorizada ou não a cumulação conforme pareça conveniente ou inconveniente, tendo-se em atenção os interesses das partes e a boa ordem do processo." *(J. A. Lopes Cardoso, ibidem, págs. 200 e seg.)*

5. CABEÇA-DE-CASAL EM CASO DE CUMULAÇÃO DE INVENTÁRIOS:

Nos casos de cumulação de inventários, pode pôr-se a questão de saber se deve funcionar um só cabeça-de-casal para todos os inventários cumulados ou se tantos quantos os inventários que se cumulam, um para cada inventário.

J. A. Lopes Cardoso entende que "não havendo qualquer artigo de lei que proíba o funcionamento de mais de um cabeça-de-casal no caso considerado (cumulação de inventários), terá de entender-se que é permitido".

6. CUMULAÇÃO OBRIGATÓRIA:

"A hipótese mais frequente de aplicação do caso de cumulação obrigatória prevista na alínea *a)* é o de heranças deixadas por dois ou mais *irmãos* solteiros.

O aparecimento da cumulação obrigatória da alínea *b)* só é possível em todos aqueles casos em que se não procedeu a inventário por óbito do cônjuge prédefunto, ou se iniciou tal processo e não foi concluído. Acontece sempre, por exemplo, nos casos de casamentos celebrados sob o regime da *separação de bens.*

Na alínea *c)* há que distinguir os casos em que a cumulação é obrigatória, por não poder ser denegada, que são os casos de dependência total de uma partilha relativamente a outra, dos casos em que tal cumulação é deixada ao critério do Juiz (*critério vinculado* aos interesses das partes e à boa ordem do processo), que são os casos de dependência parcial.

A questão de cumulação pode ser *levantada oficiosamente* pelo Tribunal ou por qualquer interessado, sendo sempre necessário um *despacho* judicial a ordenar a cumulação para que a esta se possa proceder." *(Carvalho de Sá, Do Inventário, Almedina, 4.ª ed., pág. 40)*

JURISPRUDÊNCIA:

NÃO CUMULAÇÃO – DEPENDÊNCIA PARCIAL:

"**I** – Instaurado inventário (obrigatório) por falecimento de determinada pessoa, não há que o cumular com o que se procedeu por óbito do seu pai, se neste já transitou em julgado o despacho determinativo da partilha e se o inventariado deixou outros bens além dos que lhe foram adjudicados no referido inventário.

II – Também não há que proceder a cumulação por dependência parcial de partilhas, nos termos do disposto na al. *c)* do art. 1394.° [hoje, art. 1337.°] do Cód. Proc. Civil, se não se tiver instaurado inventário para partilha da herança da qual a outra depende." *(Acórdão do Supremo Tribunal de Justiça, de 26.01.65, Boletim de Ministério da Justiça 143.°, pág. 171)*

COMPETÊNCIA TERRITORIAL:

"**I** – No caso de dependência parcial de partilhas não pode considerar-se inconveniente que obste à cumulação de inventários o facto de num deles haver interessados que o não são no outro.

II – Correndo os inventários em comarcas diversas é o juiz da comarca onde pende o inventário dependente que está em melhores condições para se pronunciar quanto às vantagens ou inconvenientes que da cumulação possam resultar.

III – É competente para os inventários cumulados o tribunal do lugar da abertura da herança de cuja partilha a outra depende." *(Acórdão do Supremo Tribunal de Justiça, de 26.01.65, Boletim do Ministério de Justiça 143.°, pág. 174)*

INADMISSIBILIDADE DE CUMULAÇÃO:

"Não é de admitir a cumulação de inventários para a partilha de uma herança e dos bens de um casal em consequência de separação judicial de pessoas e bens, divórcio, anulação ou declaração de nulidade do casamento." *(Acórdão da Relação de Lisboa, de 17.01.69, Jurisprudência das Relações, 15.°, pág. 32)*

INCOMPETÊNCIA TERRITORIAL - ILEGITIMIDADE DO LEGATÁRIO PARA A REQUERER:

"**I** – O simples legatário carece de legitimidade para deduzir o incidente de incompetência territorial no processo de inventário instaurado por óbito do testador.

II – Impõe-se a interpretação restritiva do preceito do n.° 1 do art. 109.° do Cód. Proc. Civil, no que diz respeito aos legatários e credores, além do mais porque é inconciliável a falta de interesse directo destes na partilha, com o direito de deduzir aquela excepção (cfr. Rev. Leg. Jur., ano 66.°, pág. 72, e Dr. João Lopes Cardoso, Partilhas Judiciais, Vol. 1.°, pág. 143, 2.ª edição)." *(Acórdão da Relação do Porto, de 07.04.72, Boletim do Ministério da Justiça 216.°, pág. 202)*

DEPENDÊNCIA TOTAL DE PARTILHAS:

"**I** – Havendo dependência total de partilhas é obrigatória a cumulação de inventários, nos termos da al. *c)* do n.° 1 do art. 1394.° [hoje, art. 1337.°] do Cód. Proc. Civil.

II – A decisão que ultrapassa o pedido formulado, sem modificação objectiva da instância, passando a abranger matéria distinta, está eivada da nulidade prevista no art. 668.°, n.° 1, al. *e)*, do Código de Processo Civil." *(Acórdão do Supremo Tribunal de Justiça, de 21.12.76, Boletim do Ministério da Justiça 262.°, pág. 139)*

BENS PRÓPRIOS E DIREITO E ACÇÃO A HERANÇA INDIVISA:

"Quando haja para partilhar em inventário, além de bens próprios do *de cuius*, o seu direito e acção a uma herança indivisa, é permitida a cumulação de inventários prevista no art. 1394.° [hoje, 1337.°] do Cód. Proc. Civil. (...)" *(Acórdão do Supremo Tribunal de Justiça, de 13.11.80, Boletim do Ministério da Justiça 301.°, pág. 371)*

IMPOSSIBILIDADE DE CUMULAÇÃO:

"**I** – São inacumuláveis o inventário para partilha de bens comuns do primeiro casamento do inventariado e o inventário para partilha de herança do mesmo.

II – Nesta haverá que relacionar e descrever, para além dos bens próprios do inventariado, o direito e acção do inventariado à sua meação nos bens do primeiro casamento e, não, os bens que integram essa comunhão ou uma metade indivisa desses bens.

III – Isto porque cada cônjuge tem direito a uma metade ideal de activo e passivo que integram a comunhão, considerada esta na sua globalidade. (...)" *(Acórdão da Relação de Lisboa, de 06.04.95, Colectânea de Jurisprudência, 1995, Tomo II, págs. 107 e seg.)*

NOTAS PESSOAIS:

SECÇÃO II
Das declarações do cabeça-de-casal e oposição dos interessados

ARTIGO 1338.°
(Requerimento do inventário)

1. O requerente do inventário destinado a pôr termo à comunhão hereditária juntará documento comprovativo do óbito do autor da sucessão e indicará quem deve, nos termos da lei civil, exercer as funções de cabeça-de-casal.

2. Ao cabeça-de-casal incumbe fornecer os elementos necessários para o prosseguimento do inventário.

HISTÓRICO:

Redacção do art. 2.° do DL 227/94, de 08.09.

Corresponde aos n.ºs 1 e 3 do art. 1326.° do CPC, na sua versão original, cuja redacção era a seguinte:

Artigo 1326.° ***(Função do inventário. Legitimidade para o requerer)***

1. Aquele que pretenda pôr termo à comunhão hereditária requererá que se proceda a inventário, juntando logo documento comprovativo do óbito do autor da herança e indicando quem deve, nos termos da lei civil, servir como cabeça-de-casal.

(...)

3. Ao cabeça-de-casal incumbe fornecer os elementos necessários para o prosseguimento do inventário.

REMISSÕES:

Noção de sucessão – art. 2024.° CC; abertura da sucessão – art. 2031.° CC; incumbência do cargo de cabeça-de-casal – art. 2080.° CC.

LEGISLAÇÃO SUBSIDIÁRIA:

DECLARAÇÃO DE ÓBITO: CÓDIGO DO REGISTO CIVIL, ARTIGOS 192.° A 199.°

SUBSECÇÃO I – Declaração de óbito

Artigo 192.° ***(Prazo e lugar)***

1. O falecimento de qualquer indivíduo ocorrido em território português deve ser declarado, verbalmente, dentro de quarenta e oito horas, em qualquer conservatória do registo civil.

2. O prazo para a declaração conta-se, conforme os casos, do momento em que ocorrer o falecimento, for encontrado ou autopsiado o cadáver, da dispensa da autópsia ou daquele em que for recebida a cópia ou o duplicado da guia de enterramento emitida por autoridade policial.

Artigo 193.° ***(A quem compete)***

1. A declaração de óbito compete, obrigatória e sucessivamente, às seguintes pessoas:

a) Ao parente capaz mais próximo do falecido que estiver presente na ocasião do óbito;

b) A outros familiares do falecido que estiverem presentes;

c) Aos donos da casa onde o óbito ocorrer;

d) Ao director ou administrador do estabelecimento, público ou particular, onde o óbito tiver ocorrido, tiver sido verificado ou no qual o cadáver tenha sido autopsiado;

e) Ao ministro de qualquer culto presente no momento do falecimento;

f) À pessoa ou entidade encarregada do funeral;

g) Às autoridades administrativas ou policiais no caso de abandono do cadáver.

2. O cumprimento da obrigação por alguma das pessoas ou entidades mencionadas desonera as demais.

Artigo 194.° ***(Certificado médico)***

1. A declaração deve ser confirmada pela apresentação do certificado de óbito, passado gratuitamente pelo médico que o houver verificado, em impresso de modelo fornecido pelos competentes serviços de saúde ou, na falta de impressos, em papel comum.

2. Na falta de apresentação do certificado, compete ao funcionário do registo civil que receber a declaração requisitar à autoridade sanitária local a verificação do óbito e a passagem do certificado.

Artigo 195.° ***(Suprimento do certificado de óbito)***

1. Na impossibilidade absoluta de comparência do médico para verificação do óbito, o certificado pode ser substituído por um auto, lavrado pela competente autoridade administrativa com a intervenção de duas testemunhas, no qual o autuante declare ter verificado o óbito e a existência ou inexistência de sinais de morte violenta ou de qualquer suspeita de crime.

2. O auto, feito em duplicado, é lavrado em impresso de modelo fornecido pelos serviços de saúde competentes, devendo um dos exemplares instruir a declaração de óbito e o outro ser remetido pelo autuante ao médico assistente do falecido, se o houver, ou à respectiva autoridade sanitária para, em face dos elementos que for possível coligir, classificar a doença que deu causa à morte e passar o certificado de óbito.

3. O certificado é remetido à conservatória que houver lavrado o assento de óbito.

Artigo 196.° ***(Requisitos do certificado de óbito)***

1. O certificado de óbito, além de conter a assinatura do médico que o subscrever, deve indicar o número da sua cédula profissional.

2. A assinatura da autoridade administrativa que lavrar o auto de verificação do óbito deve ser autenticada com o respectivo selo branco.

Artigo 197.° ***(Casos de autópsia)***

1. Havendo indícios de morte violenta, suspeitas de crime, declarando o médico ignorar a causa da morte ou tendo o óbito ocorrido há mais de um ano, o funcionário do registo civil a quem o óbito seja declarado abstém-se de lavrar o assento ou o auto de declarações e comunica imediatamente o facto às autoridades judiciais ou policiais, a fim de estas promoverem a autópsia do cadáver e as demais diligências necessárias à averiguação da causa da morte e das circunstâncias em que esta tenha ocorrido.

2. A autoridade que investigar a causa da morte deve comunicar à conservatória do registo civil participante a hora da realização da autópsia ou a sua dispensa e o resultado das diligências efectuadas, nomeadamente as indicações fornecidas pelo processo sobre a hora, dia e local do falecimento, a fim de serem levadas ao assento de óbito.

Artigo 198.° ***(Falta da declaração de óbito)***

Decorrido o prazo legal sem que seja feita a declaração de óbito, deve observar-se, na parte aplicável e com as necessárias adaptações, o disposto no artigo 98.°.

Artigo 199.° ***(Processo de justificação)***

Só pode ser lavrado registo de óbito não comprovado por certificado médico ou por auto de verificação, independentemente da data e do lugar em que tenha ocorrido, mediante decisão resultante de processo de justificação administrativa.

REGISTO DE ÓBITO: CÓDIGO DO REGISTO CIVIL, ARTIGOS 200.° A 203.°

Subsecção II – Registo de óbito

Artigo 200.° ***(Competência)***

1. É competente para lavrar o registo de óbito qualquer conservatória do registo civil.

2. O óbito ocorrido no estrangeiro cujo assento não tenha sido lavrado pelo agente diplomático ou consular pode ser directamente transcrito em qualquer conservatória do registo civil.

3. ...
4. ...
5. ...
6. ...

Artigo 201.° ***(Requisitos especiais)***

1. Além dos requisitos gerais, o assento de óbito deve conter os seguintes elementos:

a) Nome completo, sexo, idade, estado, naturalidade e última residência habitual do falecido;

b) Nome completo dos pais do falecido;

c) Nome completo do último cônjuge;

d) Hora, data e lugar do falecimento ou do aparecimento do cadáver;

e) Cemitério onde o falecido vai ser ou foi sepultado.

2. Na sequência do texto do assento deve ser lançada cota de referência ao registo de nascimento da pessoa a quem o óbito respeita, bem como ao registo do seu casamento, se ela tiver falecido no estado de casada.

3. É aplicável ao assento de óbito o disposto nos n.os 2, 3 e 7 do artigo 102.°, devendo os elementos aí referidos respeitar ao falecido.

4. Para realização do assento apenas são indispensáveis as menções necessárias à identificação do falecido, competindo ao conservador fazer constar por averbamento as que, não podendo ser obtidas no momento em que foi lavrado o assento, chegarem mais tarde ao seu conhecimento.

Artigo 202.° ***(Óbito de pessoa desconhecida)***

1. No assento de óbito de pessoa cuja identidade não seja possível determinar deve especialmente ser mencionado o lugar, data e estado em que o cadáver haja sido encontrado, o sexo, cor e idade aparente do falecido, o vestuário, papéis ou objectos achados junto ao cadáver, bem como qualquer outra circunstância capaz de concorrer para a sua identificação.

2. Sempre que for possível, o conservador deve arquivar, como documento, as fotografias do cadáver publicadas em jornais ou mandadas tirar por qualquer autoridade.

Artigo 202.°-A ***(Menção da habilitação de herdeiros e do processo de inventário)***

1. Independentemente da forma da sua titulação, a habilitação de herdeiros é mencionada no assento de óbito do falecido, por meio de cota de referência que especifique a data, a forma de titulação e a identificação do título.

2. Nos casos em que tenha sido instaurado processo de inventário por óbito do registado, é feita menção do facto no assento respectivo, por meio de cota de referência que identifique o tribunal onde o processo foi instaurado e o seu número.

Artigo 202.°-B ***(Comunicações a efectuar pelos tribunais e notários)***

1. Para efeitos do disposto no n.° 1 do artigo anterior, no prazo de cinco dias após o trânsito em julgado de decisão judicial que declare a habilitação de herdeiros ou da data em que seja lavrada escritura pública do mesmo acto, o respectivo tribunal ou notário comunicam a qualquer conservatória do registo civil a decisão judicial ou escritura que titule a habilitação de herdeiros através do envio, sempre que possível por via electrónica, de certidão do título respectivo.

2. Para os efeitos do disposto no n.° 2 do artigo anterior, o tribunal comunica a qualquer conservatória do registo civil, preferencialmente por via electrónica, a instauração do processo de inventário.

ÓBITOS NOUTRAS CIRCUNSTÂNCIAS: CÓDIGO DO REGISTO CIVIL, ARTIGOS 203.° A 206.°

Subsecção III – Óbitos ocorridos em hospitais, cadeias e estabelecimentos equivalentes

Artigo 203.° ***(Comunicação da ocorrência)***

1. Ocorrido ou verificado o óbito em unidade de saúde, estabelecimento prisional ou outro equivalente do Estado, o respectivo director ou administrador ou outro funcionário por eles designado deve comunicar a ocorrência, sempre que possível por via electrónica, a qualquer conservatória do registo civil ou a posto de atendimento da conservatória do registo civil em unidade de saúde, no prazo de quarenta e oito horas.

2. Igual comunicação deve ser feita pelo director ou administrador do estabelecimento onde tenha sido autopsiado o cadáver.

3. A comunicação, que substitui a declaração a que se refere o artigo 192.°, é acompanhada do certificado médico e deve fornecer todas as indicações exigidas neste Código para o assento de óbito e as respectivas cotas de referência.

Subsecção IV – Óbitos ocorridos em viagem ou por acidente

Artigo 204.° ***(Viagem por mar ou pelo ar)***

1. Se em viagem a bordo de navio ou aeronave portugueses ocorrer algum falecimento, deve observar-se, com as necessárias adaptações, o disposto nos artigos 109.° e seguintes.

2. No caso de falecimento com queda à água ou no espaço, sem que o cadáver seja encontrado, a competente autoridade de bordo deve lavrar, na presença de duas testemunhas, um auto de ocorrência e remetê-lo a qualquer conservatória do registo civil, incumbindo a esta promover a respectiva justificação judicial.

3. Quando o óbito se verifique em pequenas embarcações, o auto da ocorrência é substituído por auto de averiguações lavrado na capitania competente.

4. Se o auto lavrado nos termos dos números anteriores não fornecer todos os elementos de identidade do falecido, o conservador deve procurar obter as informações complementares necessárias.

5. Se o óbito tiver ocorrido nas condições previstas no n.° 1, mas a bordo de navio ou aeronave estrangeiros, e o cadáver vier a ser desembarcado ou encontrado em território português, observa-se o disposto no artigo seguinte.

Artigo 205.° *(Viagem por terra)*

Se o falecimento ocorrer em viagem por terra, o assento de óbito pode ser lavrado em qualquer conservatória do registo civil.

Artigo 206.° *(Acidente)*

No caso de morte de uma ou mais pessoas em incêndio, desmoronamento ou em consequência de explosão, inundação, terramoto, naufrágio ou de outro acidente análogo, o funcionário do registo civil deve lavrar assento de óbito para cada uma das vítimas cujo corpo tiver sido encontrado em condições de poder ser individualizado.

JUSTIFICAÇÃO JUDICIAL DO ÓBITO: CÓDIGO DO REGISTO CIVIL, ARTIGO 207.°

Artigo 207.° *(Justificação judicial)*

1. Cabe ao magistrado do Ministério Público da comarca em cuja área tiver ocorrido o acidente promover, por intermédio de qualquer conservatória do registo civil, a justificação judicial do óbito nos seguintes casos:

a) Quando os cadáveres não forem encontrados;

b) Quando os cadáveres tiverem sido destruídos em consequência do acidente ou só aparecerem despojos insusceptíveis de ser individualizados; ou

c) Quando seja impossível chegar ao local onde os corpos se encontrem.

2. Se o acidente ocorrer no mar e não for caso de naufrágio, cabe ao magistrado do Ministério Público da comarca da sede da capitania que deve proceder às averiguações promover, por intermédio de uma conservatória do registo civil, a justificação judicial do óbito.

3. Julgada a justificação, o conservador deve lavrar o assento de óbito, com base nos elementos fornecidos pela sentença e servindo-se de todas as informações complementares recolhidas.

Artigo 208.° *(Naufrágio)*

1. No caso de naufrágio em que pereça toda ou parte da tripulação ou dos passageiros da embarcação, não sendo encontrados os cadáveres, ou não sendo possível individualizá-los, compete ao agente do Ministério Público da comarca a cuja área pertencer a praça da matrícula da embarcação promover a justificação judicial dos óbitos, nos termos e para os efeitos do disposto no artigo anterior.

2. Para a instrução do processo, a autoridade marítima deve remeter ao agente do Ministério Público o auto da investigação sobre a ocorrência e identificação dos náufragos desaparecidos.

SUBSECÇÃO V – Morte fetal

Artigo 209.° *(Depósito do certificado médico de morte fetal)*

1. Sempre que ocorrer morte fetal com tempo de gestação de 22 semanas ou superior, deve ser apresentado e depositado em qualquer conservatória do registo civil o respectivo certificado médico.

2. ...

3. O requerente do depósito deve ser ouvido em auto, nele devendo constar os seguintes elementos:

a) Sexo;

b) Duração provável da gravidez, referida a meses ou semanas;

c) Nome completo e residência habitual da parturiente e, sendo casada, nome do marido;

d) Data e lugar do parto;

e) Cemitério onde vai ser ou foi sepultado.

4. São aplicáveis ao depósito do certificado médico de morte fetal os preceitos relativos ao assento de óbito, com as necessárias adaptações.

5. ...

Artigo 209.°-A ***(Dispensa de certificado médico de morte fetal)***

É dispensado o certificado médico de morte fetal quando ocorra a interrupção voluntária da gravidez, prevista na alínea *c)* do n.° 1 do artigo 142.° do Código Penal, bem como, até às 24 semanas da gestação, quando a interrupção da gravidez seja espontânea.

Subsecção VI – Comunicações obrigatórias

Artigo 210.° ***(Comunicações a efectuar pelo conservador)***

1. O conservador do registo civil deve enviar ou disponibilizar o acesso em base de dados ao Ministério Público junto do tribunal competente para a providência tutelar ou para a eventual instauração de inventário, das seguintes informações:

a) Assentos de óbito lavrados no mês anterior referentes a indivíduos com descendentes sujeitos àquela providência; e

b) Assentos de óbito lavrados no mês anterior referentes a indivíduos com herdeiros menores, incapazes, ausentes em parte incerta ou pessoas colectivas, acompanhados da indicação da pessoa à qual compete o cargo de cabeça-de-casal.

2. Para os efeitos do disposto no número anterior, o conservador deve ouvir o declarante do óbito, através de auto lavrado imediatamente após a prestação da respectiva declaração.

3. O conservador deve comunicar, por via electrónica, ao Instituto das Tecnologias de Informação na Justiça, I. P.:

a) O teor dos autos relativos aos óbitos lavrados no mês anterior;

b) Os números de documentos de identificação ulteriormente conhecidos;

c) Qualquer completamento ou rectificação de assento de óbito que respeite ao nome do falecido, idade, naturalidade ou filiação.

PROCEDIMENTOS SIMPLIFICADOS DE SUCESSÃO HEREDITÁRIA: CÓDIGO DO REGISTO CIVIL, ARTIGOS 210.°-A A 210.°-N

Divisão I – Disposições gerais

Artigo 210.°-A ***(Objecto, procedimentos e competência)***

1. Os procedimentos simplificados de sucessão hereditária visam a promoção dos actos de titulação, registo e garantia do cumprimento de obrigações fiscais respeitantes à sucessão hereditária.

2. Os procedimentos simplificados de sucessão hereditária são os seguintes:

a) Procedimento de habilitação de herdeiros, partilha e registos;

b) Procedimento de habilitação de herdeiros e registos;

c) Procedimento de partilha e registos.

3. O procedimento simplificado de sucessão hereditária que inclua partilha só pode ser realizado se na herança existir algum bem imóvel, ou móvel ou participação social sujeitos a registo.

4. O registo das participações sociais sujeitas a registo é promovido nos termos previstos no artigo 29.°-A do Código do Registo Comercial.

5. A realização dos procedimentos é da competência do conservador, sem prejuízo da possibilidade de delegação em oficial de registos.

Artigo 210.°-B ***(Legitimidade)***

Só o cabeça-de-casal, seu representante legal ou mandatário têm legitimidade para promover os procedimentos simplificados de sucessão hereditária.

Artigo 210.°-C ***(Prazo e cumprimento de obrigações tributárias)***

1. Os procedimentos simplificados de sucessão hereditária iniciam-se até ao final do 3.° mês seguinte ao da morte do autor da sucessão.

2. Na tramitação dos procedimentos simplificados de sucessão hereditária, o conservador e os funcionários das conservatórias estão sujeitos ao dever de sigilo estabelecido nas leis tributárias.

Artigo 210.°-D ***(Atendimento presencial único e meios electrónicos)***

1. Os procedimentos simplificados de sucessão hereditária são tramitados no mesmo dia, em atendimento presencial único, e, para efeitos do registo dos bens, têm natureza urgente.

2. Antes do início dos procedimentos simplificados de sucessão hereditária, pode realizar-se, em atendimento prévio, na forma e nas situações a definir por portaria do membro do Governo responsável pela área da justiça, a preparação das diligências necessárias para que os referidos procedimentos possam ser tramitados no mesmo dia, em atendimento presencial único.

3. Todos os actos praticados no âmbito dos procedimentos simplificados de sucessão hereditária são realizados através de meios electrónicos.

Artigo 210.°-E ***(Formalidades prévias)***

1. O prosseguimento dos procedimentos depende da verificação do óbito, da qualidade de herdeiro, da identidade, da capacidade e dos poderes de representação dos interessados para os actos.

2. Os elementos referidos no número anterior devem, sempre que possível, ser comprovados por acesso à informação constante das bases de dados pertinentes.

3. Deve ainda ser comprovada pela forma prevista no número anterior a titularidade dos bens, bem como a situação matricial dos imóveis.

4. Os documentos que instruam os procedimentos ficam arquivados, preferencialmente em suporte electrónico, em termos a definir por portaria do membro do Governo responsável pela área da justiça.

Artigo 210.°-F ***(Procedimento de habilitação de herdeiros, partilha e registos)***

1. No âmbito do procedimento de habilitação de herdeiros, partilha e registos, o serviço de registo procede aos seguintes actos, pela ordem indicada:

a) Elaboração dos documentos, de acordo com a vontade dos interessados, que titulam a habilitação de herdeiros e a partilha, seguida da leitura e explicação do respectivo conteúdo;

b) Menção da habilitação de herdeiros no assento de óbito do falecido;

c) Apresentação da participação a que se refere o artigo 26.° do Código do Imposto do Selo, bem como da respectiva relação de bens, nos termos declarados pelo contribuinte;

d) Promoção da liquidação e do pagamento dos impostos relativos à partilha, nos termos declarados pelo contribuinte;

e) Cobrança dos emolumentos e de outros encargos que se mostrem devidos;

f) Registo obrigatório e imediato da transmissão dos bens imóveis, ou móveis ou participações sociais sujeitos a registo partilhados;

g) Entrega de certidão gratuita dos documentos previstos na alínea *a)* e dos registos efectuados, bem como dos comprovativos de pagamento das obrigações tributárias, dos emolumentos e dos demais encargos.

2. A leitura dos documentos previstos na alínea *a)* do número anterior pode ser dispensada a pedido dos interessados.

Artigo 210.°-G ***(Procedimento de habilitação de herdeiros e registos)***

1. O procedimento de habilitação de herdeiros e registos só é realizado quando os interessados não pretendem proceder imediatamente à partilha, nos termos do artigo anterior.

2. No âmbito do procedimento de habilitação de herdeiros e registos, o serviço de registo procede aos actos referidos no n.° 1 do artigo anterior, com as necessárias adaptações.

3. O registo dos bens imóveis, ou móveis ou participações sociais sujeitos a registo integrados na herança indivisa só é efectuado a pedido do cabeça-de-casal.

Artigo 210.°-H ***(Procedimento de partilha e registos)***

1. O procedimento de partilha e registos só é realizado quando, em momento anterior, tiver ocorrido o procedimento de habilitação de herdeiros e registos em qualquer serviço de registo, nos termos do artigo anterior.

2. No âmbito do procedimento de partilha e registos, o serviço de registo procede aos actos referidos no n.° 1 do artigo 210.°-F, com as necessárias adaptações, com excepção dos previstos nas alíneas *b)* e *c)*.

Artigo 210.°-I ***(Pedidos complementares)***

1. Em qualquer dos procedimentos simplificados de sucessão hereditária, a pedido dos interessados e de acordo com as suas declarações, o funcionário pratica os seguintes actos:

a) Solicita a alteração da morada fiscal dos herdeiros;

b) Solicita a isenção do imposto municipal sobre imóveis relativo a habitação própria e permanente;

c) Solicita a inscrição ou a actualização de prédios urbanos na matriz.

2. Os pedidos referidos no número anterior são efectuados por via electrónica.

3. No caso de o interessado solicitar o serviço previsto na alínea *c)* do n.° 1, fica dispensado de anexar as plantas de arquitectura das construções correspondentes às telas finais aprovadas pela Câmara Municipal.

4. Para efeitos do disposto no número anterior, o IRN, I. P., deve contactar a competente câmara municipal para que esta lhe disponibilize as respectivas plantas, preferencialmente por via electrónica.

5. O IRN, I. P., disponibiliza à administração fiscal as plantas referidas nos números anteriores, em termos a protocolar entre as entidades envolvidas.

6. No caso de as plantas não estarem depositadas na câmara municipal ou de as plantas não serem disponibilizadas à administração fiscal no prazo de 60 dias, esta deve contactar o interessado para que este as apresente, nos termos gerais.

Artigo 210.°-J ***(Diligências subsequentes)***

Após a realização do registo, o serviço de registo promove, preferencialmente por via electrónica, os seguintes actos:

a) Comunicações obrigatórias à administração tributária;

b) Participações para fins estatísticos;

c) Promoção das demais comunicações impostas por lei e das diligências que venham a ser fixadas por via regulamentar ou protocolar.

Artigo 210.°-L ***(Indeferimento)***

1. Os procedimentos simplificados de sucessão hereditária são indeferidos quando ocorra alguma das seguintes circunstâncias:

a) Não verificação de algum dos pressupostos ou formalidades prévias aplicáveis;

b) Violação de disposições legais imperativas;

c) Verificação de factos que possam afectar a formação e a exteriorização da vontade dos intervenientes nos actos;

d) Verificação de omissões, vícios ou deficiências nos documentos, que obstem à celebração dos actos;

e) Verificação da existência de motivo de recusa dos registos;

f) Falta de liquidação dos impostos e de encargos tributários e de cobrança de outros encargos que se mostrem devidos.

2. A anulabilidade ou ineficácia dos actos não obsta ao prosseguimento dos procedimentos, ainda que dê origem a um registo provisório, desde que os interessados manifestem, expressamente, vontade nesse sentido.

3. Os serviços de registo são competentes para a elaboração dos documentos indispensáveis ao suprimento dos vícios referidos no número anterior.

4. Do indeferimento é lavrado despacho e entregue cópia do mesmo aos interessados, os quais se consideram notificados para efeitos de impugnação hierárquica ou contenciosa.

5. O despacho de indeferimento proferido nos procedimentos de habilitação de herdeiros, partilha e registos e de habilitação de herdeiros e registos não suspende nem interrompe o prazo previsto no n.° 3 do artigo 26.° do Código do Imposto do Selo.

Artigo 210.°-M ***(Desistência)***

A não conclusão dos procedimentos simplificados de sucessão hereditária por motivo não imputável aos serviços equivale à sua desistência.

Artigo 210.°-N ***(Aplicação subsidiária)***

Aos procedimentos simplificados de sucessão hereditária são aplicáveis, subsidiariamente, as legislações registrais pertinentes e a lei notarial.

ANOTAÇÕES:

1. DOCUMENTO COMPROVATIVO DO ÓBITO:

"Na falta de documento comprovativo do óbito, não pode o requerente do inventário proceder à sua justificação no próprio inventário, havendo antes que observar o disposto nos arts. 199.° e 207.°, ambos do actual Código do Registo Civil, aprovado pelo DL n.° 131/95, de 06.06, promovendo, pois, a justificação do óbito na competente Conservatória, de molde a obter aí a certidão que há-de servir de base àquele processo." *(Abílio Neto, Código Civil Anotado, 15.ª ed., Set./1999, pág. 1328)*

2. REQUERIMENTO INICIAL:

"É fora de dúvida que o requerimento inicial equivale, sob certos aspectos, a uma petição inicial, isto é, comporta-se como um verdadeiro articulado na função que desempenha. Daqui podia inferir-se, como lógica conclusão, que o requerente deveria apresentar os respectivos duplicados. Mas não é assim. Pelo requerimento inicial dá-se começo ao inventário, é certo, mas o seu conteúdo não carece de ser levado ao conhecimento dos interessados, já porque é de sua essência muito restrito, já porque no momento em que é apresentado em juízo se desconhece a existência de alguns deles, do seu número, o que logo importa a impossibilidade de dar cumprimento à segunda parte do n.° 1 do art. 152.°, além de que, pela citação, os interessados ficam sabedores da sua existência." *(J. A. Lopes Cardoso, Partilhas Judiciais, Vol. I, reimp. da 4.ª ed. de 1990, Coimbra, 2000, págs. 260 e seg.)*

3. INÍCIO DO INVENTÁRIO PELO M. P.:

"O inventário deverá ser requerido pelo Ministério Público através da formulação de uma petição inicial onde, além do mais, sejam alegadas as razões pelas quais, no caso concreto, foi requerida a instauração do processo.

Com essa petição inicial ou requerimento é junta certidão de óbito do inventariado. Essa certidão é enviada normalmente pelo conservador do registo civil, nos casos em que foi ele o participante ao MP. Nos outros casos, deverá o MP *requisitar* previamente à conservatória respectiva tal certidão.

Acontece que, muitas vezes, não existe a certidão de óbito. A *sua falta*, bem como a sua perda só podem ser *supridas* nos termos constantes do Código de Registo Civil (artigo 83.°) (…)

Por *inscrição* são lavrados os assentos de óbito ocorridos em *território português* e por *transcrição* os assentos de óbito ocorridos *no estrangeiro* e *não declarados* directamente na repartição competente do Registo Civil.

O processo de suprimento administrativo dos registos de óbito, a que se alude nas alíneas *a)* e *d)* do artigo 83.°, é o constante dos artigos 241.° e seguintes do citado Código de Registo Civil, sendo de mencionar, ainda, com interesse nesta matéria, o artigo 207.° – cadáveres não encontrados ou que tiverem sido destruídos – e o artigo 208.° – casos de naufrágio, casos em que o Ministério Público terá de requerer o processo de justificação judicial, previsto nos artigos 233.° a 240.° do Código de Registo Civil." *(Carvalho de Sá, Do Inventário, Almedina, 4.ª ed., págs. 35 e seg.)*

JURISPRUDÊNCIA:

MORTE PRESUMIDA:

"**I** – O processo especial de inventário emprega-se no caso de «óbito do autor de heranças».

(...)

III – Todavia, o inventário pode não decorrer da morte física e também dá justificação da ausência ou da declaração de morte presumida, situações a definir nos termos dos artigos 1103.° e seguintes do Código de Processo Civil." *(Acórdão da Relação de Évora, de 11.12.87, Boletim do Ministério da Justiça 372.°, pág. 489)*

FALTA DE PUBLICIDADE DA SENTENÇA:

"**I** – No processo para declaração da morte presumida do ausente, a falta de publicidade da sentença nos termos do artigo 1106.° do Código de Processo Civil, não obsta ao trânsito daquela.

II – Não deve, no entanto, a competente conservatória do registo civil proceder a qualquer averbamento do facto, sem que se tenha efectivado tal publicidade e haja transcorrido, após, o período de 4 meses." *(Acórdão da Relação de Lisboa, de 26.01.89, Boletim do Ministério da Justiça 383.°, pág. 599)*

NOTAS PESSOAIS:

ARTIGO 1339.°
(Nomeação, substituição, escusa ou remoção do cabeça-de-casal)

1. Para designar o cabeça-de-casal, o juiz pode colher as informações necessárias, e se, pelas declarações da pessoa designada, verificar que o encargo compete a outrem, deferi-lo-á a quem couber.

2. O cabeça-de-casal pode ser substituído a todo o tempo, por acordo de todos os interessados directos na partilha e também do Ministério Público quando tiver intervenção principal no inventário.

3. A substituição, escusa e remoção do cabeça-de-casal designado são incidentes do processo de inventário.

4. Sendo impugnada a legitimidade do cabeça-de-casal, ou requerida escusa ou remoção deste, prossegue o inventário com o cabeça-de-casal designado, até ser decidido o incidente.

HISTÓRICO:

Redacção do art. 2.° do DL 227/94, de 08.09.

Os n.os 1 e 2 correspondem aos mesmos n.os do art. 1327.° do CPC, na versão anterior, que tinham a seguinte redacção:

Artigo 1327.° ***(Nomeação, substituição e declarações do cabeça-de-casal)***

1. Para designar o cabeça-de-casal, o juiz pode colher as informações que julgue convenientes; e se pelas declarações da pessoa designada verificar que o encargo compete a outra, deferi-lo-á a quem competir.

2. O cabeça-de-casal pode ser substituído a todo o tempo, por acordo de todos os interessados directos na partilha, e também do Ministério Público nos inventários obrigatórios.

Os n.os 3 e 4 são inovadores.

REMISSÕES:

Administração da herança – arts. 2079.° e 2087.° e segs. CC; cargo de cabeça-de-casal – arts. 2080.° e seg. CC; designação do cabeça-de-casal pelo tribunal – art. 2083.° CC; designação por acordo – art. 2084.° do CC; escusa do cargo – art. 2085.° CC; remoção do cabeça-de-casal – art. 2086.° CC.

LEGISLAÇÃO SUBSIDIÁRIA:

ADMINISTRAÇÃO DA HERANÇA – ARTIGOS 2079.° A 2095.° DO CÓDIGO CIVIL

Artigo 2079.° ***(Cabeça-de-casal)***

A administração da herança, até à sua liquidação e partilha pertence ao cabeça-de-casal.

Artigo 2080.° ***(A quem incumbe o cargo)***

1. O cargo de cabeça-de-casal defere-se pela ordem seguinte:

a) Ao cônjuge sobrevivo, não separado judicialmente de pessoas e bens, se for herdeiro ou tiver meação nos bens do casal;

b) Ao testamenteiro, salvo declaração do testador em contrário;

c) Aos parentes que sejam herdeiros legais;

d) Aos herdeiros testamentários.

2. De entre os parentes que sejam herdeiros legais, preferem os mais próximos em grau.

3. De entre os herdeiros legais do mesmo grau de parentesco, ou de entre os herdeiros testamentários, preferem os que viviam com o falecido há pelo menos um ano à data da morte.

4. Em igualdade de circunstâncias, prefere o herdeiro mais velho.

Artigo 2081.° ***(Herança distribuída em legados)***

Tendo sido distribuído em legados todo o património hereditário, servirá de cabeça-de-casal, em substituição dos herdeiros, o legatário mais beneficiado; em igualdade de circunstâncias, preferirá o mais velho.

Artigo 2082.° ***(Incapacidade da pessoa designada)***

1. Se o cônjuge, o herdeiro ou o legatário que tiver preferência for incapaz, exercerá as funções de cabeça-de-casal o seu representante legal.

2. O curador é tido como representante do inabilitado para o efeito do número anterior.

Artigo 2083.° ***(Designação pelo tribunal)***

Se todas as pessoas referidas nos artigos anteriores se escusarem ou forem removidas, é o cabeça-de-casal designado pelo tribunal, oficiosamente, a requerimento de qualquer interessado, ou a pedido do Ministério Público nos inventários em que tenha intervenção principal.

Artigo 2084.° ***(Designação por acordo)***

As regras dos artigos precedentes não são imperativas; por acordo de todos os interessados, e do Ministério Público, nos casos em que tenha intervenção principal, podem entregar-se a administração da herança e o exercício das demais funções de cabeça-de-casal a qualquer outra pessoa.

Artigo 2085.° *(Escusa)*

1. O cabeça-de-casal pode a todo o tempo escusar-se do cargo:

a) Se tiver mais de setenta anos de idade;

b) Se estiver impossibilitado, por doença, de exercer convenientemente as funções;

c) Se residir fora da comarca cujo tribunal é competente para o inventário;

d) Se o exercício das funções de cabeça-de-casal for incompatível com o desempenho de cargo público que exerça.

2. O disposto neste artigo não prejudica a liberdade de aceitação da testamentaria e consequente exercício das funções de cabeça-de-casal.

Artigo 2086.° *(Remoção do cabeça-de-casal)*

1. O cabeça-de-casal pode ser removido, sem prejuízo das demais sanções que no caso couberem:

a) Se dolosamente ocultou a existência de bens pertencentes à herança ou de doações feitas pelo falecido, ou se, também dolosamente, denunciou doações ou encargos inexistentes;

b) Se não administrar o património hereditário com prudência e zelo;

c) Se não cumpriu no inventário os deveres que a lei de processo lhe impuser;

d) Se revelar incompetência para o exercício do cargo.

2. Tem legitimidade para pedir a remoção qualquer interessado, ou o Ministério Público, quando tenha intervenção principal.

Artigo 2087.° *(Bens sujeitos à administração do cabeça-de-casal)*

1. O cabeça-de-casal administra os bens próprios do falecido e, tendo este sido casado em regime de comunhão, os bens comuns do casal.

2. Os bens doados em vida pelo autor da sucessão não se consideram hereditários e continuam a ser administrados pelo donatário.

Artigo 2088.° *(Entrega de bens)*

1. O cabeça-de-casal pode pedir aos herdeiros ou a terceiro a entrega dos bens que deva administrar e que estes tenham em seu poder, e usar contra eles de acções possessórias a fim de ser mantido na posse das coisas sujeitas à sua gestão ou a ela restituído.

2. O exercício das acções possessórias cabe igualmente aos herdeiros ou a terceiro contra o cabeça-de-casal.

Artigo 2089.° *(Cobrança de dívidas)*

O cabeça-de-casal pode cobrar as dívidas activas da herança, quando a cobrança possa perigar com a demora ou o pagamento seja feito espontaneamente.

Artigo 2090.° ***(Venda de bens e satisfação de encargos)***

1. O cabeça-de-casal deve vender os frutos ou outros bens deterioráveis, podendo aplicar o produto na satisfação das despesas do funeral e sufrágios, bem como no cumprimento dos encargos da administração.

2. Para satisfazer as despesas do funeral e sufrágios, bem como os encargos da administração, pode o cabeça-de-casal vender os frutos não deterioráveis, na medida do que for necessário.

Artigo 2091.° ***(Exercício de outros direitos)***

1. Fora dos casos declarados nos artigos anteriores, e sem prejuízo do disposto no artigo 2078.°, os direitos relativos à herança só podem ser exercidos conjuntamente por todos os herdeiros ou contra todos os herdeiros.

2. O disposto no número anterior não prejudica os direitos que tenham sido atribuídos pelo testador ao testamenteiro nos termos dos artigos 2327.° e 2328.°, sendo o testamenteiro cabeça-de-casal.

Artigo 2092.° ***(Entrega de rendimentos)***

Qualquer dos herdeiros ou o cônjuge meeiro tem o direito de exigir que o cabeça-de-casal distribua por todos até metade dos rendimentos que lhes caibam, salvo se forem necessários, mesmo nessa parte, para satisfação de encargos de administração.

Artigo 2093.° ***(Prestação de contas)***

1. O cabeça-de-casal deve prestar contas anualmente.

2. Nas contas entram como despesas os rendimentos entregues pelo cabeça-de-casal aos herdeiros ou ao cônjuge meeiro nos termos do artigo anterior, e bem assim o juro do que haja gasto à sua custa na satisfação de encargos da administração.

3. Havendo saldo positivo, é distribuído pelos interessados, segundo o seu direito, depois de deduzida a quantia necessária para os encargos do novo ano.

Artigo 2094.° ***(Gratuidade do cargo)***

O cargo de cabeça-de-casal é gratuito, sem prejuízo do disposto no artigo 2333.°, se for exercido pelo testamenteiro.

Artigo 2095.° ***(Intransmissibilidade)***

O cargo de cabeça-de-casal não é transmissível em vida nem por morte.

EXERCÍCIO DA TESTAMENTARIA – ARTIGOS 1470.° A 1473.° DO CÓDIGO DE PROCESSO CIVIL:

Artigo 1470.° ***(Escusa do testamenteiro)***

1. O testamenteiro que se quiser escusar da testamentaria, depois de ter aceitado o cargo, deve pedir a escusa, alegando o motivo do pedido e identificando todos os interessados, que serão citados para contestar.

2. O juiz decide, depois de produzidas as provas que admitir.

Artigo 1471.° *(Regime das custas)*

Não sendo contestado o pedido de escusa, as custas são da responsabilidade de todos os interessados.

Artigo 1472.° *(Remoção do testamenteiro)*

1. O interessado que pretenda a remoção do testamenteiro exporá os factos que fundamentam o pedido e identificará todos os interessados.

2. Só o testamenteiro, porém, é citado para contestar.

Artigo 1473.° *(Dedução dos pedidos mencionados nos artigos precedentes)*

Os pedidos a que se referem os artigos anteriores são dependência do processo de inventário, quando o haja.

ANOTAÇÕES:

1. DEFERIMENTO DO CARGO:

As regras que definem o deferimento do cargo de cabeça-de-casal não são imperativas, já que, conforme estabelece o art. 2084.° do CC os interessados na partilha e o Ministério Público, quando tenha intervenção, podem acordar em deferir o cargo de administração da herança e demais funções de cabeça-de-casal a qualquer outra pessoa, que não uma das indicadas no art. 2080.° do mesmo Código. No entanto, uma coisa é certa: na falta de acordo e, por princípio, o cargo é deferido pela ordem indicada neste último preceito. Pode, porém acontecer que todas as referidas pessoas se escusem ao desempenho do cargo ou dele venham a ser removidas. Nesta hipótese, compete ao tribunal designar a pessoa para tal função, escolhida segundo o seu prudente arbítrio.

2. NOMEAÇÃO CONJUNTA DE TESTAMENTEIROS:

"Pode haver pluralidade de testamenteiros, os quais se consideram nomeados conjuntamente, salvo se outra coisa tiver sido disposta pelo testador (art. 2329.°-1 CC). Sendo os testamenteiros nomeados sucessivamente, o cabeçalato é exercido pelo instituído em primeiro lugar, pois o que se lhe segue na ordem só é chamado a exercer a testamentaria na falta do anterior (n.° 3).

Mas da nomeação conjunta não resulta também que todos os nomeados detenham a titularidade do cargo do cabeça-de-casal. Assim, na falta de declaração do testador – pois é a este que compete definir as atribuições –, o cabeçalato há-de ser exercido por aquele dos testamenteiros em que os nomeados acordarem, e, na falta de acordo, podem ser removidos todos, ou apenas algum ou alguns deles (Cód. Civil, art. 2331.°-2). Claro que, no caso da remoção total, o encargo comete-se aos que se sucedam na ordem estabelecida nas demais alíneas do art. 2080.° e, no caso de remoção parcial, ao que não foi removido." *(J. A. Lopes Cardoso, Partilhas Judiciais, Vol. I, reimp. da 4.ª ed. de 1990, Coimbra, 2000, pág. 296)*

3. ESCUSA DO CABEÇA-DE-CASAL:

"No art. 2085.° do CC há falta de rigor técnico saliente enquanto se confundem no mesmo incidente causas que respeitam a incidentes diversos. É seguro que qualquer deles pode ocorrer no momento da nomeação e pode ocorrer ulteriormente, seja no decurso do cabeçalato. Em todo o caso, a ambas a lei atribui fundamento de escusa e considera susceptíveis de alicerçar tal pedido, não o de exoneração. O que tudo vale dizer que pode o cabeça-de-casal pedir escusa após estar desempenhando o cargo pelo tempo que quis e com fundamento em causa que lhe permitia recusar o respec-tivo exercício desde o início.

Só o cabeça-de-casal nomeado é parte legítima para formular tal pedido, conclusão que ressalta líquida do texto do preceito e da razão de ser do instituto. E a todo o tempo pode formulá-la, isto é, quer a causa já exista ao tempo da nomeação, quer seja superveniente. É o que se lê no art. 2085.° do Cód. Civil vigente." *(J. A. Lopes Cardoso, Partilhas Judiciais, Vol. III, 4.ª ed., Coimbra, 1991, pág. 50)*

4. REMOÇÃO DO CABEÇA-DE-CASAL:

"O art. 2086.° do CC não é uma norma taxativa, como facilmente resulta dos seus dizeres e da própria interpretação jurisprudencial. Mas daqui não se concluirá que deva generalizar-se o seu conteúdo e por forma a dar-lhe interpretação extensiva. São graves as consequências da remoção, e a situação em que moralmente se coloca aquele que prevaricou e foi removido é de molde a impressionar o julgador e diminuir, consequentemente, o prestígio e bom nome do que até então desempenhava o respectivo cargo.

Por isso mesmo a pena só terá aplicação quando a falta cometida revista gravidade e raras vezes resultará em consequência de involuntária omissão ou demora no cumprimento dos deveres. A lei exemplifica os casos em que a pena de remoção pode ser imposta e na apreciação deles e na interpretação dos fundamentos legais, ainda fica margem para um grande arbítrio do julgador.

O prejuízo causado à herança ou a potencialidade desse prejuízo são factores primaciais a atender na aplicação da referida pena." *(J. A. Lopes Cardoso, Partilhas Judiciais, Vol. III, 4.ª ed., Coimbra, 1991, págs. 14 e seg.)*

JURISPRUDÊNCIA:

REMOÇÃO:

"O requerimento de remoção de cabeça-de-casal não pode ser indeferido com o fundamento de que nesse sentido se manifestaram os demais interessados, devendo antes, para se decidir, proceder-se a produção da prova indicada pelo requerente." *(Acórdão da Relação de Coimbra, de 14.10.80, Boletim do Ministério da Justiça 302.°, pág. 323)*

DESIGNAÇÃO POR ACORDO:

"**I** – De acordo com todos os interessados pode designar-se cabeça-de-casal diferente do resultante das regras legais.

II – Nomeado já cabeça-de-casal no inventário, deve ser nomeado depositário no arrolamento que é sua dependência." *(Acórdão da Relação de Lisboa, de 05.04.84, Colectânea de Jurisprudência, 1984, Tomo II, pág. 123)*

ADMINISTRAÇÃO DA HERANÇA; CABEÇA-DE-CASAL; EXTINÇÃO DA INSTÂNCIA; HABILITAÇÃO:

"**I** – Sendo intransmissível o cargo de cabeça-de-casal, por morte deste, extinguem-se também as relações jurídicas atinentes à administração da herança.

II – Por isso, a acção contra ele intentada, para prestação de contas como cabeça-de-casal, extingue-se com a sua morte, por impossibilidade de continuação da lide.

III – E, se nessa acção, intentada por um dos dois filhos e únicos herdeiros, foi chamado à acção o outro irmão, por ter um interesse igual ao do A., nunca pode ser habilitado como R., em substituição da falecida mãe, por o mesmo não suceder a esta nas relações jurídicas de administrador da herança, nem por já figurar na acção ao lado do A.

IV – Tendo a acção sido, declarada suspensa, em face da junção da certidão de óbito da R., nada impede que o respectivo despacho seja substituído por outro a determinar a extinção da instância, após ter sido dado conhecimento ao tribunal de que os dois irmãos eram os únicos e universais herdeiros da falecida." *(Acórdão do Supremo Tribunal de Justiça, de 29.11.2005, Colectânea de Jurisprudência, Acórdãos do Supremo Tribunal de Justiça, 2005, Tomo III, pág. 149)*

NOTAS PESSOAIS:

ARTIGO 1340.°
(Declarações do cabeça-de-casal)

1. Ao ser citado, é o cabeça-de-casal advertido do âmbito das declarações que deve prestar e dos documentos que lhe incumbe juntar.

2. Prestado o compromisso de honra do bom desempenho da sua função, o cabeça-de-casal presta declarações, que pode delegar em mandatário judicial, das quais deve constar:

***a)* A identificação do autor da herança, o lugar da sua última residência e a data e o lugar em que haja falecido;**

***b)* A identificação dos interessados directos na partilha, bem como dos legatários, credores da herança e, havendo herdeiros legitimários, dos donatários, com indicação das respectivas residências actuais e locais de trabalho;**

***c)* Tudo o mais necessário ao desenvolvimento do processo.**

3. No acto de declarações, o cabeça-de-casal apresentará os testamentos, convenções antenupciais, escrituras de doação e certidões de perfilhação que se mostrem necessárias, assim como a relação de todos os bens que hão-de figurar no inventário, ainda que a sua administração não lhe pertença, bem como as respectivas cópias, nos termos do artigo 152.°, n.° 2.

4. Não estando em condições de apresentar todos os elementos exigidos, o cabeça-de-casal justificará a falta e pedirá fundamentadamente a prorrogação do prazo para os fornecer.

HISTÓRICO:

Redacção do art. 2.° do DL 227/94, de 08.09.

Corresponde, em parte aos n.ºs 3 e 4 do art. 1327.° do CPC, na versão original, cuja redacção se transcreve:

Artigo 1327.° ***(Nomeação, substituição e declarações do cabeça-de-casal)***

(...)

3. Depois de prestar pessoalmente juramento de bem desempenhar as suas funções, o cabeça-de-casal presta declarações, que pode delegar em mandatário judicial e das quais deve constar:

a) A identificação do autor da herança, data e lugar em que haja falecido;

b) A identificação das pessoas directamente interessadas na partilha, bem como dos legatários, donatários quando haja herdeiros com direito a legítima e credores do autor da herança;

c) A identificação das pessoas que hão-de compor o conselho de família, quando deva intervir;

d) Tudo o mais necessário ao desenvolvimento do processo.

4. No acto das declarações, o cabeça-de-casal apresentará os testamentos, contratos antenupciais, escrituras de doação e documentos comprovativos de perfilhação, que se mostrem necessários, assim como a relação de todos os bens que hão-de figurar no inventário, ainda que a respectiva administração lhe não pertença.

Deste dever é expressamente advertido no acto da citação.

Se não apresentar todos ou alguns dos elementos exigidos, explicará o motivo da falta e designar-se-á prazo para o fazer.

REMISSÕES:

1. Patrocínio judiciário – arts. 32.° e segs. CPC.; prazo para as declarações do cabeça-de-casal – art. 153.° CPC; citação pessoal por via postal – 176.°, n.° 3, 235.°, n.° 2, 236.°, 238.° e 463.°, n.° 1 CPC; modalidades da citação e regras da oficiosidade da diligência – arts. 233.° e segs. CPC.

2. Citação dos interessados – art. 1341.° CPC; forma de efectivar as citações dos interessados – art. 1342.° CPC.

3. Testamento – arts. 2179.° e segs. CC; convenções antenupciais – arts. 1698.° e segs. CC; doação – arts. 940.° e segs. CC; perfilhação – arts. 1849.° e segs. CC.

LEGISLAÇÃO SUBSIDIÁRIA:

PATROCÍNIO JUDICIÁRIO – ARTIGOS 32.° A 44.° DO CÓDIGO DE PROCESSO CIVIL:

Cfr. anotação ao art. 1328.°.

CONVENÇÕES ANTENUPCIAIS – ARTIGOS 1698.° A 1716.° DO CÓDIGO CIVIL:

Artigo 1698.° ***(Liberdade de convenção)***

Os esposos podem fixar livremente, em convenção antenupcial, o regime de bens do casamento, quer escolhendo um dos regimes previstos neste código, quer estipulando o que a esse respeito lhes aprouver, dentro dos limites da lei.

Artigo 1699.° ***(Restrições ao princípio da liberdade)***

1. Não podem ser objecto de convenção antenupcial:

a) A regulamentação da sucessão hereditária dos cônjuges ou de terceiro, salvo o disposto nos artigos seguintes;

b) A alteração dos direitos ou deveres, quer paternais, quer conjugais;

c) A alteração das regras sobre administração dos bens do casal;

d) A estipulação da comunicabilidade dos bens enumerados no artigo 1733.°.

2. Se o casamento for celebrado por quem tenha filhos, ainda que maiores ou emancipados, não poderá ser convencionado o regime da comunhão geral nem estipulada a comunicabilidade dos bens referidos no n.° 1 do artigo 1722.°.

Artigo 1700.° ***(Disposições por morte consideradas lícitas)***

1. A convenção antenupcial pode conter:

a) A instituição de herdeiro ou a nomeação de legatário em favor de qualquer dos esposados, feita pelo outro esposado ou por terceiro nos termos prescritos nos lugares respectivos;

b) A instituição de herdeiro ou a nomeação de legatário em favor de terceiro, feita por qualquer dos esposados.

2. São também admitidas na convenção antenupcial cláusulas de reversão ou fideicomissárias relativas às liberalidades aí efectuadas, sem prejuízo das limitações a que genericamente estão sujeitas essas cláusulas.

Artigo 1701.° ***(Irrevogabilidade dos pactos sucessórios)***

1. A instituição contratual de herdeiro e a nomeação de legatário feitas na convenção antenupcial em favor de qualquer dos esposados, quer pelo outro esposado, quer por terceiro, não podem ser unilateralmente revogadas depois da aceitação, nem é lícito ao doador prejudicar o donatário por actos gratuitos de disposição; mas podem essas liberalidades, quando feitas por terceiro, ser revogadas a todo o tempo por mútuo acordo dos contraentes.

2. Precedendo, em qualquer dos casos, autorização do donatário, prestada por escrito, ou o respectivo suprimento judicial, pode o doador alienar os bens doados com fundamento em grave necessidade, própria ou dos membros da família a seu cargo.

3. Sempre que a doação seja afectada nos termos do número anterior, o donatário concorrerá à sucessão do doador como legatário do valor que os bens doados teriam ao tempo da morte deste, devendo ser pago com preferência a todos os demais legatários do doador.

Artigo 1702.° ***(Regime da instituição contratual)***

1. Quando a instituição contratual em favor de qualquer dos esposados tiver por objecto uma quota de herança, o cálculo dessa quota será feito conferindo-se os bens de que o doador haja disposto gratuitamente depois da doação.

2. Se a instituição tiver por objecto a totalidade da herança, pode o doador dispor gratuitamente, em vida ou por morte, de uma terça parte dela, calculada nos termos do número anterior.

3. É lícito ao doador, no acto da doação, renunciar no todo ou em parte ao direito de dispor da terça parte da herança.

Artigo 1703.° ***(Caducidade dos pactos sucessórios)***

1. A instituição e o legado contratuais em favor de qualquer dos esposados caducam não só nos casos previstos no artigo 1760.°, mas ainda no caso de o donatário falecer antes do doador.

2. Se, porém, a doação por morte for feita por terceiro, não caduca pelo predecesso do donatário, quando ao doador sobrevivam descendentes legítimos daquele, nascidos do casamento, os quais serão chamados a suceder nos bens doados, em lugar do donatário.

Artigo 1704.° ***(Disposições de esposados a favor de terceiro, com carácter testamentário)***

A instituição de herdeiro e a nomeação de legatário feitas por algum dos esposados na convenção antenupcial em favor de pessoas indeterminadas, ou em favor de pessoa certa e determinada que não intervenha no acto como aceitante, têm valor meramente testamentário, e não produzem qualquer efeito se a convenção caducar.

Artigo 1705.° ***(Disposições por morte a favor de terceiro, com carácter contratual)***

1. À instituição de herdeiro e à nomeação de legatário feitas por qualquer dos esposados em favor de pessoa certa e determinada que intervenha como aceitante na convenção antenupcial é aplicável o disposto nos artigos 1701.° e 1702.°, sem prejuízo da ineficácia se a convenção caducar.

2. Pode, todavia, a instituição ou nomeação ser livremente revogada, se o disponente a tiver feito com reserva dessa faculdade.

3. A irrevogabilidade da disposição não a isenta do regime geral de revogação das doações por ingratidão do donatário nem da redução por inoficiosidade.

4. As liberalidades a que este artigo se referem caducam, se o donatário falecer antes do doador.

Artigo 1706.° ***(Correspectividade das disposições por morte a favor de terceiros)***

1. Se ambos os esposados instituírem terceiros seus herdeiros, ou fizerem legados em seu benefício, e ficar consignado na convenção antenupcial o carácter correspectivo das duas disposições, a invalidade ou revogação de uma das disposições produz a ineficácia da outra.

2. Desde que uma das disposições comece a produzir os seus efeitos, a outra já não pode ser revogada ou alterada, excepto se o beneficiário da primeira renunciar a ela, restituindo quanto por força dela haja recebido.

Artigo 1707.° ***(Revogabilidade das cláusulas de reversão ou fideicomissárias)***

As cláusulas de reversão ou fideicomissárias previstas no n.° 2 do artigo 1700.° são revogáveis livremente e a todo o tempo pelo autor da liberalidade.

Artigo 1708.° *(Capacidade para celebrar convenções antenupciais)*

1. Têm capacidade para celebrar convenções antenupciais aqueles que têm capacidade para contrair casamento.

2. Aos menores, bem como aos interditos ou inabilitados, só é permitido celebrar convenções antenupciais com autorização dos respectivos representantes legais.

Artigo 1709.° *(Anulabilidade por falta de autorização)*

A anulabilidade da convenção antenupcial por falta de autorização só pode ser invocada pelo incapaz, pelos seus herdeiros ou por aqueles a quem competir concedê-la, dentro do prazo de um ano a contar da celebração do casamento, considerando-se a anulabilidade sanada se o casamento vier a ser celebrado depois de findar a incapacidade.

Artigo 1710.° *(Forma das convenções antenupciais)*

As convenções antenupciais só são válidas se forem celebradas por escritura pública ou por auto lavrado perante o conservador do registo civil.

Artigo 1711.° *(Publicidade das convenções antenupciais)*

1. As convenções antenupciais só produzem efeitos em relação a terceiros depois de registadas.

2. Os herdeiros dos cônjuges e dos demais outorgantes da escritura não são considerados terceiros.

3. O registo da convenção não dispensa o registo predial relativo aos factos a ele sujeitos.

Artigo 1712.° *(Revogação ou modificação da convenção antenupcial antes da celebração do casamento)*

1. A convenção antenupcial é livremente revogável ou modificável até à celebração do casamento, desde que na revogação ou modificação consintam todas as pessoas que nela outorgaram ou os respectivos herdeiros.

2. O novo acordo está sujeito aos requisitos da forma e publicidade estabelecidos nos artigos antecedentes.

3. A falta de intervenção de alguma das pessoas que outorgaram na primeira convenção, ou dos respectivos herdeiros, apenas tem como efeito facultar àquelas ou a estes o direito de resolver as cláusulas que lhes digam respeito.

Artigo 1713.° *(Convenções sob condição ou a termo)*

1. É válida a convenção sob condição ou a termo.

2. Em relação a terceiros, o preenchimento da condição não tem efeito retroactivo.

Artigo 1714.° *(Imutabilidade das convenções antenupciais e do regime de bens resultantes da lei)*

1. Fora dos casos previstos na lei, não é permitido alterar, depois da celebração do casamento, nem as convenções antenupciais nem os regimes de bens legalmente fixados.

2. Consideram-se abrangidos pelas proibições do número anterior os contratos de compra e venda e sociedade entre os cônjuges, excepto quando estes se encontrem separados judicialmente de pessoas e bens.

3. É lícita, contudo, a participação dos dois cônjuges na mesma sociedade de capitais, bem como a dação em cumprimento feita pelo cônjuge devedor ao seu consorte.

Artigo 1715.° ***(Excepções ao princípio da imutabilidade)***

1. São admitidas alterações ao regime de bens:

a) Pela revogação das disposições mencionadas no artigo 1700.°, nos casos e sob a forma em que é permitida pelos artigos 1701.° a 1707.°;

b) Pela simples separação judicial de bens;

c) Pela separação judicial de pessoas e bens;

d) Em todos os demais casos, previstos na lei, de separação de bens na vigência da sociedade conjugal.

2. Às alterações da convenção antenupcial ou do regime legal de bens previstas no número anterior é aplicável o disposto no artigo 1711.°.

Artigo 1716.° ***(Caducidade das convenções antenupciais)***

A convenção caduca, se o casamento não for celebrado dentro de um ano, ou se, tendo-o sido, vier a ser declarado nulo ou anulado, salvo o disposto em matéria de casamento putativo.

PERFILHAÇÃO – ARTIGOS 1849.° A 1863.° DO CÓDIGO CIVIL:

Artigo 1849.° ***(Carácter pessoal e livre da perfilhação)***

Perfilhação é acto pessoal e livre; pode, contudo, ser feita por intermédio de procurador com poderes especiais.

Artigo 1850.° ***(Capacidade)***

1. Têm capacidade para perfilhar os indivíduos com mais de dezasseis anos, se não estiverem interditos por anomalia psíquica ou não forem notoriamente dementes no momento da perfilhação.

2. Os menores, os interditos não compreendidos no número anterior e os inabilitados não necessitam, para perfilhar, de autorização dos pais, tutores ou curadores.

Artigo 1851.° ***(Maternidade não declarada)***

Não obsta à perfilhação o facto de a maternidade do perfilhando não se encontrar declarada no registo.

Artigo 1852.° ***(Conteúdo defeso)***

1. O acto de perfilhação não comporta cláusulas que limitem ou modifiquem os efeitos que lhe são atribuídos por lei, nem admite condição ou termo.

2. As cláusulas ou declarações proibidas não invalidam a perfilhação, mas têm-se por não escritas.

Artigo 1853.° *(Forma)*

A perfilhação pode fazer-se:

a) Por declaração prestada perante o funcionário do registo civil;

b) Por testamento;

c) Por escritura pública;

d) Por termo lavrado em juízo.

Artigo 1854.° *(Tempo de perfilhação)*

A perfilhação pode ser feita a todo o tempo, antes ou depois do nascimento do filho ou depois da morte deste.

Artigo 1855.° *(Perfilhação de nascituro)*

A perfilhação de nascituro só é válida se for posterior à concepção e o perfilhante identificar a mãe.

Artigo 1856.° *(Perfilhação de filho falecido)*

A perfilhação posterior à morte do filho só produz efeitos em favor dos seus descendentes.

Artigo 1857.° *(Perfilhação de maiores)*

1. A perfilhação de filho maior ou emancipado, ou de filho pré-defunto de quem vivam descendentes maiores ou emancipados, só produz efeitos se aquele ou estes, ou, tratando-se de interditos, os respectivos representantes, derem o seu assentimento.

2. O assentimento pode ser dado antes ou depois da perfilhação, ainda que o perfilhante tenha falecido, por alguma das seguintes formas:

a) Por declaração prestada perante o funcionário do registo civil, averbada no assento de nascimento, e no de perfilhação, se existir;

b) Por documento autêntico ou autenticado;

c) Por termo lavrado em juízo no processo em que haja sido feita a perfilhação.

3. O registo da perfilhação é considerado secreto até ser prestado o assentimento necessário e, sem prejuízo do disposto no número seguinte, só pode ser invocado para instrução do processo preliminar de casamento ou em acção de nulidade ou anulação de casamento.

4. Qualquer interessado tem o direito de requerer judicialmente a notificação pessoal do perfilhando, dos seus descendentes ou dos seus representantes legais, para declararem, no prazo de trinta dias, se dão o seu assentimento à perfilhação, considerando-se esta aceite no caso de falta de resposta e sendo cancelado o registo no caso de recusa.

Artigo 1858.° *(Irrevogabilidade)*

A perfilhação é irrevogável e, quando feita em testamento, não é prejudicada pela revogação deste.

Artigo 1859.° *(Impugnação)*

1. A perfilhação que não corresponda à verdade é impugnável em juízo depois da morte do perfilhado.

2. A acção pode ser intentada, a todo o tempo, pelo perfilhante, pelo perfilhado, ainda que haja consentido na perfilhação, por qualquer outra pessoa que tenha interesse moral ou patrimonial na sua procedência ou pelo Ministério Público.

3. A mãe ou o filho, quando autores, só terão de provar que o perfilhante não é o pai se este demonstrar ser verosímil que coabitou com a mãe do perfilhado no período da concepção.

Artigo 1860.° *(Anulação por erro ou coacção)*

1. A perfilhação é anulável judicialmente a requerimento do perfilhante quando viciada por erro ou coacção moral.

2. Só é relevante o erro sobre circunstâncias que tenham contribuído decisivamente para o convencimento da paternidade.

3. A acção de anulação caduca no prazo de um ano, a contar do momento em que o perfilhante teve conhecimento do erro ou em que cessou a coacção, salvo se ele for menor não emancipado ou interdito por anomalia psíquica; neste caso, a acção não caduca sem ter decorrido um ano sobre a maioridade, emancipação ou levantamento da interdição.

Artigo 1861.° *(Anulação por incapacidade)*

1. A perfilhação é anulável por incapacidade do perfilhante a requerimento deste ou de seus pais ou tutor.

2. A acção pode ser intentada dentro de um ano, contado:

a) Da data da perfilhação, quando intentada pelos pais ou tutor;

b) Da maioridade ou emancipação, quando intentada pelo que perfilhou antes da idade exigida por lei;

c) Do termo da incapacidade, quando intentada por quem perfilhou estando interdito por anomalia psíquica ou notoriamente demente.

Artigo 1862.° *(Morte do perfilhante)*

Se o perfilhante falecer sem haver intentado a acção de anulação ou no decurso dela, têm legitimidade para a intentar no ano seguinte à sua morte, ou nela prosseguir, os descendentes ou ascendentes do perfilhante e todos os que mostrem ter sido prejudicados nos seus direitos sucessórios por efeito da perfilhação.

Artigo 1863.° *(Perfilhação posterior a investigação judicial)*

A perfilhação feita depois de intentada em juízo acção de investigação de paternidade contra pessoa diferente do perfilhante fica sem efeito, e o respectivo registo deve ser cancelado, se a acção for julgada procedente.

ANOTAÇÕES:

1. VALOR DAS DECLARAÇÕES DO CABEÇA-DE-CASAL:

"Podem firmar-se as seguintes conclusões:

I – Não beneficia o cabeça-de-casal de qualquer presunção de fidedignidade;

II – As declarações só subsistem ou fazem fé enquanto não impugnadas, e isto quer hajam sido prestadas no interesse pessoal do cabeça-de-casal, quer o não hajam sido;

III – Uma vez impugnadas, está o cabeça-de-casal constituído na obrigação de provar o que declarou ainda que as declarações não hajam sido prestadas no seu interesse pessoal, observando-se a tal respeito a regra geral do ónus da prova;

IV – Dizendo as declarações respeito a certos factos cuja prova a lei exige que seja produzida documentalmente (testamentos, contratos antenupciais, escrituras de doação e documentos comprovativos da perfilhação), elas não subsistem, nem fazem fé, enquanto tal prova não seja produzida, e isto muito embora não hajam sido impugnadas;

V – As declarações que objectivem factos para prova dos quais a lei processual estabelece ritologia própria, não têm fé, mesmo que não sofrendo impugnação;

VI – Respeitando as declarações a factos para prova dos quais a lei normalmente exige certo meio de prova, mas que não sejam dos referidos nos anteriores números, elas subsistirão e terão fé enquanto não impugnadas." *(J. A. Lopes Cardoso, Partilhas Judiciais, Vol. I, reimp. da 4.ª ed. de 1990, Coimbra, 2000, págs. 319 e seg.)*

2. FUNÇÕES DO CABEÇA-DE-CASAL: A) ADMINISTRAÇÃO DA HERANÇA:

"Designadamente, compete-lhe:

a) Dar de arrendamento os bens da herança;

b) Alienar, independentemente de autorização judicial, os semoventes que não puder conservar sem prejuízo;

c) Vender os frutos ou outros bens deterioráveis, podendo aplicar o produto na satisfação das despesas do funeral e sufrágios, bem como no cumprimento dos encargos da administração;

d) Vender os frutos não deterioráveis na medida do que for necessário, para satisfazer as despesas do funeral e sufrágios, bem como os encargos da administraçao;

e) Receber todos os frutos e rendimentos dos bens cuja posse tiver;

f) Continuar o giro comercial do inventariado ou a sua indústria;

g) Continuar a exploração agrícola do inventariado;

h) Proceder à cultura dos prédios rústicos;

i) Conservar em boa guarda todos os bens da herança e seus rendimentos;

j) Efectuar as obras indispensáveis à segurança e conservação dos bens inventariados;

k) Movimentar os depósitos bancários do autor da herança;

l) Pagar as contribuições a cargo da herança;

m) Pagar as despesas inerentes à administração dos bens da herança (v.g. salários, soldadas, grangeios, foros, pensões, rendas, juros, prémios de seguro, água, luz, telefones, etc. ...);

n) Pagar as despesas resultantes dos pleitos judiciais, administrativos, fiscais ou de outra natureza e pelas quais seja responsável a herança;

o) Pagar as despesas do funeral e sufrágios:

p) Pagar as dívidas da herança que se vençam no decurso do inventário e desde que provadas na devida forma, reclamando o credor o pagamento;

q) Receber e dar quitação dos créditos da herança cujo pagamento seja voluntariamente efectuado;

r) Ratificar as vendas feitas pelo inventariado, desde que obtenha autorização." *(J. A. Lopes Cardoso, Partilhas Judiciais, Vol. I, reimp. da 4.ª ed. de 1990, Coimbra, 2000, págs. 324 e segs.)*

IDEM: **B) EXERCÍCIO DE DIREITOS:**

"Incumbe também ao cabeça-de-casal o exercício dos direitos inerentes à administração e, assim, compete-lhe, além do mais:

a) Mover, contra os herdeiros ou terceiros, as acções possessórias destinadas a obter a entrega dos bens da herança que deva administrar e que eles tenham em seu poder, a fim de ser mantido na posse das coisas sujeitas à sua gestão ou a ela restituído;

b) Propor acções destinadas a cobrar as dívidas activas da herança quando a cobrança possa perigar com a demora;

c) Propor acção de despejo contra os arrendatários dos bens da herança;

d) Requerer procedimentos cautelares preparatórios das acções para que tem legitimidade, ou no decurso delas;

e) Pedir em certos casos a liquidação do património da sociedade de que houvesse feito parte o inventariado;

f) Provocar a interrupção da prescrição;

g) Participar criminalmente contra qualquer pessoa que tenha praticado crime sobre os bens da herança;

h) Representar a herança em quaisquer acções possessórias que os herdeiros ou terceiro lhe movam para obter a entrega de bens que, naquela qualidade, tenha em seu poder;

i) Protestar letras;

j) Promover os registos a que alude o artigo 339.° do Código das Sociedades Comerciais;

l) Acompanhado dos demais herdeiros, propor certas acções;

m) Exercer o direito de reserva." *(J. A. Lopes Cardoso, Partilhas Judiciais, Vol. I, reimp. da 4.ª ed. de 1990, Coimbra, 2000, págs. 330 e segs.)*

IDEM: **C) OBRIGAÇÕES LEGAIS:**

"Compete ao cabeça-de-casal:

a) Requerer o registo dos actos necessários na Conservatória do Registo Predial;

b) Cumprir as obrigações fiscais;

c) Requerer que se proceda a inventário, sob pena de remoção não o fazendo no prazo de três meses contados da data em que teve conhecimento da abertura da sucessão;

d) Comparecer em juízo todas as vezes que assim for determinado, juntar documentos, relacionar os bens, prestar declarações e fornecer os elementos necessários ao prosseguimento do inventário, também sob pena de remoção;

e) Depositar as acções transmitidas sem determinação concreta dos novos titulares;

f) Prestar contas anualmente;

g) Pagar as custas do inventário;

h) Exercer as demais atribuições que lhe sejam fixadas pelo testador e exercer os direitos também por este atribuídos, sendo o testamenteiro cabeça-de-casal." *(J. A. Lopes Cardoso, Partilhas Judiciais, Vol. I, reimp. da 4.ª ed. de 1990, Coimbra, 2000, págs. 334 e segs.)*

3. VALOR DAS DECLARAÇÕES DO CABEÇA-DE-CASAL:

"O valor das declarações do cabeça-de-casal não vem definido na lei com clareza. Têm-se firmado, contudo, algumas regras a esse respeito. Assim:

– só fazem fé em juízo enquanto não impugnadas, e, quando impugnadas, compete ao cabeça-de-casal fazer a prova do que afirmou;

– relativamente a factos sujeitos a prova documental as declarações não têm valor sem o apoio dos respectivos títulos (v.g., testamentos, contratos antenupciais, escrituras de doação, etc.);

– as declarações sobre factos sujeitos a prova específica (v.g., estado de demência, de ausência, etc.) não fazem fé sem essa prova (arts. 236.° e 239.°)." *(Abílio Neto, Código Civil Anotado, 15.ª ed., Set./1999, pág. 1330)*

4. IDEM:

"O princípio de que as declarações de cabeça-de-casal fazem fé em juízo até prova em contrário vem sendo afirmado de há muito tempo na jurisprudência dos Tribunais portugueses. Todavia, tal princípio não tem consagração legal, sendo de concluir ter sido abandonado pelo legislador do actual Código de Processo Civil. Terá sido substituído por outro que vai no sentido de que, em princípio, tais declarações fazem fé até serem impugnadas por qualquer dos interessados. Logo que impugnadas, terá o cabeça-de-casal de fazer prova do seu conteúdo.

Além disso, não foi esquecido também o princípio de que certos factos só podem ser provados por documentos: existência de testamento e de doações, bem como de convenções antenupciais e de filhos perfilhados. Daí o obrigar-se, nesse caso, o cabeça-de-casal a juntar logo os documentos comprovativos desses factos." *(Carvalho de Sá, Do Inventário – Descrever, Avaliar e Partir, 1993, pág. 36)*

JURISPRUDÊNCIA:

TESTAMENTEIRO:

"A qualidade de testamenteiro, privilegiado ou não, pode ser qualificação necessária para a designação de cabeça-de-casal, mas não é o cabeça-de-casal quem não beneficia da designação ou nomeação. Assim, reunindo embora a autora os pressupostos para o seu desempenho, não assume esse cargo pelo simples facto de desempenhar certas funções que lhe são inerentes desde a morte do autor da herança." *(Acórdão do Supremo Tribunal de Justiça, de 23.07.76, Boletim do Ministério da Justiça 259.°, pág. 198)*

DECLARAÇÕES DO CABEÇA-DE-CASAL:

"**I** – As declarações de cabeça-de-casal, em inventário, fazem fé, desde que não impugnadas, salvo no concernente à matéria explicitada pelo n.° 4 do art. 1327.° do CPC [hoje, art. 1340.°], a qual pressupõe documentação: testamentos, contratos antenupciais, escrituras de doação e documentos comprovativos de perfilhação.

II – Designadamente a falta de documento comprovativo de perfilhação pode ser arguida em qualquer altura, até à pronúncia sobre a forma da partilha." *(Acórdão da Relação de Lisboa, de 12.06.79, Colectânea de Jurisprudência, 1979, Tomo III, pág. 807)*

PRESTAÇÃO DE CONTAS:

"A cabeça-de-casal, usufrutuária dos bens da herança por testamento do *de cuius*, não está obrigada a prestação de contas. Efectivamente, só é obrigado a prestar contas aquele que administra bens de outrem, o que não é o caso, já que a viúva do finado foi por este instituída usufrutuária de todos os bens que constituem o património hereditário." *(Acórdão da Relação do Porto, de 17.11.83, Boletim do Ministério da Justiça 331.°, pág. 606)*

DECLARAÇÕES DO CABEÇA-DE-CASAL:

"Não beneficiando o cabeça-de-casal de qualquer presunção de fidedignidade, as suas declarações não fazem fé quanto a factos para cuja prova a lei exija que se faça documentalmente." *(Acórdão da Relação de Lisboa, de 09.03.84, Colectânea de Jurisprudência, 1984, Tomo II, pág. 97)*

IDEM:

"As declarações do cabeça-de-casal, em processo de inventário, fazem fé enquanto não forem impugnadas, nomeadamente quanto ao óbito de interessados, tornando-se, em tais circunstâncias, desnecessária a junção das respectivas certidões de óbito." *(Acórdão da Relação de Lisboa, de 27.01.87, Boletim do Ministério da Justiça 365.°, pág. 687)*

IDEM:

"**I** – As declarações do cabeça-de-casal não beneficiam de qualquer presunção, de fidedignidade e, sendo impugnadas, fica o cabeça-de-casal na obrigação de provar o que declarou.

II – A decisão que, na sequência de reclamação da descrição, remete para os meios comuns implica que os bens questionados (por falta de relacionamento ou por relacionamento indevido, visto pertencerem ao reclamante ou a outrem) não podem ser partilhados sem antes ter a questão sido apreciada nos meios comuns." *(Acórdão da Relação de Coimbra, de 26.04.89, Boletim do Ministério da Justiça 386.°, pág. 523)*

PRAZO PARA A APRESENTAÇÃO DE DOCUMENTOS:

"**I** – O prazo fixado pelo juiz nos termos do art. 1327.°, n.° 4, do CPC [hoje, art. 1340.°], é um prazo judicial que não reveste as características específicas dos prazos judiciais por lei, nomeadamente o da sua improrrogabilidade.

II – A falta de tal característica impede que o prazo concedido pelo juiz possa ser qualificado de peremptória, pois o decurso do prazo não faz extinguir o direito a praticar o acto respectivo.

III – Daí que não seja aplicável ao caso a multa a que se refere o artigo 145.° do Código de Processo Civil." *(Acórdão da Relação do Porto, de 17.10.89, Boletim do Ministério da Justiça 390.°, pág. 467)*

LEGITIMIDADE DO CABEÇA-DE-CASAL PARA INSTAURAR ACÇÃO DE DESPEJO:

"O cabeça-de-casal de heranças ilíquidas e indivisas abertas por óbito de seus pais tem legitimidade, enquanto tal, para instaurar acção de despejo em processo sumário para a resolução do contrato de arrendamento de prédio incluído nas heranças." *(Acórdão da Relação de Évora, de 19.06.97, Colectânea de Jurisprudência, 1997, Tomo II, pág. 276)*

NOTAS PESSOAIS:

ARTIGO 1341.°
(Citação dos interessados)

1. Quando o processo deva prosseguir, são citados para os seus termos os interessados directos na partilha, o Ministério Público, quando a sucessão seja deferida a incapazes, ausentes em parte incerta ou pessoas colectivas, os legatários, os credores da herança e, havendo herdeiros legitimários, os donatários.

2. O requerente do inventário e o cabeça-de-casal são notificados do despacho que ordene as citações.

HISTÓRICO:

Redacção do art. 2.° do DL 227/94, de 08.09.

Corresponde, em parte, ao n.° 1 do art. 1329.° do CPC, na versão inicial, cuja redacção era a seguinte:

Artigo 1329.° ***(Prosseguimento do processo)***

1. Quando o processo deva prosseguir, são citados para os seus termos o Ministério Público, as pessoas com interesse directo na partilha e os seus cônjuges, os legatários, os credores da herança e os donatários. O requerente do inventário e o cabeça-de-casal não são citados, mas notificados do despacho que ordene as citações.

REMISSÕES:

1. Incapazes: menoridade – arts. 122.° e segs. CC; interdições – arts. 138.° e segs. CC; inabilitações – arts. 152.° e segs. CC; ausência – arts. 89.° e segs. CC; pessoas colectivas – arts. 157.° e segs. CC; legados – arts. 2249.° e segs. CC; herdeiros legitimários – art. 2157.° CC.

2. Citações – arts. 234.° e segs. CPC; notificações – arts. 253.° e segs. CPC.

ANOTAÇÕES:

1. INTERESSADOS DIRECTOS:

"Nesta forma de dizer o legislador quis abranger os herdeiros, o meeiro do inventariado, a pessoa contemplada com o usufruto de parte da herança, sem determinação de valor ou objecto.

Na qualidade de herdeiros compreendem-se os testamentários e os legítimos, exceptuados apenas o requerente do inventário e o cabeça-de-casal.

E uma de duas: – ou ao prosseguimento do inventário nenhuma oposição faz o cabeça-de-casal, ou este, embora vencido, declarou que não havia motivo para que prosseguisse. No primeiro caso, só se citam os herdeiros que o cabeça-de-casal houver indicado como tais; quaisquer outras pessoas que pretendam arrogar-se tal qualidade, e, porventura, não hajam sido por ele indicadas, terão de deduzir a sua pretensão pelo meio facultado no art. 1334.° [hoje, art. 1331.°] do CPC. No segundo, citam-se não só os herdeiros indicados pelo cabeça-de-casal, como os referidos pelo requerente do inventário e pelo Ministério Público." *(J. A. Lopes Cardoso, Partilhas Judiciais, Vol. I, reimp. da 4.ª ed. de 1990, Coimbra, 2000, págs. 385 e seg.)*

2. CITAÇÃO DE DONATÁRIOS:

"Este preceito abrange igualmente os donatários, isto, claro está, quando haja herdeiros com direito a legítima. (...)

E se os bens doados foram transmitidos pelo donatário, no todo ou em parte, a título oneroso, a um estranho?

(...) À míngua de regra de direito positivo, a solução parece ser esta: – o comprador não é citado para o inventário por não abrangido nas entidades cuja citação o n.° 1 do art. 1341.° taxativamente especifica; cita-se, pois, o donatário e só este, tenha ou não alienado os bens doados na sobredita forma. No que respeita ao comprador, ele terá que ser ouvido sobre tudo o que no inventário importe disposição dos bens por ele adquiridos, audição essa a que se procederá por oportuna notificação. Só desta maneira fica assegurada a defesa dos seus interesses." *(J. A. Lopes Cardoso, Partilhas Judiciais, Vol. I, Reimp. da 4.ª ed. de 1990, Coimbra, 2000, págs. 389 e seg.)*

3. FINS DA CITAÇÃO:

"Embora a citação se destine muito especialmente a dar conhecimento aos interessados da distribuição do inventário (herdeiros, legatários e credores) e garantir-lhes a defesa dos seus próprios e legítimos direitos, nem sempre tem a mesma finalidade a citação de uns e outros intervenientes no processo.

Assim, os herdeiros são citados para todos os termos do inventário e os legatários e credores para deduzirem os seus direitos no inventário.

Ali a citação tem um fim geral, aqui uma especial finalidade.

E compreende-se esta distinção; se os legatários ou credores fossem citados para todos os termos do inventário até final, ser-lhes-ia lícito deduzir todos os incidentes que a lei faculta, designadamente a ilegitimidade dos herdeiros, impugnação da competência do cabeça-de-casal, remoção deste, etc.

Mas não é bem assim.

A intervenção dos legatários e credores é apenas determinada e relativa ao legado e crédito a que têm direito e pretendem ver satisfeito ou aprovado." *(J. A. Lopes Cardoso, Partilhas Judiciais, Vol. I, Reimp. da 4.ª ed. de 1990, Coimbra, 2000, págs. 392 e seg.)*

4. FORMALIDADES DA CITAÇÃO: A) HERDEIROS E M.P.:

"**1.° – Ministério Público:** é citado pessoalmente pelo escrivão, na pessoa do Ajudante do Procurador da República, do Delegado ou do Sub-Delegado;

2.° – Herdeiros: na citação dos herdeiros deve distinguir-se:

a) Residentes no País: observa-se o disposto nos arts. 234.°-*a)* e 176.°-4 do Cód. Proc. Civil;

b) Residentes no estrangeiro: observa-se o disposto nos arts. 244.° e segs. do Cód. Proc. Civil." *(J. A. Lopes Cardoso, Partilhas Judiciais, Vol. I, reimp. da 4.ª ed. de 1990, Coimbra, 2000, pág. 395)*

***IDEM:* B) INCAPAZES:**

Como diz, muito claramente a lei, os incapazes, bem como as pessoas colectivas, são citados na pessoa do Ministério Público.

No entanto, convém referir, a este propósito, o art. 228.°-B do Cód. Proc. Civil, segundo o qual "os incapazes, os incertos, as pessoas colectivas, as sociedades e os patrimónios autónomos são citados ou notificados na pessoa dos seus representantes, sem prejuízo do disposto nos artigos 13.°, 13.°-A, 13.°-B, n.° 3, e 13.°-D, n.os 2 e 3".

***IDEM:* C) AUSENTES EM PARTE INCERTA:**

"O ausente em parte incerta cuja curadoria não esteja deferida deve ser procurado na sua última residência conhecida. Se o funcionário o não encontrar e for aí informado de que está ausente em parte incerta, lavrará certidão da ocorrência, que fará assinar pela pessoa de quem tenha recebido a informação.

Antes de ordenar a citação edital, o juiz assegurar-se-á de que não é conhecida a residência do citando, podendo colher informações das autoridades policiais ou administrativas (Cód. Proc. Civil, art. 239.°-3).

Obtidas estas informações e certificada a incerteza da ausência, o juiz ordenará a citação edital a que se procederá nos termos dos arts. 248.° e segs. do Cód. Proc. Civil.

A partir desse momento o citando começa a figurar no processo como um incapaz, tornando-se necessário nomear-se-lhe representante." *(J. A. Lopes Cardoso, Partilhas Judiciais, Vol. I, Reimp. da 4.ª ed. de 1990, Coimbra, 2000, pág. 404)*

5. REPRESENTAÇÃO DOS MENORES:

"A representação dos menores compete aos pais – artigo 1878.° do Código Civil. O conteúdo desse poder de representação encontra-se definido no artigo 1881.° do Código – *exercício de todos os direitos e cumprimento de todas as obri-*

gações do filho, exceptuados os actos puramente pessoais, aqueles que o menor tem o direito de praticar pessoal e livremente e os actos respeitantes a bens cuja administração não pertença aos pais.

Na constância do matrimónio o poder paternal compete a ambos os cônjuges, podendo qualquer deles recorrer ao tribunal para resolver eventuais divergências nesse exercício.

O menor nascido *fora do casamento é representado pelo progenitor que o reconheceu* e, no caso de ter sido reconhecido por ambos, compete o poder paternal ao progenitor que tiver a *guarda do filho*, presumindo-se ainda que a *mãe* tem a guarda do filho, presunção essa que pode ser judicialmente ilidida.

Nos casos de divórcio, separação judicial de pessoas e bens, declaração de nulidade ou anulação do casamento, o poder paternal é exercido pelo progenitor a quem *o filho foi confiado* – artigo 1906.° do Código Civil.

O menor, todavia, está sujeito a tutela, nos seguintes casos, segundo se dispõe no artigo 1921.° do Código Civil:

a) Se os pais houverem falecido;

b) Se estiverem inibidos do exercício do poder paternal;

c) Se estiverem impedidos de facto, há mais de seis meses de exercer o poder paternal;

d) Se forem desconhecidos.

Sempre que o menor se encontre numa destas situações, deve o tribunal competente promover a instauração da **tutela**. Esta é exercida por um *tutor e pelo conselho de família*. Por sua vez, este é constituído por *dois vogais* e pelo *agente do Ministério Público*, que preside." *(Carvalho de Sá, Do Inventário, Almedina, 4.ª ed., pág. 64)*

6. REPRESENTAÇÃO DOS INTERDITOS:

"Segundo se dispõe no artigo 139.° do Código Civil, 'o interdito é equiparado ao menor, sendo-lhe aplicáveis, com as necessárias adaptações, as disposições que regulam a incapacidade por menoridade e fixam os meios de suprir o poder paternal'.

Quanto ao tutor a nomear ao interdito estabelece a lei uma ordem de prioridade no artigo 143.° daquele diploma legal:

1 – *Cônjuge* do interdito, salvo se estiver separado judicialmente.

2 – *Pessoa designada pelos progenitores* em testamento ou documento autêntico ou autenticado.

3 – *Qualquer dos progenitores* do interdito.

4 – *Filhos maiores*, preferindo o mais velho.

5 – *Pessoa designada pelo tribunal*, ouvido o conselho de família, no caso de não ser possível aproveitar nenhuma das anteriores prioridades." *(Carvalho de Sá, Do Inventário, Almedina, 4.ª ed., pág. 67)*

7. REPRESENTAÇÃO DOS INABILITADOS:

"Diz-se no artigo 154.° do Código Civil que a *administração do património do inabilitado* pode ser entregue pelo tribunal, no todo ou em parte ao curador.

Neste caso, num processo de inventário em que seja interessado tal inabilitado, é o mesmo representado pelo dito curador.

Haverá lugar à constituição do *conselho de família* e é designado um *subcurador*. Em tudo o que se não ache especialmente regulado é aplicável às inabilitações, com as devidas adaptações, o regime das interdições – artigo 156.° do Código Civil. Por isso, deve seguir-se para a *nomeação* do curador a *mesma ordem de prioridade* apontada para a designação do tutor do interdito." *(Carvalho de Sá, Do Inventário, Almedina, 4.ª ed., pág. 67)*

8. REPRESENTAÇÃO DE ANÓMALOS PSÍQUICOS, SURDOS-MUDOS, CEGOS, PARALÍTICOS E PESSOAS IMPOSSIBILITADAS DE RECEBER A CITAÇÃO:

"Conjugando o que dispõe nos arts. 14.°, 242.° e 1329.°, n.° 1, todos do Código de Processo Civil, conclui-se que àqueles incapacitados é nomeado pelo Juiz do processo, depois de ouvido o Ministério Público, um *curador especial*, que os *representa ao longo do inventário*.

Na sua nomeação deve seguir-se a ordem de prioridade estabelecida para a nomeação do tutor do interdito." *(Carvalho de Sá, Do Inventário, Almedina, 4.ª ed., pág. 67)*

9. REPRESENTAÇÃO DOS AUSENTES:

"Se a curadoria definitiva ou a provisória dos bens do ausente tiver sido já decretada, pertencerá ao *curador nomeado* nesse processo a representação do ausente.

Decorridos *dois anos* sem se saber do ausente, que não tenha deixado representante legal nem procurador bastante, ou *cinco anos* no caso contrário pode o Ministério Público ou qualquer interessado requerer a *justificação dessa ausência* – artigo 99.° do Código Civil.

Essa justificação *pode ou não ser precedida de curadoria provisória* dos bens do ausente quando haja necessidade de prover à sua administração e o respectivo dono tenha desaparecido para parte incerta.

O curador provisório será escolhido de *entre o cônjuge do ausente, algum dos herdeiros presumidos ou algum interessado na conservação dos seus bens.*

Os curadores definitivos dos bens do ausente são os herdeiros a quem forem entregues os bens após a partilha." *(Carvalho de Sá, Do Inventário, Almedina, 4.ª ed., pág. 68)*

JURISPRUDÊNCIA:

USUFRUTUÁRIOS SUCESSIVOS:

"Por não terem sido citados usufrutuários sucessivos, deverá o recurso baixar à primeira instância, para se efectuar a citação (art. 129.°, n.° 4, do Cód. Proc. Civil) só podendo subir se os citados nada requereram e, se em consequência disso não forem alteradas as decisões recorridas." *(Acórdão da Relação do Porto, de 16.06.73, Boletim do Ministério da Justiça 229.°, 237)*

CITAÇÃO:

"**I** – Na citação em processo de inventário não tem aplicação o preceituado no art. 242.° do Cód. Proc. Civil: indicação do dia até ao qual pode oferecer a defesa e a cominação.

II – Embora aconselhável a prática bastante frequente de, no acto de citação se advertirem os interessados dos direitos conferidos pelo art. 1332.° [hoje, art. 1343.°] do Cód. Proc. Civil (dedução de oposição, impugnação da própria legitimidade ou da das outras citadas e da competência do cabeça-de-casal) e de que se não constituírem mandatário ou escolherem domicílio, ficarão na situação de revelia, a omissão de tais circunstâncias não acarreta nulidade." *(Acórdão da Relação de Coimbra, de 03.05.78, Colectânea de Jurisprudência, 1978, Tomo III, pág. 983)*

FIDEICOMISSO SOBRE UMA MEAÇÃO:

"**I** – O fiduciário, embora seja um proprietário, não tem o poder de livre disposição do bem.

II – O fideicomissário não é um herdeiro do fiduciário.

III – Se o fideicomisso recai sobre uma quota de uma universalidade, tanto o fiduciário como o fideicomissário são herdeiros.

IV – Tendo sido consagrado um fideicomisso sobre a meação de determinados bens, no inventário para partilha dos bens da respectiva herança, têm que ser citados para o mesmo os fideicomissários." (*Acórdão da Relação de Évora, de 28.06.2000, Colectânea de Jurisprudência, 2000, Tomo III, pág. 273*)

SEPARAÇÃO DE MEAÇÕES – CITAÇÃO DO EXEQUENTE:

"O exequente deve, sob pena de nulidade, ser chamado ao inventário para separação de meações originado na respectiva execução, logo *ab initio*, através de citação, e deve ser-lhe dado conhecimento de todos os factos relevantes nesse processo através de notificação, tudo em ordem a que o cônjuge não executado possa livremente escolher os bens que hão-de compor a sua meação ou sujeitar-se ao capricho do sorteio para preenchimento dela." *(Acórdão da Relação de Coimbra, de 03.07.2001, Colectânea de Jurisprudência, 2001, Tomo V, pág. 7)*

NOTAS PESSOAIS:

ARTIGO 1342.°
(Forma de efectivar as citações)

1. O expediente a remeter aos citandos incluirá cópia das declarações prestadas pelo cabeça-de-casal, sendo os mesmos advertidos do âmbito da sua intervenção, nos termos do artigo 1327.°, e da faculdade de deduzir oposição ou impugnação, nos termos dos artigos seguintes.

2. Verificada, em qualquer altura, a falta de citação de algum interessado, é este citado com a cominação de que, se nada requerer no prazo de 15 dias, o processo se considera ratificado. Dentro desse prazo, é o citado admitido a exercer os direitos que lhe competiam, anulando-se o que for indispensável.

HISTÓRICO:

Redacção do art. 1.° do Dec.-Lei n.° 329-A/95, de 12.12.

Os n.os 1 e 2 correspondem aos n.os 2 e 4 do mesmo artigo, na redacção do art. 2.° do Dec.-Lei n.° 227/94, de 08.09, que se transcreve integralmente:

Artigo 1342.° ***(Forma de efectivar as citações)***

1. Os interessados são citados, em regra, pelo correio, mediante carta registada com aviso de recepção, remetida para a sua residência, aplicando-se, com as necessárias adaptações, o disposto no artigo 238.°-A.

2. O expediente a remeter aos citandos incluirá cópia das declarações prestadas pelo cabeça-de-casal, sendo os mesmos advertidos do âmbito da sua intervenção, nos termos do artigo 1327.°, e da faculdade de deduzir oposição ou impugnação, nos termos dos artigos seguintes.

3. Se se frustrar a citação por via postal, proceder-se-á à citação nos termos genericamente consentidos pelo artigo 228.°-A.

4. Verificada, em qualquer altura, a falta de citação de algum interessado, é este citado com a cominação de que, se nada requerer no prazo de 10 dias, o processo se considera ratificado. Dentro desse prazo, é o citado admitido a exercer os direitos que lhe competiam, anulando-se o que for indispensável.

5. É aplicável o disposto no número anterior quando o citado por via postal demonstre que não chegou a ter oportuno conhecimento do acto, por facto que não lhe seja imputável.

REMISSÕES:

Nulidade decorrente da falta de citação – art. 194.° CPC; legitimidade para requerer ou intervir no inventário – art. 1327.° CPC; citação dos interessados – art. 1341.° CPC.

LEGISLAÇÃO SUBSIDIÁRIA:

CITAÇÃO E NOTIFICAÇÕES – DISPOSIÇÕES COMUNS: CÓDIGO DE PROCESSO CIVIL, ARTIGOS 228.° A 232.°

Artigo 228.° ***(Funções da citação e da notificação)***

1. A citação é o acto pelo qual se dá conhecimento ao réu de que foi proposta contra ele determinada acção e se chama ao processo para se defender. Emprega-se ainda para chamar, pela primeira vez, ao processo alguma pessoa interessada na causa.

2. A notificação serve para, em quaisquer outros casos, chamar alguém a juízo ou dar conhecimento de um facto.

3. A citação e as notificações são sempre acompanhadas de todos os elementos e de cópias legíveis dos documentos e peças do processo necessários à plena compreensão do seu objecto.

4. Quando a citação e as notificações sejam efectuadas por meios electrónicos, nos termos definidos na portaria prevista no n.° 1 do artigo 138.°-A, os elementos e cópias referidos no número anterior podem constar de outro suporte electrónico acessível ao citando ou notificando.

Artigo 229.° ***(Notificações oficiosas da secretaria)***

1. A notificação relativa a processo pendente deve considerar-se consequência necessária do despacho que designa dia para qualquer acto em que devam comparecer determinadas pessoas ou a que as partes tenham o direito de assistir; devem também ser notificados, sem necessidade de ordem expressa, as sentenças e os despachos que a lei mande notificar e todos os que possam causar prejuízo às partes.

2. Cumpre ainda à secretaria notificar oficiosamente as partes quando, por virtude de disposição legal, possam responder a requerimentos, oferecer provas ou, de um modo geral, exercer algum direito processual que não dependa de prazo a fixar pelo juiz nem de prévia citação.

Artigo 229.°-A ***(Notificações entre os mandatários das partes)***

1. Nos processos em que as partes tenham constituído mandatário judicial, os actos processuais que devam ser praticados por escrito pelas partes após a notificação da contestação do réu ao autor, são notificados pelo mandatário judicial do apresentante ao mandatário judicial da contraparte, no respectivo domicílio profissional, nos termos do artigo 260.°-A.

2. O mandatário judicial que assuma o patrocínio na pendência do processo comunica o seu domicílio profissional e endereço de correio electrónico ao mandatário judicial da contraparte.

Artigo 230.° ***(Citação ou notificação dos agentes diplomáticos)***

Com os agentes diplomáticos observar-se-á o que estiver estipulado nos tratados e, na falta de estipulação, o princípio da reciprocidade.

Artigo 231.° ***(Citação ou notificação de incapazes e pessoas colectivas)***

1. Os incapazes, os incertos, as pessoas colectivas, as sociedades, os patrimónios autónomos e o condomínio são citados ou notificados na pessoa dos seus legais representantes, sem prejuízo do disposto no artigo 13.°.

2. Quando a representação pertença a mais de uma pessoa, ainda que cumulativamente, basta que seja citada ou notificada uma delas, sem prejuízo do disposto nos n.os 2 e 3 do artigo 10.°.

3. As pessoas colectivas e as sociedades consideram-se ainda pessoalmente citadas ou notificadas na pessoa de qualquer empregado que se encontre na sede ou local onde funciona normalmente a administração.

Artigo 232.° ***(Lugar da citação ou da notificação)***

1. A citação e as notificações podem efectuar-se em qualquer lugar onde seja encontrado o destinatário do acto, designadamente, quando se trate de pessoas singulares, na sua residência ou local de trabalho.

2. Ninguém pode ser citado ou notificado dentro dos templos ou enquanto estiver ocupado em acto de serviço público que não deva ser interrompido.

CITAÇÃO: CÓDIGO DE PROCESSO CIVIL, ARTIGOS 233.° A 252.°-A

Artigo 233.° ***(Modalidades da citação)***

1. A citação é pessoal ou edital.

2. A citação pessoal é feita mediante:

a) Transmissão electrónica de dados, nos termos definidos na portaria prevista no n.° 1 do artigo 138.°-A;

b) Entrega ao citando de carta registada com aviso de recepção, seu depósito, nos termos do n.° 5 do artigo 237.°-A, ou certificação da recusa de recebimento, nos termos do n.° 3 do mesmo artigo;

c) Contacto pessoal do solicitador de execução ou do funcionário judicial com o citando.

3. É ainda admitida a citação promovida por mandatário judicial, nos termos dos artigos 245.° e 246.°.

4. Nos casos expressamente previstos na lei, é equiparada à citação pessoal a efectuada em pessoa diversa do citando, encarregada de lhe transmitir o conteúdo do acto, presumindo-se, salvo prova em contrário, que o citando dela teve oportuno conhecimento.

5. Pode ainda efectuar-se a citação na pessoa do mandatário constituído pelo citando, com poderes especiais para a receber, mediante procuração passada há menos de quatro anos.

6. A citação edital tem lugar quando o citando se encontre ausente em parte incerta, nos termos dos artigos 244.° e 248.° ou, quando sejam incertas as pessoas a citar, ao abrigo do artigo 251.°.

Artigo 234.° ***(Regra da oficiosidade das diligências destinadas à citação)***

1. Incumbe à secretaria promover oficiosamente, sem necessidade de despacho prévio, as diligências que se mostrem adequadas à efectivação da regular citação pessoal do réu e à rápida remoção das dificuldades que obstem à realização do acto, sem prejuízo do disposto no n.° 4 e da citação por solicitador de execução ou promovida por mandatário judicial.

2. Passados 30 dias sem que a citação se mostre efectuada, é o autor informado das diligências efectuadas e dos motivos da não realização do acto.

3. Decorridos 30 dias sobre o termo do prazo a que alude o número anterior sem que a citação se mostre efectuada, é o processo imediatamente concluso ao juiz, com informação das diligências efectuadas e das razões da não realização atempada do acto.

4. A citação depende, porém, de prévio despacho judicial:

a) Nos casos especialmente previstos na lei;

b) Nos procedimentos cautelares e em todos os casos em que incumba ao juiz decidir da prévia audiência do requerido;

c) Nos casos em que a propositura da acção deva ser anunciada, nos termos da lei;

d) Quando se trate de citar terceiros chamados a intervir em causa pendente;

e) No processo executivo, nos termos do n.° 1 do artigo 812.° e do n.° 2 do artigo 812.°-A;

f) Quando se trate de citação urgente, que deva preceder a distribuição.

5. Não cabe recurso do despacho que mande citar os réus ou requeridos, não se considerando precludidas as questões que podiam ter sido motivo de indeferimento liminar.

6. Não tendo o autor designado o solicitador de execução que efectuará a citação nem feito a declaração prevista no n.° 8 do artigo 239.°, ou ficando a designação sem efeito, aplica-se o disposto no artigo 811.°-A.

Artigo 234.°-A ***(Casos em que é admissível indeferimento liminar)***

1. Nos casos referidos nas alíneas *a)* a *e)* do n.° 4 do artigo anterior, pode o juiz, em vez de ordenar a citação, indeferir liminarmente a petição, quando o pedido seja manifestamente improcedente ou ocorram, de forma evidente, excepções dilatórias insupríveis e de que o juiz deva conhecer oficiosamente, aplicando-se o disposto no artigo 476.°.

2. É sempre admitido recurso até à Relação, com subida nos próprios autos, do despacho que haja indeferido liminarmente a petição de acção ou o requerimento de providência cautelar.

3. O despacho que admite o recurso referido no número anterior ordena a citação do réu ou requerido, tanto para os termos do recurso como para os da causa, salvo se o requerido no procedimento cautelar não dever ser ouvido antes do seu decretamento.

4. O prazo para a contestação ou oposição inicia-se com a notificação em 1.ª instância de que foi revogado o despacho de indeferimento previsto nos números anteriores.

5. Nas acções em que não deva ter lugar o despacho liminar, a secretaria pode suscitar a intervenção do juiz quando se lhe afigure manifesta a falta dum pressuposto processual insuprível de que o juiz deva conhecer oficiosamente, aplicando-se o disposto nos números anteriores.

Artigo 235.° *(Elementos a transmitir obrigatoriamente ao citando)*

1. O acto de citação implica a remessa ou entrega ao citando do duplicado da petição inicial e da cópia dos documentos que a acompanhem, comunicando-se-lhe que fica citado para a acção a que o duplicado se refere, e indicando-se o tribunal, juízo, vara e secção por onde corre o processo, se já tiver havido distribuição.

2. No acto de citação, indicar-se-á ainda ao destinatário o prazo dentro do qual pode oferecer a defesa, a necessidade de patrocínio judiciário e as cominações em que incorre no caso de revelia.

Artigo 236.° *(Citação por via postal)*

1. A citação por via postal faz-se por meio de carta registada com aviso de recepção, de modelo oficialmente aprovado, dirigida ao citando e endereçada para a sua residência ou local de trabalho ou, tratando-se de pessoa colectiva ou sociedade, para a respectiva sede ou para o local onde funciona normalmente a administração, incluindo todos os elementos a que se refere o artigo 235.° e ainda a advertência, dirigida ao terceiro que a receba, de que a não entrega ao citando, logo que possível, o fará incorrer em responsabilidade, em termos equiparados aos da litigância de má fé.

2. No caso de citação de pessoa singular, a carta pode ser entregue, após assinatura do aviso de recepção, ao citando ou a qualquer pessoa que se encontre na sua residência ou local de trabalho e que declare encontrar-se em condições de a entregar prontamente ao citando.

3. Antes da assinatura do aviso de recepção, o distribuidor do serviço postal procede à identificação do citando ou do terceiro a quem a carta seja entregue, anotando os elementos constantes do bilhete de identidade ou de outro documento oficial que permita a identificação.

4. Quando a carta seja entregue a terceiro, cabe ao distribuidor do serviço postal adverti-lo expressamente do dever de pronta entrega ao citando.

5. Não sendo possível a entrega da carta, será deixado aviso ao destinatário, identificando-se o tribunal de onde provém e o processo a que respeita, averbando-se os motivos da impossibilidade de entrega e permanecendo a carta durante oito dias à sua disposição em estabelecimento postal devidamente identificado.

6. Se o citando ou qualquer das pessoas a que alude o n.° 2 recusar a assinatura do aviso de recepção ou o recebimento da carta, o distribuidor do serviço postal lavra nota do incidente, antes de a devolver.

Artigo 237.° ***(Impossibilidade de citação pelo correio da pessoa colectiva ou sociedade)***

Não podendo efectuar-se a citação por via postal registada na sede da pessoa colectiva ou sociedade, ou no local onde funciona normalmente a administração, por aí não se encontrar nem o legal representante, nem qualquer empregado ao seu serviço, procede-se à citação do representante, mediante carta registada com aviso de recepção, remetida para a sua residência ou local de trabalho, nos termos do disposto no artigo 236.°.

Artigo 237.°-A ***(Domicílio convencionado)***

1. Na acções para cumprimento de obrigações pecuniárias emergentes de contrato reduzido a escrito em que as partes tenham convencionado o local onde se têm por domiciliadas para o efeito da citação em caso de litígio, a citação por via postal efectua-se, nos termos dos artigos anteriores, no domicílio convencionado, desde que o valor da acção não exceda a alçada do tribunal da relação ou, excedendo, a obrigação respeite a fornecimento continuado de bens ou serviços.

2. Enquanto não se extinguirem as relações emergentes do contrato, é inoponível a quem na causa figure como autor qualquer alteração do domicílio convencionado, salvo se a contraparte o tiver notificado dessa alteração, mediante carta registada com aviso de recepção, em data anterior à propositura da acção ou nos 30 dias subsequentes à respectiva ocorrência, não produzindo efeito a citação que, apesar da notificação feita, tenha sido realizada no domicílio anterior em pessoa diversa do citando ou nos termos do n.° 5.

3. Quando o citando recuse a assinatura do aviso de recepção ou o recebimento da carta, o distribuidor postal lavra nota do incidente antes de a devolver e a citação considera-se efectuada face à certificação da ocorrência.

4. Sendo o expediente devolvido por o destinatário não ter procedido, no prazo legal, ao levantamento da carta no estabelecimento postal ou por ter sido recusada a assinatura do aviso de recepção ou o recebimento da carta por pessoa diversa do citando, nos termos do n.° 2 do artigo 236.° do Código de Processo Civil, é repetida a citação, enviando-se nova carta registada com aviso de recepção ao citando e advertindo-o da cominação constante do n.° 2 do artigo 238.°.

5. No caso previsto no número anterior, é deixada a própria carta, de modelo oficial, contendo cópia de todos os elementos referidos no artigo 235.°, bem como a advertência referida na parte final do número anterior, devendo o distribuidor do serviço postal certificar a data e o local exacto em que depositou o expediente e remeter de imediato a certidão ao tribunal; não sendo possível o depósito da carta na caixa do correio do citando, o distribuidor deixa um aviso nos termos do n.° 5 do artigo 236.°.

Artigo 238.° ***(Data e valor da citação por via postal)***

1. A citação postal efectuada ao abrigo do artigo 236.° considera-se feita no dia em que se mostre assinado o aviso de recepção e tem-se por efectuada na própria pessoa do citando, mesmo quando o aviso de recepção haja sido assinado por terceiro, presumindo-se, salvo demonstração em contrário, que a carta foi oportunamente entregue ao destinatário.

2. No caso previsto no n.° 5 do artigo 237.°-A, a citação considera-se efectuada na data certificada pelo distribuidor do serviço postal ou, no caso de ter sido deixado o aviso, no 8.° dia posterior a essa data, presumindo-se que o destinatário teve oportuno conhecimento dos elementos que lhe foram deixados.

Artigo 239.° ***(Citação por solicitador de execução ou funcionário judicial)***

1. Frustrando-se a via postal, a citação é efectuada mediante contacto pessoal do solicitador de execução com o citando.

2. Os elementos a comunicar ao citando, nos termos do artigo 235.°, são especificados pelo próprio solicitador, que elabora nota com essas indicações para ser entregue ao citando.

3. No acto da citação, o solicitador entrega ao citando a nota referida no número anterior, bem como o duplicado da petição inicial, recebido da secretaria e por esta carimbado, e a cópia dos documentos que a acompanhem, e lavra certidão, que o citado assina.

4. Recusando-se o citando a assinar a certidão ou a receber o duplicado, o solicitador dá-lhe conhecimento de que o mesmo fica à sua disposição na secretaria judicial, mencionando tais ocorrências na certidão do acto.

5. No caso previsto no número anterior, a secretaria notifica ainda o citando, enviando-lhe carta registada com a indicação de que o duplicado nela se encontra à sua disposição.

6. O solicitador designado pode, sob sua responsabilidade, promover a citação por outro solicitador de execução, ou por um seu empregado credenciado pela Câmara dos Solicitadores, nos termos do n.° 4 do artigo 161.°; neste caso, a citação só é válida se o citado assinar a certidão, que o solicitador posteriormente também assinará.

7. A citação por solicitador de execução tem também lugar, não se usando previamente o meio da citação por via postal, quando o autor assim declare pretender na petição inicial.

8. A citação é feita por funcionário judicial, nos termos dos números anteriores, devidamente adaptados, quando o autor declare, na petição inicial, que assim pretende, pagando para o efeito a taxa fixada no Código das Custas, bem como quando não haja solicitador de execução inscrito em comarca do círculo judicial a que o tribunal pertence.

9. Quando a diligência se configure útil, pode o citando ser previamente convocado por aviso postal registado, para comparecer na secretaria judicial, a fim de aí se proceder à citação.

10. Aplica-se à citação por solicitador de execução o disposto no n.° 2 do artigo 234.°.

Artigo 240.° ***(Citação com hora certa)***

1. No caso referido no artigo anterior, se o solicitador de execução ou o funcionário judicial apurar que o citando reside ou trabalha efectivamente no local indicado, não podendo, todavia, proceder à citação por não o encontrar, deixará nota com indicação de hora certa para a diligência na pessoa encontrada que estiver em melhores condições de a transmitir ao citando ou, quando tal for impossível, afixará o respectivo aviso no local mais indicado.

2. No dia e hora designados, o solicitador ou o funcionário fará a citação na pessoa do citando, se o encontrar; não o encontrando, a citação é feita na pessoa capaz que esteja em melhores condições de a transmitir ao citando, incumbindo-a o solicitador ou o funcionário de transmitir o acto ao destinatário e sendo a certidão assinada por quem recebeu a citação; pode, neste caso, a citação ser feita nos termos do n.° 6 do artigo 239.°.

3. Não sendo possível obter a colaboração de terceiros, a citação é feita mediante afixação, no local mais adequado e na presença de duas testemunhas, da nota de citação, com indicação dos elementos referidos no artigo 235.°, declarando-se que o duplicado e os documentos anexos ficam à disposição do citando na secretaria judicial.

4. Constitui crime de desobediência a conduta de quem, tendo recebido a citação, não entregue logo que possível ao citando os elementos deixados pelo funcionário, do que será previamente advertido; tendo a citação sido efectuada em pessoa que não viva em economia comum com o citando, cessa a responsabilidade se entregar tais elementos a pessoa da casa, que deve transmiti-los ao citando.

5. Considera-se pessoal a citação efectuada nos termos dos n.os 2 ou 3 deste artigo.

Artigo 241.° ***(Advertência ao citando, quando a citação não haja sido na própria pessoa deste)***

Sempre que a citação se mostre efectuada em pessoa diversa do citando, em consequência do preceituado nos artigos 236.°, n.° 2, e 240.°, n.° 2, ou haja consistido na afixação da nota de citação nos termos do artigo 240.°, n.° 3, será ainda enviada, pela secretaria, no prazo de dois dias úteis, carta registada ao citando, comunicando-lhe a data e o modo por que o acto se considera realizado, o prazo para o oferecimento da defesa e as cominações aplicáveis à falta desta, o destino dado ao duplicado e a identidade da pessoa em quem a citação foi realizada.

Artigo 242.° ***(Incapacidade de facto do citando)***

1. Se a citação não puder realizar-se por estar o citando impossibilitado de a receber, em consequência de notória anomalia psíquica ou de outra incapacidade de facto, o solicitador de execução ou o funcionário judicial dá conta da ocorrência, dela se notificando o autor.

2. De seguida, é o processo concluso ao juiz que decidirá da existência da incapacidade, depois de colhidas as informações e produzidas as provas necessárias.

3. Reconhecida a incapacidade, temporária ou duradoura, é nomeado curador provisório ao citando, no qual é feita a citação.

4. Quando o curador não conteste, observar-se-á o disposto no artigo 15.°.

Artigo 243.° ***(Ausência do citando em parte certa)***

Não sendo possível efectuar a citação nos termos dos artigos anteriores, em consequência de o citando estar ausente em parte certa e por tempo limitado, e não haver quem esteja em condições de lhe transmitir prontamente a citação, proceder-se-á conforme pareça mais conveniente às circunstâncias do caso, designadamente citando-se por via postal no local onde se encontra ou aguardando-se o seu regresso.

Artigo 244.° ***(Ausência do citando em parte incerta)***

1. Quando seja impossível a realização da citação, por o citando estar ausente em parte incerta, a secretaria diligencia obter informação sobre o último paradeiro ou residência conhecida junto de quaisquer entidades ou serviços, designadamente, mediante prévio despacho judicial, nas bases de dados dos serviços de identificação civil, da segurança social, da Direcção-Geral dos Impostos e da Direcção-Geral de Viação e, quando o juiz o considere absolutamente indispensável para decidir da realização da citação edital, junto das autoridades policiais.

2. Estão obrigados a fornecer prontamente ao tribunal os elementos de que dispuserem sobre a residência, o local de trabalho ou a sede dos citandos quaisquer serviços que tenham averbado tais dados.

3. O disposto nos números anteriores é aplicável aos casos em que o autor tenha indicado o réu como ausente em parte incerta.

Artigo 245.° ***(Citação promovida pelo mandatário judicial)***

1. A citação efectuada nos termos do n.° 3 do artigo 233.° segue o regime do artigo 239.°, com as necessárias adaptações.

2. O mandatário judicial deve, na petição inicial, declarar o propósito de promover a citação por si, por outro mandatário judicial, por via de solicitador ou de pessoa identificada nos termos do n.° 4 do artigo 161.°, podendo requerer a assunção de tal diligência em momento ulterior, sempre que qualquer outra forma de citação se tenha frustrado.

3. A pessoa encarregada da diligência é identificada pelo mandatário, na petição ou no requerimento, com expressa menção de que foi advertida dos seus deveres.

Artigo 246.° ***(Regime e formalidades da citação promovida pelo mandatário judicial)***

1. Os elementos a comunicar ao citando, nos termos do artigo 235.°, são especificados obrigatoriamente pelo próprio mandatário judicial, sendo a documentação do acto datada e assinada pela pessoa encarregada da citação.

2. Sempre que, por qualquer motivo, a citação não se mostre efectuada no prazo de 30 dias contados da solicitação a que alude o n.° 2 do artigo anterior, o mandatário judicial dará conta do facto, procedendo-se à citação nos termos gerais.

3. O mandatário judicial é civilmente responsável pelas acções ou omissões culposamente praticadas pela pessoa encarregada de proceder à citação, sem prejuízo da responsabilidade disciplinar e criminal que ao caso couber.

Artigo 247.° ***(Citação do residente no estrangeiro)***

1. Quando o réu resida no estrangeiro, observar-se-á o que estiver estipulado nos tratados e convenções internacionais.

2. Na falta de tratado ou convenção, a citação é feita por via postal, em carta registada com aviso de recepção, aplicando-se as determinações do regulamento local dos serviços postais.

3. Se não for possível ou se frustrar a citação por via postal, proceder-se-á à citação por intermédio do consulado português mais próximo, se o réu for português; sendo estrangeiro, ou não sendo viável o recurso ao consulado, realizar-se-á a citação por carta rogatória, ouvido o autor.

4. Estando o citando ausente em parte incerta, proceder-se-á à sua citação edital, averiguando-se previamente a última residência daquele em território português e procedendo-se às diligências a que se refere o artigo 244.°.

Artigo 248.° ***(Formalidades da citação edital por incerteza do lugar)***

1. A citação edital determinada pela incerteza do lugar em que o citando se encontra é feita pela afixação de editais e pela publicação de anúncios.

2. Afixar-se-ão três editais, um na porta do tribunal, outro na porta da casa da última residência que o citando teve no país e outro na porta da sede da respectiva junta de freguesia.

3. Os anúncios são publicados em dois números seguidos de um dos jornais, de âmbito regional ou nacional, mais lidos na localidade em que esteja a casa da última residência do citando.

4. Não se publicam anúncios nos inventários em que a herança haja sido deferida a incapazes, ausentes ou pessoas colectivas, no processo sumaríssimo e em todos os casos de diminuta importância em que o juiz os considere dispensáveis.

5. Incumbe à parte providenciar pela publicação dos anúncios.

Artigo 249.° ***(Conteúdo dos editais e anúncios)***

1. Nos editais individualizar-se-á a acção para que o ausente é citado, indicando-se quem a propôs e qual é, em substância, o pedido do autor; além disso, designar-se-á o tribunal em que o processo corre, a vara ou juízo e secção respectivos, a dilação, o prazo para a defesa e a cominação, explicando-se que o prazo para a defesa só começa a correr depois de finda a dilação e que esta se conta da publicação do último anúncio ou, não havendo lugar a anúncios, da data da afixação dos editais, que destes constará então.

2. Os anúncios reproduzirão o teor dos editais.

3. *(Revogado)*

Artigo 250.° *(Contagem do prazo para a defesa)*

1. A citação considera-se feita no dia em que se publique o último anúncio ou, não havendo anúncios, no dia em que sejam afixados os editais.

2. A partir da data da citação conta-se o prazo da dilação; finda esta, começa a correr o prazo para o oferecimento da defesa.

Artigo 251.° *(Formalidades da citação edital por incerteza das pessoas)*

A citação edital determinada pela incerteza das pessoas a citar é feita nos termos dos artigos 248.° a 250.°, com as seguintes modificações:

1.ª Afixar-se-á um só edital na porta do tribunal, salvo se os incertos forem citados como herdeiros ou representantes de pessoa falecida, porque neste caso também são afixados editais na porta da casa da última residência do falecido e na porta da sede da respectiva junta de freguesia, se forem conhecidas e no País;

2.ª Os anúncios são publicados num dos jornais, de âmbito regional ou nacional, mais lidos na sede da comarca.

Artigo 252.° *(Junção, ao processo, do edital e anúncios)*

Juntar-se-á ao processo uma cópia do edital, na qual o oficial declarará os dias e os lugares em que fez a afixação; e colar-se-ão numa folha, que também se junta, os anúncios respectivos, extraídos dos jornais, indicando-se na folha o título destes e as datas da publicação.

Artigo 252.°-A *(Dilação)*

1. Ao prazo de defesa do citando acresce uma dilação de cinco dias quando:

a) A citação tenha sido realizada em pessoa diversa do réu, nos termos do n.° 2 do artigo 236.° e dos n.os 2 e 3 do artigo 240.°;

b) O réu tenha sido citado fora da área da comarca sede do tribunal onde pende a acção, sem prejuízo do disposto no número seguinte.

2. Quando o réu haja sido citado para a causa no território das Regiões Autónomas, correndo a acção no continente ou em outra ilha, ou vice-versa, a dilação é de 15 dias.

3. Quando o réu haja sido citado para a causa no estrangeiro, a citação haja sido edital ou se verifique o caso do n.° 5 do artigo 237.°-A, a dilação é de 30 dias.

4. A dilação resultante do disposto na alínea *a)* do n.° 1 acresce à que eventualmente resulte do estabelecido na alínea *b)* e nos n.os 2 e 3.

ANOTAÇÕES:

O preceito em análise especifica quais as formas de se efectivar as citações dos vários interessados na partilha.

A regra geral é a da citação postal, através de carta registada com aviso de recepção, enviando-se cópia das declarações prestadas pelo cabeça-de-casal, com vista a que estes possam deduzir oposição ao inventário ou impugnar a legitimidade dos interessados, podendo ainda alegar a existência de outros que não tenham sido indicados pelo cabeça-de-casal, tudo, aliás, nos termos previstos no artigo 1343.° do CPC.

No caso de a citação por via postal, nos termos acima indicados, não ter sido possível efectuar, nomeadamente, porque está ausente em parte incerta, proceder-se-á à sua citação por via postal simples ou, no caso da sua frustração, pode requerer-se a citação edital.

NOTAS PESSOAIS:

ARTIGO 1343.°
(Oposição e impugnações)

1. Os interessados directos na partilha e o Ministério Público, quando haja sido citado, podem, nos 30 dias seguintes à citação, deduzir oposição ao inventário, impugnar a legitimidade dos interessados citados ou alegar a existência de outros, impugnar a competência do cabeça-de-casal ou as indicações constantes das suas declarações, ou invocar quaisquer excepções dilatórias.

2. A faculdade prevista no número anterior pode também ser exercida pelo cabeça-de-casal e pelo requerente do inventário, contando-se o prazo de que dispõem da notificação do despacho que ordena as citações.

3. Quando houver herdeiros legitimários, os legatários e donatários são admitidos a deduzir impugnação relativamente às questões que possam afectar os seus direitos.

HISTÓRICO:

Redacção do art. 2.° do DL 227/94, de 08.09.

No entanto, o n.° 1 foi alterado pelo DL 329-A/95, de 12.12, que alargou o prazo ali referido de 20 dias para 30 dias. Tal alargamento de prazo vem, aliás, ao encontro do disposto na al. *e)* do art. 6.° desse DL.

Corresponde, em parte, ao art. 1332.° do CPC, na versão anterior, cuja redacção era a seguinte:

Artigo 1332.° ***(Oposição e impugnações)***

1. Qualquer dos citados pode, nos dez dias seguintes à citação, deduzir oposição ao inventário, impugnar a sua própria legitimidade ou a das outras pessoas citadas e a competência do cabeça-de-casal.

2. Deduzida a oposição ou impugnação, serão notificados para responder o impugnado e os outros interessados que residam na área da comarca.

Com o requerimento e resposta se indicarão todas as provas e, efectuadas as diligências estritamente indispensáveis, será a questão imediatamente decidida.

Ainda que nenhuma oposição tenha sido deduzida, o juiz decidirá se o inventário deve prosseguir, quando o cabeça-de-casal haja declarado, nos termos do artigo 1328.°, que para ele não há fundamento.

3. Se para decidir qualquer das questões suscitadas houver necessidade de mais larga indagação, serão os interessados remetidos para o processo comum.

Neste caso, quando se trate de oposição ao inventário, fica este suspenso até que se decida definitivamente, tendo a impugnação de legitimidade a mesma consequência após a descrição dos bens; mas quando se trate de simples impugnação da competência do cabeça-de-casal, o inventário continua validamente com o impugnado.

4. Se a oposição ou a impugnação forem deduzidas antes de citados todos os interessados residentes no continente e ilhas, não se proferirá decisão sem estarem feitas todas as citações e sem se ouvirem esses interessados.

Pelos interessados residentes no território de Macau ou no estrangeiro, ou por aqueles que tenham sido citados por éditos, é ouvido o Ministério Público.

5. O disposto neste artigo é igualmente aplicável à impugnação da competência do cabeça-de-casal nomeado no decurso do processo, contando-se neste caso os dez dias da data em que a nomeação haja sido ou se considere notificada.

REMISSÕES:

1. Excepções e seu conhecimento – arts. 493.° a 499.° CPC; intervenção principal no inventário – arts. 1330.° e seg. CPC; tramitação dos incidentes no inventário – art. 1334.° CPC; questões prejudiciais e suspensão do inventário – art. 1335.° CPC; declarações do cabeça-de-casal – art. 1340.° CPC; tramitação subsequente – art. 1344.° CPC.

LEGISLAÇÃO SUBSIDIÁRIA:

EXCEPÇÕES DILATÓRIAS: ARTIGOS 493.° A 495.° DO CÓDIGO DE PROCESSO CIVIL:

Artigo 493.° ***(Excepções dilatórias e peremptórias: noção)***

1. As excepções são dilatórias ou peremptórias.

2. As excepções dilatórias obstam a que o tribunal conheça do mérito da causa e dão lugar à absolvição da instância ou à remessa do processo para outro tribunal.

3. As peremptórias importam a absolvição total ou parcial do pedido e consistem na invocação de factos que impedem, modificam ou extinguem o efeito jurídico dos factos articulados pelo autor.

Artigo 494.° ***(Excepções dilatórias)***

1. São dilatórias, entre outras, as excepções seguintes:

a) A nulidade de todo o processo;

b) A ilegitimidade de qualquer das partes;

c) A falta de personalidade ou de capacidade judiciária de alguma das partes;

d) A falta de autorização ou deliberação que o autor devesse obter;

e) A falta de constituição de advogado por parte do autor, nos processos a que se refere o n.° 1 do artigo 32.°, e a falta, insuficiência ou irregularidade de mandato judicial por parte do mandatário que propôs a acção;

f) A incompetência, quer absoluta, quer relativa, do tribunal;

g) A litispendência;

h) A preterição do tribunal arbitral;

i) A coligação de autores ou réus quando entre os pedidos não exista a conexão exigida no artigo 30.°;

j) A falta de pagamento de custas na acção anterior.

2. As circunstâncias a que se referem as alíneas *a)*, *b)*, *c)* e *e)* só tomam a natureza de excepções quando a respectiva falta ou irregularidade não seja devidamente sanada.

Artigo 495.° ***(Conhecimento das excepções dilatórias)***

O tribunal deve conhecer oficiosamente de todas as excepções dilatórias, alvo da incompetência relativa nos casos não abrangidos pelo disposto no n.° 2 do artigo 109.°, bem como da preterição do tribunal arbitral voluntário e da falta de pagamento de custas de parte.

ANOTAÇÕES:

1. FUNDAMENTOS PARA A OPOSIÇÃO:

"Como possíveis fundamentos para a oposição referem-se os seguintes:

a) A ilegitimidade de quem requer o inventário;

b) A inexistência de bens;

c) Já estarem partilhados os bens;

d) Nulidade do testamento;

e) Haver apenas legatários e não herdeiros." *(Carvalho de Sá, Do Inventário – Descrever, Avaliar e Partir, 2.ª ed., 1996, pág. 82, cit. por Abílio Neto, Cód. Civil Anotado, 15.ª ed., Set./1999, pág. 1331)*

2. INCOMPETÊNCIA DO TRIBUNAL:

"Enquanto a *incompetência absoluta* do Tribunal (a internacional, em razão da matéria e em razão da hierarquia) pode ser suscitada *oficiosamente* em qualquer estado do processo, até ao trânsito em julgado da sentença, a *incompetência relativa* (a territorial) apenas pode ser arguida pelo *Réu*. No caso dos inventários, por *qualquer interessado ou pelo M. P.*.

De facto, apesar da nova redacção dada ao artigo 110.°, pelo Decreto-Lei n.° 329-A/95, de 12/12, o processo de inventário não é nenhuma das acções nele previstas pelo que *a incompetência relativa continua a não poder ser conhecida oficiosamente.*

Os termos da arguição daquela excepção dilatória são os constantes dos artigos 109.° e seguintes do Código de Processo Civil.

Podem argui-la os que houverem sido citados para o processo de inventário e *durante o prazo que lhes é facultado para a oposição*, constante do artigo 1343.°, que é de *trinta dias.*

O requerente do inventário poderá responder à excepção até ao fim do prazo concedido para a resposta à impugnação e oposição, que é de quinze dias." *(Carvalho de Sá, Do Inventário, Almedina, 4.ª ed., pág. 42)*

3. IMPUGNAÇÃO DA COMPETÊNCIA DO CABEÇA-DE-CASAL:

"Os *fundamentos* da impugnação têm a ver com a *preterição das regras relativas à hierarquia* dos chamados por lei a desempenhar o cargo.

O legislador da reforma acabou com o paradoxo de se permitir aos próprios credores da herança impugnar a competência do cabeça-de-casal, paradoxo esse que consistia em se não vislumbrar qualquer interesse por parte deles que legitimasse a sua iniciativa.

O cabeça-de-casal nomeado não pode impugnar a sua própria competência, já o podendo fazer o requerente do inventário que veja nomeado cabeça-de-casal outro que não o indicado por si, fazendo-o no prazo de vinte dias a contar da data em que é notificado do despacho que designou o cabeça-de-casal.

O incidente processa-se *nos próprios autos* e *nunca tem efeitos suspensivos.* Nem no caso, que há-de ser raro, em que o juiz remete os interessados para os meios comuns, por a questão carecer de mais larga indagação. *O processo prosseguirá sempre, com a intervenção do cabeça-de-casal impugnado* – n.° 4 do artigo 1339.°." *(Carvalho de Sá, Do Inventário, Almedina, 4.ª ed., pág. 59)*

JURISPRUDÊNCIA:

USUCAPIÃO:

"**I** – O problema da usucapião envolve a alegação de factos complexos, importando averiguação bastante complicada que exige larga produção de prova, para depois se poder decidir a questão da aquisição, pela posse, do direito de propriedade, a qual só se compadece com os meios ordinários, sem poder ser resolvida sumariamente em processo de inventário, como resulta do disposto no art. 1332.°, n.os 2 e 3 [hoje, art. 1343.°] e ainda nos arts. 1341.°, n.° 2, 1342.°, n.° 8, e 1397.°, n.° 1, todos do Cód. Proc. Civil.

II – Tal questão também não pode resolver-se provisoriamente, com ressalva do direito às acções competentes, pois que o citado art. 1332.° referente ao incidente de oposição ao inventário, determina que a questão seja decidida imediatamente e manda remeter os interessados para o processo comum, se houver necessidade de mais larga indagação.

III – Não se fala aqui em decisão provisória, só aparecendo a faculdade de a proferir no art. 1397.°, n.° 1, onde se prevêem os efeitos jurídicos das questões definitivamente resolvidas no inventário (ver artigo 1395.° do Cód. Proc. Civil, e Dr. João Lopes Cardoso, em *Partilhas Judiciais*, edição de 1970, vol. 2.°, págs. 449 e ss., e Dr. Simões Pereira, em *Processo de Inventário e Partilha*, pág. 140).

IV – Se os inventariados doaram a todos os filhos prédios certos e determinados sem os dispensarem da colação serão estes obrigados a conferir no inventário os bens doados para efeito de se verificar se eles excedem ou não as suas legítimas.

V – Só podendo prosseguir o inventário, com a relacionação de todos os bens – doados e não doados – e se isso não for possível enquanto se não decidir nos meios comuns a questão da usucapião dos prédios não doados, deverá o processo de inventário aguardar sem prejuízo do disposto no art. 122.°, n.° 2 do Cód. das Custas Judiciais [hoje, art. 51.°], que os interessados provem que vão resolver o referido problema.

VI – Embora o art. 1332.°, n.° 3, do Cód. Proc. Civil, no caso de oposição ao inventário e de remissão das partes para os meios comuns, se refira à suspensão do inventário até resolução definitiva da questão suscitada, isso não impõe, contudo, que se suspenda desde logo a instância, podendo ficar essa providência para momento ulterior, ou seja, para a altura em que os herdeiros demonstrem já haverem recorrido aos meios comuns.

VII – Trata-se de uma medida de cautela que não contraria abertamente aquele preceito legal e antes serve para assegurar que a suspensão da instância só irá decretar-se quando realmente houver fundamento sério para isso." *(Acórdão da Relação do Porto, de 19.01.73, Boletim do Ministério da Justiça 223.°, pág. 281)*

INCOMPETÊNCIA TERRITORIAL:

"**I** – Deduzida a excepção de incompetência territorial, o processo de inventário só deve ser suspenso após as respostas às impugnações reguladas no artigo 1332.° [hoje, artigo 1343.°] do Código de Processo Civil.

II – Só no apenso próprio e com audição dos demais interessados pode ser decidida a excepção de incompetência territorial em inventário, ainda que arguida pelo Ministério Público, quando por este não tenha sido requerido o inventário." *(Acórdão da Relação de Lisboa, de 06.10.73, Boletim do Ministério da Justiça 230.°, pág. 147)*

PRAZO:

"O prazo para a oposição ao inventário ou para impugnar a competência do cabeça-de-casal conta-se da última citação do interessado que se haja feito." *(Acórdão do Supremo Tribunal de Justiça, de 15.03.88, Boletim do Ministério da Justiça 375.°, pág. 355)*

INEXISTÊNCIA DE BENS A PARTILHAR; INUTILIDADE SUPERVENIENTE DA LIDE:

"**I** – A falta de tempestiva oposição ao inventário não inibe qualquer interessado de, em momento posterior, pedir que se ponha termo ao processo, invocando causa legal justificativa, como a inexistência de bens a partilhar.

II – Correndo execução entre ex-marido e ex-mulher, cujo divórcio fora declarado por sentença, a adjudicação a um deles de direito que o outro tinha à meação nos bens comuns, inexistindo outros bens do executado, provoca inutilidade superveniente da lide no inventário para partilha subsequente a divórcio, por subsequente falta de bens a partilhar." *(Acórdão do Supremo Tribunal de Justiça, de 11.05.95, Colectânea de Jurisprudência, Acórdãos do Supremo Tribunal de Justiça, 1995, Tomo II, pág. 83)*

NOTAS PESSOAIS:

ARTIGO 1344.°
(Tramitação subsequente)

1. Deduzida oposição ou impugnação, nos termos do artigo anterior, são notificados para responder, em 15 dias, os interessados com legitimidade para intervir na questão suscitada.

2. As provas são indicadas com os requerimentos e respostas; efectuadas as diligências probatórias necessárias, requeridas pelos interessados ou determinadas oficiosamente pelo juiz, é a questão decidida, sem prejuízo do disposto no artigo 1335.°.

HISTÓRICO:

Redacção do art. 2.° do DL 227/94, de 08.09.

No entanto, o n.° 1 foi alterado pelo DL 329-A/95, de 12.12, que alargou o prazo ali referido de 10 dias para 15 dias. O alargamento do prazo vem, aliás, ao encontro do disposto na al. *c)* do artigo 6.° do citado DL.

Corresponde, em parte, ao n.° 2 do art. 1332.° do CPC, na sua versão anterior, já transcrito em anot. ao art. anterior.

REMISSÕES:

Tramitação dos incidentes no inventário – art. 1334.° CPC; questões prejudiciais e suspensão do inventário – art. 1335.° CPC; oposição e impugnações – art. 1343.° CPC.

JURISPRUDÊNCIA:

REMISSÃO PARA O PROCESSO COMUM:

"**I** – Suscitada uma questão no inventário devem os interessados ser remetidos para o processo comum se houver necessidade de mais larga indagação.

II – A partilha de coisas imóveis não efectuada por inventário carece de escritura pública, não tendo pois, validade jurídica se formalizada por documento particular: não obstante pode começar a correr o prazo legal da usucapião por inversão do título em consequência de cada herdeiro passar a ter uma posse exclusiva em certa parte determinada da herança. (...)" *(Acórdão do Supremo Tribunal de Justiça, de 26.11.80, Boletim do Ministério da Justiça 301.°, pág. 391)*

IMPUGNAÇÃO DE PARTILHA EXTRAJUDICIAL:

"**I** – Efectuada a partilha, por escritura notarial, na qual não foi conferido o valor de um bem doado, a mesma só pode ser impugnada nos casos em que o sejam os contratos.

II – O meio processual idóneo para o efeito não é o processo especial de inventário, mas sim o processo comum." *(Acórdão da Relação de Coimbra, de 17.05.83, Colectânea de Jurisprudência, 1983, Tomo III, pág. 47)*

IMPUGNAÇÃO DE LEGITIMIDADE DE INTERESSADO:

"**I** – Se, em incidente de impugnação de legitimidade de interessado (art. 1332.° [hoje, art. 1344.°] do Cód. Proc. Civil), o juiz decide pela legitimidade, não pode depois, v.g., na sua conferência de interessados, suscitar-se de novo a questão, quanto ao mesmo interessado, por se tratar de questão definitivamente decidida (art. 1397.° do Cód. Proc. Civil), com trânsito em julgado.

II – O decidido, porém, apenas diz respeito à legitimidade a intervir no processo e não já ao direito à partilha dos bens da herança e a qualquer quinhão da mesma." *(Acórdão da Relação do Porto, de 07.06.90, Boletim do Ministério da Justiça 398.°, pág. 583)*

NOTAS PESSOAIS:

SECÇÃO III
Do relacionamento de bens

ARTIGO 1345.°
(Relação de bens)

1. Os bens que integram a herança são especificados na relação por meio de verbas, sujeitas a uma só numeração, pela ordem seguinte: direitos de crédito, títulos de crédito, dinheiro, moedas estrangeiras, objectos de ouro, prata e pedras preciosas e semelhantes, outras coisas móveis e bens imóveis.

2. As dívidas são relacionadas em separado, sujeitas a numeração própria.

3. A menção dos bens é acompanhada dos elementos necessários à sua identificação e ao apuramento da sua situação jurídica.

4. Não havendo inconveniente para a partilha, podem ser agrupados, na mesma verba, os móveis, ainda que de natureza diferente, desde que se destinem a um fim unitário e sejam de pequeno valor.

5. As benfeitorias pertencentes à herança são descritas em espécie, quando possam separar-se do prédio em que foram realizadas, ou como simples crédito, no caso contrário; as efectuadas por terceiros em prédio da herança são descritas como dívidas, quando não possam ser levantadas por quem as realizou.

HISTÓRICO:

Redacção do art. 2.° do DL 227/94, de 08.09.

Corresponde ao art. 1337.° do CPC, na versão anterior, que tinha a seguinte redacção:

Artigo 1337.° ***(Relação de bens)***

1. A relação de bens é rubricada e assinada pelo cabeça-de-casal, ou por outrem a seu rogo quando ele não saiba ou não possa assinar; os bens serão especificados por verbas numeradas e pela ordem seguinte: direitos de crédito, títulos de crédito, dinheiro, moedas estrangeiras, objectos de ouro, prata e pedras preciosas e semelhantes, as restantes coisas móveis, os imóveis.

2. Relacionar-se-ão em separado não só as dívidas, como os bens que devam ser avaliados por pessoas ou meios diferentes.

3. A menção dos bens é acompanhada de todas as circunstâncias necessárias para a sua identificação.

4. As benfeitorias pertencentes à herança são descritas em espécie quando possam separar-se do prédio em que foram feitas, ou como simples crédito no caso contrário.

As benfeitorias feitas por terceiro em prédio da herança são descritas como dívida quando não possam ser levantadas por quem as fez.

REMISSÕES:

Lei reguladora das sucessões – arts. 25.° e 62.° a 65.° CC; coisas imóveis – art. 204.° CC; coisas móveis – art. 205.° CC; apresentação da relação de bens – art. 1340.°, n.° 3 CPC; indicação do valor – art. 1346.° CPC; relacionação dos bens que não se encontrem em poder do cabeça-de-casal – art. 1347.° CPC; reclamações contra a relação de bens – arts. 1348.° e seg. CPC.

ANOTAÇÕES:

1. PRINCÍPIO GERAL:

"O cabeça-de-casal nomeado no inventário relacionará os bens em poder da herança, os bens da herança em poder de certos co-herdeiros (os que estiverem na posse deles ao tempo da respectiva abertura), e os bens que o inventariado tenha doado, nos casos em que os donatários são chamados ao processo (existência de herdeiros legitimários).

Não lhe servirá de embaraço a circunstância de, em certos casos, não dispor de elementos que lhe consintam uma relacionação consciente..." *(J. A. Lopes Cardoso, Partilhas Judiciais, Vol. I, reimp. da 4.ª ed. de 1990, Coimbra, 2000, pág. 422)*

2. BENS A RELACIONAR – A) PRINCÍPIOS GERAIS:

"O cabeça-de-casal relacionará todos os bens da herança que hão-de figurar no inventário, ainda que a respectiva administração lhe não pertença.

Como tais se consideram os que se encontravam na posse do inventariado ao tempo da sua morte, presumindo-se propriedade do falecido todos os objectos encontrados na sua residência.

Ao assim dispor reporta-se o preceito à relacionação de tudo quanto constitua o objecto da sucessão e quer os bens e direitos que dele fazem parte se encontrem no país quer se localizem fora dele. (...)

No acervo hereditário compreendem-se todos os bens, direitos e obrigações que não sejam considerados intransmissíveis por sua natureza, por força da lei ou por vontade do autor da sucessão. (...)

O cabeça-de-casal deverá também relacionar os bens pertencentes ao inventariado em propriedade resolúvel, propriedade horizontal e o direito de superfície e de solo.

Mas já não aqueles bens que, encontrados embora na herança, reconheça serem de terceiro ou próprios do cônjuge sobrevivo ou por este adquiridos enquanto subsistente a indivisão da herança do inventariado, desde que se não prove ter sido a aquisição efectuada com dinheiro ou valores dessa herança." *(J. A. Lopes Cardoso, Partilhas Judiciais, Vol. I, reimp. da 4.ª ed. de 1990, Coimbra, 2000, págs. 425 e segs.)*

3. IDEM – B) CASOS CONCRETOS:

Entre os bens a relacionar, de acordo com a fórmula ampla indicada no preceito em análise, *Lopes Cardoso (ob. supra cit., págs. 430 e segs.)* indica os seguintes, já decididos pela nossa jurisprudência e doutrina:

a) o direito à exploração de um cinema;

b) a renda vitalícia constituída em benefício de ambos os cônjuges, quando haja sido adquirida com rendimentos do casal;

c) os frutos existentes à morte do inventariado;

d) os bens penhorados e arrestados;

e) os jazigos;

f) os bens empenhados;

g) o produto da alienação dos bens da herança levada a cabo por acordo entre os interessados, no período decorrente da sua abertura à investidura no cabeçalato;

h) os direitos de autor;

i) os direitos e patentes, marcas e modelos que não façam parte de quaisquer estabelecimentos comerciais ou industriais de que o inventariado seja dono ou associado;

j) os bens que o inventariado prometeu vender por título formalmente idóneo;

l) os bens registados em nome do inventariado;

m) os bens doados para casamento à inventariante, sem dispensa de colação, sendo o matrimónio segundo o regime da comunhão geral;

n) os bens litigiosos;

o) os bens sem valor económico;

p) benfeitorias;

q) o direito de habitação periódica.

4. IDEM – C) CASOS DUVIDOSOS:

Doutrina e jurisprudência têm controvertido a inclusão no âmbito sucessório de alguns bens ou direitos cuja relacionação importa esclarecer. Assim:

a) seguros de vida e semelhantes – havendo herdeiros legitimários, deverão relacionar-se as quantias que o inventariado despendeu com os prémios, quer para serem conferidas pelo herdeiro porventura beneficiado com o seguro, quer para os demais efeitos previstos no art. 450.° do Cód. Civil.

Assim também quanto às *pensões* ou *subsídios* estabelecidos pelo inventariado e de que a sua consorte, descendentes ou ascendentes sejam beneficiários.

b) bens da herança que o herdeiro vendeu sem aquiescência dos demais – tais bens, porque existentes na herança ao tempo da sua abertura, estão sujeitos à relacionação no respectivo inventário. De toda a forma, a venda é nula (art. 894.° do Cód. Civil).

c) bens expropriados por utilidade pública – vem sendo entendido que os bens do inventariado cuja declaração de utilidade pública de expropriação foi proclamada em vida sua não fazem parte da respectiva herança, pertencendo somente a esta a quantia que representa a justa indemnização, ou seja, o valor que no respectivo processo lhe foi atribuído.

d) depósitos bancários – que os depósitos bancários em nome do inventariado devem relacionar-se é isento de dúvidas. A controvérsia só surge quando se trate dos que foram constituídos em seu nome e outrem, solidária ou conjuntamente, problema acerca do qual tem sido flutuante a jurisprudência.

Se o regime de bens do casamento é o da comunhão geral ou de adquiridos, parece líquida a obrigatoriedade da sua relacionação. Mas se o matrimónio é regulado pelo regime da separação a questão passa a ter interesse mercê da circunstância de neste regime vigorar a regra estabelecida no art. 1735.° do CC, como igualmente a terá tratando-se de depósito, conjunto ou solidário, feito em nome do inventariado e de outrem, que não o consorte.

A lei fiscal estabeleceu a presunção de pertença em partes iguais aos respectivos titulares, mas este critério, válido para efeitos tributários, não tem cabimento no aspecto em apreço.

Ter-se-á, pois, como mais exacto relacionar tais depósitos no inventário, ficando livre a qualquer interessado ou a quem se arrogue a propriedade deles, no todo ou em parte, requerer a sua exclusão.

Também o depósito bancário de que fosse único titular o inventariado não deixará de relacionar-se, ainda que este tenha escrito ao depositário autorizando a movimentação dele por outrem após a sua morte.

e) casas económicas – por morte do adquirente, a transmissão do direito à moradia opera-se segundo as regras gerais da sucessão. Daí a sua relacionação no inventário.

f) direito a indemnização – ambas as teses são defensáveis.

A tese da hereditabilidade do direito a indemnização, sobretudo quando seja resultante de dano de que resulte a morte, tem sido defendida, entre outros, por *Vaz Serra, in Rev. Leg. Jur., 105.°, pág. 63*, que a ele se refere nestes termos: "esse direito, embora corresponda a danos não patrimoniais, virá a ter o seu correspectivo em dinheiro, logo, adquirindo carácter patrimonial: o direito a indemnização, naqueles fugazes instantes que medeiam entre a causa e o efeito, integra-se no património da vítima; e com a morte desta mantém-se e transmite-se."

Defendendo a tese da inereditabilidade surge-nos a, quanto a nós, brilhante posição de PEREIRA COELHO, *Direito das Sucessões, Coimbra, 1992, pág. 174*, onde refere: "o direito de indemnização dos danos não patrimoniais sofridos pela vítima *não se transmite «iure hereditario»* às pessoas mencionadas no art. 496.°, n.° 2, *mas pertence-lhes «iure proprio»*, como lhes pertence *«iure proprio»* o direito de indemnização dos danos não patrimoniais que a morte *pessoalmente* lhes causou". E conclui: "se os familiares adquirirem *iure proprio* o direito de indemnização dos danos não patrimoniais sofridos pela vítima, a respectiva indemnização não fará parte da *herança* e, portanto, não será responsável pelos encargos hereditários segundo o princípio geral do art. 2071.°" (*id.*, pág. 176).

g) bens com titular pré-determinado – alguns diplomas ou convenções prescrevem que a atribuição de certos bens via sucessória só pode verificar-se a favor de determinada ordem de sucessíveis ou de interessados que reunam certas qualidades específicas.

Trata-se, em qualquer caso, de bens da herança que com ela se transmitem, posto que a disciplina a observar quanto à respectiva adjudicação haja de processar-se de harmonia com o legislado e convencionado.

h) bens sujeitos a amortização – muitos pactos de sociedades por quotas prescrevem a amortização destas no caso de falecimento do sócio, devendo neste caso relacionar-se o preço da amortização.

Do mesmo modo haverá de proceder-se quanto às acções nominativas das sociedades anónimas cujos estatutos vedem a transmissibilidade ou a limitem a certa categoria de herdeiros que, afinal, não existem ou não concorrem à herança.

i) bens de que o inventariado era mero possuidor ou detentor precário – só os bens de que o inventariado fosse verdadeiro titular constituem objecto da sua herança. Destarte, os referenciados na epígrafe subtraem-se à relacionação.

j) bens doados, perdidos, consumidos ou alienados em vida do doador por facto do donatário – a existência de herdeiros legitimários implica a obrigatoriedade de relacionar os bens que o inventariado doou, quer para efeitos de colação, quer com vista ao apuramento da inoficiosidade.

Nos casos de perecimento e consumição, a relacionação é meramente simbólica, pois alcança tão só o objectivo de lhes fixar a natureza, qualidades e rigor para através de bens equivalentes existentes no mercado ao tempo da abertura da sucessão, se lhes fixar o valor com vista à integridade das legítimas. *(Excertos adaptados e completados da obra "Partilhas Judiciais", supra cit., Vol. I, págs. 434 e segs.)*

A este propósito, cfr. também CARVALHO DE SÁ, *Do Inventário – Descrever, Avaliar e Partir, Coimbra, 1993, págs. 77 e segs.*

5. BENS SITUADOS NO ESTRANGEIRO:

"A conclusão firmada (a de que devem relacionar-se e descrever-se no inventário instaurado em Portugal todos os bens que pertenciam ao inventariado, qualquer que seja o país da sua situação) é a única consentânea com as regras dos arts. 25.° e 62.° do Cód. Civil e com o princípio da universalidade.

Bem lamentavelmente, porém, a nossa jurisprudência não se desprende de pontos de vista antigos e, de cedência em cedência, vem aceitando que se exceptuem do inventário aqui instaurado os bens que o «*de cuius*» possuía extra-fronteiras." *(J. A. Lopes Cardoso, Partilhas Judiciais, Vol. I, reimp. da 4.ª ed. de 1990, Coimbra, 2000, págs. 462 e seg.)*

"Esta questão é muito antiga, não merecendo solução uniforme, nem na Doutrina, nem na Jurisprudência.

A herança constitui uma universalidade pelo que, desde logo, parece ser mais curial com esta realidade, da sua unidade e universalidade, a posição afirmativa quanto à relacionação dos bens sitos no estrangeiro.

Além disso, segundo os artigos 25.° e 62.° do Código Civil, a sucessão por morte é regulada pela lei pessoal do autor da sucessão ao tempo do seu falecimento, quer dizer pela lei da sua nacionalidade. (...)

Por isso, mesmo que os bens se situem no estrangeiro, o cálculo da legítima faz-se sempre aplicando a lei portuguesa, no caso de o falecido ter a nacionalidade portuguesa.

Estes os principais argumentos a favor da tese da relacionação.

Tal tese, porém, depara com dificuldades de ordem prática.

Na verdade, também os outros países têm normas de direito internacional privado que conferem aos respectivos tribunais competência para proceder ao inventário de heranças tituladas por estrangeiros e, daí, que nenhum desses países, na falta de convenção ou tratado internacional que regule tal matéria, reconheça, sem mais, as sentenças proferidas sobre o mesmo assunto no nosso país. Como é sabido, só é reconhecida validade no nosso país às sentenças proferidas em país estrangeiro, depois de revistas nos termos do processo próprio – artigo 1094.° do Código de Processo Civil.

Outra dificuldade de ordem prática é a que resulta de não serem cumpridas as cartas rogatórias para avaliação dos mencionados bens. (...)

E é nesse sentido, portanto, no sentido da não relacionação, que a Jurisprudência dominante se tem inclinado." *(Carvalho de Sá, Do Inventário, Descrever, Avaliar e Partir, 1993, págs. 75 e seg.)*

6. ORDEM DAS VERBAS:

A especificação dos bens faz-se por verbas numeradas e pela ordem seguinte:

1.° *Direitos de crédito* – na relacionação das dívidas activas deve fazer-se referência às quantias se forem líquidas, ao devedor e sua morada, ao vencimento e ao juro.

Não é de aconselhar a junção ao processo do documento ou título em que a dívida activa se funda; a prática em contrário poderá ocasionar dificuldades na cobrança dela.

Um empréstimo feito pelo inventariado a seu filho deve ser descrito como dívida activa, e não como conferência de co-herdeiro, porque a colação é somente das coisas doadas (Cód. Civil, art. 2104.°).

2.° *Títulos de crédito* – quanto a quaisquer papéis de crédito (acções e obrigações) torna-se necessário declarar os seus números, se são preferenciais ou não, nominativos, ao portador ou de «coupon», se a dívida é nacional ou estrangeira e juro que vence.

3.° *Dinheiro, moedas estrangeiras, objectos de ouro, prata e pedras preciosas e semelhantes* – a relacionação tem de fazer-se especificando devidamente as quantias, nação a que respeitam as moedas, data da cunhagem e metal de que são feitas, toque, marca, qualidade do objecto e seu peso e bem assim a referência a quaisquer particularidades que lhes aumentem ou diminuam o valor.

4.° *Restantes coisas móveis* – englobar-se-ão numa única verba os móveis da mesma natureza e a que, por tais factos, deva ser atribuído o mesmo valor (v.g., mobílias completas, serviços de louça ou vidros).

Quanto à descrição duma biblioteca, deverá o cabeça-de-casal descrever só as obras mais importantes, e as restantes em lotes, sem designação de autores ou títulos; de igual modo deverá proceder-se com quadros e gravuras.

5.° *Imóveis* – a acepção genérica de «coisas imóveis» compreende os prédios rústicos e urbanos, as partes integrantes, as águas, as árvores, arbustos e frutos naturais enquanto estiverem ligados ao solo e os direitos inerentes a esses bens (art. 204.°, n.° 1 do Cód. Civil).

Relativamente aos prédios rústicos e urbanos deverá fazer-se menção expressa da respectiva localização, confrontações, nomes, números de polícia (urbanos), artigos matriciais ou cadastrais, descrição predial, pertenças e servidões.

6.° *Benfeitorias* – deve distinguir-se entre as que foram feitas pelo autor da herança em prédio alheio e as que terceiro fez em prédio da herança.

Quanto às primeiras, se podem separar-se do prédio em que foram feitas, descrevem-se em espécie; se não podem, descrevem-se como simples crédito. Relativamente às segundas, se podem ser levantadas por quem as fez, não são chamadas ao inventário por estranhas ao seu objecto, nenhuma obrigação assumindo a herança pelo seu pagamento; se não podem ser levantadas, descrevem-se como dívidas.

7.° *Bens sem valor* – na prática, estes bens, de valor meramente estimativo, não costumam relacionar-se, nem sequer se podendo falar de sonegação.

8.° *Bens litigiosos* – as dívidas activas e os bens podem revestir a natureza de litigiosos e nem por este facto se furtam à relação de bens.

9.° *Estabelecimento comercial ou industrial* – o estabelecimento comercial ou industrial constitui um todo único e absoluto, composto de elementos imateriais e materiais, sendo estes ainda formados por bens de diversa natureza.

Quando a lei considera o estabelecimento como uma universalidade quer significar que se relaciona sob uma única verba.

10.° *Dívidas passivas* – a relacionação é acompanhada da declaração dos títulos em que se fundam e na forma que ficou dita para as dívidas activas.

Na relacionação das dívidas passivas há-de o cabeça-de-casal apontar todas as que existam no tempo do falecimento do inventariado, vencidas ou não vencidas, tituladas ou não tituladas, exequíveis, civis, camarárias, comerciais, fiscais, etc. *(Excertos da obra "Partilhas Judiciais", Vol. I, reimp. da 4.ª ed. de 1990, Coimbra, 2000, págs. 467 e segs.)*

7. BENFEITORIAS:

"A lei processual distingue entre as benfeitorias *feitas pelo inventariado*, em prédio não pertencente à herança, e as benfeitorias *feitas por terceiros* em prédio da herança.

Depois, distingue ainda *se podem ou não separar-se do prédio* em que foram feitas, para afirmar relativamente às *primeiras* pertencentes à herança que são *descritas em espécie* e as pertencentes ao benfeitorizante que as pode levantar livremente e, quanto às *segundas*, que devem ser descritas *como crédito*, se foram feitas pelo autor da herança e *como débito* se foram feitas por terceiro.

Regime próprio, porém, têm as benfeitorias feitas *pelo donatário* em prédio doado, decorrente do facto de o donatário não ser um terceiro, relativamente à herança; ser equiparado, quanto a benfeitorias, ao possuidor de boa fé, nos termos do artigo 2115.° do Cód. Civil e, por isso, nos termos do art. 1273.° do mesmo Código, *ter direito a ser indemnizado das benfeitorias necessárias que haja feito, a levantar as benfeitorias úteis que o possam ser sem detrimento da coisa e, em caso de este existir, a ser indemnizado segundo as regras do enriquecimento sem causa*.

Portanto, relativamente a estas benfeitorias, deve fazer-se a menção delas na descrição do prédio, devendo contar-se como valor dele o valor total (o constante da certidão matricial, ou o indicado pelo cabeça-de-casal, em caso de omissão) e ser indicado o valor das benfeitorias, a fim de ser descontado ao valor total do prédio doado." *(Carvalho de Sá, Do Inventário, 2.ª ed., 1996, págs. 103 e seg., cit. por Abílio Neto, Cód. Proc. Civil Anotado, 15.ª ed., Set./1999, pág. 1332)*

8. DESPESAS DO FUNERAL E SUFRÁGIOS:

"A satisfação das despesas do funeral e sufrágios, bem como o cumprimento dos encargos da administração (v.g., pagamento de impostos, etc.) podem, e devem, ser pagos pelo cabeça-de-casal (cf. Art. 2090.° do Cód. Civil), sem necessidade de prévia aprovação sendo tidos como despesas no processo de prestação de contas, e daí, que não seja necessária a sua relacionação como dívidas." *(Abílio Neto, Cód. Proc. Civil Anotado, 15.ª ed., Set./1999, pág. 1336)*

9. RELACIONAÇÃO DOS BENS:

"Os bens que fazem parte da herança a partilhar devem ser relacionados **por verbas numeradas** e por uma **certa ordem**, de acordo com o artigo 1345.° do Cód. Proc. Civil.

Em certos casos, deverá ser indicado o valor e juntar-se aos autos os documentos justificativos – artigo 1246.° do Cód. Proc. Civil.

Especificando:

Direitos de crédito – Desde que tenham sido constituídos até à morte do *de cuius*, devem ser todos relacionados, com identificação e morada do devedor, indicação da proveniência, taxa de juro que vence e montante de juros vencidos até à morte do inventariado. (**NOTA:** Quer sejam líquidos ou ilíquidos, vencidos ou não, deverão ser todos relacionados. Neste grupo devem ser relacionados, por ex., trespasses de estabelecimentos comerciais, indemnizações por perdas e danos, o direito e acção a uma quota parte de herança, direitos de autor de carácter patrimonial, os direitos protegidos pelo Código de Propriedade Industrial, cujo valor será indicado pelo cabeça-de-casal tendo em conta os critérios das alíneas *f)*, *g)* e *i)* do artigo 603.° do Cód. Proc. Civil).

Títulos de crédito – Aqui se compreendem as obrigações, letras, livranças, acções nominativas ou ao portador de sociedades anónimas e ainda as participações sociais em sociedades que não sejam por acções. (**NOTA:** Devem ser identificados pelo número, características e juros que vencem e, as participações sociais, pelo seu montante e empresas a que respeitam. Os títulos de crédito e as acções terão o valor da respectiva cotação na Bolsa de Valores, na data da morte do inventariado ou, se não estiverem cotados, o valor que for determinado pela Câmara de Corretores, devendo juntar-se aos autos a competente declaração. As partes sociais têm o valor da respectiva cotação ou de acordo com o último balanço, se a morte do inventariado não determinar a dissolução da sociedade ou enquanto não estiver ultimada a liquidação, no caso contrário).

Dinheiro, moedas estrangeiras, objectos de ouro, prata, pedras preciosas e semelhantes – Deve indicar-se o montante das quantias, a proveniência das moedas e a sua época, os sinais distintivos dos objectos de metais preciosos, peso, qualidade, etc. (**NOTA:** O valor das moedas estrangeiras é o da respectiva cotação ou, não a tendo, o do seu câmbio com outra moeda que esteja cotada. Quanto aos metais e pedras preciosas e semelhantes é o cabeça-de-casal que indica o seu valor).

Estabelecimento comercial e industrial – O cabeça-de-casal deverá indicar o valor do estabelecimento, segundo o que resultar do último balanço, de acordo com o critério previsto no artigo 603.°, *i)*, do Cód. Proc. Civil). (**NOTA:** Este balanço é feito nos termos do Código Comercial e não se confunde com os resultados de exercício, nem com a participação feita às Finanças para fins tributários).

Restantes coisas móveis – Relacionam-se numa única verba as que formem conjunto ou sejam da mesma natureza, como por ex., uma mobília de sala, uma biblioteca, uma colecção de moedas, um serviço de louça, um rebanho, uma junta de bois, etc..

Bens imóveis – (**NOTA:** O artigo 204.° do Código Civil designa como imóveis, não apenas os prédios urbanos e rústicos, mas também as águas, as árvores, os arbustos e os frutos naturais, enquanto estiverem ligados ao solo, os direitos inerentes, e as partes integrantes dos prédios rústicos e urbanos, ou seja, toda a coisa móvel ligada materialmente ao prédio com carácter de permanência). Cada prédio deverá ser relacionado numa verba, com indicação da sua localização, confrontações, denominação, número de polícia, artigo matricial, descrição do registo predial, ou menção da omissão, pertenças, servidões e outros ónus (**NOTA:** Se estiverem omissos na Conservatória do Registo Predial, deverá juntar-se certidão de omissão e os títulos comprovativos do direito de propriedade do inventariado, ou, estando aí descritos, certidão da descrição e de todas as inscrições em vigor. O processo não deverá prosseguir enquanto não for comprovada a inscrição a favor do inventariado)

Benfeitorias – (**NOTA:** Consideram-se benfeitorias todas as despesas feitas para conservar ou melhorar a coisa. Podem ser necessárias, úteis ou voluptuárias. Necessárias, se têm por fim evitar a perda, destruição ou deterioração da coisa; úteis, as que, não sendo indispensáveis para a sua conservação, lhe aumentam o valor; voluptuárias, as que, não sendo indispensáveis para a sua conservação, nem lhe aumentando o valor, servem apenas para recreio do benfeitorizante – cfr. artigo 216.° do Cód. Civil) As benfeitorias feitas pelo inventariado, em prédio não pertencente à herança, se podem separar-se do prédio em que foram feitas, pertencem à herança e são descritas em espécie; se não podem separar-se do prédio, são descritas como crédito. As benfeitorias feitas por terceiros em prédio da herança, se puderem separar-se, pertencem ao benfeitorizante que poderá levantá-las livremente; não podendo separar-se, são descritas como débito.

As benfeitorias feitas por donatário em prédio doado têm um regime diferente. Como não é um terceiro em relação à herança, é equiparado ao possuidor de boa fé, com direito a ser indemnizado das benfeitorias necessárias que haja feito, a levantar as benfeitorias úteis que o possam ser sem detrimento da coisa e, em caso de este existir, a ser indemnizado segundo as regras do enriquecimento sem causa (artigos 2115.° e 1273.°, do Código Civil). Neste caso, o prédio descreve-se com menção das benfeitorias. Indica-se o valor do prédio, como ficou referido acima. E indica-se o valor das benfeitorias, que será descontado ao valor do prédio doado.

Dívidas passivas – As dívidas relacionam-se em separado, em verbas numeradas, mas com numeração diferente das verbas do activo. Nesta relação deverão também ser descritas e indicadas as suas origens, fazendo-se junção dos documentos que as titulem (**NOTA:** As dívidas fiscais, as do funeral e sufrágios do falecido, por ex., podem ser pagas pelo cabeça-de-casal, sem necessidade de prévia aprovação, sendo tidas como despesas no processo de prestação de contas)." *(Carlos Ricardo Soares, Heranças & Partilhas, Almedina, 2003, 2.ª ed., págs. 154 e segs.)*

10. BENS SITUADOS NO ESTRANGEIRO:

"Também os outros países têm normas de direito internacional privado que conferem aos respectivos tribunais competência para proceder ao inventário de heranças tituladas por estrangeiros e, daí, que *nenhum desses países*, na falta de convenção ou tratado internacional que regule a matéria, *reconheça, sem mais, as sentenças proferidas sobre o mesmo assunto no nosso país.* Como é sabido, só é reconhecida validade no nosso país às sentenças proferidas em tribunal estrangeiro, depois de revistas nos termos do processo próprio – artigo 1094.° do Código de Processo Civil.

Outra das dificuldades de ordem prática é a que resulta de *não serem cumpridas as cartas rogatórias para avaliação dos mencionados bens.*

O Prof. Alberto dos Reis, in 'Comentário ao Código de Processo Civil', I, pág. 217 afirma, a propósito, que 'o bom senso aconselha que os tribunais de cada país se limitem a inventariar, em caso de conflito, os bens existentes no território nacional'.

E é nesse sentido, portanto, *no sentido da não relacionação, que a Jurisprudência dominante se tem inclinado.*" *(Carvalho de Sá, Do Inventário, Almedina, 4.ª ed., pág. 97)*

11. SEGUROS DE VIDA:

"Como é evidente que *uma pessoa não pode adquirir um direito cuja efectivação depende da sua morte* e apenas são transmissíveis os direitos e não meras expectativas jurídicas, parece seguro que *o capital segurado por um contrato deste tipo* (contrato a favor de terceiro) *não deve ser relacionado.*

No entanto, *os prémios pagos pelo inventariado, ao longo da sua vida por força do dito contrato devem ser relacionados, caso haja herdeiros legitimários, como quantias doadas a favor do beneficiário* ou beneficiários *de seguro* (doações indirectas).

Alguns magistrados têm-nos transmitido a sua perplexidade quanto a esta questão dos seguros de vida e, mais precisamente, quanto à constatação de que, através do expediente da outorga de um contrato a favor de terceiro, o inventariado consegue favorecer algum ou alguns dos seus herdeiros, em detrimento de todos os outros." *(Carvalho de Sá, Do Inventário, Almedina, 4.ª ed., pág. 98)*

12. BENS EXPROPRIADOS POR UTILIDADE PÚBLICA:

"Esses bens expropriados em vida do inventariado, não devem ser relacionados em espécie, pois já não são propriedade dele; em seu *lugar deve antes ser relacionado o direito à justa indemnização.* Isto, claro está, no caso desta não ter sido ainda definida e atribuída." *(Carvalho de Sá, Do Inventário, Almedina, 4.ª ed., pág. 99)*

13. DEPÓSITOS BANCÁRIOS CONSTITUÍDOS EM NOME DO INVENTARIADO E DE OUTRA PESSOA:

"Esses depósitos podem ter sido efectuados na modalidade de depósito *conjunto*, que *só pode ser movimentado a débito por todos os seus titulares*, ou na modalidade de depósito *solidário, que pode ser movimentado por todos os seus titulares, quer a crédito, quer a débito.*

Do facto de o depósito ter mais de um titular não se pode extrair a conclusão de que não pertença exclusivamente a um deles, sendo muito frequentes os casos de constituição de tais depósitos para se *facilitar a movimentação de contas.*

Embora na lei fiscal se faça presumir que tais depósitos pertencem, em partes iguais, aos respectivos titulares, tal presunção não funciona no direito civil.

Por isso e *por regra devem ser relacionados esses depósitos e pela totalidade do seu saldo à data da morte do inventariado*, podendo as pessoas que se arroguem a propriedade deles vir aos outros pedir a sua exclusão." *(Carvalho de Sá, Do Inventário, Almedina, 4.ª ed., pág. 99)*

14. BENS COM TITULARES PRÉ-DETERMINADOS:

"Existem certos bens que, embora pertencendo a determinado indivíduo, por lei ou por contrato só podem ser transmitidos a pessoas determinadas. Estão no primeiro caso as transmissões *das farmácias* que, pelo Dec.-Lei n.° 48 547, de 27.08.1968, regulamentador da Lei n.° 2 125, de 20.03.1965, só podem fazer-se a favor de sucessor legítimo que seja farmacêutico. Estão no segundo caso os frequentes *pactos constitutivos de sociedades comerciais* em que se restringe a sucessão por morte das parcelas do capital social.

Claro que estas restrições à sua transmissão *não impedem o seu relacionamento em processo de inventário.*" *(Carvalho de Sá, Do Inventário, Almedina, 4.ª ed., pág. 101)*

15. BENS DOADOS, CONSUMIDOS OU ALIENADOS EM VIDA DO DOADOR PELO DONATÁRIO:

"Preceitua o artigo 2112.° do Código Civil que 'não é objecto de colação a coisa doada que tiver perecido em vida do autor da sucessão por facto não imputável ao donatário'.

Mas, se essa perda lhe é imputável, ou simplesmente consome, ou aliena a coisa doada?

Nestes casos, diz-se no n.° 2 do artigo 2109.° do Código Civil, que se atende ao valor que esses bens teriam na data da abertura da sucessão, se não fossem consumidos, alienados ou onerados, ou não tivessem perecido.

Portanto, *esses bens ou o seu valor, assim determinado, devem ser relacionados. (Carvalho de Sá, Do Inventário, Almedina, 4.ª ed., pág. 102)*

16. DIREITOS INTRANSMISSÍVEIS:

"Não são relacionáveis certos direitos do inventariado que, por força da lei ou de contrato, se extinguem com a morte do respectivo titular.

Assim, por força da lei, quer o *usufruto*, quer o *direito ao uso e habitação*, quer o *direito a alimentos* são absolutamente intransmissíveis.

Por outro lado, o *quinhão do sócio de mera indústria* também não é relacionável, bem como as chamadas *servidões pessoais e o direito e obrigação de preferência* (artigo 420.° do Código Civil)." *(Carvalho de Sá, Do Inventário, Almedina, 4.ª ed., pág. 102)*

17. DIREITO AO ARRENDAMENTO:

"Embora transmissível este direito, tem-se entendido não ser de relacionar no processo de inventário do seu titular por aquela transmissão não ser a título sucessório. Na verdade, a transmissão do direito do arrendatário dá-se por força do disposto no artigo 85.° do RAU, previsto no Dec.-Lei n.° 321-B/90, de 15 de Outubro, quanto aos arrendamentos habitacionais e por força do artigo 112.° do mesmo regime para o arrendamento para o comércio ou indústria, sendo certo que só este último é transmissível via sucessória, como decorre da leitura do dito artigo 112.°." *(Carvalho de Sá, Do Inventário, Almedina, 4.ª ed., pág. 102)*

18. BENFEITORIAS:

"A lei processual distingue entre as benfeitorias *feitas pelo inventariado*, em prédio não pertencente à herança, e as *benfeitorias feitas por terceiros* em prédio da herança.

Depois, distingue ainda *se podem ou não separar-se* do prédio *em que foram feitas*, *para afirmar* relativamente *às primeiras* pertencentes à herança que são *descritas em espécie* e as pertencentes ao benfeitorizante que as podem levantar livremente e, quanto às *segundas*, que devem ser descritas *como crédito*, se forem feitas pelo autor da herança e *como débito* se forem feitas por terceiro.

Regime próprio, porém, têm as benfeitorias feitas *pelo donatário* em prédio doado, decorrente do facto de o donatário não ser um terceiro, relativamente à herança; ser equiparado, quanto a benfeitorias, ao possuidor de boa fé, nos termos do artigo 2115.° do Código Civil e, por isso, nos termos do artigo 1273.° do mesmo Código, *ter direito a ser indemnizado das benfeitorias necessárias que haja feito, a levantar as benfeitorias úteis que o possam ser sem detrimento da coisa e, em caso de este existir, a ser indemnizado segundo as regras do enriquecimento sem causa.*

Portanto, relativamente a estas benfeitorias, deve fazer-se a menção delas na descrição do prédio, devendo contar-se como valor dele o valor total (o constante da certidão matricial, ou o indicado pelo cabeça-de-casal, em caso de omissão) e ser indicado o valor das benfeitorias, a fim de ser descontado ao valor total do prédio doado." *(Carvalho de Sá, Do Inventário, Almedina, 4.ª ed., pág. 110)*

JURISPRUDÊNCIA:

BENFEITORIAS REALIZADAS POR DONATÁRIO:

"**I** – Não tem aplicação às benfeitorias realizadas pelo donatário nos prédios doados a segunda parte do art. 1337.° [hoje, 1345.°] do Cód. Proc. Civil, que manda descrever, como dívidas da herança, as benfeitorias feitas por terceiro em prédio pertencente à massa hereditária.

II – Os tribunais de recurso não gozam de atribuições para conhecer de questões não decididas nos tribunais recorridos.

III – Assim, se na 1.ª instância não foi suscitado o problema das benfeitorias realizadas no prédio doado como necessárias ou úteis, o tribunal de recurso não pode conhecer de tal questão.

IV – A negação da existência das benfeitorias tem de ser decidida no inventário, na medida do possível, em obediência ao disposto no n.° 1 do art. 1397.° do Cód. Proc. Civil." *(Acórdão da Relação do Porto, de 05.06.70, Jurisprudência das Relações, 16.°, pág. 546)*

DIREITO E ACÇÃO A UMA QUOTA-PARTE DE HERANÇA:

"**I** – Constitui «bem do casal» o direito e acção a uma quota-parte da herança indivisa aberta por morte do pai de um dos cônjuges, casados segundo o regime da comunhão geral de bens, e, como tal, deve ser relacionado e descrito, para ser partilhado no inventário que corre por apenso à acção de divórcio que dissolveu o seu casamento.

II – Com efeito, a simples circunstância de nas redacções que o Decreto-Lei n.° 47 690, de 11 de Maio de 1967, veio dar aos artigos 1337.° [hoje, 1345.°] e 1338.° do Código de Processo Civil, se ter omitido a referência expressa a «direitos e acções» – ou a «direito e acção» – que constava das respectivas redacções anteriores, não significa que a lei tenha querido passar a negar a natureza de «bem» a partilhar ao chamado «direito e acção», mas simplesmente que o conceito de «direito e acção» foi absorvido pelas expressões «direitos de crédito» ou «direitos de outra natureza» utilizadas nas novas redacções do n.° 1 do artigo 1337.° e na alínea *c)* do artigo 1338.°, do Código de Processo Civil." *(Acórdão da Relação de Lisboa, de 16.11.79, Boletim do Ministério da Justiça 299.°, pág. 408)*

BENFEITORIAS FEITAS POR DONATÁRIO:

"**I** – Tendo as benfeitorias sido feitas por donatário em bens que lhe foram doados pelo inventariado, não foram feitas pelo autor da herança nem por um terceiro – um estranho relativamente à herança –, mas sim por um interessado. Assim, não têm de ser descritas nem como «créditos» nem como «débitos».

II – Avaliadas as benfeitorias descritas como passivo, os interessados não têm que as aprovar mas apenas que reclamar contra o excesso da avaliação.

III – O valor dos bens doados é aquele que eles efectivamente têm e não o que resulta das benfeitorias feitas pelo donatário." *(Acórdão da Relação de Coimbra, de 15.01.80, Colectânea de Jurisprudência, 1980, Tomo I, pág. 112)*

BENS SITUADOS NO ESTRANGEIRO:

"Na falta de convenção internacional que reconheça eficácia à partilha judicial, feita em Portugal, não são de relacionar os bens de acervo hereditário situados no estrangeiro." *(Acórdão da Relação de Lisboa, de 01.07.80, Colectânea de Jurisprudência, 1980, Tomo V, pág. 5)*

BENFEITORIAS EM BEM DOADO:

"Por analogia com o disposto no art. 1337.°, n.° 4 [hoje, art. 1345.°, n.° 4], do Cód. Proc. Civil, e considerando ainda a equiparação constante do art. 2115.° do Cód. Civil, as benfeitorias feitas pelo donatário nos bens doados que não possam ser por ele levantadas deverão figurar na relação de bens que, por imperativo do art. 2104.° do Código Civil, tenha de organizar-se: só que a sua verba não será tida como efectiva dívida da herança, mas como dívida ou valor dedutível dos bens doados ao interessado respectivo." *(Acórdão da Relação do Porto, de 21.06.83, Boletim do Ministério da Justiça 328.°, pág. 638)*

BENFEITORIAS EM PRÉDIO ALHEIO:

"**I** – As benfeitorias feitas pelo autor da herança, em prédio alheio, são descritas em espécie se puderem ser separadas deste, ou como dívidas activas, no caso contrário.

II – As benfeitorias feitas por terceiro, se não puderem ser levantadas, são descritas como dívidas passivas; se levantadas, não há que descrevê-las. (...)" *(Acórdão da Relação de Lisboa, de 12.06.84, Colectânea de Jurisprudência, 1984, Tomo III, pág. 149)*

BENS SITUADOS NO ESTRANGEIRO:

"**I** – No inventário instaurado em Portugal, devem ser descritos os bens do falecido situados no Brasil, cujo valor, desde que comprovado no processo, será considerado para o cálculo da legítima.

II – Esse valor tanto pode resultar de avaliação obtida por carta rogatória, como ser conseguido de outro modo, designadamente por certidão do inventário instaurado no estrangeiro, dele comprovativo." *(Acórdão do Supremo Tribunal de Justiça, de 21.03.85, Boletim do Ministério da Justiça 245.°, pág. 355)*

FALTA DE RELACIONAÇÃO DE PRÉDIO:

"**I** – Reclamada a falta de relacionação num prédio e notificado o cabeça-de-casal para o relacionar ou dizer o que tiver por conveniente, a falta de resposta atempada equivale à confissão da sua existência e obrigação de o relacionar.

II – Não pode o cabeça-de-casal, a título de inexactidão da descrição, pedir a exclusão do prédio confessado existente na relacionação dos bens.

III – As benfeitorias feitas por donatário em prédio sujeito a conferência não constituem dívida da herança, embora devam ser descritas.

IV – O requerimento para licitação pode ser apresentado antes da conferência para se acordar na partilha." *(Acórdão da Relação do Porto, de 28.07.87, Colectânea de Jurisprudência, 1987, Tomo IV, pág. 72)*

FRACÇÃO LEGADA:

"Os prédios de que a inventariada legou alguma fracção, devem ser relacionados, de modo a que cada fracção (legada ou não legada) constitua verba autónoma." *(Acórdão da Relação do Porto, de 28.01.88, Colectânea de Jurisprudência, 1988, Tomo I, pág. 204)*

BENS DOADOS A TODOS OS HERDEIROS:

"Doados determinados bens a todos os herdeiros, em comum e partes iguais, e logo entre eles partilhados sendo deste modo insusceptível de ser afectada a legítima de qualquer herdeiro pela doação, não há motivo para que aqueles bens constem da respectiva relação no inventário por óbito da doadora, uma vez que não se suscitam problemas de colação." *(Acórdão da Relação do Porto, de 09.10.90, Boletim do Ministério da Justiça 400.°, pág. 732)*

SUPRIMENTOS EM SOCIEDADE:

"**I** – Suprimentos do «*de cuius*» em sociedade constituem bens da herança a relacionar como crédito no valor indicado pelo cabeça-de-casal, ainda que legada.

II – A discussão e atribuição desse valor não se faz na temática dos incidentes indicados na lei objectiva para a falta de herdeiros de bens e análogos, sim com as normas de legados como débitos da herança. (...)" *(Acórdão do Supremo Tribunal de Justiça, de 12.03.91, A. J., 17.°, pág. 18)*

MORADIA CLANDESTINA:

"Uma moradia clandestina não pode ser excluída, por esse motivo, da relação de bens." *(Acórdão da Relação de Lisboa, de 05.05.92, Colectânea de Jurisprudência, 1992, Tomo III, pág. 173)*

INDEMNIZAÇÕES:

"Não são de relacionar no inventário os valores das indemnizações atribuídas *iure proprio* aos herdeiros, em função de danos sofridos com a morte do *de cuius* em acidente de viação." *(Acórdão da Relação de Coimbra, de 16.01.94, Boletim do Ministério da Justiça 433.°, pág. 631)*

BENS SITUADOS NO ESTRANGEIRO:

"**I** – No inventário instaurado em Portugal devem ser descritos os bens do falecido, situados no estrangeiro, cujo valor será considerado para o cálculo da legítima.

II – O valor dos bens situados no estrangeiro pode ser obtido por qualquer forma válida, designadamente por expedição de carta rogatória." *(Acórdão da Relação do Porto, de 25.10.94, Boletim do Ministério da Justiça 440.°, pág. 547)*

RELACIONAMENTO DE BENFEITORIAS – SEU PAGAMENTO:

"**I** – O vocábulo 'terceiro', para efeitos do artigo 1337.° [hoje, artigo 1345.°] do Código de Processo Civil traduz a ideia de benfeitorias feitas num prédio da herança por quem não é seu proprietário ou que sobre ele não exercia qualquer direito real.

II – Tendo um dos herdeiros (não donatário) feito uma casa no quintal dum prédio da herança, deve o seu valor ser descrito como dívida da herança.

III – O pagamento das dívidas não aprovadas por todos os interessados nem verificadas pelo juiz deve ser feito por quem as aprovou na proporção do que recebe da herança, podendo-se exigir o pagamento aos demais pelos meios comuns." *(Acórdão do Supremo Tribunal de Justiça, de 08.11.94, Colectânea de Jurisprudência, Acórdãos do Supremo Tribunal de Justiça, 1994, Tomo III, pág. 127)*

RELAÇÃO DE BENS:

"Não deve ser relacionado um bem objecto de venda a terceiro, apesar de ter sido invocada a ineficácia da venda, sem que seja proferida decisão sobre a alegada ineficácia, após chamamento do terceiro ao inventário." *(Acórdão da Relação de Évora, de 09.02.95, Colectânea de Jurisprudência, 1995, Tomo I, pág. 278)*

INFORMAÇÃO BANCÁRIA:

"Compete em primeira linha ao herdeiro interessado em juntar informação bancária, obtê-la junto dos bancos. Que lha não devem negar desde que demonstrada cabalmente essa qualidade e esse interesse. Mas se o interessado alega dificuldades especiais em, por si, cumprir a fase de assunção da prova, então o tribunal deve usar dos seus poderes – poderes/deveres, já se vê – para remover os obstáculos colocados à parte." *(Acórdão da Relação de Coimbra, de 21.11.95, Boletim do Ministério da Justiça 451.°, pág. 522)*

ENCARGOS DA HERANÇA:

"**I** – Os herdeiros só respondem pelos encargos da herança, dívidas inclusive, dentro das forças da herança.

II – O direito de indemnização do dano da perda da vida não deve responder pelos encargos da herança." *(Acórdão da Relação do Porto, de 08.01.98, Colectânea de Jurisprudência, 1998, Tomo I, pág. 182)*

COLAÇÃO; MODO DE RELACIONAR OS BENS DOADOS:

"**I** – No caso de doação feita por conta da legitima, o donatário é obrigado a conferir, tudo aquilo com que foi contemplado com vista a conseguir a completa igualação dos herdeiros, em valor ou em substância, neste último caso se houver acordo de todos os interessados

II – Não havendo acordo na colação em substância e tendo o bem sido vendido a terceiro pelo donatário, a mesma realiza-se através da imputação do seu valor na quota hereditária daquele, sem restituição do bem, valor esse reportado ao que teria à data da abertura da sucessão se não tivesse sido vendido.

III – Não obstante o bem doado estar sujeito à colação apenas pelo seu valor, ainda assim deverá ser objecto de descrição na relação de bens, mas em relação separada, exclusivamente com vista à eventual redução por inoficiosidade ou à mera igualação da partilha." *(Acórdão da Relação de Coimbra, de 11.05.2004, Colectânea de Jurisprudência, 2004, Tomo III, pág. 11)*

BEM RELACIONÁVEL:

"Não deve ser relacionada no inventário a aplicação financeira, contratada entre o inventariado e uma seguradora, em que um terceiro, não herdeiro, é beneficiário no pagamento da indemnização contratada." *(Acórdão da Relação de Coimbra, de 14.12.2005, Colectânea de Jurisprudência, 2005, Tomo V, pág. 37)*

RECLAMAÇÃO DA RELAÇÃO DE BENS; ÓNUS DA PROVA:

"**I** – Ao cabeça-de-casal impõe-se a relacionação dos bens e direitos que integram a herança, de acordo com o estatuído nos artigos 1345.° e 1346.° do CPC.

II – Sendo apresentada reclamação contra a relação de bens, reconhecendo o cabeça-de-casal a existência de um mútuo celebrado com o inventariando e afirmando que o mesmo não existe por já ter sido pago, cabe-lhe o ónus da prova do respectivo pagamento." *(Acórdão da Relação do Porto, de 03.12.2007, Colectânea de Jurisprudência, 2007, Tomo V, pág. 193)*

NOTAS PESSOAIS:

ARTIGO 1346.°
(Indicação do valor)

1. Além de os relacionar, o cabeça-de-casal indicará o valor que atribui a cada um dos bens.

2. O valor dos prédios inscritos na matriz é o respectivo valor matricial, devendo o cabeça-de-casal exibir a caderneta predial actualizada ou apresentar a respectiva certidão.

3. São mencionados como bens ilíquidos:

***a)* Os direitos de crédito ou de outra natureza, cujo valor não seja ainda possível determinar;**

***b)* As partes sociais em sociedades cuja dissolução seja determinada pela morte do inventariado, desde que a respectiva liquidação não esteja concluída, mencionando-se, entretanto, o valor que tinham segundo o último balanço.**

HISTÓRICO:

Redacção do art. 2.° do DL 227/94, de 08.09.

Corresponde, em parte, ao art. 1338.° do CPC, na versão anterior, que se transcreve:

Artigo 1338.° ***(Indicação do valor)***

1. Além de os relacionar, o cabeça-de-casal indicará o valor dos bens sempre que se trate de:

a) Prédios inscritos na matriz;

b) Títulos de crédito, moedas estrangeiras e objectos de ouro, prata e pedras preciosas e semelhantes;

c) Direitos de crédito ou de outra natureza;

d) Estabelecimento comercial ou industrial;

e) Acções e partes ou quotas em sociedade;

f) Móveis de pequeno valor.

2. O valor dos prédios inscritos na matriz é o que resultar do rendimento colectável, devendo o cabeça-de-casal apresentar a respectiva certidão.

3. Quando se trate de direitos de crédito ou de outra natureza, o cabeça-de-casal declarará o valor, se o crédito ou o direito forem líquidos; não o sendo, mencionará esses bens como ilíquidos.

4. No caso da alínea *e)* do n.° 1, se a morte do inventariado determinar a dissolução da sociedade, o valor é o que resultar da liquidação e, enquanto esta não estiver concluída, as partes ou quotas sociais descrever-se-ão como ilíquidas, mencionando-se entretanto o valor que tinham segundo a cotação ou o último balanço.

ANOTAÇÕES:

1. PRÉDIOS INSCRITOS NA MATRIZ:

O valor é o que resultar do rendimento colectável, multiplicado por 20. É o que se designa por valor patrimonial do imóvel.

Da caderneta predial ou respectiva certidão, constará o nome do titular inscrito e sua residência, localização do prédio, área, confrontações, descrição, ainda que sumária (v.g., divisões no prédio urbano), rendimento colectável e respectivo valor patrimonial.

"O n.° 2 deste artigo [em anotação], relativamente à indicação do valor dos imóveis relacionados, mantém, como regra, a sua avaliação inicial baseada no valor matricial – ou, na terminologia adoptada pela actual legislação fiscal (cf. Art. 7.° do Cód. Contribuição Autárquica), o seu valor patrimonial –, e não no respectivo valor real ou venal, solução esta que teve como objectivo declarado e assumido (cf. Relatório do DL 227/94, de 8-9) «obstar a drásticos agravamentos, em todos os processos, do montante do valor do inventário e, reflexamente, das custas e do imposto sucessório devido –, sendo certo que a possibilidade conferida aos interessados de reclamar contra o valor atribuído aos bens os defende satisfatoriamente da não coincidência entre a matriz e o valor real ou de mercado dos imóveis»." *(Abílio Neto, Cód. Proc. Civil Anotado, 15.ª ed., Set./1999, pág. 1337)*

2. DIREITOS DE CRÉDITO:

"O Código de 1939 contrapunha aos direitos de crédito (dívidas activas) os direitos e acções, irmanando-os embora para o efeito da indicação de valor por parte do cabeça-de-casal. Na acepção «direitos de crédito» compreendeu as dívidas activas, isto é, reportou-se a créditos do autor da herança de alguém, e na de «direitos e acções» a eventual titularidade dele ao reconhecimento ou declaração de direitos não definidos (comparte em herança indivisa, acção judicial pendente para reconhecer a propriedade de certos bens, investigar a paternidade com a consequente participação nos bens da herança do investigado, etc.)." *(J. A. Lopes Cardoso, Partilhas Judiciais, vol. I, reimp. da 4.ª ed. de 1990, Coimbra, 2000, pág. 495, nota 1461)*

3. DIREITOS DE OUTRA NATUREZA:

"Os direitos de servidão e semelhantes são avaliados pela maior estimativa dos cómodos a que derem lugar e os encargos pelos prejuízos que determinarem. É que o valor do prédio serviente sofre uma dedução determinada não pelo valor da servidão, mas pelo detrimento que esta lhe causar." *(J. A. Lopes Cardoso, Partilhas Judiciais, vol. I, reimp. da 4.ª ed. de 1990, Coimbra, 2000, pág. 496, nota 1461)*

4. ACÇÕES, PARTES OU QUOTAS EM SOCIEDADES:

"Se a morte do inventariado determinar a dissolução da sociedade, o valor é o que resultar da liquidação e, enquanto esta não estiver concluída, as partes ou quotas sociais descrever-se-ão como ilíquidas, mencionando-se entretanto o valor que tinham segundo a cotação ou o último balanço.

Ao caso de dissolução tem de equiparar-se o de os herdeiros do inventariado não continuarem na sociedade, pois, então, a parte do inventariado é liquidada. E o valor do último balanço é apenas provisório.

Tendo de proceder-se à liquidação, a herança deve ser representada pelo cabeça-de-casal em todas as operações que digam respeito à partilha porque ele é o administrador. Para o caso de serem necessárias providências especiais ou extraordinárias e, designadamente, na hipótese do cabeça-de-casal ser incompetente para o desempenho dessa função, a conferência de interessados, por solicitação de qualquer herdeiro, poderá tomar aquelas providências, escolhendo outro interessado e até mesmo um estranho para intervir nas operações do inventário e par-tilha dos bens sociais." *(J. A. Lopes Cardoso, Partilhas Judiciais, Vol. I, reimp. da 4.ª ed. de 1990, Coimbra, 2000, pág. 500)*

JURISPRUDÊNCIA:

BENS DOADOS:

"**III** – Se o dado consistiu numa quota de uma sociedade comercial, o último balanço não é índice seguro para a valorização real da quota social.

IV – A valorização dos bens doados, quando eles sofram entre a data da alienação e a da abertura da herança uma alteração substancial no seu valor, deve encontrar-se na base do enriquecimento do património do donatário." *(Acórdão da Relação de Coimbra, de 06.01.78, Colectânea de Jurisprudência, 1978, Tomo I, pág. 236)*

BENS DOADOS – BENFEITORIAS:

"**II** – Avaliadas as benfeitorias, (...) os interessados não têm que as aprovar mas apenas que reclamar contra o excesso de avaliação.

III – O valor dos bens doados é aquele que eles efectivamente têm e não o que resulta das benfeitorias feitas pelo donatário." *(Acórdão da Relação de Coimbra, de 15.01.80, Colectânea de Jurisprudência, 1980, Tomo I, pág. 112)*

NOTAS PESSOAIS:

ARTIGO 1347.°

(Relacionação dos bens que não se encontrem em poder do cabeça-de-casal)

1. Se o cabeça-de-casal declarar que está impossibilitado de relacionar alguns bens que estejam em poder de outra pessoa, é esta notificada para, no prazo designado, facultar o acesso a tais bens e fornecer os elementos necessários à respectiva inclusão na relação de bens.

2. Alegando o notificado que os bens não existem ou não têm de ser relacionados, observar-se-á, com as necessárias adaptações, o disposto no n.° 3 do artigo 1349.°.

3. Se o notificado não cumprir o dever de colaboração que lhe cabe, pode o juiz ordenar as diligências necessárias, incluindo a apreensão dos bens pelo tempo indispensável à sua inclusão na relação de bens.

HISTÓRICO:

Redacção do art. 2.° do DL 227/94, de 08.09.

Corresponde, com ligeiras alterações, ao art. 1339.° do CPC na versão anterior, cuja redacção se transcreve:

Artigo 1339.° ***(Relacionação de bens que não se achem em poder do cabeça-de-casal)***

1. Se o cabeça-de-casal declarar que está impossibilitado de relacionar alguns bens que se encontrem em poder de outra pessoa, deve esta ser pessoalmente notificada para no prazo que for designado os facultar ao cabeça-de-casal e lhe fornecer quaisquer elementos necessários para a relação.

2. Quando o notificado alegar que os bens não existem ou não têm de ser relacionados, proceder-se-á de harmonia com o disposto no n.° 3 do artigo 1352.°, feitas as necessárias adaptações.

3. Se o notificado não satisfizer a obrigação que lhe é imposta, pode o juiz ordenar as diligências necessárias, incluindo a apreensão temporária dos bens para serem relacionados.

REMISSÕES:

Princípio da cooperação – art. 266.° CPC; dever de boa fé processual – art. 266.°-A CPC; dever de recíproca correcção – art. 266.°-B CPC; dever de cooperação para a descoberta da verdade – art. 519.° CPC; dever de apresentação de documentos – arts. 528.° e segs. CPC; petição da herança – art. 2075.° CC; entrega de bens na posse de herdeiros ou terceiros – art. 2088.° CC; cobrança de dívidas – art. 2089.° CC.

ANOTAÇÕES:

BENS EM PODER DE OUTREM:

"A circunstância de os bens estarem em poder de outrem nem sempre constituirá obstáculo à relacionação pelo cabeça-de-casal, designadamente, quando detenha elementos bastantes para tal efeito. Nesta hipótese, o cabeça-de-casal os relacionará, intercalando-os no lugar próprio e nas relações que lhes respeitem.

Não assim quando não disponha de tais elementos. Nessa emergência, em que se contempla também o caso de qualquer terceiro, seja ou não herdeiro, se encontrar em poder deles, torna-se necessário habilitar o cabeça-de-casal a proceder à respectiva relacionação.

Assim, se o cabeça-de-casal declarar que está impossibilitado de relacionar alguns bens que se encontrem em poder de outra pessoa, deve esta ser pessoalmente notificada para, no prazo que for designado, os facultar ao cabeça-de-casal e lhe fornecer quaisquer elementos necessários para a relacionação.

Notificado o detentor para o sobredito efeito, nenhuma questão surge se ele dá cumprimento ao determinado judicialmente; neste caso, coloca o cabeça-de-casal em condições de proceder à relacionação que lhe incumbe e tudo ficou sanado.

A posição contrária – recusa ao cumprimento do que o despacho ordenou – se fundamentada na alegação por sua parte de que os bens não existem ou não têm de ser relacionados, estabelece a controvérsia a que o juiz procurará pôr termo pelo meio processual que o art. 1342.°, n.° 3 estabelece.

Mas, quando consistente em mera recusa ou obstrução de todo infundamentada, é passiva de providência que o juiz determinará ou a requerimento do cabeça-de-casal ou oficiosamente, ficando facultado o emprego de quaisquer diligências atinentes a dar execução ao despacho desrespeitado, incluindo a própria apreensão temporária dos bens para serem relacionados." *(J. A. Lopes Cardoso, Partilhas Judiciais, Vol. I, reimp. da 4.ª ed. de 1990, Coimbra, 2000, págs. 489 e segs.)*

NOTAS PESSOAIS:

ARTIGO 1348.°
(Reclamação contra a relação de bens)

1. Apresentada a relação de bens, são os interessados notificados de que podem reclamar contra ela, no prazo de 10 dias, acusando a falta de bens que devam ser relacionados, requerendo a exclusão de bens indevidamente relacionados, por não fazerem parte do acervo a dividir, ou arguindo qualquer inexactidão na descrição dos bens, que releve para a partilha.

2. Os interessados são notificados da apresentação da relação de bens, enviando-se-lhes cópia da mesma.

3. Quando o cabeça-de-casal apresentar a relação de bens ao prestar as suas declarações, a notificação prevista no número anterior terá lugar conjuntamente com as citações para o inventário.

4. No caso previsto no número anterior, os interessados poderão exercer as faculdades previstas no n.° 1 no prazo da oposição.

5. Findo o prazo previsto para as reclamações contra a relação de bens, dá-se vista ao Ministério Público, quando tenha intervenção principal no inventário, por 10 dias, para idêntica finalidade.

6. As reclamações contra a reclamação de bens podem ainda ser apresentadas posteriormente, mas o reclamante será condenado a multa, excepto se demonstrar que a não pôde oferecer no momento próprio, por facto que não lhe é imputável.

HISTÓRICO:

Redacção do art. 2.° do DL 227/94, de 08.09.

No entanto, os n.os 1 e 5 foram alterados pelo art. 1.° do DL 329-A/95, de 12.12, que alargou o prazo ali referido de 8 para 10 dias. Tal alargamento do prazo vem, aliás, na sequência do disposto na alínea *b)* do artigo 6.° do citado DL 329-A/95.

Corresponde, em parte, ao art. 1340.° do CPC, na versão anterior, cuja redacção era a seguinte:

Artigo 1340.° *(Exame e vista do processo)*

1. Apresentada a relação de bens, ou logo que o responsável pela apresentação declare que ela não deve ter lugar, e citados todos os interessados residentes no continente e ilhas adjacentes, facultar-se-á o exame do processo, por cinco dias, a cada um dos advogados, segundo a ordem das procurações, sendo por último ao do cabeça-de-casal, e por fim dar-se-á vista, pelo mesmo prazo, ao Ministério Público, quando o inventário for obrigatório.

2. Durante o prazo do exame ou da vista podem os advogados e o Ministério Público dizer o que se lhes ofereça quanto à relação ou à sua falta, outro tanto podendo fazer, por meio de requerimento, até cinco dias depois do prazo para a vista ou até ao quinto dia posterior à respectiva notificação, os interessados que não tenham constituído advogado.

3. A falta de descrição de bens pode ser acusada posteriormente, mas o arguente procurará convencer de que só teve conhecimento da existência dos bens na altura em que deduz a arguição. Seguir-se-ão depois os termos prescritos no artigo imediato.

REMISSÕES:

2. Notificações aos interessados – art. 1328.° CPC; relação de bens – art. 1345.° CPC; reclamação contra o valor atribuído aos bens – art. 1362.° CPC; partilha adicional – art. 1395.° CPC.

4. Prazo para a oposição – art. 1343.°, n.° 1 CPC.

5. Intervenção principal do M.P. – art. 1327.°, n.° 1, al. *b)* CPC.

ANOTAÇÕES:

1. EXAME AO CABEÇA-DE-CASAL:

"O n.° 1 do preceito em análise faculta o exame ao cabeça-de-casal, mas necessariamente que este não pode acusar a falta de relacionação de bens, visto que foi ele o autor da relação em crise. A regra compreendia-se no sistema em que podia haver mais do que um cabeça-de-casal e em que o terceiro que estivesse na posse de certos bens era notificado para os relacionar. Não assim hoje em que ao cabeça-de-casal incumbe a relacionação de todos eles. Em consequência, o exame do processo que se lhe faculta, objectiva tão somente alcançar a resposta por sua parte quanto às arguições que hajam sido feitas relativamente à relação que apresentou ou deixou de apresentar." *(J. A. Lopes Cardoso, Partilhas Judiciais, Vol. I, reimp. da 4.ª ed. de 1990, Coimbra, 2000, pág. 524)*

2. PRAZO:

É normalmente no prazo da oposição que deve acusar-se a falta de relacionação de bens. E diz-se «normalmente», já que o n.° 6 do preceito em análise permite que a acusação seja feita em momento ulterior, muito embora com a cominação de condenação em multa, excepto se o reclamante provar que não pôde oferecê-la no momento próprio, por facto que não lhe é imputável.

3. INTERESSADOS NÃO REPRESENTADOS POR ADVOGADO:

O antigo art. 1340.°, n.° 2, do CPC determinava que o início do prazo, relativamente aos interessados que não têm advogado, tinha lugar no preciso momento em que terminava o que a lei confere ao M.P., isto no pressuposto de que a sua atenção pode ter sido alertada pela passividade ou ignorância dos demais interessados e do próprio M.P. quanto às imperfeições das relações de bens ou falta de rigor da declaração de inexistência prestada pelo cabeça-de-casal.

O actual art. 1348.° do CPC eliminou esta concessão de prazo aos interessados que não constituíram advogado, o que se compreende. Na verdade, desde logo, o art. 1342.° manda proceder à citação de todos os interessados. Mas, mais importante, é o facto de, face ao n.° 1 do preceito em análise, estes serem notificados da apresentação da relação de bens, sendo-lhes, inclusivamente, enviada uma cópia (n.° 2). Por isso, independentemente de terem ou não advogado constituído, corre o prazo de dez dias, com vista à apresentação da reclamação.

Com toda a lógica, manteve-se a concessão de igual prazo sucessivo para vista ao Ministério Público, quando haja herdeiros incapazes, ausentes em parte incerta ou pessoas colectivas, para, como interveniente principal, poder também reclamar daquela relação de bens.

JURISPRUDÊNCIA:

NOTIFICAÇÃO AOS INTERESSADOS:

"**I** – À face do art. 1340.° [hoje, art. 1348.°] do Cód. Proc. Civil, em conjugação com o art. 255.°, n.° 1, do mesmo Código, a apresentação da relação de bens em processo de inventário deve ser notificada aos interessados que não constituíram mandatário, mas residam na sede do tribunal ou aí escolheram domicílio.

II – Os interessados em processo de inventário podem acusar a falta de relacionação de bens da herança em qualquer altura, e independentemente da tentativa de convencimento de que só posteriormente ao decurso do prazo tiveram conhecimento da sua existência." *(Acórdão da Relação do Porto, de 14.01.70, Jurisprudência das Relações, 16.°, pág. 108)*

BENFEITORIAS FEITAS POR DONATÁRIO – EXCESSO DE AVALIAÇÃO:

"**I** – Tendo as benfeitorias sido feitas por donatário em bens que lhe foram doados pelo inventariado, não foram feitas pelo autor da herança nem por um terceiro – um estranho relativamente à herança –, mas sim por um interessado. Assim, não têm de ser descritas nem como «créditos» nem como «débitos».

II – Avaliadas as benfeitorias descritas como passivo, os interessados não têm que as aprovar mas apenas que reclamar contra o excesso da avaliação.

III – O valor dos bens doados é aquele que eles efectivamente têm e não o que resulta das benfeitorias feitas pelo donatário." *(Acórdão da Relação de Coimbra, de 15.01.80, Colectânea de Jurisprudência, 1980, Tomo I, pág. 112)*

EXCLUSÃO DE BENS:

"Se não for pedida a exclusão de bem relacionado no prazo indicado no artigo 1340.° [hoje, art. 1348.°], n.° 1 do Código de Processo Civil, nem por isso fica derimida a possibilidade de essa solicitação vir a ser feita mais tarde (embora com eventual condenação nas custas do incidente)." *(Acórdão da Relação do Porto, de 03.11.81, Boletim do Ministério da Justiça 313.°, pág. 377)*

PRAZO PARA AS RECLAMAÇÕES:

"Apresentada a relação de bens, podem os interessados no prazo fixado no art. 1340.° [hoje, 1348.°], n.os 1 e 2, do Cód. Proc. Civil, dizer o que se lhes oferecer quanto aos bens relacionados ou quanto à falta de relacionação. Posto que seja essa a fase normal para abordar tais questões, o n.° 3 [hoje, n.° 6] daquele preceito permite que, posteriormente, se acuse a falta de relacionação de bens, impondo, porém, ao arguente o ónus de procurar convencer de que só teve conhecimento da existência dos bens na ocasião em que faz a arguição. E, atento o objectivo do processo de inventário e que por aí se não fixa limite temporal para a reclamação, é de concluir que poderá ser apresentado até ao trânsito em julgado de sentença homologatória da partilha. E o mesmo regime é de aplicar quanto ao pedido de exclusão de bens relacionados pelo cabeça-de-casal, uma vez que o art. 1344.° do mesmo Código também não fixa qualquer prazo." *(Acórdão da Relação do Porto, de 17.03.83, Boletim do Ministério da Justiça 325.°, pág. 606)*

REJEIÇÃO DE RECLAMAÇÃO – DECURSO DO PRAZO:

"**I** – Sendo o cabeça-de-casal credor da herança, nem por isso tem de ser citado nesta última qualidade.

II – Não pode ser rejeitada uma reclamação da relação de bens com o único fundamento de ter sido deduzida depois de esgotado o prazo do artigo 1349.°, n.° 1, do Código de Processo Civil (embora essa circunstância possa justificar a condenação nas custas do incidente)." *(Acórdão da Relação de Coimbra, de 08.01.85, Boletim do Ministério da Justiça 355.°, pág. 442)*

PRAZO DE RELACIONAÇÃO:

"A reclamação por falta de relacionação de bens pode ser deduzida enquanto não houver decisão com trânsito em julgado." *(Acórdão da Relação de Coimbra, de 13.07.93, Boletim do Ministério da Justiça 429.°, pág. 898)*

OMISSÃO DE BENS:

"O credor-exequente tem legitimidade para reclamar da omissão de bens na relação apresentada no inventário para separação de meações." *(Acórdão da Relação de Coimbra, de 10.05.94, Boletim do Ministério da Justiça 437.°, pág. 596)*

DEPÓSITOS BANCÁRIOS:

"**I** – O sigilo bancário não pode ser oposto aos herdeiros de cliente.

II – No incidente de acusação de falta de descrição de depósitos bancários na relação apresentada, o juiz tem o poder de ordenar ao banco a remessa do extracto da conta do inventariado.

III – A lei permite que as partes pratiquem actos no processo através de termo nos autos." *(Acórdão do Supremo Tribunal de Justiça, de 28.06.94, Colectânea de Jurisprudência, Acórdãos do Supremo Tribunal de Justiça, 1994, Tomo II, pág. 163)*

RELACIONAÇÃO DE DEPÓSITOS BANCÁRIOS:

"**I** – É inexigível ao inventariante que relacione por inteiro os depósitos bancários que tem em contas conjuntas com o inventariado, se aquele se arroga dono de metade desses depósitos, por dever conferir-se à co-titularidade de uma conta bancária a presunção judicial de compropriedade.

II – Os interessados terão, neste caso, de se socorrerem dos meios comuns, se não puderem fazer a prova da exclusividade do direito da herança sobre esses depósitos." *(Acórdão da Relação do Porto, de 04.04.95, Boletim do Ministério da Justiça 446.°, pág. 355)*

SIGILO BANCÁRIO – BENS DOADOS:

"**I** – Não podendo o sigilo bancário ser oposto aos herdeiros do cliente, não cabe ao tribunal singular substituir-se aos interessados na averiguação da existência de depósitos bancários.

II – Cumpre à interessada que acusa falta de relacionação de bens provar a sua existência.

III – Os bens doados, mesmo dispensados de colação, devem ser relacionados.

IV – A colação presume-se sempre dispensada nas doações manuais.

V – Relacionada como doada certa quantia em dinheiro, se a reclamante aceitou a sua existência mas não a doação, incumbe-lhe demonstrar que não houve doação.

VI – A necessidade de mais larga indagação refere-se apenas à necessidade de mais variada, cuidada e reflectida prova e não à dificuldade da determinação dos seus efeitos jurídicos." *(Acórdão da Relação do Porto, de 07.03.96, Colectânea de Jurisprudência, 1996, Tomo II, pág. 179)*

RECLAMAÇÃO DA RELAÇÃO DE BENS:

"**I** – Tendo alguns interessados pedido a exclusão de verbas da relação de bens alegando que eram suas e não da herança, sobre que recaiu despacho a ordenar a descrição de tais verbas mas sem se pronunciar sobre a sua titularidade, deve a instância ser suspensa em consequência de aqueles interessados terem proposto acção pedindo se declare que as ditas verbas lhes pertencem.

II – O art. 1384.°, n.° 2 do Cód. Proc. Civil não é aplicável no caso de titularidade de bens." *(Acórdão do Supremo Tribunal de Justiça, de 09.10.97,*

Colectânea de Jurisprudência, Acórdãos do Supremo Tribunal de Justiça, 1997, Tomo III, pág. 54)

SEGREDO BANCÁRIO – DEVER DE COOPERAÇÃO COM A JUSTIÇA:

"É correcto o despacho proferido pelo Sr. Juiz, em processo de inventário, de ordenar que se oficiasse a agência bancária, no sentido de informarem se aí existiam contas em nome do *de cuius*, à data da sua morte – em deferimento de requerimento do credor." *(Acórdão do Supremo Tribunal de Justiça, de 19.12.97, Colectânea de Jurisprudência, Acórdãos do Supremo Tribunal de Justiça, 1997, Tomo III, pág. 170)*

ÓNUS DA PROVA:

"**I** – Desde a vigência do DL 227/94 – cuja normatividade nuclear foi, neste particular, absorvida pela reforma processual civil de 1995/6 – o reclamante, contra a relação de bens, tal como o cabeça-de-casal, tem o ónus de indicar provas, respectivamente, com a reclamação e a resposta, ao contrário do que acontecia antes da vigência daquele diploma.

II – Constitui procedimento injustificável dar por reproduzidas questões, afirmações, alegações ou outras inferências em conclusões de alegações de um recurso, onde cada concorrente tem o ónus de explicitar a sua síntese conclusiva." *(Acórdão do Supremo Tribunal de Justiça, de 09.02.98, Colectânea de Jurisprudência, Acórdãos do Supremo Tribunal de Justiça, 1998, Tomo I, pág. 54)*

TEMPESTIVIDADE DO PEDIDO DE EXCLUSÃO DE BENS RELACIONADOS:

"Está em tempo o pedido formulado por um interessado em processo de inventário, antes da descrição de bens, para a exclusão de bens relacionados pelo cabeça-de-casal, dada a inexistência de norma de preclusão e por não terem sido ainda praticados outros actos processuais que pudessem inviabilizar o conhecimento do pedido." *(Acórdão da Relação de Évora, de 14.07.98, Boletim do Ministério da Justiça 479.°, pág. 742)*

ACUSAÇÃO DE FALTA DE BENS – AUSÊNCIA DE RESPOSTA À ACUSAÇÃO:

"Acusada a falta de relação de bens em processo de inventário, se o cabeça de casal notificado, nada diz no prazo legal, tem-se por confessada a existência de tais bens, devendo proceder-se ao aditamento da relação de bens apresentado." *(Acórdão da Relação de Coimbra, de 19.06.2001, Colectânea de Jurisprudência, 2001, Tomo III, pág. 30)*

RELAÇÃO DE BENS; PRÉDIOS OMISSOS:

"Em relação aos imóveis relacionados como estando omissos no registo predial, não tem o cabeça de casal que proceder à sua descrição e inscrição no registo predial e que apresentar qualquer outra certidão que não seja a da não descrição dos mesmos." *(Acórdão da Relação de Évora, de 07.10.2004, Colectânea de Jurisprudência, 2004, Tomo IV, pág. 249)*

PRAZO PARA RECLAMAR DA RELAÇÃO DE BENS; TRÂNSITO EM JULGADO DA SENTENÇA HOMOLOGATÓRIA DA PARTILHA:

"É extemporânea a reclamação da relação de bens feita por interessado que pretende a exclusão de uma verba, depois de notificado da sentença homologatória da partilha – no 32.° dia posterior ao termo do prazo para o trânsito em julgado – uma vez que a sentença, por não ter sido interposto recurso, transitou em julgado." *(Acórdão da Relação do Porto, de 14.04.2005, Colectânea de Jurisprudência, 2005, Tomo II, pág. 189)*

NA SEQUÊNCIA DE DIVÓRCIO RECLAMAÇÃO CONTRA A RELAÇÃO DE BENS FUNDO DE PENSÕES; ÓNUS DO RECORRENTE QUE IMPUGNA A DECISÃO DE FACTO:

"**I** – O cabeça-de-casal deve relacionar o bem comum designado por fundo de pensões, atribuindo-lhe o valor que se coadunar com os elementos a que tem acesso e que dará a conhecer.

II – Não havendo acordo das partes, decidirá o tribunal esse valor, com base ainda em elementos que oficiosamente entenda e consiga obter, sem prejuízo de remeter as partes para os meios comuns.

III – Gravada a prova produzida, o recorrente que impugna a matéria de facto deve obrigatoriamente indicar, sob pena de rejeição, os depoimentos em que se funda, por referência ao assinalado na acta." *(Acórdão da Relação de Guimarães, de 09.06.2005, Colectânea de Jurisprudência, 2005, Tomo III, pág. 285)*

AVALIAÇÃO DOS BENS RELACIONADOS:

"Após a junção da relação de bens, de que fazem parte bens imóveis com indicação dos respectivos valores matriciais, não pode o juiz ordenar a avaliação de tais imóveis, por considerar o respectivo valor matricial desfasado da realidade mesmo que com o fundamento de que se trata de determinar o valor do inventário." *(Acórdão da Relação do Porto, de 16.03.2006, Colectânea de Jurisprudência, 2006, Tomo II, pág. 161)*

RECLAMAÇÃO DA RELAÇÃO DE BENS; ADITAMENTO DO ROL DE TESTEMUNHAS:

"No incidente por deficiências da relação de bens, o cabeça-de-casal, que deduziu oposição à reclamação apresentada, não pode aditar o rol de testemunhas." *(Acórdão da Relação do Porto, de 24.05.2007, Colectânea de Jurisprudência, 2007, Tomo III, pág. 181)*

NOTAS PESSOAIS:

ARTIGO 1349.°
(Decisão das reclamações apresentadas)

1. Quando seja deduzida reclamação contra a relação de bens, é o cabeça-de-casal notificado para relacionar os bens em falta ou dizer o que se lhe oferecer sobre a matéria da reclamação, no prazo de 10 dias.

2. Se o cabeça-de-casal confessar a existência dos bens cuja falta foi acusada, procederá imediatamente, ou no prazo que lhe for concedido, ao aditamento da relação de bens inicialmente apresentada, notificando-se os restantes interessados da modificação efectuada.

3. Não se verificando a situação prevista no número anterior, notificam-se os restantes interessados com legitimidade para se pronunciarem, aplicando-se o disposto no n.° 2 do artigo 1344.° e decidindo o juiz a existência de bens e da pertinência da sua relacionação, sem prejuízo do disposto no artigo seguinte.

4. A existência de sonegação de bens, nos termos da lei civil, é apreciada conjuntamente com a acusação da falta de bens relacionados, aplicando-se, quando provada, a sanção civil que se mostre adequada, sem prejuízo do disposto no n.° 2 do artigo 1336.°.

5. As alterações e aditamentos ordenados são sempre introduzidos pela secretaria na relação de bens inicialmente apresentada.

6. O disposto neste artigo é aplicável, com as necessárias adaptações, quando terceiro se arrogue a titularidade de bens relacionados e requeira a sua exclusão do inventário.

HISTÓRICO:

Redacção do art. 2.° do DL 227/94, de 08.09.

O n.° 1 é redacção do art. 1.° do DL 329-A/95, de 12.12, que alargou o prazo ali referido de 8 dias para 10 dias, na sequência do disposto na alínea *b)* do art. 6.° deste mesmo diploma.

Corresponde, com alterações, ao art. 1342.° do CPC, na versão anterior, que se transcreve:

Artigo 1342.° ***(Acusação da falta de bens na relação apresentada)***

1. Acusando-se a falta de bens na relação apresentada, é o cabeça-de-casal notificado para os relacionar ou dizer o que se lhe oferecer.

A falta de resposta dentro do prazo, tendo a notificação sido feita a mandatário ou na própria pessoa do cabeça-de-casal, equivale para todos os efeitos à confissão da existência dos bens e da obrigação de os relacionar.

2. Se o notificado, confessando a existência dos bens e a obrigação de os relacionar, não puder apresentar logo a respectiva relação, é-lhe concedido prazo para o fazer.

3. Se negar a existência dos bens ou a obrigação de os relacionar, o juiz convidará os interessados a produzirem quaisquer provas, mandará proceder às diligências que julgue necessárias e por fim decidirá se os bens devem ser relacionados.

É aplicável neste caso o disposto nos n.os 2 e 3 do artigo anterior.

O n.° 4 corresponde, em parte ao art. 1343.° do CPC, que se transcreve:

Artigo 1343.° ***(Conceito de sonegação)***

1. Há sonegação quando dolosamente se omitam quaisquer bens na relação ou se negue a existência dos bens acusados.

2. A existência da sonegação é apreciada juntamente com a acusação de falta de bens, nos termos do artigo anterior, podendo a arguição ser feita até à decisão. Provada a sonegação, aplicar-se-á logo no inventário a sanção civil que lhe caiba. Se os elementos existentes no processo não permitirem decisão definitiva, são os interessados remetidos para os meios comuns.

REMISSÕES:

1. Tramitação dos incidentes no inventário – art. 1334.° CPC; questões definitivamente resolvidas no inventário – art. 1336.° CPC; impugnações – arts. 1343.° e seg. CPC; reclamação contra o valor atribuído aos bens – art. 1362.° CPC.

4. Sonegação de bens – art. 2096.° CC.

LEGISLAÇÃO SUBSIDIÁRIA:

SONEGAÇÃO DE BENS – ARTIGO 2096.° DO CÓDIGO CIVIL

Artigo 2096.° ***(Sonegação de bens)***

1. O herdeiro que sonegar bens da herança, ocultando dolosamente a sua existência, seja ou não cabeça-de-casal, perde em benefício dos co-herdeiros o direito que possa ter a qualquer parte dos bens sonegados, além de incorrer nas mais sanções que forem aplicáveis.

2. O que sonegar bens da herança é considerado mero detentor desses bens.

ANOTAÇÕES:

1. RESPOSTA DO CABEÇA-DE-CASAL

I – A resposta do cabeça-de-casal quanto à acusação pode revestir as seguintes modalidades:

a) Confissão da existência dos bens e da obrigação de os relacionar;

b) Negação da existência dos bens ou da obrigação de os relacionar;

c) Declaração de que não há bens a relacionar;

d) Afirmação da impossibilidade de relacionação por os bens se encontrarem em poder de outra pessoa.

II – "A falta de relacionação de bens é arguida através de requerimento, ou aproveitando o próprio termo de vista, no caso do M.P.. Nesse requerimento ou promoção *devem ser especificados os bens em falta*. Esta indicação deve ser feita de molde a convencer que se trata de uma concreta reclamação, mas *não pode ser levada tão longe que inutilize, na prática, a arguição*. De facto, não será de exigir que se identifiquem completamente os bens em falta, já que eles, em regra, estão fora do alcance do próprio reclamante e este só conhece da sua existência por preferências remotas.

O cabeça-de-casal ou o seu mandatário têm, depois, o prazo de dez dias para responder, podendo tomar as seguintes atitudes:

a) Não responde. *Este silêncio equivale à confissão da existência dos bens a reclamar*, sendo obrigado a relacioná-los.

b) Confessa expressamente a existência dos bens a relacionar e a obrigação de o fazer, alegando paralelamente que os não incluiu na relação de bens por mero lapso ou por desconhecimento. Nesse caso tem, também, de proceder ao seu relacionamento, *podendo vir aos autos pedir prorrogação do prazo* para o fazer, se o não puder fazer de imediato.

c) Nega expressamente a existência dos bens ou responde de molde a concluir-se que desconhece a sua existência. Este desconhecimento da veracidade da alegação do arguente não equivale à confissão da existência dos bens pois esta existência não pode ser considerada facto pessoal do cabeça-de-casal.

Neste caso, *o juiz convidará os interessados a produzir quaisquer provas* e mandará proceder às diligências que julgue necessárias. A prova a produzir terá de ser *sumária*: prova testemunhal com limitação do número de testemunhas (três a cada facto, com limitação do total a oito, por força do art. 304.°, n.° 1 do Cód. Proc. Civil, aplicável por se tratar de incidente) depoimento de parte e a simples inspecção.

Se a questão não puder ser resolvida através destes meios de prova a que acresce, naturalmente, a documental, deverão os interessados ser remetidos para os meios comuns.

Se o juiz conseguir decidir a questão no processo de inventário pela procedência da arguição poderá mandar remover o cabeça-de-casal, se chegar à conclusão que a falta de relacionação se ficou a dever a conduta negligente dele.

d) Confirma a existência dos bens, mas declara-se impossibilitado de os relacionar por estarem em poder de outra pessoa, um terceiro.

Neste caso seguir-se-ão os termos do incidente previsto no art. 1347.° do Cód. Proc. Civil. Portanto, mesmo que seja necessário fazer intervir estranhos no processo, é possível decidir a questão no inventário, isto é, este é o processo suficiente para o efeito, desde que seja respeitado o princípio quanto ao regime das provas, isto é, desde que a questão possa ser decidida sumariamente." *(Carvalho de Sá, Do Inventário – Descrever, Avaliar e Partir, 1996, págs. 111 e seg.)*

2. CONFISSÃO DA EXISTÊNCIA DOS BENS:

O silêncio por parte do cabeça-de-casal equivale à aquiescência, devendo atribuir-se-lhe o valor de confissão tácita, à semelhança do que se preceitua no art. 484.°, n.° 1, para os processos em geral.

Tal cominação, no entanto, só será de aplicar no caso de silêncio total quanto aos bens acusados.

Havendo confissão da existência desses bens (seja ela expressa ou tácita), o cabeça-de-casal terá de relacioná-los, ou imediatamente, ou no prazo que lhe seja concedido, quando o requeira.

3. DECISÃO DO INCIDENTE:

"Produzida a prova oferecida e realizadas as diligências que julgou necessárias, o juiz decide se os bens devem ser relacionados.

E uma de duas:

a) ou entende que a prova produzida no inventário o autoriza a decidir as questões aí suscitadas;

b) ou conclui que a prova produzida lhe não permite decidi-las em consciência no inventário.

No primeiro caso, profere decisão sobre as questões em suspenso, mandando relacionar ou confirmando a não relacionação dos bens acusados em falta, o que vale dizer que o inventário prosseguirá para partilha dos bens não questionados e dos que, questionados embora, o juiz mandou relacionar, eliminando-se ou não se relacionando os que o julgador teve como estranhos à herança.

No segundo caso, abstém-se de proferir decisão sobre essas questões, relegando os interessados para os meios comuns, a fim de nestes meios fazerem definir os direitos em conflito." *(J. A. Lopes Cardoso, Partilhas Judiciais, Vol. I, reimp. da 4.ª ed. de 1990, Coimbra, 2000, pág. 544)*

4. CHAMAMENTO DE ESTRANHOS:

"Torna-se inquestionável que os estranhos podem e devem ser chamados ao inventário para tomarem parte na controvérsia que nele se suscite quanto a direitos que lhes digam respeito.

E a necessidade da respectiva intervenção sobe de ponto quando se mostre indispensável à organização da partilha, sem que possa argumentar-se com a eventual e hipotética carência dos meios de defesa, só passíveis de exercício nos meios comuns; a questão da nulidade é de manifesta singeleza e comporta exclusiva prova documental.

Consequentemente, chamado a intervir no inventário para o efeito de ver solucionada a questão em causa, o estranho (comprador) poderá defender-se sem quaisquer peias, ficando-lhe consentida uma defesa ampla, a mesma defesa que poderia opor quando demandado nos meios comuns." *(J. A. Lopes Cardoso, Partilhas Judiciais, Vol. I, reimp. da 4.ª ed. de 1990, Coimbra, 2000, págs. 553 e seg.)*

5. SONEGAÇÃO:

O art. 2096.° do Cód. Civil reporta-se à sonegação cometida quer em processo de inventário, quer em partilhas extra-judiciais, para em relação a ambos estabelecer igual penalidade: a da perda em benefício dos co-herdeiros do direito que possa ter a qualquer parte dos bens sonegados.

Isto independentemente das outras sanções aplicáveis, penais ou fiscais, na certeza de que no processo de inventário só aquela penalidade (a sanção civil da perda do benefício) poderá ser aplicada.

"Como vem do artigo 2096.°, da pena da perda do benefício é hoje sujeito passivo não só o cabeça-de-casal como todo e qualquer herdeiro; o ponto é que haja sonegado bens da herança, ocultando dolosamente a sua existência para deles se aproveitar em exclusivo proveito.

E, uma vez que o sonegador é considerado mero detentor dos bens sonegados (art. 2096.°-2), ele só poderá adquirir para si, por usucapião, o direito da posse, desde que inverta o respectivo título, nos precisos termos do art. 1265.° da lei civil; mas, neste caso, o tempo necessário para a usucapião só começa a correr desde a inversão do título (*idem*, art. 1290.°).

Em lugar da acção de sonegados ou do respectivo pedido em processo de inventário, podem os lesados pedir somente a partilha dos bens ocultados, com rendimentos, desde a morte do autor da sucessão.

No que respeita à prescrição do procedimento fiscal importa ter presente o disposto nos arts. 170.° e 171.° do Cód. da Sisa e art. 15.° do Dec.-Lei n.° 20-A/90, de 15 de Janeiro; e, relativamente à do procedimento criminal, o estatuído no art. 117.° do Cód. Penal.

Estas sanções – a fiscal e a criminal – não passam do agente da infracção, não se transmitem aos herdeiros do infractor.

(...) Pelo facto de sonegar bens da herança incorre ainda o cabeça-de-casal na pena de remoção (Cód. Civil, art. 2086.°-1-a).

Mas não na condenação como litigante de má fé – salvo quanto ao dolo instrumental – visto que o procedimento substancial doloso, implícito na sonegação, é passivo de penalidade civil própria (art. 2096.°)." *(J. A. Lopes Cardoso, Partilhas Judiciais, Vol. I, reimp. da 4.ª ed. de 1990, Coimbra, 2000, págs. 575 e segs.)*

6. ACUSAÇÃO DA FALTA DE RELACIONAÇÃO DOS BENS:

"Este incidente *pode ser deduzido quer pelos herdeiros, meeiro, usufrutuário de parte da herança sem determinação de valor ou objecto* (interessados directos na partilha), *quer pelos legatários, credores ou donatários*, estes no caso de existirem herdeiros legitimários (simples interessados). Claro que o cabeça-de-casal não poderá reclamar da relação de bens por ele próprio apresentada.

Até quando pode ser acusada a falta de relacionação de bens?

Em regra, é durante o prazo de exame do processo que se deduz tal incidente. No entanto, diz-se no n.° 6 do artigo 1348.° do Código de Processo Civil que as reclamações contra a relação de bens podem ser apresentadas posteriormente.

Daqui se conclui que pode ser arguida **em qualquer altura**, até ao trânsito em julgado da sentença homologatória da partilha, com as consequentes e óbvias perturbações no andamento normal do processo.

E nem se pense que não será permitido ao interessado que vem fora do seu prazo e sem lograr convencer o tribunal de que só naquela altura teve conhecimento da existência dos bens, deduzir a acusação da sua falta, pois a sanção que poderá sofrer é apenas a de ser condenado em multa. *Os bens se há que os relacionar, serão mesmo relacionados...*

A falta de relacionação de bens é arguida através de requerimento, ou aproveitando o próprio termo de vista, no caso do M. P.. Nesse requerimento ou promoção *devem ser especificados os bens em falta.* Esta indicação deve ser feita de molde a convencer que se trata de uma concreta reclamação, mas *não pode ser levada tão longe que inutilize, na prática, a arguição.* De facto, não será de exigir que se identifiquem completamente os bens em falta, já que eles, em regra, estão fora do alcance do próprio reclamante e este só conhece da sua existência por referências remotas." *(Carvalho de Sá, Do Inventário, Almedina, 4.ª ed., pág. 117)*

JURISPRUDÊNCIA:

SONEGAÇÃO – LITIGÂNCIA DE MÁ FÉ:

"**I** – Condenado um herdeiro por sonegação, não o pode ser como litigante de má fé com o fundamento de ter alterado conscientemente a verdade dos factos, visto que este procedimento doloso, por implícito na sonegação, já estava punido.

II – Se o herdeiro não foi, no momento próprio, condenado como sonegador, também não pode vir a ser, mais tarde, condenado como litigante de má fé com base na alteração consciente da verdade dos factos.

III – Pode, todavia, ulteriormente, em qualquer dos casos referidos nas duas precedentes alíneas, ser o herdeiro condenado por litigância de má fé com base no dolo instrumental.

IV – Não havendo condenação por má fé nas decisões de vários incidentes do inventário, não há ofensa de caso julgado, se, por ser censurável a conduta do cabeça-de-casal nesses incidentes, este for condenado na sentença homologatória da partilha por litigância de má fé com base em dolo instrumental." *(Acórdão da Relação de Évora, de 15.03.74, Boletim do Ministério da Justiça 235.°, pág. 370)*

PROVA DA EXISTÊNCIA DE BENS:

"**I** – Tendo a cabeça-de-casal relacionado certos bens, pode posteriormente requerer a sua exclusão, verificando-se, então, situação semelhante à que resultaria para eles se tivesse declarado que não havia bens a relacionar.

II – Se a questão não puder ser decidida sumariamente no processo de inventário, têm as partes de ser remetidas para os meios comuns.

III – Não é ao cabeça-de-casal que compete fazer a prova de que esses bens não pertenciam à herança a partilhar, mas aos interessados que se opõem à sua exclusão, reclamando a relacionação de tais bens, que cumpria provar que o direito da herança a esses bens existia." *(Acórdão da Relação do Porto, de 19.11.75, Boletim do Ministério da Justiça 254.°, pág. 243)*

OMISSÃO DE BENS NÃO DOLOSA:

"Se na partilha se omitiram os bens doados, não houve sonegação de bens se a omissão não foi dolosa e se o valor da quota disponível era superior ao dos bens doados." *(Acórdão da Relação do Porto, de 13.05.77, Colectânea de Jurisprudência, 1977, Tomo IV, pág. 844)*

CONVITE PARA PRODUÇÃO DE PROVA:

"O convite feito aos interessados para produzirem provas contém em si mesmo um juízo sobre a viabilidade do conhecimento da questão no inventário. Uma vez feito o convite, ao juiz em circunstância alguma lhe é lícito remeter os interessados para os meios comuns sem ter, previamente, ouvido ou produzido as provas que lhe foram indicadas e ter adquirido a convicção que lhe é de tudo impossível decidir a questão no inventário. A possibilidade ou impossibilidade de resolução da questão no processo de inventário só se aquilata depois da produção da prova." *(Acórdão da Relação do Porto, de 17.07.80, Boletim do Ministério da Justiça 299.°, pág. 415)*

REMISSÃO PARA OS MEIOS COMUNS:

"Só naqueles casos em que o juiz conclui que, para se decidir a questão ou questões da falta de relacionação de bens com segurança e consciência, há necessidade de uma larga, aturada e complexa indagação, que não se compadeça com uma instrução sumária, é que deve remeter as partes para os meios comuns, sempre mais gravosos, mais caros e mais demorados. E isso, portanto, até pelo princípio da economia processual." *(Acórdão do Supremo Tribunal de Justiça, de 16.12.80, Boletim do Ministério da Justiça 302.°, pág. 257)*

EXEMPLO DE INDAGAÇÃO SUMÁRIA:

"Pode ser objecto de indagação sumária o saber se o dinheiro da venda de determinado prédio ainda existia à data da morte do inventariado ou fora utilizado para pagamento de suas dívidas particulares, indagação que se pode fazer pela simples inquirição de testemunhas e junção de documentos ou por qualquer diligência que o juiz julgue necessário e a ordene oficiosamente." *(do Ac. ant., id., pág. 259)*

SANÇÕES:

"**I** – O herdeiro, seja ou não cabeça-de-casal, é susceptível de sofrer as sanções estabelecidas para a sonegação, se oculta dolosamente a existência de bens da herança a partilhar, com o fraudulento desígnio de se apropriar deles.

II – Caracteriza a sonegação da existência de bens acusados pelo cabeça-de-casal, com implícita recusa de os repor à herança, para efeitos de partilha entre interessados, que a eles têm direito." *(Acórdão da Relação do Porto, de 11.02.82, Colectânea de Jurisprudência, 1982, Tomo I, pág. 291)*

FALTA DE RELACIONAÇÃO DE UM PRÉDIO:

"**I** – Reclamada a falta de relacionação num prédio e notificado o cabeça-de-casal para o relacionar ou dizer o que tiver por conveniente, a falta de resposta atempada equivale à confissão da sua existência e obrigação de o relacionar.

II – Não pode o cabeça-de-casal, a título de inexactidão da descrição, pedir a exclusão do prédio confessado existente na relacionação de bens.

III – As benfeitorias feitas por donatário em prédio sujeito a conferência não constituem dívida da herança, embora devam ser descritas. (...)" *(Acórdão da Relação de Coimbra, de 28.07.87, Colectânea de Jurisprudência, 1987, Tomo IV, pág. 72)*

COMPLEXIDADE DA QUESTÃO:

"Acusada a falta de relacionação de bens, pode suceder que o juiz, mesmo sem a produção de quaisquer provas, conclua que as questões suscitadas têm complexidade incompatível com a índole sumária da prova a produzir no inventário." *(Acórdão da Relação de Coimbra, de 08.11.88, Boletim do Ministério da Justiça 381.°, pág. 761)*

FALTA DE RELACIONAÇÃO DE BENS – ESTRANHOS:

"**I** – O inventário é um processo complexo, de natureza mista, tanto graciosa como contenciosa.

II – Quanto às questões nele decididas, o processo de inventário assume o aspecto de contencioso, funciona como uma acção, é uma verdadeira causa.

III – Se certa questão a resolver contender com direitos de terceiros, estranhos ao inventário, deve ele ser chamado ao processo, proporcionando-se-lhe ampla defesa.

IV – A tríplice identidade – de sujeitos, de pedido e de causa de pedir – necessária para haver repetição de uma causa, é de exigir relativamente ao processo de inventário, tanto mais que, sendo dominado por regras de instrução e de resolução sumária, oferece menos garantia do que o processo comum.

V – Em relação aos estranhos que nenhuma intervenção tiveram no inventário, a resolução de qualquer questão não faz caso julgado.

VI – O requerimento em que um interessado deduz incidente de falta de relacionação de determinados bens no inventário, reconduz-se a uma verdadeira reivindicação.

VII – Se o interessado se limitou a alegar, nesse requerimento, que tais bens pertenciam à herança, sem fazer menção alguma ao título donde promanaria o direito de propriedade, a circunstância de se ter decidido, com trânsito, não haver lugar à sua relacionação não obsta a que, em ulterior acção de reivindicação proposta pelo mesmo interessado, venha a reconhecer-se que os bens faziam parte do acervo hereditário, por terem sido comprados pelo inventariado." *(Acórdão da Relação de Lisboa, de 25.06.92, Colectânea de Jurisprudência, 1992, Tomo III, pág. 216)*

SONEGAÇÃO DE BENS:

"**I** – O legislador deixou à doutrina e à jurisprudência a solução dos casos em que o caso julgado devia abranger, além da decisão, os seus fundamentos necessários.

II – Quando a decisão da questão preliminar for tal que seja de considerar como solicitada pela parte a sua decisão, e como tal deva ser entendida pela parte contrária, deve-lhe ser estendida a eficácia do caso julgado.

III – Tendo a ex-mulher pedido a condenação do ex-marido com fundamento em que no inventário para a separação das suas meações o marido escamoteou à partilha dois cheques, acção que procedeu, tal decisão tem eficácia de caso julgado quanto à intenção de sonegação de bens." *(Acórdão do Supremo Tribunal de Justiça, de 30.04.96, Colectânea de Jurisprudência, Acórdãos do Supremo Tribunal de Justiça, 1996, Tomo II, pág. 48)*

IDEM:

"**I** – A sonegação pressupõe condutas activas ou passivas tendentes e visando enganar os co-herdeiros e que tenham, como consequência, a ocultação de bens pertencentes ao acervo hereditário.

II – Tendo o cabeça-de-casal levantado depósitos do inventariado, que depositou em seu nome, a alegação de que os não relacionou por querer fazer-se pagar com as respectivas quantias de despesas feitas com o falecido, que não justificou, não afasta a intenção dolosa de apropriação de bens da herança." *(Acórdão da Relação de Coimbra, de 30.11.99, Colectânea de Jurisprudência, 1999, Tomo V, pág. 35)*

NOTAS PESSOAIS:

ARTIGO 1350.°
(Insuficiência das provas para decidir das reclamações)

1. Quando a complexidade da matéria de facto subjacente às questões suscitadas tornar inconveniente, nos termos do n.° 2 do artigo 1336.°, a decisão incidental das reclamações previstas no artigo anterior, o juiz abstém-se de decidir e remete os interessados para os meios comuns.

2. No caso previsto no número anterior, não são incluídos no inventário os bens cuja falta se acusou e permanecem relacionados aqueles cuja exclusão se requereu.

3. Pode ainda o juiz, com base numa apreciação sumária das provas produzidas, deferir provisoriamente as reclamações, com ressalva do direito às acções competentes, nos termos previstos no n.° 2 do artigo 1336.°.

HISTÓRICO:

Redacção do art. 2.° do DL 227/94, de 08.09.

Preceito inovador.

Apesar disso, há uma breve alusão do seu conteúdo na parte final do n.° 2 do art. 1343.° do CPC, na versão anterior, transcrito em anotação ao artigo anterior.

REMISSÕES:

Questões definitivamente resolvidas no inventário – art. 1336.° CPC; reclamação contra o valor atribuído aos bens – art. 1362.° CPC.

ANOTAÇÕES:

REGIME DAS PROVAS:

"A lei limitou-se a formular uma regra, um critério de orientação, e cabe ao poder judicial fixar-lhe os limites, definir-lhe os contornos e dar consistência ao seu conteúdo maleável.

Há certas questões em relação às quais pode afoitamente concluir-se que a índole sumária da prova a produzir no processo de inventário não consentirá fazer decidir aqui. Tais são as que se reportem a bens que se encontrem em posse de outrem por simulação havida entre o inventariado e o detentor, nos casos de interposição fictícia ou de interposta pessoa; as da existência ou inexistência de servidão sobre algum dos bens relacionados; as respeitantes à aquisição ou perda da posse de bens relacionados ou subtraídos às relações de bens, etc....

No que respeita a estas questões e a tantas outras de enumeração impossível, a inexistência de documentos que de per si levem a conclusão segura, força a ter como facilmente previsível a impossibilidade de as ver decididas no processo de inventário.

Nesta emergência, para quê convidar as partes a produzirem quaisquer provas que não sejam as que promanem de documentos de relevância manifesta, se o desfecho natural do incidente será a remessa delas para os meios ordinários?

Temos por idóneo que, nestes casos, o julgador deve abster-se de procedimento nesta conformidade, única forma de não causar despesas às partes, de abreviar o andamento do processo de inventário e de não praticar actos inúteis que a lei processual proíbe (Cód. Proc. Civil, art. 137.°).

E desta prática nenhum prejuízo vai causar-se aos interessados, que nos meios comuns desfrutarão dos mais amplos meios de prova, sem subordinação a limites que se estabelecem para o processo de inventário." *(J. A. Lopes Cardoso, Partilhas Judiciais, Vol. I, reimp. da 4.ª ed. de 1990, Coimbra, 2000, págs. 539 e segs.)*

JURISPRUDÊNCIA:

PRÉVIA PRODUÇÃO DE PROVA:

"**I** – O convite feito aos interessados para produzirem provas – art. 1342.°, n.° 3 do Cód. Proc. Civil – contém em si mesmo um juízo sobre a viabilidade do conhecimento da questão no inventário.

II – Uma vez feito o convite, ao juiz em circunstância alguma lhe é lícito remeter os interessados para os meios comuns sem ter, previamente, ouvido ou produzido as provas que lhe foram indicadas e ter adquirido a convicção que lhe é de tudo impossível decidir a questão no inventário.

III – A possibilidade ou impossibilidade de resolução da questão no processo de inventário só se aquilata depois da produção da prova." *(Acórdão da Relação do Porto, de 17.07.80, Boletim do Ministério da Justiça 299.°, pág. 415)*

CONVENCIMENTO DO JUIZ:

"Só naqueles casos em que o juiz conclui que, para se decidir a questão ou questões da falta de relacionação de bens com segurança e consciência, há necessidade de uma larga, aturada e complexa indagação, que não se compadeça com uma instrução sumária, é que deve remeter as partes para os meios comuns, sempre mais gravosos, mais caros e mais demorados. E isso, portanto, até pelo princípio da economia processual." *(Acórdão do Supremo Tribunal de Justiça, de 16.12.80, Boletim do Ministério da Justiça 302.°, pág. 257)*

DINHEIRO DA VENDA DE UM PRÉDIO:

"Pode ser objecto de indagação sumária o saber se o dinheiro da venda de determinado prédio ainda existia à data da morte do inventariado ou fora utilizado para pagamento das suas dívidas particulares, indagação que se pode fazer pela simples inquirição de testemunhas e junção de documentos ou por qualquer diligência que o juiz julgue necessária e a ordene oficiosamente." *(Acórdão do Supremo Tribunal de Justiça anteriormente citado, idem, pág. 259)*

MOMENTO DA REMESSA PARA OS MEIOS COMUNS:

"A decisão que remete os interessados para os meios comuns pode ter lugar quer antes quer depois da produção de prova." *(Acórdão da Relação de Coimbra, de 08.10.91, Boletim do Ministério da Justiça 410.°, pág. 893)*

USUCAPIÃO:

"Não pode ser resolvida sumariamente no processo de inventário a questão da usucapião, a qual, por envolver a alegação de factos complexos e importar a averiguação circunstanciada com longa produção de prova, só se compadece com os meios ordinários." *(Acórdão da Relação do Porto, de 06.02.95, Boletim do Ministério da Justiça 444.°, pág. 708)*

FALTA DE RELACIONAÇÃO DE BENS – DOAÇÃO MANUAL:

"**I** – Não podendo o sigilo bancário ser oposto aos herdeiros do cliente, não cabe ao tribunal singular substituir-se aos interessados na averiguação da existência de depósitos bancários.

II – Cumpre à interessada que acusa falta de relacionação de bens provar a sua existência.

III – Os bens doados, mesmo dispensados de colação, devem ser relacionados.

IV – A colação presume-se sempre dispensada nas doações manuais.

V – Relacionada como doada certa quantia em dinheiro, se a reclamante aceitou a sua existência mas não a doação, incumbe-lhe demonstrar que não houve doação.

VI – A necessidade de mais larga indagação refere-se apenas à necessidade de mais variada, cuidada e reflectida prova e não à dificuldade da determinação dos seus efeitos jurídicos." *(Acórdão da Relação do Porto, de 07.03.96, Colectânea de Jurisprudência, 1996, Tomo II, pág. 179)*

ACÇÃO DE PETIÇÃO DA HERANÇA – LEGITIMIDADE PASSIVA:

"**I** – Com a acção de petição de herança pretende-se que a qualidade de herdeiro seja reconhecida ou certificada pelo Tribunal, fazendo-se depois e consequentemente fazer valer direitos patrimoniais de que a qualidade referida é pressuposto.

II – Aferindo-se o risco de perda da coisa pela possível procedência da acção e revestindo a acção de petição de herança, para além de acção pessoal a natureza de uma acção de reivindicação, ao pedir-se a condenação na entrega ou restituição de bens, há que concluir que, se procedente, determina a perda da coisa.

III – Tal acção pode ser intentada apenas contra o detentor ou possuidor da coisa, se entre os cônjuges vigorar o regime de separação de bens.

IV – Na acção de petição de herança, o autor não está obrigado, para ver procedente a sua pretensão, a alegar as sucessivas aquisições dos antecessores até à aquisição originária, se beneficiar de presunção legal derivada de registo.

V – Como a prescrição se interrompe (CC 323.°, n.° 1 e 1292.°) pela citação ou notificação judicial de qualquer acto que exprima, directa ou indirectamente, a intenção de exercer o direito, seja qual for o processo a que o acto pertence e ainda que o tribunal seja incompetente, vale como interrupção a citação para os termos de inventário em que se pretenda partilhar imóvel na posse de terceiro." *(Acórdão da Relação de Évora, de 15.05.97, Colectânea de Jurisprudência, 1997, Tomo II, pág. 262)*

BENFEITORIAS – FUNDAMENTAÇÃO DE DECISÃO DE FACTO:

"**I** – Constitui benfeitoria e não acessão, a construção, por ambos os cônjuges, de uma casa no terreno de um deles.

II – A lei só atribui ao autor da benfeitoria um direito de crédito contra o dono da coisa benfeitorizada, na impossibilidade de separar a construção do terreno onde está implantada.

III – No inventário para separação de meações não deve relacionar-se o prédio urbano edificado em tal terreno, mas o valor da construção como dívida do cônjuge, proprietário daquele, ao património do casal.

IV – Não pode considerar-se provado que o pai do cabeça-de-casal emprestou certa quantia ao casal, se o juiz fundou a sua decisão nos depoimentos de duas testemunhas que disseram saber do facto, porque o mutuante lhes disse." *(Acórdão da Relação de Coimbra, de 24.11.98, Colectânea de Jurisprudência, 1998, Tomo V, pág. 21)*

REMESSA PARA OS MEIOS COMUNS: QUESTÃO DE FACTO:

"**I** – No processo de inventário devem resolver-se todas as questões de facto de que depende a descrição e a partilha, contando que elas possam ser resolvidas em face da instrução sumária compatível com a índole do processo; as outras, as que exigem uma instrução mais larga, ficam para os meios comuns.

II – Esta questão da remessa dos interessados para os meios comuns constitui «matéria puramente de facto», pelo que o Supremo não pode alterar a decisão das instâncias.

III – É válido o legado feito por qualquer dos cônjuges, tendo por objecto coisa certa e determinada pertencente ao património comum, embora o contemplado apenas tenha o direito de exigir o respectivo valor em dinheiro.

IV – O n.° 2 do artigo 1685.° do Código Civil estabelece uma disciplina válida e aplicável a todas as disposições de «coisa certa e determinada» (do património comum), disciplina que constitui o seu regime-regra, não valendo apenas para as disposições feitas na constância do matrimónio, mas, também, por exemplo, para a «deixa de bens indivisos, após a morte do primeiro cônjuge»." *(Acórdão do Supremo Tribunal de Justiça, de 14.04.99, Boletim do Ministério da Justiça 486.°, pág. 321)*

RELAÇÃO DE BENS – RECLAMAÇÃO – DECISÃO SUMÁRIA – CRÉDITOS DA HERANÇA:

"**I** – Depois de produzida prova sobre a existência ou inexistência de determinada verba de cuja inserção se reclamou, se se verificar que a matéria de facto subjacente à questão da (in)existência da verba reclamada carece, pela sua complexidade, de mais larga indagação que não se compadece com a decisão incidental em processo de inventário, devem os interessados ser remetidos para os meios comuns onde há mais meios de produção de prova para a sua resolução.

II – Sendo a verba de que se reclama uma dívida de um interessado para com a herança, não obstante se decidir remeter a sua resolução para os meios comuns, nem por isso deve ela ser eliminada da relação de bens, devendo, no entanto, ser mantida com expressa menção de litigiosa." (*Acórdão da Relação de Guimarães, de 10.12. 2003, Colectânea de Jurisprudência, 2003, Tomo V, págs. 307 e seg.*)

NOTAS PESSOAIS:

ARTIGO 1351.°
(Negação de dívidas activas)

1. Se uma dívida activa, relacionada pelo cabeça-de-casal, for negada pelo pretenso devedor, aplica-se o disposto no artigo 1348.°, com as necessárias adaptações.

2. Sendo mantido o relacionamento do débito, a dívida reputa-se litigiosa; sendo eliminada, entende-se que fica salvo aos interessados o direito de exigir o pagamento pelos meios competentes.

HISTÓRICO:

Redacção do art. 2.° do DL 227/94, de 08.09.

Corresponde ao art. 1346.° do CPC, na redacção anterior, que se transcreve:

Artigo 1346.° *(Negação de dívida activa)*

Se uma dívida activa, relacionada pelo cabeça-de-casal, for negada pelo pretenso devedor, há-de a respectiva descrição manter-se ou eliminar-se depois de ouvido o cabeça-de-casal e obtidos todos os esclarecimentos necessários.

Sendo mantida a descrição, a dívida reputa-se litigiosa; sendo eliminada, entende-se que fica salvo aos interessados o direito de exigir o pagamento pelos meios competentes.

REMISSÕES:

Relação de bens – art. 1345.° CPC; reclamação contra a relação de bens – art. 1348.° CPC.

ANOTAÇÕES:

1. PRINCÍPIO GERAL:

Se uma dívida activa, relacionada pelo cabeça-de-casal, for negada pelo pretenso devedor, há-de a respectiva descrição manter-se ou eliminar-se depois de ouvido o cabeça-de-casal, e obtidos todos os esclarecimentos necessários. Sendo mantida a descrição, a dívida reputa-se litigiosa; sendo eliminada, entende-se que fica salvo aos interessados o direito de exigir o pagamento pelos meios competentes.

2. EFECTIVAÇÃO DA SUA APLICAÇÃO:

No âmbito da redacção anterior do preceito, entendia-se que, na prática, poucas ou nenhumas vezes teria aplicação, dado que, não sendo os devedores citados para o inventário, não teriam conhecimento da descrição da dívida, a não ser na hipótese de serem também interessados na partilha.

Com a nova redacção dada ao preceito, parece poder colher-se-lhe âmbito prático útil. Na verdade, o n.° 1 do preceito em análise manda aplicar ao caso o que se dispõe no art. 1348.°, em matéria de reclamação contra a relação de bens. E, nos termos deste último preceito, parece-nos que os referidos pretensos devedores serão notificados da apresentação da relação de bens (n.° 1), devendo ser-lhes enviada uma cópia dela (n.° 2). Assim sendo, terão efectivamente conhecimento da relacionação da indicada dívida e a ela poderão opor-se pelos meios jurídicos ao seu dispor.

3. POSIÇÃO DO PRETENSO DEVEDOR:

"Não é pelo facto de não ter vindo ao inventário negar a aprovação da dívida relacionada que ela se tornou certa para o pretenso devedor. E, assim, demandado por via dela, ou pelo cabeça-de-casal enquanto a herança se encontre indivisa, ou, no caso contrário, pelo interessado a quem foi aformalada, sempre o devedor poderá lançar mão de todos os meios de defesa que a lei faculta a qualquer demandado." *(Abílio Neto, Cód. Proc. Civil Anotado, 15.ª ed., Set./1999, pág. 1342)*

4. RESPONSABILIDADE SUCESSÓRIA PELOS ENCARGOS DA HERANÇA:

"A simples referência à qualidade de 'irmão' de pessoa pré-falecida não basta para que lhe seja assacada responsabilidade sucessória pelos encargos dessa pessoa. Isto sendo sabido que os irmãos não são sucessíveis legitimários ou forçados – art. 2157.° do C. Civil. Poderão ser sucessores legítimos se e apenas o *de cujus* não houver feito disposição válida e eficaz de última vontade (*mortis causa*) e se houver falecido sem deixar cônjuge, descendentes ou ascendentes (arts. 2131.°, 2133.°, 2134.° e 2145.° do C. Civil).

O que significa que em acção proposta contra um suposto herdeiro legítimo, como é um irmão de pessoa falecida, para pagamento de dívidas do de cujus, constitui também elemento integrador da correspondente causa de pedir a alegação de que o finado não deixou testamento ou disposição de última vontade e de que não lhe sobreviveram cônjuge, descendentes ou ascendentes que possam suceder-lhe.

Tal como bem se observa no acórdão revidendo, não se trata, no caso, de uma simples questão de legitimidade passiva *ad causam*, mas antes de verdadeiras condições da acção, de fundamentos próprios da demanda, ou seja de factos constitutivos essenciais do direito invocado, cuja ausência de alegação e prova será determinante da improcedência da acção e da consequente absolvição do pedido." *(Acórdão do Supremo Tribunal de Justiça, de 29.01.2003, in www.dgsi.pt)*

JURISPRUDÊNCIA:

TÍTULO EXECUTIVO; SENTENÇA HOMOLOGATÓRIA DE PARTILHA POR DIVÓRCIO:

"Tendo em inventário, em consequência de divórcio, sido acusada a falta de relacionamento de bens por parte do cabeça-de-casal (mais exactamente, o não relacionamento de créditos do património comum sobre o cabeça-de-casal), a decisão que ordene o relacionamento de tais bens e que coloque termo a tal incidente faz caso julgado material e, por conseguinte, transitada a sentença homologatória da partilha, o interessado a quem tal crédito foi adjudicado pode executá-lo" *(Acórdão da Relação de Coimbra de 11.01.2000, Colectânea de Jurisprudência, 2000, Tomo IV, pág. 5)*

NOTAS PESSOAIS:

SECÇÃO IV
Da conferência de interessados

ARTIGO 1352.°
(Saneamento do processo e marcação da conferência de interessados)

1. Resolvidas as questões suscitadas susceptíveis de influir na partilha e determinados os bens a partilhar, o juiz designa dia para a realização de uma conferência de interessados.

2. Os interessados podem fazer-se representar por mandatário com poderes especiais e confiar o mandato a qualquer outro interessado.

3. Os interessados directos na partilha que residam na área do círculo judicial são notificados com obrigação de comparência pessoal, ou de se fazerem representar nos termos do n.° 2, sob cominação de multa.

4. A conferência pode ser adiada, por determinação do juiz ou a requerimento de qualquer interessado, por uma só vez, se faltar algum dos convocados e houver razões para considerar viável o acordo sobre a composição dos quinhões.

HISTÓRICO:

Redacção do art. 2.° do DL 227/94, de 08.09.

O n.° 1 corresponde, em parte, ao n.° 1 do art. 1352.° do CPC, na versão anterior, que se transcreve:

Artigo 1352.° ***(Assuntos a submeter à conferência de interessados)***

1. Findo o prazo do exame e decididas as questões que não devam aguardar, proceder-se-á a uma conferência de interessados, com assistência do conselho de família se dever intervir.

(...)

Os n.ºs 2 e 5 correspondem, respectivamente, aos n.ºs 2 e 1 do artigo 1353.°.

REMISSÕES:

1. Marcação e adiamento de diligências – art. 155.° CPC; notificações aos interessados – art. 1328.° CPC; objecto da conferência – art. 1353.° CPC.

2. Patrocínio judiciário – arts. 32.° e segs. CPC; representação voluntária – arts. 262.° e segs. CC.

5. Composição de quinhões – art. 1353.°, n.° 1 CPC.

LEGISLAÇÃO SUBSIDIÁRIA:

REPRESENTAÇÃO VOLUNTÁRIA: ARTIGOS 262.° A 269.° DO CÓDIGO CIVIL

Artigo 262.° ***(Procuração)***

1. Diz-se procuração o acto pelo qual alguém atribui a outrem, voluntariamente, poderes representativos.

2. Salvo disposição legal em contrário, a procuração revestirá a forma exigida para o negócio jurídico que o procurador deva realizar.

Artigo 263.° ***(Capacidade do procurador)***

O procurador não necessita de ter mais do que a capacidade de entender e querer exigida pela natureza do negócio que haja de efectuar.

Artigo 264.° ***(Substituição do procurador)***

1. O procurador só pode fazer-se substituir por outrem se o representado o permitir ou se a faculdade de substituição resultar do conteúdo da procuração ou da relação jurídica que a determina.

2. A substituição não envolve exclusão do procurador primitivo, salvo declaração em contrário.

3. Sendo autorizada a substituição, o procurador só é responsável para com o representado se tiver agido com culpa na escolha do substituto ou nas instruções que lhe deu.

4. O procurador pode servir-se de auxiliares na execução da procuração, se outra coisa não resultar do negócio ou da natureza do acto que haja de praticar.

Artigo 265.° ***(Extinção da procuração)***

1. A procuração extingue-se quando o procurador a ela renuncia, ou quando cessa a relação jurídica que lhe serve de base, excepto se outra for, neste caso, a vontade do representado.

2. A procuração é livremente revogável pelo representado, não obstante convenção em contrário ou renúncia ao direito de revogação.

3. Mas, se a procuração tiver sido conferida também no interesse do procurador ou de terceiro, não pode ser revogada sem acordo do interessado salvo ocorrendo justa causa.

Artigo 266.° *(Protecção de terceiros)*

1. As modificações e a revogação da procuração devem ser levadas ao conhecimento de terceiros por meios idóneos, sob pena de lhes não serem oponíveis senão quando se mostre que delas tinham conhecimento no momento da conclusão do negócio.

2. As restantes causas extintivas da procuração não podem ser opostas a terceiro que, sem culpa, as tenha ignorado.

Artigo 267.° *(Restituição do documento da representação)*

1. O representante deve restituir o documento de onde constem os seus poderes, logo que a procuração tiver caducado.

2. O representante não goza do direito de retenção do documento.

Artigo 268.° *(Representação sem poderes)*

1. O negócio que uma pessoa, sem poderes de representação, celebre em nome de outrem é ineficaz em relação a este, se não for por ele ratificado.

2. A ratificação está sujeita à forma exigida para a procuração e tem eficácia retroactiva, sem prejuízo dos direitos de terceiro.

3. Considera-se negada a ratificação, se não for feita dentro do prazo que a outra parte fixar para o efeito.

4. Enquanto o negócio não for ratificado, tem a outra parte a faculdade de o revogar ou rejeitar, salvo se, no momento da conclusão, conhecia a falta de poderes do representante.

Artigo 269.° *(Abuso de representação)*

O disposto no artigo anterior é aplicável ao caso de o representante ter abusado dos seus poderes, se a outra parte conhecia ou devia conhecer o abuso.

ANOTAÇÕES:

MENÇÃO DO *OBJECTO* DA CONFERÊNCIA:

"A obrigatoriedade da «menção do *objecto* da conferência» (n.° 3), resultava já do disposto com carácter geral, no n.° 2 do art. 10.° do DL n.° 129/91, de 2-4, nos termos do qual nas convocatórias ou avisos dirigidas a qualquer entidade o assunto a tratar ou o motivo dos mesmos devem ser expressamente descritos, considerando-se inexistentes ao que contenham referências vagas, nomeadamente, 'assunto do seu interesse', 'processo pendente' ou 'similares', acrescentando o n.° 3 do mesmo artigo que as convocatórias devem marcar a data de comparência com uma antecedência mínima de uma semana a referir expressamente o dia, a hora, o local exacto de atendimento, bem como o nome do funcionário a contactar." *(Abílio Neto, Cód. Proc. Civil Anotado, 15.ª ed., Set./1999, pág. 1342)*

JURISPRUDÊNCIA:

NOTIFICAÇÃO DE INTERESSADO REVEL:

"Adiada a conferência de interessados e designado novo dia para a sua realização, consideram-se notificados deste despacho todos os interessados reveis. Tendo um destes junto procuração forense no dia seguinte, não há razão para proceder à sua notificação, pois o interessado já tinha sido notificado no dia anterior e a junção da procuração só produz efeitos para o futuro." *(Acórdão da Relação do Porto, de 27.07.78, Boletim do Ministério da Justiça 280.°, pág. 390)*

NOTIFICAÇÃO:

"Não têm de ser notificados pessoalmente os interessados num inventário, para a conferência de interessados a que se refere o art. 1352.° do Cód. Proc. Civil." *(Acórdão da Relação de Lisboa, de 20.07.82, Colectânea de Jurisprudência, 1982, Tomo IV, pág. 108)*

IDEM:

"Em processo de inventário não têm que ser notificados para a conferência de interessados aqueles que residam fora da área da comarca." *(Acórdão da Relação de Coimbra, de 23.01.90, Boletim do Ministério da Justiça 393.°, pág. 677)*

TESTAMENTEIRO:

"Em processo de inventário, o testamenteiro não tem que ser citado ou notificado, nessa qualidade, para os termos daquele ou para a conferência de interessados prevista pelo art. 1352.° do Cód. Proc. Civil." *(Acórdão da Relação de Évora, de 03.10.91, Colectânea de Jurisprudência, 1991, Tomo IV, pág. 308)*

NOTIFICAÇÃO PARA A CONFERÊNCIA:

"A notificação para a conferência de interessados do herdeiro que não resida na sede da comarca é feita por carta registada para o endereço que consta do processo, e em que foi citado, produzindo o seu efeito ainda que a carta venha devolvida." *(Acórdão do Supremo Tribunal de Justiça, de 21.10.93, Colectânea de Jurisprudência, Acórdãos do Supremo Tribunal de Justiça, 1993, Tomo III, pág. 78)*

FALTA DE NOTIFICAÇÃO – INCIDENTE DE FALSIDADE:

"Tendo, em inventário facultativo, um dos interessados invocado a falta de notificação para a conferência de interessados, deduzindo incidente de falsidade relativamente à cota que certifica a notificação, não acarreta a inutilidade do incidente o facto de ter transitado em julgado a sentença que homologa a partilha, pois, caso venha a ser proferida sentença de mérito que declare ter existido falsidade, a decisão homologatória fora da partilha e transitada em julgado pode ser objecto de recurso extraordinário de revisão." *(Acórdão da Relação do Porto, de 25.10.93, Boletim do Ministério da Justiça 430.°, pág. 514)*

EXTINÇÃO DE MANDATO:

"**I** – Tendo a mãe do inventariado, como sua herdeira, requerido inventário para a partilha da herança, para o que concedeu poderes a uma filha que logo os substabeleceu em advogado, não é válida a intervenção deste na conferência de interessados para composição dos quinhões, já que o mandato se encontrava extinto por a mãe do inventariado ter falecido há mais de dois meses como era do perfeito conhecimento da filha que substabelecera a procuração.

II – Cumpria à outra herdeira, cabeça-de-casal, provar que igno-rava, sem culpa, a extinção da procuração devido à morte da sogra.

III – Se os herdeiros desta não chegaram a ser citados para os termos do inventário, quase todos intervieram depois em conferência de interessados onde pretenderam pôr termo ao processo, mas, apesar disso, se homologou por sentença a partilha cujo mapa foi elaborado com base na aludida composição de quinhões, tal partilha é nula." *(Acórdão do Supremo Tribunal de Justiça, de 07.03.95, Colectânea de Jurisprudência, Acórdãos do Supremo Tribunal de Justiça, 1995, Tomo I, pág. 114)*

MARCAÇÃO DE DILIGÊNCIA SEM ACORDO PRÉVIO COM OS MANDATÁRIOS; CONFERÊNCIA SEM A PRESENÇA DE MANDATÁRIO DE UM INTERESSADO:

"**I** – Não estando demonstrada a impossibilidade, por qualquer razão, de contactos prévios entre o juiz e os mandatários das partes no sentido da marcação da conferência de interessados para data compatível com as agendas de todos eles, é cometida uma nulidade processual por omissão de formalidades prescritas por lei, por susceptível de influir no exame ou decisão da causa (artigo 201.° do Código de Processo Civil). Tal nulidade pode ser invocada pelo interessado na observância da formalidade omitida e, não o sendo, fica sanada por não tempestivamente arguida (artigo 203.°, n.° 1, do mesmo diploma legal).

II Porém, não constitui nulidade a realização da conferência de interessa dos, em processo de inventário, sem a presença do mandatário de um interessado, falta essa previsível, por a diligência ter sido marcada sem acordo prévio dos man datários constituídos, tendo o faltoso comunicado a sua impossibilidade e fornecido duas datas alternativas, que não puderam ser aceites por indisponibilidade de agenda do tribunal. Com efeito, a falta de comparência do mandatário das partes não constitui motivo de adiamento daquela diligência." *(Acórdão da Relação de Évora, de 13.10.98, Boletim do Ministério da Justiça 480.°, pág. 565)*

NOTIFICAÇÃO DOS INTERESSADOS:

"**I** – Os interessados que não juntaram procuração têm de ser notificados para a conferência por carta regis-tada; se não o forem é cometida uma irregularidade produtora de nulidade, que é sanável.

II – A licitação pode ser anulada pelos mesmos fundamentos por que o podem ser os negócios jurídicos." *(Acórdão da Relação do Porto, de 21.01.99, Colectânea de Jurisprudência, 1999, Tomo I, pág. 200)*

FALTA DE FUNDAMENTO PARA ADIAMENTO DA CONFERÊNCIA DE INTERESSADOS:

"**I** – Tendo o Meritísimo Juiz *a quo* exarado em seu despacho, ao abrigo do disposto no n.° 5 do artigo 1352.° do Código de Processo Civil, que não havia fundamento para o adiamento da conferência de interessados, por não existir possibilidade de se chegar a acordo quanto à composição dos quinhões, tal decisão não enferma do vício de nulidade prevista no artigo 668.°, n.° 1, al. *b)* do Código de Processo Civil.

II – O telefonema de um mandatário forense, recebido pelas 13h45, a dar conhecimento da sua impossibilidade de comparecimento em tribunal para efeitos de diligência que se iniciou às 14 horas, não devia, nem podia constar da respectiva acta, porque não aconteceu no seu decurso, mas antes dele, pelo que inexiste falsidade da dita acta (artigos 159.°, n.° 1 do Código de Processo Civil e 372.°, n.° 2 do Código Civil), ao omitir a referência a tal telefonema." *(Acórdão da Relação do Porto, de 27.06.2002, in www.dgsi.pt)*

NOTAS PESSOAIS:

ARTIGO 1353.°

(Assuntos a submeter à conferência de interessados)

1. Na conferência podem os interessados acordar, por unanimidade, e ainda com a concordância do Ministério Público quando tiver intervenção principal no processo, que a composição dos quinhões se realize por algum dos modos seguintes:

***a)* Designando as verbas que hão-de compor, no todo ou em parte, o quinhão de cada um deles e os valores por que devem ser adjudicados;**

***b)* Indicando as verbas ou lotes e respectivos valores, para que, no todo ou em parte, sejam objecto de sorteio pelos interessados;**

***c)* Acordando na venda total ou parcial dos bens da herança e na distribuição do produto da alienação pelos diversos interessados.**

2. As diligências referidas nas alíneas *a)* e *b)* do número anterior podem ser precedidas de arbitramento, requerido pelos interessados ou oficiosamente determinado pelo juiz, destinado a possibilitar a repartição igualitária e equitativa dos bens pelos vários interessados.

3. À conferência compete ainda deliberar sobre a aprovação do passivo e forma de cumprimento dos legados e demais encargos da herança.

4. Na falta do acordo previsto no n.° 1, incumbe ainda à conferência deliberar sobre:

***a)* As reclamações deduzidas sobre o valor atribuído aos bens relacionados;**

***b)* Quaisquer questões cuja resolução possa influir na partilha.**

5. A deliberação dos interessados presentes, relativa às matérias contidas no n.° 4, vincula os que não comparecerem, salvo se não tiverem sido devidamente notificados.

6. O inventário pode findar na conferência, por acordo dos interessados e do Ministério Público, quando tenha intervenção principal, desde que o juiz considere que a simplicidade da partilha o consente; a partilha efectuada é, neste caso, judicialmente homologada em acta,

da qual constarão todos os elementos relativos à composição dos quinhões e a forma da partilha.

HISTÓRICO:

Redacção do art. 2.° do DL 227/94, de 08.09.

O n.° 1 corresponde, em parte, ao n.° 1 do art. 1352.° do CPC, na versão anterior.

Os n.os 3, 4 e 5 correspondem, em parte, aos n.os 4 e 6 do art. 1352.°, *supra* citado, que se transcrevem:

Artigo 1352.° ***(Assuntos a submeter à conferência de interessados)***

(...)

4. À conferência compete deliberar sobre a aprovação do passivo e forma do seu pagamento, e ainda, na falta do acordo previsto nos números anteriores, sobre:

a) Reclamação contra o excesso de avaliação;

b) Quaisquer questões cuja resolução possa influir na partilha.

(...)

6. A deliberação dos interessados presentes relativa as matérias contidas nas alíneas do n.° 4 obriga os que não comparecerem, salvo se não tiverem sido notificados, devendo sê-lo.

REMISSÕES:

1. Intervenção principal do Ministério Público – art. 1327.° CPC.

3. Avaliação dos bens doados no caso de ser arguida inoficiosidade – art. 1365.° CPC; avaliação dos bens legados no caso de ser arguida inoficiosidade – art. 1366.° CPC; avaliação a requerimento do donatário ou legatário, sendo as liberalidades inoficiosas – art. 1367.° CPC; consequências da inoficiosidade do legado – art. 1368.° CPC; quando e como se faz a licitação – arts. 1370.° e seg. CPC; encargos da herança – arts. 2068.° e segs. CC; obrigação de prestação do legado – art. 2265.° CC; cumprimento de legado de coisa genérica – art. 2266.° CC; cumprimento de legados alternativos – art. 2267.° CC.

6. Preenchimento dos quinhões – art. 1374.° CPC; mapa da partilha – art. 1375.° CPC; sentença homologatória da partilha – art. 1382.° CPC.

ANOTAÇÕES:

1. DELIBERAÇÕES NA CONFERÊNCIA:

"Importa notar que não obstante a lei não haver hierarquizado, ao menos por forma expressa, o conhecimento dos assuntos que submete à apreciação e deliberação da conferência, a primazia deve outorgar-se à «composição de quinhões», por isso que, estabelecida unanimidade quanto a ela, deixa de ter oportunidade o apreço dos que vêm discriminados nas alíneas do n.° 4. A composição implica, por si mesma, o acordo quanto a valores dos bens e sua atribuição aos interessados, a solução de tudo o mais que podia impedir a repartição amigável em que todos convieram.

E tanto isto é assim que o mencionado n.° 4 só manda que a conferência delibere sobre os assuntos das suas alíneas «na falta do acordo previsto no n.° 1».

Este acordo, porém, não dispensa a deliberação dos interessados sobre a aprovação do passivo e forma do seu pagamento, já por não excluído naquela forma, já por ser independente da composição em si mesma." *(J. A. Lopes Cardoso, Partilhas Judiciais, Vol. II, 4.ª ed., Coimbra, 1990, págs. 108 e seg.)*

2. ACORDO NA VENDA DOS BENS:

"Inovatoriamente em relação ao regime anterior, a al. *c)* do n.° 1 deste artigo admite que o acordo, na conferência de interessados, se traduza na venda total ou parcial dos bens da herança e na repartição do respectivo produto, e que o acordo dos interessados para essa venda possa ser precedido de arbitramento (n.° 2 deste mesmo artigo), em ordem a facilitar a repartição igualitária dos bens a partilhar, o que representa uma clara adesão à solução da nomeação de «partidores», com fortes tradições em muitas zonas do País." *(Abílio Neto, Cód. Proc. Civil Anotado, 15.ª ed., Set./1999, pág. 1343)*

3. APROVAÇÃO DO PASSIVO:

"A aprovação do passivo compete:

a) aos herdeiros (com exclusão dos respectivos cônjuges, mesmo que tenham comunhão nos bens que couberem ao cônjuge);

b) ao usufrutuário da totalidade ou de quota da herança sem determinação de valor ou objecto (art. 2072.°-1 do Cód. Civil);

c) aos legatários, quando a herança for distribuída em legados, ou quando o testador os encarregou do pagamento do passivo (arts. 2276.° e 2277.° do Cód. Civil), e ainda quando da aprovação das dívidas resulte redução dos legados (art. 1359.°-1 do Cód. Proc. Civil);

d) os donatários, sempre que haja sérias probabilidades de resultar da aprovação do passivo a redução das liberalidades (art. 1359.°-2 do Cód. Proc. Civil)." *(Abílio Neto, Cód. Proc. Civil Anotado, 15.ª ed., Set./1999, pág. 1344)*

4. QUESTÕES CUJA RESOLUÇÃO POSSA INFLUIR NA PARTILHA:

Abílio Neto *(Cód. cit., págs. 1343 e seg.)* enumera várias questões susceptíveis de cair da previsão da al. *b)* do n.° 4:

a) Continuação do giro comercial ou industrial do inventariado;

b) Permanência ou saída de sócio de sociedade de que o inventariado era quotista ou em que possuía quinhão, no caso do respectivo pacto social conferir aos descendentes do sócio falecido ou a certos herdeiros dele (varões, viúva, etc.) o direito de permanecerem na sociedade ou afastarem-se dela;

c) Permanência ou saída de sócio em sociedade de que o inventariado fazia parte quando a lei estabeleça limitações de transmissibilidade;

d) Acordo quanto á forma da partilha que não envolva preterição de regras de direito;

e) Determinação da proveniência de certos bens descritos;

f) Atribuição específica de certos bens em função do determinado em lei expressa;

g) Constituição de servidões necessárias à conveniente partilha dos bens;

h) Cessação de servidões existentes;

i) Divisão ou conjunção de prédios;

j) Cumprimento, pelo cabeça-de-casal, de contratos celebrados pelo inventariado;

k) Formalização de contratos prometidos;

l) Preenchimento do usufrutuário de parte da herança;

m) Actualização das dívidas activas;

n) Constituição da propriedade horizontal, esta a efectuar mercê de sentença a proferir no inventário tendo por base o deliberado em conferência (Cód. Civil, art. 1417.°-1);

o) Acordo a que alude o art. 1001.°-1 do Cód. Civil;

p) Exercício do direito de preferência (Cód. Proc. Civil, art. 1462.°-2);

q) Indivisibilidade da coisa em que algum herdeiro tenha a maior parte por título que a exclua do inventário (Cód. Proc. Civil, art. 1364.°-1);

r) Composição e distribuição de quinhões;

s) Exclusão de bens relacionados.

5. HERANÇAS CUMULADAS:

"Também a circunstância de o inventário se processar para partilha de heranças cumuladas influi, necessariamente, na constituição da conferência de interessados e na legitimidade destes para aí deliberarem.

Na verdade, se quanto à conferência que se proponha objectivos que são específicos da partilha de que a cumulação depende nada há a opor naquele duplo aspecto – que todos os interessados a constituirão, ficando-lhes permitido deliberar sobre os aspectos respectivos –, já o mesmo não poderá dizer-se quanto à partilha dependente. Aqui a constituição e poder deliberativo restringem-se aos interessados com interesse directo nela, que só estes poderão emitir sobre o passivo relacionado como privativo de tal herança, sobre o excesso da avaliação dos bens que se não compreendem na herança dependenda, e suscitar as questões que particularmente respeitam à partilha dependente.

Já não assim no tocante à composição de quinhões, por isso é que a lei exige a unanimidade de todos os interessados e não é possível a composição parcial." *(J. A. Lopes Cardoso, Partilhas Judiciais, Vol. II, 4.ª ed., Coimbra,1990, págs. 109 e seg.)*

JURISPRUDÊNCIA:

LICITAÇÃO EM BENS LEGADOS:

"**I** – É oportuno, no actual regime, o pedido de licitação em bens legados no próprio acto das licitações, sem necessidade, portanto, de o herdeiro a requerer no acto da conferência de interessados que imediatamente precede aquele outro acto.

II – Estabelece o art. 1366.°-1 do Cód. Proc. Civil poder o legatário opor-se à pretensão manifestada por qualquer interessado de licitar sobre bens legados, e não é a remissão para o n.° 4 do art. 1365.°, restrita à forma por que se pode verificar a oposição do legatário, que envolve a ideia de que a declaração de licitação se ter de operar no acto da conferência que a precede; a referência a «conferência» tem de ser entendida, de resto, nos termos amplos em que no próprio acto, para o qual são convocados os interessados, se pode verificar qualquer dos fins assinalados no art. 1352.°-4 e a que se seguem as licitações ordenadas oficiosamente nos termos do art. 1363.°." *(Acórdão da Relação de Lisboa, de 17.04.72, Boletim do Ministério da Justiça 216.°, pág. 194)*

NOTIFICAÇÃO DOS INTERESSADOS:

"Não têm que ser notificados pessoalmente os interessados num inventário, para a conferência a que se refere o art. 1352.° [hoje, art. 1353.°] do Cód. Proc. Civil." *(Acórdão da Relação de Lisboa, de 20.07.82, Colectânea de Jurisprudência, 1982, Tomo IV, pág. 108)*

BENS QUE NÃO PERTENCEM AO INVENTARIADO:

"**I** – Não é admissível num inventário acordar-se sobre a partilha de bens que não pertençam aos inventariados.

II – A mera integração desse acordo na conferência de interessados não lhe confere a virtualidade de determinar a partilha dos bens a que se reporta, nem é abrangido pela sentença homologatória da partilha, visto que esta só respeita aos bens descritos e incluídos no mapa de partilha. Vale apenas como contrato-promessa relativamente a futura partilha desses bens." *(Acórdão da Relação de Lisboa, de 05.12.85, Colectânea de Jurisprudência, 1985, Tomo V, pág. 97)*

CASA DE MORADA DE FAMÍLIA – ENCABEÇAMENTO:

"No inventário (obrigatório), o pedido de encabeçamento do direito à casa de morada de família tem de ser formulado até à conferência de interessados." *(Acórdão da Relação do Porto, de 19.02.91, Colectânea de Jurisprudência, 1991, Tomo I, pág. 249)*

NÃO CITAÇÃO OU NOTIFICAÇÃO DO TESTAMENTEIRO:

"Em processo de inventário, o testamenteiro não tem que ser citado ou notificado, nessa qualidade, para os termos daquele ou para a conferência de interessados prevista pelo art. 1352.° [hoje, art. 1353.°] do Cód. Proc. Civil." *(Acórdão da Relação de Évora, de 03.10.91, Colectânea de Jurisprudência, 1991, Tomo IV, pág. 308)*

NULIDADE DO ACORDO:

"**I** – Há nulidade, de conhecimento oficioso, se no acordo em conferência não é fixado o valor atribuído a cada verba.

II – Uma moradia clandestina não pode ser excluída, por esse motivo, da relação de bens.

III – A circunstância de o reclamante não provar que só soube dos bens reclamados quando fez a reclamação tardia não impede que esta seja atendida, determinando apenas a sua responsabilidade pelas custas do incidente." *(Acórdão da Relação de Lisboa, de 05.05.92, Colectânea de Jurisprudência, 1992, Tomo III, pág. 173)*

ELIMINAÇÃO DE VERBA:

"(...)

III – Se na conferência de interessados em inventário (obrigatório) se verifica unanimidade dos interessados presentes quanto à eliminação de certa verba do passivo, isso é quanto basta para se aceitar tal deliberação, já que a oposição do M. P. apenas releva para efeitos fiscais.

IV – É igualmente de aceitar a deliberação dos interessados, ainda que tomada só por maioria, de reduzirem o valor de uma verba submetida a avaliação para o primitivamente indicado pela cabeça-de-casal." *(Acórdão do Supremo Tribunal de Justiça, de 15.03.94, Colectânea de Jurisprudência, 1994, Tomo I, pág. 165)*

DELIBERAÇÃO NULA:

"(...)

II – São nulas as deliberações tomadas na conferência de interessados desde que tenha havido prévia combinação entre eles no sentido de a venda atingir certo preço." *(Acórdão da Relação de Évora, de 02.03.95, Colectânea de Jurisprudência, 1995, Tomo II, pág. 253)*

ANULAÇÃO DA CONFERÊNCIA:

"É de anular a conferência de interessados e termos processuais subsequentes, quando não está decidida a questão da interpretação de testamento." *(Acórdão da Relação de Évora, de 12.12.96, Boletim do Ministério da Justiça 462.°, pág. 507)*

FALTA DE NOTIFICAÇÃO DOS INTERESSADOS:

"**I** – Os interessados que não juntaram procuração têm de ser notificados para a conferência por carta registada; se não o forem é cometida uma irregularidade produtora de nulidade, que é sanável.

II – A licitação pode ser anulada pelos mesmos fundamentos por que o podem ser os negócios jurídicos." *(Acórdão da Relação do Porto, de 21.01.99, Colectânea de Jurisprudência, 1999, Tomo I, pág. 200)*

ACEITAÇÃO TÁCITA DA HERANÇA - REDUÇÃO DE DOAÇÕES INOFICIOSAS - PROCESSO PRÓPRIO - CADUCIDADE:

"**I** – O recebimento pelos herdeiros das rendas respeitantes a um imóvel da herança constitui manifestação (tácita) de aceitação da herança.

II – No caso de instauração de inventário é em tal processo e não através de acção comum, que deve fazer-se a redução das doações inoficiosas, independentemente do donatário ser ou não herdeiro.

III – Do mesmo passo, terá de ser neste processo que deve ser suscitada a eventual caducidade do direito de redução das doações inoficiosas.

IV – A caducidade do prazo de redução destas liberalidades apenas pode ser invocada por parte do donatário que não fosse herdeiro do doador, já que sendo o mesmo herdeiro a todo o tempo pode ter lugar a redução." *(Acórdão da Relação do Porto, de 08.11.2001, Colectânea de Jurisprudência, 2001, Tomo V, pág. 177)*

DÍVIDAS DA HERANÇA:

"I – As dívidas relacionadas pela cabeça de casal ou reclamadas por credores da herança só podem ser reconhecidas no inventário: em primeiro lugar na conferência de interessados por estes.

II – Não havendo aprovação na conferência podem ser reconhecidos pelo juiz quando a questão puder ser resolvida com segurança pelo exame dos documentos apresentados.

III – Não pode o Juiz substituir-se à conferência para decidir sobre a existência da dívida, antes da conferência, em decisão do incidente e com base em prova testemunhal." *(Acórdão da Relação de Coimbra, de 19.04.2005, Colectânea de Jurisprudência, 2005, Tomo II, pág. 35)*

NOTAS PESSOAIS:

ARTIGO 1354.°
(Reconhecimento das dívidas aprovadas por todos)

1. As dívidas que sejam aprovadas pelos interessados maiores e por aqueles a quem compete a aprovação por parte dos menores ou equiparados, consideram-se judicialmente reconhecidas, devendo a sentença que julgue a partilha condenar no seu pagamento.

2. Quando a lei exija certa espécie de prova documental para a demonstração da sua existência, não pode a dívida ser aprovada por parte dos menores ou equiparados sem que se junte ou exiba a prova exigida.

HISTÓRICO:

Redacção não alterada.

REMISSÕES:

1. Menoridade – arts. 122.° e segs. CC; interdições – arts. 138.° e segs. CC; inabilitações – arts. 152.° e segs. CC; pessoas colectivas – arts. 157.° e segs. CC; associações – 167.° e segs. CC; fundações – arts. 185.° e segs. CC.

2. Prova documental – arts. 362.° e segs. CC; responsabilidade da herança – arts. 2069.° e 2090.°, 2, CC; responsabilidade do herdeiro – art. 2071.° CC; direitos e obrigações do herdeiro em relação à herança – art. 2074.° CC; responsabilidade da herança indivisa – art. 2097.° CC; pagamento dos encargos após a partilha – art. 2098.° CC.

Dívidas não aprovadas por todos – art. 1355.° CPC; divergências sobre a aprovação de dívidas – art. 1356.° CPC.

ANOTAÇÕES:

1. TÍTULO EXECUTIVO:

"A sentença referida no n.° 1 deste artigo constitui título executivo quanto às dívidas reconhecidas para o efeito de os credores exigirem, pelos meios competentes, o pagamento do que lhes é devido." *(ABÍLIO NETO, Cód. Proc. Civil Anotado, 15.ª ed., Set./1999, pág. 1345)*

2. PASSIVO APROVADO; NÃO REMISSÃO PARA OS MEIOS COMUNS:

"Por virtude do preceituado no artigo 1354.°, aplicável por força do determinado no artigo 1356.°, não pode o juiz remeter os interessados para os meios comuns em relação a uma parte do passivo que hajam aprovado e que, desde logo, se tem de considerar judicialmente reconhecido. Neste sentido, Ac. RE, de 20.01.76 (BMJ 255, pág. 217)." *(WANDA FERRAZ DE BRITO e outros, Código de Processo Civil Anotado, anot. ao art. 1354.°)*

NOTAS PESSOAIS:

ARTIGO 1355.°
(Verificação de dívidas pelo juiz)

Se todos os interessados forem contrários à aprovação da dívida, o juiz conhecerá da sua existência quando a questão puder ser resolvida com segurança pelo exame dos documentos apresentados.

HISTÓRICO:

Preceito não alterado.

REMISSÕES:

Negação de dívidas activas – art. 1351.° CPC; dívidas aprovadas por todos – art. 1354.° CPC; divergências sobre a aprovação das dívidas – art. 1356.° CPC; prova documental – art. 362.° e segs. CC.

ANOTAÇÕES:

1. DÍVIDAS PASSIVAS DA HERANÇA:
Ao contrário do previsto no art. 1351.°, trata-se aqui de dívidas passivas da herança, ou seja, de situações em que alguém reclama ser credor da herança e todos os interessados se oponham à sua aprovação. Neste caso, o poder decisório cabe ao Juiz exclusivamente com base na força probatória dos documentos apresentados pelo pretenso credor.

2. OBRIGAÇÃO DO JUIZ:
"O exercício, por parte do juiz, da observância do determinado no art. 1355.°, não se confina numa faculdade, mas numa obrigação, conclusivo que resulta líquido do emprego da palavra «conhecerá».

(...) Note-se, porém, que o juiz, no processo de inventário, limita-se, no caso considerado, a reconhecer ou não a existência da dívida, não lhe competindo deliberar a sua aprovação ou rejeição. Reconhecida judicialmente e nos indicados termos «a declaração do juiz de que os credores ficariam com o direito a receber pelos meios comuns, quer significar que, não tendo os credores pedido o respectivo pagamento no inventário, lhes fica assegurado o direito de receberem os seus créditos, mediante execução».

E, ainda que o artigo não mande que na sentença o juiz condene no pagamento das dívidas que oficiosamente declarou existirem, deve também entender-se que a tais dívidas se aplica a mesma doutrina que para as aprovadas unanimemente ficou declarada no art. 1354.°." *(J. A. Lopes Cardoso, Partilhas Judiciais, Vol. II, 4.ª ed., Coimbra, 1990, págs. 154 e segs.)*

NOTAS PESSOAIS:

ARTIGO 1356.°
(Divergências entre os interessados sobre a aprovação de dívidas)

Havendo divergências sobre a aprovação da dívida, aplicar-se-á o disposto no artigo 1354.° à quota-parte relativa aos interessados que a aprovem; quanto à parte restante, será observado o determinado no artigo 1355.°.

HISTÓRICO:

Preceito não alterado.

REMISSÕES:

Aprovação de dívidas por todos – art. 1354.° CPC; negação de dívida por todos – art. 1355.° CPC; pagamento das dívidas aprovadas – arts 1357.° e seg. CPC; deliberação dos legatários ou donatários sobre o passivo – art. 1359.° CPC; dívida não aprovada por todos ou não reconhecida pelo tribunal – art. 1360.° CPC.

ANOTAÇÕES:

1. REGIME:
Estabelece-se um regime naturalmente remissivo para as hipóteses de aprovação ou negação de dívidas por todos, cujos critérios estão previstos nos dois preceitos anteriores.

2. CRITÉRIOS:
"O art. 1356.° do Cód. Proc. Civil dispõe que «havendo divergências sobre a aprovação da dívida, aplicar-se-á o disposto no art. 1354.° à quota-parte relativa aos interessados que a aprovem; quanto à parte restante, será observado o determinado no art. 1355.°»

Quer dizer: ali, a dívida considera-se reconhecida na quota-parte relativa aos interessados que a aprovaram; aqui, o juiz tomará a posição já referenciada.

Cumpre, porém, aproximar aquele texto do que preceitua o art. 1360.°, pois «se a dívida que dá causa à redução não for aprovada por todos os herdeiros, donatários e legatários, ou não foi reconhecida pelo tribunal, não poderá ser tomada em conta, no processo de inventário, para esse efeito»

Exige, assim, a lei, para o efeito de redução, que tal dívida obtenha aprovação unânime ou reconhecimento judicial, pois a aquiescência de herdeiros e meeiro não pode impor-se aos legatários e donatários, sob pena de estes terem de aceitar uma redução que rejeitam e, do mesmo modo, a aquiescência destes contra a recusa daqueles seria atribuir-lhes um benefício não querendo eles aceitar a correspondente obrigação." *(J. A. Lopes Cardoso, Partilhas Judiciais, Vol. II, 4.ª ed., Coimbra, 1990, págs. 156 e seg.)*

JURISPRUDÊNCIA:

INAPLICABILIDADE DOS MEIOS COMUNS:

"**II** – Por virtude do preceituado no art. 1354.°, aplicável por força do determinado no art. 1356.°, ambos daquele Código de Processo Civil, não pode o juiz remeter os interessados para os meios comuns em relação a uma parte do passivo que hajam aprovado e que, desde logo, se tem de considerar judicialmente reconhecido." *(Acórdão da Relação de Évora de 20.01.76, Boletim do Ministério da Justiça 255.°, pág. 217)*

NOTAS PESSOAIS:

ARTIGO 1357.°

(Pagamento das dívidas aprovadas por todos)

1. As dívidas vencidas e aprovadas por todos os interessados têm de ser pagas imediatamente, se o credor exigir o pagamento.

2. Não havendo na herança dinheiro suficiente e não acordando os interessados noutra forma de pagamento imediato, procede-se à venda de bens para esse efeito, designando o juiz os que hão-de ser vendidos, quando não haja acordo a tal respeito entre os interessados.

3. Se o credor quiser receber em pagamento os bens indicados para a venda, ser-lhe-ão adjudicados pelo preço que se ajustar.

4. O que fica disposto é igualmente aplicável às dívidas cuja existência seja verificada pelo juiz, nos termos dos artigos 1355.° e 1356.°, se o respectivo despacho transitar em julgado antes da organização do mapa da partilha.

HISTÓRICO:

Preceito não alterado.

REMISSÕES:

1. Responsabilidade da herança – art. 2068.° CC.

2. Compra e venda – arts. 874.° e segs. CC; disposições gerais sobre a venda – arts. 886.° e segs. CPC; venda judicial – arts. 889.° e segs. CPC; venda extrajudicial – arts 902.° e segs. CPC.

3. Dívidas da herança não aprovadas por todos os herdeiros – art. 1355.° do CPC; divergências quanto à aprovação de dividas – art. 1356.° do CPC.

ANOTAÇÕES:

1. PAGAMENTO IMEDIATO:

"O pagamento imediato a que alude o art. 1357.°-4 tem, necessariamente, dois pressupostos de concorrência simultânea: dívida já vencida e aprovação unânime. De maneira que, verificados, ao credor fica lícito exigir o que foi aprovado e nos precisos termos em que o foi, sendo irrelevantes quaisquer exigências que os não respeitem.

Tal pagamento faz-se com obediência da seguinte ordem hierárquica:

a) Por dinheiro porventura existente na herança;

b) Por outra forma em que os interessados acordem;

Essa outra forma não diz a lei qual seja mas uma coisa é certa: só a aquiescência unânime dos herdeiros e dos credores a que o pagamento se faça desta ou daquela maneira será susceptível de produzir efeitos. É que esse problema conjuga os interesses de uns e outros, ainda que mais predominantemente a lei atenda aos dos segundos.

À mingua de indicativo legal pode considerar-se atendível o de, analogicamente ao estabelecido no art. 2098.°-2 do Cód. Civil, deliberar que o pagamento do passivo seja feito pelos herdeiros na respectiva proporção em prazo entre todos concertado.

c) Pela venda de bens;

É esta a forma mais generalizada e, por o ser, a lei rodeia de especiais cuidados o seu processamento. É assim que comete ao juiz a escolha dos bens que hão-de ser vendidos, quando não haja acordo a tal respeito entre os interessados. A subsidariedade da função judicial compreende-se e aceita-se, pois os interessados maiores e os representantes dos incapazes podem ter razões sérias para preferirem um a outro imóvel, uns móveis a outros móveis, podendo escolher livremente os bens que hão-de ser vendidos porque não estão sujeitos a quaisquer regras fixas, vendem de preferência o que mais lhes convém vender e são eles próprios os juizes dessa conveniência." *(J. A. Lopes Cardoso, Partilhas Judiciais, Vol. II, 4.ª ed., Coimbra, 1990, págs. 159 e seg.)*

2. VENDA DE BENS:

"A venda de bens em inventário constitui, por assim dizer, um mal necessário. Em princípio e por sua natureza este processo não é organizado em benefício de credores, antes se estabeleceu para repartição de uma herança. Mas é da própria essência da partilha judicial a resolução, a bem dos incapazes, de todos os problemas referentes à satisfação dos encargos que oneram a herança, visto que os fitos necessários para essa liquidação – venda de bens, levantamento de importâncias – implicam dispêndio de dinheiro e de tempo quando relegados para processos diferentes." *(J. A. Lopes Cardoso, Partilhas Judiciais, Vol. II, 4.ª ed., Coimbra, 1990, pág. 161)*

JURISPRUDÊNCIA:

PAGAMENTO IMEDIATO DE DÍVIDA DA HERANÇA:

"**I** – O pagamento imediato de uma dívida da herança, nos termos do art. 1357.° do Cód. Proc. Civil, depende do facto de aquela estar vencida e ter sido aprovada por todos os interessados. O pressuposto legal da aprovação unânime traduz-se necessariamente na possibilidade de o credor poder exigir apenas o que foi aprovado e nos precisos termos em que se deu a aprovação. (...)" *(Acórdão do Supremo Tribunal de Justiça, de 31.01.75, Boletim do Ministério da Justiça 243.°, pág. 268)*

PROMESSA DE VENDA – RECEBIMENTO DO PREÇO:

"**I** – Há que relacionar no inventário um imóvel que o inventariado vendeu, sem ter chegado a celebrar a escritura, embora com esta declaração e indicação do preço recebido, como passivo da herança.

II – Na conferência de interessados deve deliberar-se se deve ou não honrar-se o contrato.

III – Em caso afirmativo, descreve-se como crédito o preço recebido, eliminando-se o imóvel da descrição; em caso negativo, mantém-se a relacionação do imóvel, descrevendo-se como passivo da herança o preço recebido.

IV – Deliberando-se que a escritura se celebre imediatamente, pode até o imóvel ser logo adjudicado ao comprador pelo preço estipulado." *(Acórdão da Relação de Lisboa, de 18.03.82, Colectânea de Jurisprudência, 1982, Tomo II, pág. 171)*

BEM HIPOTECADO:

"**I** – Num inventário, os bens hipotecados serão considerados em sintonia com os valores que garantem, ainda que a conferência de interessados possa deliberar o pagamento de uma dívida não fique, apenas, a cargo de quem receba o bem hipotecado.

II – Mas se não houver tal deliberação, responderá, perante o credor, apenas quem receber o bem hipotecado, pelo que deverá ser compensado.

III – Solução correcta está em abater o passivo garantido por hipoteca no valor do bem hipotecado, e não no valor global do activo." *(Acórdão da Relação de Lisboa, de 21.04.94, Colectânea de Jurisprudência, 1994, Tomo II, pág. 121)*

NOTAS PESSOAIS:

ARTIGO 1358.°
(Pagamento de dívidas aprovadas por alguns dos interessados)

Sendo as dívidas aprovadas unicamente por alguns dos interessados, compete a quem as aprovou resolver sobre a forma de pagamento, mas a deliberação não afecta os demais interessados.

HISTÓRICO:

Preceito não alterado.

REMISSÕES:

Forma de pagamento – art. 2098.°, 2, CC.

ANOTAÇÕES:

"Sendo as dívidas aprovadas unicamente por alguns dos interessados, compete a quem as aprovou resolver sobre a forma de pagamento, mas a deliberação não afecta os demais interessados. É o que dispõe o art. 1358.° do Cód. Proc. Civil em inteira coerência com o preceituado no seu art. 1356.°.

Como judiciosamente foi referido, o alcance prático desta regra é pouco mais que nulo. «Os que aprovaram as dívidas não podem vender bens ou separar bens porque os bens também são dos outros; não podem decidir entregar dinheiro da herança... Fica-lhes, pois, a quase inútil deliberação de pôr o pagamento a cargo de cada um, na devida proporção, e a outra, de categoria idêntica, de atribuir o encargo do pagamento só a um ou alguns – além de outras sem relevo para o processo e que admita quem não julgar taxativa a enumeração da lei civil»." *(J. A. Lopes Cardoso, Partilhas Judiciais, vol. II, 4.ª ed., Coimbra, 1990, pág. 169)*

NOTAS PESSOAIS:

ARTIGO 1359.°
(Deliberação dos legatários ou donatários sobre o passivo)

1. Aos legatários compete deliberar sobre o passivo e forma do seu pagamento quando toda a herança seja dividida em legados, ou quando da aprovação das dívidas resulte redução de legados.

2. Os donatários serão chamados a pronunciar-se sobre a aprovação das dívidas, sempre que haja sérias probabilidades de resultar delas as redução de liberalidades.

HISTÓRICO:

Preceito não alterado.

REMISSÕES:

1. Legatário – art. 2030.°, n.ºs 2 e 4 CC; dívidas da herança – art. 2068.° CC; legado de alimentos – art. 2073.° CC.

2. Doação em vida – arts. 940.° e segs. CC; doações por morte para casamento – arts. 1700.° e segs. do CC; redução de liberalidades por inoficiosidade – arts. 2168.° e segs. CC.

NOTAS PESSOAIS:

ARTIGO 1360.°

(Dívida não aprovada por todos ou não reconhecida pelo tribunal)

Se a dívida que dá causa à redução não for aprovada por todos os herdeiros, donatários e legatários ou não for reconhecida pelo tribunal, não poderá ser tomada em conta, no processo de inventário, para esse efeito.

HISTÓRICO:

Redacção inalterada.

REMISSÕES:

Doação – arts. 940.° e segs. CC; herdeiro e legatário – art. 2030.° CC; reconhecimento das dívidas aprovadas por todos os interessados – art. 1354.° CPC; verificação de dívidas pelo juiz – art. 1355.° CPC; pagamento das dívidas aprovadas – arts. 1357.° e seg. CPC; deliberação dos legatários ou donatários sobre o passivo – art. 1359.° CPC.

NOTAS PESSOAIS:

ARTIGO 1361.°
(Insolvência da herança)

Quando se verifique a situação de insolvência da herança, seguir-se-ão, a requerimento de algum credor ou por deliberação de todos os interessados, os termos do processo de falência que se mostrem adequados, aproveitando-se, sempre que possível, o processado.

HISTÓRICO

Redacção do art. 2.° do DL 227/94, de 8-9.

Corresponde, com alterações, ao art. 1361.° do CPC, na redacção anterior, que se transcreve:

Artigo 1361.° ***(Insolvência da herança)***

Quando se verificar que as dívidas aprovadas ou reconhecidas excedem a massa da herança, seguir-se-ão, a requerimento de algum credor ou por deliberação de todos os interessados, os termos do processo de insolvência que sejam adequados, aproveitando-se o processado.

LEGISLAÇÃO SUBSIDIÁRIA:

PROCESSOS ESPECIAIS DE RECUPERAÇÃO DA EMPRESA E DE FALÊNCIA - DECRETO-LEI N.° 132/93, DE 23 DE ABRIL (REPUBLICADO PELO DECRETO-LEI N.° 315/98, DE 20 DE OUTUBRO):

Artigo 1.° ***(Campo de aplicação)***

1. Toda a empresa em situação económica difícil ou em situação de insolvência pode ser objecto de uma medida ou de uma ou mais providências de recuperação ou ser declarada em regime de falência.

2. Só deve ser decretada a falência da empresa insolvente quando ela se mostre economicamente inviável ou se não considere possível, em face das circunstâncias, a sua recuperação financeira.

3. Sem prejuízo dos efeitos patrimoniais da existência de personalidade jurídica distinta, é permitida a coligação activa ou passiva de sociedades que se encontrem em relação de domínio ou de grupo, nos termos do Código das Sociedades Comerciais, ou que tenham os seus balanços e contas aprovados consolidadamente.

Artigo 3.° ***(Situação de insolvência e situação económica difícil)***

1. É considerada em situação de insolvência a empresa que se encontre impossibilitada de cumprir pontualmente as suas obrigações em virtude de o seu activo disponível ser insuficiente para satisfazer o seu passivo exigível.

2. É considerada em situação económica difícil a empresa que, não devendo considerar-se em situação de insolvência, indicie dificuldades económicas e financeiras, designadamente por incumprimento das suas obrigações.

Artigo 7.° ***(A quem compete o pedido por parte da empresa)***

A iniciativa do pedido de recuperação ou de declaração de falência por parte da empresa devedora cabe ao respectivo titular, ao órgão social incumbido da sua administração ou à assembleia geral dos sócios.

ANOTAÇÕES:

1. REMISSÃO:

Enquanto no regime anterior mandavam aplicar-se os termos do processo de insolvência (regulado nos artigos 1135.° a 1325.° do Código de Processo Civil, entretanto revogados pelo artigo 9.° do Decreto-Lei n.° 132/93, de 23/4), hoje faz-se a remissão para o processo de falência, actualmente regulado pelo diploma *supra* citado.

2. FIXAÇÃO DO PASSIVO:

"Como ponto de partida tomará como certo que só a fixação exacta do passivo relacionado ou reclamado, seja a sua aprovação pelos interessados ou pelo juiz, poderá servir de base à declaração de insolvência. Quer isto dizer que não basta que da relacionação, reclamação ou descrição se surpreenda a sua proeminência sobre o activo descrito, visto que o passivo pode não obter aprovação ou obtê-la parcialmente, o que tudo é factor a considerar, já que a insolvência pressupõe uma certeza na insatisfação do pagamento do devido e não é justo lançar mão desta providência odiosa e de consequências por demais conhecidas perante simples presunções que, se podem inculcá-la, não autorizam cabalmente o seu decretamento judicial." *(J. A. Lopes Cardoso, Partilhas Judiciais, Vol. II, 4.ª ed., 1990, pág. 174)*

3. DELIBERAÇÃO DE INSOLVÊNCIA:

"A lei faz depender o deliberado da verificação de que as dívidas aprovadas ou reconhecidas excedem a massa da herança, não de ser ou não peticionada a imediata satisfação delas. Neste aspecto afasta-se do que está na base do funcionamento do instituto falimentar, mas compreende-se a divergência pelo interesse que os interessados têm de aproveitar os termos do inventário para a liquidação da herança a que concorrem com eliminação rigorosa das obrigações correspondentes por sua parte.

Daí que não seja lícito aos credores (obstar por qualquer forma ao deliberado, constatados que sejam os pressupostos, e não seja lícito também oporem-se os interessados à pretensão por aqueles formulada em igualdade de circunstâncias." *(J. A. LOPES CARDOSO, Partilhas Judiciais, Vol. II, 4.ª ed., 1990, págs. 178)*

4. PASSAGEM A PROCESSO DE FALÊNCIA:

"Para que no processo de inventário se sigam os termos do processo de falência, não basta que, na altura da relação de bens, o valor do passivo da herança ultrapasse o do activo. De facto, é necessário aguardar pela conferência de interessados para se tornar certo que as dívidas são aprovadas por unanimidade pelos interessados ou reconhecidas judicialmente. É ainda necessário, por outro lado, aguardar pelas licitações e, por vezes, pela avaliação para se verificar qual o valor certo do activo.

Portanto, *só em caso nítido de manifesta desproporção* entre o valor do activo e o do passivo estarão o credor e os interessados aptos a requerer a passagem do processo de inventário a processo de falência.

Essa passagem não é oficiosa, tendo de ser requerida por qualquer credor que tenha visto verificado o seu crédito no processo ou por requerimento dos interessados que tenham deliberado por unanimidade em tal sentido. Se nada for requerido, o processo termina por inutilidade superveniente da lide.

Se se seguirem os termos do processo de falência, designará o juiz um liquidatário judicial, findando nessa altura o exercício do cargo de cabeça-de-casal, procede-se à apreensão dos bens, fixa-se prazo para as reclamações, proceder-se-á à liquidação do activo e, depois, aos pagamentos." *(CARVALHO DE SÁ, Do Inventário – Descrever, Avaliar e Partir, 1996, pág. 127)*

JURISPRUDÊNCIA:

HERANÇA INDIVISA – INSOLVÊNCIA:

"**I** – A titularidade da «meação» da viúva é direito próprio relacionado com o vínculo conjugal com o defunto, enquanto a titularidade da «herança» reside no fenómeno sucessório.

II – Enquanto viúva «meeira», ela é parte legítima na acção de separação de bens por virtude de insolvência da herança indivisa aberta por decesso do seu cônjuge, só sendo parte legítima enquanto «herdeira»." *(Acórdão do Supremo Tribunal de Justiça, de 01.02.95, Colectânea de Jurisprudência, Acórdãos do Supremo Tribunal de Justiça, 1995, Tomo I, pág. 58)*

PASSIVO SUPERIOR AO ACTIVO; PROSSEGUIMENTO DO PROCESSO COMO INSOLVÊNCIA; INUTILIDADE SUPERVENIENTE DA LIDE:

"**I** – No inventário para a separação de meações, em consequência de divórcio, não se justifica o prosseguimento do processo quando se constata que o valor do passivo ultrapassa manifestamente o valor do activo, porque nada há a partilhar.

II – Neste caso, deve conceder-se aos interessados e credores a possibilidade de requererem a passagem do processo de inventário a processo de insolvência.

III – Nada sendo requerido, o processo termina por inutilidade superveniente da lide." *(Acórdão da Relação do Porto, de 28.06.2007, Colectânea de Jurisprudência, 2007, Tomo III, pág. 200)*

NOTAS PESSOAIS:

ARTIGO 1362.°

(Reclamação contra o valor atribuído dos bens)

1. Até ao início das licitações, podem os interessados e o Ministério Público, quando tenha intervenção principal no inventário, reclamar contra o valor atribuído a quaisquer bens relacionados, por defeito ou por excesso, indicando logo qual o valor que reputa exacto.

2. A conferência delibera, por unanimidade, sobre o valor em que se devem computar os bens a que a reclamação se refere.

3. Não se altera, porém, o valor se algum dos interessados declarar que aceita a coisa pelo valor declarado na relação de bens ou na reclamação apresentada, consoante esta se baseie no excesso ou no insuficiente valor constante da relação, equivalendo tal declaração à licitação; se mais de um interessado aceitar, abre-se logo licitação entre, eles, sendo a coisa adjudicada ao que oferecer maior lanço.

4. Não havendo unanimidade na apreciação da reclamação deduzida, nem se verificando a hipótese prevista no número anterior, poderá requerer-se a avaliação dos bens cujo valor foi questionado, a qual será efectuada nos termos dos artigo 1369.°.

5. As reclamações contra o valor atribuído aos bens podem ser feitas verbalmente na conferência.

HISTÓRICO

Redacção do art. 2.° do DL 227/94, de 08.09.

Corresponde, com alterações, ao art. 1362.° do CPC, na redacção anterior que se transcreve:

Artigo 1362.° ***(Deliberação sobre o excesso da avaliação)***

1. Se algum dos interessados achar excessivo o valor atribuído a quaisquer bens, declarará o valor que reputa exacto e a conferência deliberará se deve manter-se ou baixar-se a avaliação, fixando-se neste último caso o valor em que devem ser computados os bens.

2. Não é permitido baixar o valor se algum interessado declarar que aceita a coisa pela avaliação.

Esta declaração equivale a licitação. Se mais de um interessado aceitar, abre-se logo licitação entre eles, sendo a coisa adjudicada ao que oferecer maior lanço.

3. Quando a conferência não chegue a fixar o valor, prevalece o mais elevado dos valores oferecidos pelos interessados.

4. A reclamação contra o excesso da avaliação pode ser feita verbalmente na conferência.

REMISSÕES:

1. Intervenção principal do M.P. – art. 1327.° CPC; licitações – art. 1363.° CPC.

ANOTAÇÕES:

1. QUEM PODE RECLAMAR:

"O art. 1362.°, n.° 1, usa a palavra «interessados» ao regular o respectivo processo e já daqui vem que não poderão reclamar os credores, legatários ou donatários, aqueles por carência de interesse e estes por teres outro meio à sua disposição em defesa da liberdade com que foram contemplados pelo autor da herança: avaliação dos bens doados.

(...) Relativamente ao usufrutuário o caso é diferente. Se o é de bens certos e determinados ou da totalidade da herança, a questão não pode pôr-se por prontamente repelida em consequência da falta de interesse, requisito indispensável à sua legitimidade (Cód. Proc. Civil, art. 26.°). Sendo de parte indeterminada da herança subsiste razão idêntica." *(J. A. Lopes Cardoso, Partilhas Judiciais, Vol. II, 4.ª ed., 1990, págs. 183 e seg.)*

2. ILAÇÃO DA PRESUNÇÃO DO VALOR:

"Certamente que as matrizes, as cotações, os balanços e a declaração do cabeça-de-casal têm uma certa base e conduzem a uma aproximação do valor dos bens a que respeitam, mas a presunção de que se parte pode ser ilidida por dois meios: pela licitação quando aquém do valor real e pela reclamação contra o excesso no caso contrário. O mesmo se verifica em relação aos bens dependentes da avaliação. Aqui, como ali, o art. 1362.° pode entrar em funcionamento." *(J. A. Lopes Cardoso, Partilhas Judiciais, Vol. II, 4.ª ed. 1990, pág. 187.)*

3. LIMITES À EXPRESSÃO «QUAISQUER BENS»:

"Não obstante referir-se a «quaisquer bens», nem por isso é legítimo admitir a reclamação quanto ao dinheiro cujo valor é insusceptível de aumento ou depreciação.

Por outro lado, quando o co-herdeiro de parte de uma coisa que, por sua natureza ou sem detrimento, não possa ser dividida ou em que tenha a maior parte por título que exclua do inventário essa parte, alegar que a essa coisa foi atribuído valor excessivo, procede-se a avaliação.

Também a aludia expressão «quaisquer bens» não autoriza a reclamação contra o excesso por parte dos co-herdeiros quanto aos bens doados ou legados. A falta de interesse retira-lhes legitimidade para tal.

Não bem assim quanto ao donatário ou legatário; a excessiva avaliação dos bens doados ou legados, além de lhes ocasionar maior encargo tributário, pode tornar-lhes redutível ou inoficiosa a respectiva deixa. (...)

Nem sempre, porém, o donatário ou o legatário podem reclamar na sobredita forma; é indispensável que da avaliação resulte que a doação ou o legado são inoficiosos." *(J. A. Lopes Cardoso, Partilhas Judiciais, Vol. II, 4.ª ed. 1990, págs. 187 e seg.)*

JURISPRUDÊNCIA:

BENFEITORIA; VALOR A CONSIDERAR:

"Tendo a casa de habitação construída pelos ex-cônjuges em terreno dos pais de um deles sido relacionada como direito de crédito do património comum e tendo-lhe logo sido atribuído um concreto e determinado valor, que nunca foi questionado, designadamente na Conferência de Interessados, em que ocorreram licitações, não pode depois haver lugar à avaliação (de tal casa de habitação) a que alude o art. 1362.°, n.° 24, do CPC, devendo o direito de crédito em causa ser "adjudicado" pelo valor inicialmente atribuído e nunca questionado." *(Acórdão da Relação de Coimbra, de 30.11.2004, Colectânea de Jurisprudência, 2004, pág. 26)*

NOTAS PESSOAIS:

SECÇÃO V
Da avaliação dos bens e licitações

ARTIGO 1363.°
(Abertura das licitações)

1. Não tendo havido acordo, nos termos do n.° 1 do artigo 1353.°, e resolvidas as questões referidas no n.° 4 deste artigo, quando tenham lugar, abre-se licitação entre os interessados.

2. Estão excluídos da licitação os bens que, por força da lei ou de negócio, não possam ser dela objecto, os que devam ser preferencialmente atribuídos a certos interessados e os que hajam sido objecto de pedido de adjudicação, nos termos do artigo seguinte.

HISTÓRICO:

Redacção do art. 2.° do DL 227/94, de 08.09

O n.° 1 corresponde em parte, ao art. 1363.° do CPC, na redacção anterior, que se transcreve:

Artigo 1363.° *(Abertura das licitações)*

Não tendo havido acordo nos termos dos n.os 2 e 3 do artigo 1352.°, o resolvidas as questões referidas no n.° 4 desse artigo, quando tenham lugar, abre-se licitações entre os interessados.

Relativamente ao n.° 2, cfr. art. 1364.°, n.° 3 do CPC, na redacção anterior, que dizia:

"Pode também requerer-se segunda avaliação de coisas que, por força da lei ou de contrato, não possam ser licitadas".

REMISSÕES:

1. Interessados directos na partilha – art. 1327.°, 1, *a)* CPC; assuntos a acordar por unanimidade na conferência – art. 1353.°, n.° 1, CPC.

2. Bens não relacionados – art. 1349.°, n.° 3 CPC; atribuições preferenciais ao cônjuge sobrevivo – arts. 2103.°-A e segs. CC; pedido de adjudicação – art. 1364.° CPC; avaliação de bens doados no caso de ser arguida inoficiosidade – art. 1365.° CPC; avaliação de bens legados no caso de ser arguida inoficiosidade – art. 1366.° CPC; avaliação a requerimento do donatário ou legatário – art. 1367.° CPC; consequências da inoficiosidade do legado – art. 1368.° CPC; quando e como se faz a licitação – arts. 1370.° e 1371.° CPC.

ANOTAÇÕES:

1. BENS EXCLUÍDOS DA LICITAÇÃO:

"Nesta generalidade de bens [licitáveis] não se compreendem os que, tendo sido objecto de acusação de falta de relacionação, foram mandados exceptuar dela e os que foram excluídos em consequência do decidido no incidente prevenido no art. 1344.° do Cód. Proc. Civil.

Mas compreendem-se, necessariamente, aqueles bens sobre os quais subsista controvérsia entre a herança e outrem, porventura pendente em processo próprio, e que, por isso mesmo, vieram a ser descritos no inventário como litigiosos." *(J. A. Lopes Cardoso, Partilhas Judiciais, Vol. II, 4.ª ed., 1990, pág. 260)*

2. ALGUNS EXEMPLOS DE BENS LICITÁVEIS:

As moedas metálicas estrangeiras de ouro ou prata, verdadeiros bens da herança, estão sujeitas a licitação; igualmente as moedas metálicas nacionais retiradas da circulação.

Os jazigos são licitáveis e não há qualquer preceito que os exclua da licitação. A impenhorabilidade dos túmulos (art. 822.°, n.° 1, al. *c)* do CPC) não invalida esta doutrina, visto que a licitação tem lugar somente entre os herdeiros (art. 1371.°, n.° 1) e a sua perpétua indivisão levaria à inutilização do seu fim.

3. ALGUNS EXEMPLOS DE BENS NÃO LICITÁVEIS:

Devem excluir-se os bens que o testador indicou para a composição da sua quota disponível, porque embora não sendo legados, têm necessariamente de ser encabeçados no respectivo co-herdeiro.

Não pode licitar-se em dinheiro existente na herança porque o seu valor não é susceptível de aumento ou depreciação.

Também não podem licitar-se bens que só podem transmitir-se a certo herdeiro, v.g., quotas em sociedades cujo pacto imponha limitações.

JURISPRUDÊNCIA:

ACORDO SOBRE O VALOR DE VERBA – LICITAÇÃO:

"**I** – Não faz sentido que na conferência de interessados as partes acordem sobre o valor de uma verba e depois licitem sobre ela.

II – Em inventário, as licitações conduzem a uma compra e venda, na medida em que se adquire um bem a partilhar em medida superior à quota ideal que nele se detém.

III – Por isso são nulas se o seu objecto é indeterminável." *(Acórdão da Relação de Évora, de 25.01.96, Colectânea de Jurisprudência, 1996, Tomo I, pág. 279)*

LICITAÇÃO - PRÉDIO INTEGRANTE DA HERANÇA E SIMULTANEAMENTE DE UMA EXPLORAÇÃO AGRÍCOLA - EMPARCELAMENTO RURAL:

"A harmonização das regras do emparcelamento rural, com as regras do inventário e a ausência de tratamento jurídico da situação em que a exploração agrícola economicamente viável é constituída por prédios que constituem a herança e outros que a não integram, impõe que se considerem os artigos 20.°, n.° 2 do DL 384/88, de 25-10, e 45.°, do DL 103/90, de 22-3 aplicáveis apenas a situações em que a exploração agrícola é constituída por prédios todos eles integrantes da herança." *(Acórdão da Relação de Coimbra, de 19.03.2002, Colectânea de Jurisprudência, 2002, Tomo II, pág. 9)*

EMPARCELAMENTO RURAL - EXPLORAÇÃO AGRÍCOLA - ADJUDICAÇÃO DE PRÉDIO DA EXPLORAÇÃO:

"**I** – A norma do n.° 2 do art. 20.° do DL 384/88, de 25 de Outubro, diploma que regula o emparcelamento rural, apenas se aplica às situações em que toda a exploração agrícola pertença à herança e não quando a esta pertença apenas um dos prédios que integram a exploração.

II – No caso de só um dos prédios que fazem parte da herança integrar a exploração agrícola, a adjudicação desse prédio a um dos herdeiros do autor da herança não determina qualquer alteração da situação anteriormente existente." *(Acórdão do Supremo Tribunal de Justiça, de 30.01.2003, Colectânea de Jurisprudência, Acórdãos do Supremo Tribunal de Justiça, 2003, Tomo I, pág. 71)*

NOTAS PESSOAIS:

ARTIGO 1364.°
(Pedidos de adjudicação de bens)

1. Se estiverem relacionados bens indivisíveis de que algum dos interessados seja comproprietário, excedendo a sua quota metade do respectivo valor e fundando-se o seu direito em título que a exclua do inventário ou, não havendo herdeiros legitimários, em doação ou legado do autor da herança, pode requerer que a parte relacionada lhe seja adjudicada.

2. Pode igualmente qualquer interessado formular pedido de adjudicação relativamente a quaisquer bens fungíveis ou títulos de crédito, na proporção da sua quota, salvo se a divisão em espécie puder acarretar prejuízo considerável.

3. Os pedidos de adjudicação a que se referem os números anteriores são deduzidos na conferência de interessados; os restantes interessados presentes são ouvidos sobre as questões da indivisibilidade ou do eventual prejuízo causado pela divisão, podendo qualquer dos interessados requerer que se proceda à avaliação.

HISTÓRICO:

Redacção do art. 2.° do DL 227/94, de 08.09.

Corresponde, em parte, ao art. 1364.° do CPC, na redacção anterior, que se transcreve:

Artigo 1364.° ***(Segunda avaliação de coisas indivisíveis)***

1. Se a descrição compreender parte de uma coisa que por sua natureza ou sem detrimento não possa ser dividida e em que algum co-herdeiro tenha a maior parte por título que exclua do inventário esta parte, ou, não havendo herdeiros legitimários, por doação ou legado do autor da herança, pode esse co-herdeiro exigir na conferência de interessados que a parte descrita lhe seja adjudicada, mas, neste caso, tanto ele como os restantes interessados têm a faculdade de requerer segunda avaliação da coisa.

2. O cabeça-de-casal, ao relacionar os bens, pode logo suscitar a questão da indivisibilidade. Se o fizer, deve o louvado pronunciar-se sobre ela no acto da avaliação.

Sendo a questão levantada posteriormente e não chegando os interessados a acordo, decidir-se-á, ouvido o louvado.

Se a coisa não estiver sujeita a avaliação por louvado, a questão da indivisibilidade decidida, na falta de acordo, pelo juiz, depois de inspeccionado o prédio por perito da sua nomeação.

3. Pode também requerer-se segunda avaliação de coisas que, por força da lei ou de contrato, não possam ser licitadas.

REMISSÕES:

1. Compropriedade – arts. 1403.° e segs. CC; direito de exigir a divisão – art. 1412.° CC; divisão de coisa comum – arts. 1052.° a 1054.° e 1059.° a 1062.° do CPC; doação – arts. 940.° e segs. CC; legatário – 2030.°, n.° 1 CC; herdeiros legitimários – art. 2157.° do CC.

2. Coisas fungíveis – art. 207.° CC; divisão de coisa comum com prejuízo – art. 1060.° do CPC.

Como se realiza a avaliação – art. 1369.° CPC.

ANOTAÇÕES:

TÍTULO QUE EXCLUI DO INVENTÁRIO:

"Quando a lei fala em «título que exclua do inventário esta parte», reporta-se à maior parte da coisa indivisível que já é pertença do co-herdeiro e abrange naquela generalidade todas as formas de aquisição permitidas pela lei civil, exceptuadas apenas as que promanem de liberalidade do inventariado. É evidente que se este fosse o título de aquisição, a maior parte da coisa teria de ser chamada ao inventário, visto que, no caso considerado, sendo o beneficiado o herdeiro legitimário, cumpria-lhe trazê-la à colação nos precisos termos do art. 2104.° do Cód. Civil (*idem*, art. 2025.°).

Modo de aquisição do direito de propriedade é também a acessão (Cód. Civ., art. 1316.°), mas a disciplina do art. 1364.°, 1 da lei adjectiva não alcança a construção que algum herdeiro faça, ainda que com autorização do inventariado, em terreno pertencente à herança indivisa." *(J. A. Lopes Cardoso, Partilhas Judiciais, Vol. II, 4.ª ed., 1990, págs. 211 e seg.)*

JURISPRUDÊNCIA:

CONSTRUÇÃO DE MORADA EM TERRENO ALHEIO – ACESSÃO:

"**I** – A construção de morada de casa em terreno alheio, ainda que com autorização do respectivo proprietário, só pode conduzir à aquisição da propriedade do terreno, por acessão, ou com o acordo do proprietário, ou depois de convencido este em acção contra ele instaurada, e sempre após o pagamento do valor que o terreno tinha antes da obra.

II – Não se verificando este condicionalismo, devem as moradas de casas ser descritas no inventário por óbito do dono do terreno como divida da herança ao interessado que as construiu.

III – O artigo 1364.° do Cód. Proc. Civil é inaplicável ao prédio da herança em que terceiro tenha construído as moradas de casas, nas condições descritas no n.° 1, sem aquisição do terreno." *(Acórdão do Supremo Tribunal de Justiça, de 07.07.70, Boletim do Ministério da Justiça 190.°, pág. 220)*

NOTAS PESSOAIS:

ARTIGO 1365.°

(Avaliação de bens doados no caso de ser arguida inoficiosidade)

1. Se houver herdeiros legitimários e algum interessado declarar que pretende licitar sobre os bens doados pelo inventariado, a oposição do donatário, seja ou não conferente, tem como consequência poder requerer-se a avaliação dos bens a que se refira a declaração.

2. Feita a avaliação e concluídas as licitações nos outros bens, a declaração fica sem efeito se vier a apurar-se que o donatário não é obrigado a repor bens alguns.

3. Quando se reconheça, porém, que a doação é inoficiosa, observar-se-á o seguinte:

a) **Se a declaração recair sobre prédio susceptível de divisão, é admitida a licitação sobre a parte que o donatário tem de repor, não sendo admitido a ela o donatário;**

b) **Se a declaração recair sobre coisa indivisível, abrir-se-á licitação sobre ela entre os herdeiros legitimários, no caso de a redução exceder metade do seu valor, pois se a redução for igual ou inferior a essa metade, fica o donatário obrigado a repor o excesso;**

c) **Não se dando o caso previsto nas alíneas anteriores, o donatário pode escolher, entre os bens doados, os necessários para o preenchimento da sua quota na herança e dos encargos da doação, reporá os que excederem o seu quinhão e sobre os bens repostos abrir-se-á licitação, se for requerida ou já o estiver, não sendo o donatário admitido a licitar.**

4. A oposição do donatário deve ser declarada no próprio acto da conferencia, se estiver presente. Não o estando, deve o donatário ser notificado, antes das licitações, para manifestar a sua oposição.

5. A avaliação pode ser requerida até ao fim do prazo para exame do processo para a forma da partilha.

HISTÓRICO:

Os n.os 1, 2 e 5 são redacção do art. 2.° do DL 227/94, de 08.09.

Correspondem, em parte, aos mesmos n.os da redacção anterior, que se transcrevem:

Artigo 1365.° ***(Segunda avaliação de bens doados)***

1. Se houver herdeiros legitimários e algum interessado declarar que pretende licitar sobre os bens doados pelo inventariado, a oposição do donatário, seja ou não conferente, tem também como consequência poder requerer-se segunda avaliação dos bens a que se refira a declaração.

2. Feita a segunda avaliação e concluídas as licitações nos outros bens, a declaração fica sem efeito se vier a apurar-se que o donatário não é obrigado a repor bens alguns.

(...)

5. A segunda avaliação pode ser requerida até ao fim do prazo do exame do processo para a forma da partilha.

REMISSÕES:

1. Herdeiros legitimários – art. 2157.° CC; doação – arts. 940.° e segs. CC; colação – arts. 2104.° e segs. CC.

3. Liberalidades inoficiosas – arts. 2168.° e segs. CC; doação com encargos – arts. 963.° e segs. CC.

Como se realiza a avaliação – art. 1369.° CPC.

JURISPRUDÊNCIA:

DONATÁRIO RESIDENTE NO ESTRANGEIRO:

"Se o donatário reside no estrangeiro e não escolheu domicílio na sede da comarca nem constituiu mandatário judicial, não tem que lhe ser feita a notificação prevista no art. 1365.°, n.° 4, do Cód. Proc. Civil." *(Acórdão da Relação de Coimbra, de 17.01.84, Boletim do Ministério da Justiça 333.°, pág. 533)*

ALTERAÇÃO DO VALOR MATRICIAL DOS BENS DOADOS:

"**I** – Requerida nova avaliação para alteração do valor matricial dos bens doados indicado pelo cabeça-de-casal, essa nova avaliação é tida como segunda avaliação.

II – Efectuada, nestes termos, segunda avaliação por peritos, sobre a meação dos bens doados de um dos inventariados, não há que se proceder a segunda avaliação por morte do segundo inventariado, doador da outra metade." *(Acórdão da Relação de Coimbra, de 29.10.85, Colectânea de Jurisprudência, 1985, Tomo IV, pág. 81)*

REDUÇÃO POR INOFICIOSIDADE – FORMA DE PROCESSO:

"**I** – Declarada inoficiosa doação outorgada pelo *de cuius*, o bem que a concretiza reverte ao acervo hereditário, passando a constituir um direito a uma parte ideal da herança.

II – O processo adequado para discutir a redução por inoficiosidade de liberalidades feita pelo autor é o processo de inventário.

III – Não é possível averiguar da inoficiosidade da doação quando o requerente não consegue provar o valor ou objecto de uma das verbas do activo que invocou." *(Acórdão do Supremo Tribunal de Justiça, de 17.11.94, Colectânea de Jurisprudência, Acórdãos do Supremo Tribunal de Justiça, 1994, Tomo III, pág. 145)*

SIMULAÇÃO; REDUÇÃO POR INOFICIOSIDADE – DOAÇÃO PURA; BENS DOADOS NÃO SUJEITOS A COLAÇÃO; RELACIONAMENTO DESSES BENS; CADUCIDADE DO DIREITO DE REQUERER TAL REDUÇÃO:

"**I** – Não estando os bens doados sujeitos a colação não têm esses bens de ser relacionados no processo de inventário, pois não fazem parte do acervo hereditário, a não ser para efeitos de eventual redução por inoficiosidade.

II – Nesse caso, o donatário é admitido a intervir no inventário apenas para poder defender os seus direitos relativamente ao âmbito e à forma de redução, por inoficiosidade, da doação de que é beneficiário.

III – Por isso, é também esse processo de inventário o lugar próprio para invocar a eventual extinção por caducidade do direito de requerer a redução da liberalidade por inoficiosidade.

IV – Precludido esse direito no inventário, não é possível deduzi-lo posteriormente em acção de declaração de nulidade, por simulação, de sucessiva doação dos mesmos bens pelo donatário.

V – Nas doações puras, em que a lei dispensa a aceitação, porque presume (art. 951.º, n.º 2 do Código Civil), não está afastada a possibilidade de simulação, podendo o vício ocorrer nos negócios jurídicos unilaterais.

VI – O espírito de liberdade, requisito do contrato de doação, não é necessariamente incompatível ou inconciliável com eventuais motivos atípicos atinentes ao fim mediato do negócio.

VII – O espírito de liberdade integra a causa objectiva do contrato, a sua "função prática", que deve estar presente em todos os negócios do mesmo tipo ou categoria. Porém, a par dessa causa pode haver uma causa subjectiva ou motivação em que se integram motivos atípicos ou individuais que, situando-se para além do acto, este tornará possível, mantendo-se o fim imediato como típico do negócio.

VIII – A motivação atípica que no caso, consistia em se criarem condições para alcançar o outro o outro motivo (para além de dar os bens) que era subtraí-los à licitação, situe-se nos antecedentes ou nos fins mediatos, não colide, só por si, com o espírito de liberalidade que a lei prevê como causa objectiva da categoria contratual da doação.

IX – Um tal desvio à motivação típica carece de relevância no preenchimento do pacto simulatório, requisito primeiro da simulação." *(Acórdão do Supremo Tribunal de Justiça, de 22.06.2004, Colectânea de Jurisprudência, Acórdãos do Supremo Tribunal de Justiça, 2004, Tomo II, pág. 103)*

NOTAS PESSOAIS:

ARTIGO 1366.°
(Avaliação de bens legados no caso de ser arguida inoficiosidade)

1. Se algum interessado declarar que pretende licitar sobre os bens legados, pode o legatário opor-se nos termos do n.° 4 do artigo anterior.

2. Se o legatário se opuser, não tem lugar a licitação, mas é lícito aos herdeiros requerer a avaliação dos bens legados quando a sua baixa avaliação lhes possa causar prejuízo.

3. Na falta de oposição por parte do legatário, os bens entram na licitação, tendo o legatário direito ao valor respectivo.

4. Ao prazo para requerer a avaliação é aplicável o disposto no n.° 5 do artigo anterior.

HISTÓRICO:

Os n.os 2 e 4 são redacção do art. 2.° do DL 227/94, de 08.09.

Os referidos n.os correspondem, com alterações, aos mesmos n.os, na redacção anterior, que se transcrevem:

Artigo 1366.° ***(Segunda avaliação de bens legados)***

(...)

2. Se o legatário se opuser, não tem lugar a licitação, mas é licito aos herdeiros requerer a segunda avaliação dos bens legados quando a sua baixa avaliação lhes possa causar prejuízo.

(...)

4. Ao prazo para se requerer a segunda avaliação é aplicável o disposto no n.° 5 do artigo anterior.

REMISSÕES:

1. Legados – arts 2249.° e segs. CC.

3. Licitação – art. 1363.° CPC.

Como se realiza a avaliação – art. 1369.° CPC.

JURISPRUDÊNCIA:

LICITAÇÃO DE BENS LEGADOS – OPOSIÇÃO DO LEGATÁRIO:

"**I** – É oportuno, no actual regime, o pedido de licitação em bens legados no próprio acto das licitações, sem necessidade, portanto, de o herdeiro a requerer no acto da conferência de interessados que imediatamente precede aquele outro acto.

II – Estabelece o art. 1366.°, n.° 1 do Cód. Proc. Civil poder o legatário opor-se à pretensão manifestada por qualquer interessado de licitar sobre bens legados, e não é a remissão para o n.° 4 do art. 1365.°, restrita à forma por que se pode verificar a oposição do legatário, que envolve a ideia de a declaração de licitação se ter de operar no acto da conferência que a precede; a referência a 'conferência' tem de ser entendida, de resto, nos termos amplos em que no próprio acto, para o qual são convocados os interessados, se pode verificar qualquer dos fins assinalados no art. 1352.°, n.° 4 e a que se seguem as licitações ordenadas oficiosamente nos termos do art. 1363.°." *(Acórdão da Relação de Lisboa, de 17.12.79, Boletim do Ministério da Justiça 216.°, pág. 194)*

NOVA AVALIAÇÃO:

"**I** – Requerida nova avaliação para alteração do valor matricial de bens doados indicados pelo cabeça-de-casal, essa nova avaliação é tida como segunda avaliação.

II – Efectuada, nestes termos, segunda avaliação por peritos, sobre a menção dos bens doados de um dos inventariados, não há que se proceder a segunda avaliação por morte do segundo inventariado, doador da outra metade." *(Acórdão da Relação de Coimbra, de 29.10.85, Colectânea de Jurisprudência, 1985, Tomo IV, pág. 81)*

NOTAS PESSOAIS:

ARTIGO 1367.°
(Avaliação a requerimento do donatário ou legatário, sendo as liberalidades inoficiosas)

1. Quando do valor constante da relação de bens resulte que a doação ou o legado são inoficiosos, pode o donatário ou o legatário, independentemente das declarações a que se referem os artigos anteriores, requerer avaliação dos bens doados ou legados, ou de quaisquer outros que ainda o não tenham sido.

2. Pode também o donatário ou legatário requerer a avaliação de outros bens da herança quando só em face da avaliação dos bens doados ou legados e das licitações se reconheça que a doação ou legado tem de ser reduzida por inoficiosidade.

3. A avaliação a que se refere este artigo pode ser requerida até ao exame do processo para a partilha.

HISTÓRICO:

Redacção do art. 2.° do DL 227/94, de 08.09.

Corresponde, com alterações adaptativas, ao art. 1367.°, na redacção anterior, que se transcreve:

Artigo 1367.° ***(Segunda avaliação a requerimento do donatário ou legatário)***

1. Quando da primeira avaliação resulte que a doação ou o legado são inoficiosos, pode o donatário ou o legatário, independentemente das declarações a que se referem os artigos anteriores, requerer segunda avaliação dos bens doados ou legados, ou de quaisquer outros que ainda não tenham sido avaliados pela segunda vez.

Pode também o donatário ou legatário requerer segunda avaliação dos outros bens da herança quando só em face da segunda avaliação dos bens doados ou legados e das licitações se reconheça que a doação ou o legado tem de ser reduzidos por inoficiosidade.

2. A segunda avaliação a que se refere este artigo pode ser requerida até ao exame do processo para a forma da partilha.

REMISSÕES:

Como se realiza a avaliação – art. 1369.° CPC.

ANOTAÇÕES:

1. RECTIFICAÇÃO DE VALORES NO INTERESSE DO LEGATÁRIO:
O regime previsto nos n.os 1 e 2 deste artigo tem em vista a rectificação de valores, na defesa dos interesses do legatário, no caso de redução por inoficiosidade, sendo o meio idóneo e eficaz para o ajustamento de valores entre os bens legados e os outros bens da herança.

Tal dispositivo não estabelece qualquer diferença entre legatário-herdeiro e legatário não herdeiro, pelo que impõe-se uniformidade de critério quanto à legitimidade de ambos para requererem a avaliação, verificado o condicionalismo legal.

2. LEGADO E DOAÇÃO APÓS A MORTE DO AUTOR:
"Após a morte do testador não existem, por assim dizer, diferenças entre o legado e a doação. Tanto o donatário como o legatário podem ter interesse em demonstrar que não há lugar à redução por inoficiosidade das doações ou legados por haver valores suficientes para poderem ser compreendidos dentro da quota disponível.

É por esta razão que a segunda parte deste n.° 1 do art. 1367.° [hoje, n.° 2 do art. 1367.°] "permite ao donatário requerer (segunda) avaliação dos outros bens da herança quando só em face da (segunda) avaliação dos bens doados ou legados e das licitações se reconheça que a doação ou o legado tem de ser reduzidos por inoficiosidade." *(Gama Prazeres, Manual do Processo de Inventário. pág. 187)*

JURISPRUDÊNCIA:

REQUERIMENTO PARA AVALIAÇÃO – LEGITIMIDADE E PRAZO:
"**I** – Para iniciar o prazo de exame do processo de inventário para a forma da partilha não vale a notificação consequente de um mandado redigido em ordem a dar-se conhecimento de que o processo se encontrava à disposição, nos termos e para os efeitos do art. 1351.° do Cód. Proc. Civil.

II – Mesmo que um requerimento para a (segunda) avaliação de bens da herança fosse apresentado depois de decorrido o momento previsto no art. 1367.°, n.° 2 [hoje, n.° 3], do referido Código, a apresentação anterior, embora intempestiva, de um outro requerimento para o mesmo fim salvaguardaria o direito do requerente, pois se os prazos judiciais não podem exceder-se, nenhum preceito proíbe, em regra, que se antecipem.

III – O art. 1367.°, n.° 1 do Cód. Proc. Civil contempla tanto o legatário não herdeiro como o que seja também herdeiro." *(Acórdão do Supremo Tribunal de Justiça, de 12.10.73, Boletim do Ministério da Justiça 230.°, pág. 92)*

AVALIAÇÃO DE BENS NÃO DOADOS:

"A ultima parte do n.° 1 [hoje, n.° 2] do art. 1367.° do Cód. Proc. Civil não veda aos donatários herdeiros a faculdade de requererem (segunda) avaliação dos bens não doados, em que licitaram." *(Acórdão da Relação de Évora, de 21.10.82, Boletim do Ministério da Justiça 322.°, pág. 387)*

SEGUNDA AVALIAÇÃO:

"Com as alterações decorrentes do DL 227/94 e da versão revista do CPC, passou a ser admissível a segunda avaliação no processo de inventário." *(Acórdão da Relação de Coimbra, de 27.10.98, Colectânea de Jurisprudência, 1998, Tomo IV, pág. 44)*

NOTAS PESSOAIS:

ARTIGO 1368.°
(Consequências da inoficiosidade do legado)

1. Se o legado for inoficioso, o legatário reporá, em substância, a parte que exceder, podendo sobre essa parte haver licitação, a que não é admitido o legatário.

2. Sendo a coisa legada indivisível, observar-se-á o seguinte:

***a)* Quando a reposição deva ser feita em dinheiro, qualquer dos interessados pode requerer avaliação da coisa legada;**

***b)* Quando a reposição possa ser feita em substância, o legatário tem a faculdade de requerer licitação na coisa legada.**

3. É aplicável também ao legatário o disposto na alínea *c)* do n.° 3 do artigo 1365.°.

HISTÓRICO:

A alínea *a)* do n.° 2 é redacção do art. 2.° do DL 227/94, de 08.09. Redacção anterior:

a) Quando a reposição deva ser feita em dinheiro, qualquer dos interessados pode requerer segunda avaliação da coisa legada.

REMISSÕES:

1. legatário – art. 2030.°, n.° 1, CC; inoficiosidade – art. 2168.° CC; termos em que se efectua a redução – art. 2174.° CC.

2. Indivisibilidade – arts. 1059.° a 1062.° CPC.

3. licitação – 1370.° CPC.

ANOTAÇÕES:

1. ALTERAÇÃO DA AL. A) DO N.° 2:

A alteração da alínea *a)* do n.° 2, embora com consequências substanciais consideráveis, manifesta-se por uma simples modificação formal, eliminando-se a referência a "segunda avaliação", atenta a nova redacção dos artigos 1347.° e segs. do Cód. Proc. Civil.

Na verdade, a alteração introduzida – substituição da expressão "segunda avaliação", por "avaliação" – dava a entender uma simples modificação de redacção, com implicações apenas na formalidade processual. Só que ela vem na sequência de uma alteração de fundo, que estabelece um dos grandes princípios orientadores do processo de inventário: eliminar da tramitação processual a possibilidade de duas avaliações, tal como acontecia na redacção anterior, segundo a qual havia uma (primeira) avaliação, efectuada por um louvado, ou pela secretaria, conforme estabelecido nos então arts. 1347.° e 1348.° do CPC; e uma segunda avaliação, que podia ser requerida na conferência de interessados, na abertura de licitações, quando se verificasse qualquer uma das situações previstas nos então arts. 1364.° e segs. do mesmo Código.

2. ALTERAÇÕES DO DL 227/94:

Com a nova redacção introduzida pelo DL 227/94, de 8-9, em alguns preceitos do Capítulo respeitante a "inventario", alterou-se substancialmente o sistema, apenas se prevendo a possibilidade de uma avaliação, nas situações agora previstas nos arts. 1365.° e segs. do Código.

Para maiores desenvolvimentos, vejam-se *supra* anotações a esses preceitos.

3. INTANGIBILIDADE DA LEGÍTIMA:

"O art. 2163.° (do Código Civil) consagra o principio da intangibilidade da legitima, proibindo ao testador impor encargos sobre ela (v.g., um usufruto), ou designar os bens que a devem preencher contra a vontade do herdeiro.

Conforme dissemos, esta versão do princípio da intangibilidade abona a concepção da legitima como *pars hereditatis,* pois a lei veda ao testador fazer disposições que afectem, não só o valor da legitima, mas a porção de bens que ela constitui." *(Pereira Coelho, Direito das Sucessões, Coimbra, 1992, págs. 320 e seg.)*

4. REDUÇÃO POR INOFICIOSIDADE:

"Os arts. 2171.°-2173.° (do Código Civil) dizem porque ordem devem ser reduzidas as liberalidades: em primeiro lugar reduzem-se as disposições testamentárias a titulo de herança, em segundo lugar os legados e, em terceiro lugar, as liberalidades feitas em vida.

Se bastar a redução das disposições testamentárias, a redução É feita *proporcionalmente* (tanto no caso de deixas a título de herança como a título de legado), excepto se o testador tiver declarado que certas disposições devem produzir efeito de preferência a outras ou se tratar de legados remuneratórios." *(Pereira Coelho, Direito das Sucessões, Coimbra, 1992, pág. 325)*

5. REDUÇÃO DOS LEGADOS – FORMA:

"*No caso dos bens legados, se a importância da redução exceder metade do valor dos bens, estes pertencem ao herdeiro legitimário, podendo o legatário licitar no bem legado – coisa que ao donatário é interdita em situação paralela.* O legislador, no caso dos legados, parece ter querido dar oportunidade ao legatário de poder ficar para si com a coisa legada, apesar do valor dela tornar a liberalidade claramente inoficiosa e em medida superior à metade desse valor. Esta faculdade parece contrariar frontalmente o que dispõe a norma da lei substantiva que regulamenta a redução das liberalidades, na qual se diz claramente que nessas circunstâncias, isto é, quando a redução excede metade do valor dos bens indivisíveis, estes pertencem integralmente ao herdeiro legitimário. A contradição é explicável pelo facto da redacção do preceito estar em consonância com a norma substantiva aplicável na data da feitura do Código de Processo Civil, que era o artigo 1499.° do Código Civil de Seabra." *(Carvalho de Sá, Do Inventário, Almedina, 4.ª ed., pág. 151)*

NOTAS PESSOAIS:

ARTIGO 1369.°
(Realização da avaliação)

A avaliação dos bens que integram cada uma das verbas da relação é efectuada por um único perito, nomeado pelo tribunal, aplicando-se o preceituado na parte geral do Código, com as necessárias adaptações.

HISTÓRICO:

Redacção do art. 2.° do DL 227/94, de 08.09.
Preceito inovador.

REMISSÕES:

Designação de peritos – arts. 568.° a 574.° CPC; proposição e objecto da prova pericial – arts. 576.° a 579.° CPC; realização da perícia – arts. 580.° a 588.° CPC; segunda perícia – arts. 589.° a 591.° CPC.

LEGISLAÇÃO SUBSIDIÁRIA:

PROVA PERICIAL – CÓDIGO DE PROCESSO CIVIL – ARTIGOS 568.° E SEGUINTES

Designação dos peritos

Artigo 568.° ***(Quem realiza a perícia)***

1. A perícia é requisitada pelo tribunal a estabelecimento, laboratório ou serviço oficial apropriado ou, quando tal não seja possível ou conveniente, realizada por um único perito, nomeado pelo juiz de entre pessoas de reconhecida idoneidade e competência na matéria em causa, sem prejuízo do disposto no artigo seguinte.

2. As partes são ouvidas sobre a nomeação do perito, podendo sugerir quem deve realizar a diligência; havendo acordo das partes sobre a identidade do perito a designar, deve o juiz nomeá-lo, salvo se fundadamente tiver razões para pôr em causa a sua idoneidade ou competência.

3. As perícias médico-legais são realizadas pelos serviços médico-legais ou pelos peritos médicos contratados, nos termos previstos no diploma que as regulamenta.

4. As perícias referidas nos números anteriores podem ser realizadas por entidade terceira que para tanto seja contratada pelos estabelecimentos, laboratórios ou serviços oficiais apropriados, desde que aquelas não tenham qualquer conexão com o objecto do processo ou ligação com as partes.

(...)

Artigo 570.° ***(Desempenho da função de perito)***

1. O perito é obrigado a desempenhar com diligência a função para que tiver sido nomeado, podendo o juiz condená-lo em multa quando infrinja os deveres de colaboração com o tribunal.

2. O perito pode ser destituído pelo juiz se desempenhar de forma negligente o encargo que lhe foi cometido, designadamente quando não apresente ou impossibilite, pela sua inércia, a apresentação do relatório pericial no prazo fixado.

Artigo 571.° ***(Obstáculos à nomeação de peritos)***

1. É aplicável aos peritos o regime de impedimentos e suspeições que vigora para os juízes, com as necessárias adaptações.

2. Estão dispensados do exercício da função de perito os titulares dos órgãos de soberania ou dos órgãos equivalentes das Regiões Autónomas, bem como aqueles que, por lei, lhes estejam equiparados, os magistrados do Ministério Público em efectividade de funções e os agentes diplomáticos de países estrangeiros.

3. Podem pedir escusa da intervenção como peritos todos aqueles a quem seja inexigível o desempenho da tarefa, atentos os motivos pessoais invocados.

Artigo 572.° ***(Verificação dos obstáculos à nomeação)***

1. As causas de impedimento, suspeição e dispensa legal do exercício da função de perito podem ser alegadas pelas partes e pelo próprio perito designado, consoante as circunstâncias, dentro do prazo de 10 dias a contar do conhecimento da nomeação ou, sendo superveniente o conhecimento da causa, nos 10 dias subsequentes; e podem ser oficiosamente conhecidas até à realização da diligência.

2. As escusas serão requeridas pelo próprio perito, no prazo de cinco dias a contar do conhecimento da nomeação.

3. Das decisões proferidas sobre impedimentos, suspeições ou escusas não cabe recurso.

Artigo 573.° ***(Nova nomeação de perito)***

Quando houver lugar à nomeação de novo perito, em consequência do reconhecimento dos obstáculos previstos no artigo anterior, da remoção do perito inicialmente designado ou da impossibilidade superveniente de este realizar a diligência, imputável ao perito proposto pela parte, pertence ao juiz a respectiva nomeação.

(...)

Proposição e objecto da prova pericial

Artigo 576.° ***(Desistência da diligência)***

A parte que requereu a diligência não pode desistir dela sem a anuência da parte contrária.

Artigo 577.° ***(Indicação do objecto da perícia)***

1. Ao requerer a perícia, a parte indicará logo, sob pena de rejeição, o respectivo objecto, enunciando as questões de facto que pretende ver esclarecidas através da diligência.

2. A perícia pode reportar-se, quer aos factos articulados pelo requerente, quer aos alegados pela parte contrária.

Artigo 578.° ***(Fixação do objecto da perícia)***

1. Se entender que a diligência não é impertinente nem dilatória, o juiz ouve a parte contrária sobre o objecto proposto, facultando-lhe aderir a este ou propor a sua ampliação ou restrição.

2. Incumbe ao juiz, no despacho em que ordene a realização da diligência, determinar o respectivo objecto, indeferindo as questões suscitadas pelas partes que considere inadmissíveis ou irrelevantes ou ampliando-o a outras que considere necessárias ao apuramento da verdade.

Artigo 579.° ***(Perícia oficiosamente determinada)***

Quando se trate de perícia oficiosamente ordenada, o juiz indica, no despacho em que determina a realização da diligência, o respectivo objecto, podendo as partes sugerir o alargamento a outra matéria.

Realização da perícia

Artigo 580.° ***(Fixação do começo da diligência)***

1. No próprio despacho em que ordene a realização da perícia e nomeie os peritos, o juiz designa a data e local para o começo da diligência, notificando-se as partes.

2. Quando se trate de exames a efectuar em institutos ou estabelecimentos oficiais, o juiz requisita ao director daqueles a realização da perícia, indicando o seu objecto e o prazo de apresentação do relatório pericial.

3. Quando por razões técnicas ou de serviço a perícia não puder ser realizada no prazo determinado pelo juiz, por si ou nos termos do n.° 4 do artigo 568.°, deve tal facto ser de imediato comunicado ao tribunal, para que este possa determinar a eventual designação de novo perito, nos termos do n.° 1 do artigo 568.°.

Artigo 581.° ***(Prestação de compromisso pelos peritos)***

1. Os peritos nomeados prestam compromisso de cumprimento consciencioso da função que lhes é cometida, salvo se forem funcionários públicos e intervierem no exercício das suas funções.

2. O compromisso a que alude o número anterior é prestado no acto de início da diligência, quando o juiz a ela assista.

3. Se o juiz não assistir à realização da diligência, o compromisso a que se refere o n.° 1 pode ser prestado mediante declaração escrita e assinada pelo perito, podendo constar do relatório pericial.

Artigo 582.° ***(Actos de inspecção por parte dos peritos)***

1. Definido o objecto da perícia, procedem os peritos à inspecção e averiguações necessárias à elaboração do relatório pericial.

2. O juiz assiste à inspecção sempre que o considere necessário.

3. As partes podem assistir à diligência e fazer-se assistir por assessor técnico, nos termos previstos no artigo 42.°, salvo se a perícia for susceptível de ofender o pudor ou implicar quebra de qualquer sigilo que o tribunal entenda merecer protecção.

4. As partes podem fazer ao perito as observações que entendam e devem prestar os esclarecimentos que o perito julgue necessários; se o juiz estiver presente, podem também requerer o que entendam conveniente em relação ao objecto da diligência.

Artigo 583.° ***(Meios à disposição dos peritos)***

1. Os peritos podem socorrer-se de todos os meios necessários ao bom desempenho da sua função, podendo solicitar a realização de diligência ou a prestação de esclarecimentos, ou que lhes sejam facultados quaisquer elementos constantes do processo.

2. Se os peritos, para procederem à diligência, necessitarem de destruir, alterar ou inutilizar qualquer objecto, devem pedir previamente autorização ao juiz.

3. Concedida a autorização, fica nos autos a descrição exacta do objecto e, sempre que possível, a sua fotografia, ou, tratando-se de documento, fotocópia devidamente conferida.

(...)

Artigo 585.° ***(Fixação de prazo para a apresentação de relatório)***

1. Quando a perícia não possa logo encerrar-se com a imediata apresentação do relatório pericial, o juiz fixa o prazo dentro do qual a diligência há-de ficar concluída, que não excederá 30 dias.

2. Os peritos indicam às partes o dia e hora em que prosseguirão com os actos de inspecção, sempre que lhes seja lícito assistir à continuação da diligência.

3. O prazo fixado pode ser prorrogado, por uma única vez, ocorrendo motivo justificado.

Artigo 586.° ***(Relatório pericial)***

1. O resultado da perícia é expresso em relatório, no qual o perito ou peritos se pronunciam fundamentadamente sobre o respectivo objecto.

2. Tratando-se de perícia colegial, se não houver unanimidade, o discordante apresentará as suas razões.

3. Se o juiz assistir à inspecção e o perito puder de imediato pronunciar-se, o relatório é ditado para a acta.

Artigo 587.° *(Reclamações contra o relatório pericial)*

1. A apresentação do relatório pericial é notificada às partes.

2. Se as partes entenderem que há qualquer deficiência, obscuridade ou contradição no relatório pericial, ou que as conclusões não se mostram devidamente fundamentadas, podem formular as suas reclamações.

3. Se as reclamações forem atendidas, o juiz ordena que o perito complete, esclareça ou fundamente, por escrito, o relatório apresentado.

4. O juiz pode, mesmo na falta de reclamações, determinar oficiosamente a prestação de esclarecimentos ou aditamentos previstos nos números anteriores.

(...)

Segunda perícia

Artigo 589.° *(Realização de segunda perícia)*

1. Qualquer das partes pode requerer que se proceda a segunda perícia, no prazo de 10 dias a contar do conhecimento do resultado da primeira, alegando fundadamente as razões da sua discordância relativamente ao relatório pericial apresentado.

2. O tribunal pode ordenar oficiosamente e a todo o tempo a realização de segunda perícia, desde que a julgue necessária ao apuramento da verdade.

3. A segunda perícia tem por objecto a averiguação dos mesmos factos sobre que incidiu a primeira e destina-se a corrigir a eventual inexactidão dos resultados desta.

Artigo 590.° *(Regime da segunda perícia)*

A segunda perícia rege-se pelas disposições aplicáveis à primeira, com as ressalvas seguintes:

a) Não pode intervir na segunda perícia perito que tenha participado na primeira;

b) A segunda perícia será, em regra, colegial, excedendo o número de peritos em dois o da primeira, cabendo ao juiz nomear apenas um deles.

Artigo 591.° *(Valor da segunda perícia)*

A segunda perícia não invalida a primeira, sendo uma e outra livremente apreciadas pelo tribunal.

ANOTAÇÕES:

1. A referência a avaliação por um único perito, nomeado pelo tribunal, vinha já do art. 1347.°, na sua anterior redacção, reportando-se à primeira avaliação. Era a seguinte a redacção do citado preceito:

Artigo 1347.° *(Avaliação de bens por louvados)*

1. Quando se não suscitem questões sobre a relação de bens ou resolvidas as que forem levantadas, proceder-se-á, dentro do prazo que for designado, à avaliação por um louvado dos bens cujo valor não deva ser indicado pelo cabeça-de-casal, nos termos do artigo 1338.°, ou determinado pela secretaria.

2. O louvado é nomeado pelo juiz, que pode nomear louvados diferentes para a avaliação das várias espécies de bens se a natureza especial destes o exigir.

Ainda a propósito de avaliação, podemos consultar os arts. 1348.° a 1350.°, na redacção anterior.

2. "... no inventário, não se busca uma avaliação rigorosa e segura, mas uma estimação aproximada, já que não permanece imutável e aos interessados fica livre corrigi-la, ou pela reclamação contra o seu excesso quando avaliados a mais, ou pela licitação em caso inverso.

Há, assim, uma fundamental diferença entre as avaliações em inventário para efeito da partilha e a avaliação dos mesmos bens para o efeito da liquidação dos impostos ou da correcção dos valores matriciais. Ali, o valor atribuído pelo louvado não decisivo, aqui, reveste esta qualidade; no inventário as avaliações destinam-se a permitir a partilha dos bens, na avaliação para a Fazenda têm em vista determinar o valor da matéria tributável sobre que há-de recair o respectivo imposto." *(J. A. Lopes Cardoso, Partilhas Judiciais, Vol. II, 4.ª ed. Coimbra, 1990, pág. 25)*

3. "As avaliações são realizadas, em regra, por um único perito, designado pelo tribunal, quer porque a estrutura do processo de inventário torna particularmente complexa a designação de peritos pelas partes – uma vez que no inventário não existem, com frequência, partes em directo contraditório –, quer porque se reputou que as possibilidades de contraditório face aos resultados da avaliação pelo perito judicialmente designado serão suficientes para assegurar os legítimos direitos dos interessados na partilha.

Ex vi do disposto na parte final deste artigo, temos que a nomeação do perito pelo tribunal deve ser notificada aos interessados no inventário para que estes, querendo, deduzam a oposição a que se referem os arts. 571.° ou 572.°; o perito deve prestar o compromisso previsto no art. 581.° e o relatório que ele venha a elaborar deve ser fundamentado (art. 586.°-1), e posto à reclamação das partes (art. 587.°)." *(Abílio Neto, Cód. Proc. Civil Anotado, 15.ª ed., Set./1999, pág. 1350)*

JURISPRUDÊNCIA:

AVALIAÇÃO:

"Feita, por um perito, a avaliação dos bens relacionados, nos termos do art. 1369.° do Cód. Proc. Civil, não é admissível requerer uma segunda avaliação." *(Acórdão da Relação do Porto, de 12.03.98, Colectânea de Jurisprudência, 1998, Tomo II, pág. 201)*

SEGUNDA AVALIAÇÃO:

"Com as alterações decorrentes do DL 227/94 e da versão revista do CPC, passou a ser admissível a segunda avaliação no processo de inventário." *(Acórdão da Relação de Coimbra, de 27.10.98, Colectânea de Jurisprudência, 1998, Tomo IV, pág. 44)*

SEGUNDA AVALIAÇÃO; SEGUNDA PERÍCIA:

"Em processo de inventário é admissível a segunda perícia." *(Acórdão da Relação de Guimarães, de 15.02.2006, Colectânea de Jurisprudência, 2006, Tomo I, pág. 281)*

NOTAS PESSOAIS:

ARTIGO 1370.°
(Quando se faz a licitação)

1. A licitação tem lugar, sendo possível, no mesmo dia da conferência de interessados e logo a seguir a ela.

2. É permitido desistir da declaração de que se pretende licitar até ao momento em que a respectiva verba seja posta a lanços; mas nem por isso a verba deixa de ser posta em licitação.

HISTÓRICO:

Preceito não alterado.

REMISSÕES:

Abertura das licitações – art. 1363.° CPC.

ANOTAÇÕES:

1. NOTIFICAÇÃO DE DESPACHO:

"O despacho que designe dia para as licitações tem de ser notificado aos herdeiros e meeiro (*idem*, art. 1330.°, n.° 1), constituindo a falta desta formalidade nulidade operante (*ibidem*, art. 201.°), a reclamar no prazo e termos dos arts. 153.°, 205.° e 206.°, n.° 2, do Cód. Proc. Civil.

E daqui resulta que a «possibilidade» a que alude o art. 1370.°, n.° 1, se relaciona também coma circunstância de estarem ou não presentes no acto da conferência ou «logo em seguida a ela» todos os que nas licitações devam intervir, pois, se estão, a notificação deles para este efeito poderá efectuar-se, o mesmo não sucedendo no caso inverso, neste se tornando impossível dar cumprimento ao anseio que o preceito exprime." *(J. A. Lopes Cardoso, Partilhas Judiciais, Vol. II, 4.ª ed., Coimbra, 1990, pág. 258)*

2. ADIAMENTO DAS LICITAÇÕES:

"A licitação poderá ser adiada?

... Parece que sim, tanto que já se decidiu que deve deferir-se o requerimento em que se pede o adiamento das licitações e a descrição adicional de bens em inventário, se o cabeça-de-casal e os interessados vierem a juízo dar conhecimento da existência de bens da herança ainda não relacionados, não sendo de manter o despacho que não adia as licitações e manda proceder à partilha adicional desses bens.

Mas, claro está, o simples facto de não comparecimento do interessado ou seu mandatário, não é causal de adiamento. Não comparecendo, devendo e tendo sido notificado para tal, sujeita-se às consequências da sua falta, sendo de notar que a intervenção do mandatário não é indispensável uma vez que a licitação em si mesma não objectiva a discussão de questões de direito (Cód. Proc. Civil, art. 33.°, n.° 3)" *(J. A. Lopes Cardoso, Partilhas Judiciais, Vol. II, 4.ª ed., Coimbra, 1990, págs. 259 e seg.)*

3. DIREITO DE LICITAR:

"A lei não estabelece qualquer limitação ao direito de licitar por parte de cada um dos interessados, isto é, pode cada um deles licitar em todos os bens e pelo preço que lhe aprouver, podendo, deste modo, exceder em muito o valor do seu quinhão hereditário. Esta possibilidade de licitação sem limites vai permitir, como já foi salientado, que os interessados mais poderosos economicamente, que além disso, não têm sequer de sofrer a concorrência de estranhos, pois estes não podem intervir nas licitações, acabem por obter para si os melhores ou todos os bens da herança e pelo mais baixo preço.

Para tentar temperar este malefício do sistema foi instituída a possibilidade de os preenchidos a menos poderem vir requerer a composição do seu quinhão em bens, que lhe serão atribuídos pelo valor da licitação." *(Carvalho de Sá, Do Inventário, 3.ª ed., 1998, pág. 149, cit. por Abílio Neto, Cód. Proc. Civil Anotado, 15.ª ed., Set./1999, pág. 1351)*

4. LICITAÇÕES:

"A licitação tem lugar, sendo possível, no mesmo dia da conferência de interessados e logo de seguida a ela. É permitido desistir da declaração de que se pretende licitar até ao momento em que a respectiva verba seja posta a lanços; mas nem por isso a verba deixa de ser posta em licitação. Tendo sido requerida avaliação dos bens doados ou legados, as licitações só terão lugar depois dessa avaliação.

Cada um dos interessados pode licitar em todos os bens e pelo preço que lhe aprouver, podendo, deste modo, exceder em muito o valor do seu quinhão hereditário.

Podem diversos interessados, por acordo, licitar na mesma verba ou lote para lhes ser adjudicado em comum na partilha.

Só o herdeiro e não o respectivo cônjuge pode licitar. O cessionário, devidamente habilitado e os representantes dos incapazes (o M.P. não licita, fiscalizando embora os respectivos representantes) também poderão licitar." *(Carlos Ricardo Soares, Heranças & Partilhas, Almedina, 2003, 2.ª ed., pág. 60)*

JURISPRUDÊNCIA:

NATUREZA DA LICITAÇÃO:

"Quanto à natureza da licitação, que é o acto pelo qual algum dos interessados na partilha judicial oferece pelos bens da herança um preço superior ao da avaliação para lhe serem imputados no seu quinhão, as opiniões divergem, pois, enquanto uns consideram a licitação como uma venda por arrematação «*sui generis*», outros negam-lhe tal natureza de venda, entendendo que se trata de um acto jurídico de natureza especial, destinado à correcção dos valores e escolha dos bens a partilhar." *(Acórdão da Relação de Lisboa, de 18.05.76, Boletim do Ministério da Justiça 259.°, pág. 261)*

ADIAMENTO DA LICITAÇÃO:

"**I** – O juiz pode (deve) conduzir o processo de inventario de modo a que a partilha venha a fazer-se em igualdade, sem beneficio de uns interessados em detrimento de outros.

II – Se a lei não prevê o adiamento da licitação também não o proíbe. E as circunstâncias podem vivamente aconselhá-lo, em ordem a evitar-se que a repartição dos bens pelos interessados se faça com prejuízo para qualquer deles. A realização de uma partilha justa é o fim principal do processo de inventário.

III – Se se justificaram as faltas do cabeça-de-casal e o seu patrono, estava naturalmente indicado que se adiasse a licitação; é exactamente nesta fase que o juiz do inventario pode actuar com liberdade mais ampla sem se subordinar a critérios de estrita legalidade." *(Acórdão do Supremo Tribunal de Justiça, de 03.11.83, Boletim do Ministério da Justiça 331.°, pág. 441)*

REPRESENTAÇÃO EM LICITAÇÕES:

"Levantando-se questão relacionada com a representação de um interessado em licitações no processo de inventário, a decisão que sobre ela recair constitui caso julgado, não podendo ser apreciada em recurso de apelação interposto da sentença homologatória do mapa da partilha." *(Acórdão da Relação do Porto, de 18.06.98, Boletim do Ministério da Justiça 478.°, pág. 455)*

RENÚNCIA AO MANDATO – NÃO ADIAMENTO DAS LICITAÇÕES – DIREITO CONSTITUCIONAL DO PATROCÍNIO JUDICIÁRIO – PRINCÍPIO DA IGUALDADE DAS PARTES:

"**I** – O simples facto de o advogado de um interessado em inventário ter renunciado ao mandato na conferência de interessados, com licitações, renúncia notificada e julgada eficaz, nesse acto – sendo que o dito interessado aí nada objectou ao prosseguimento da diligência – não é motivo para o adiamento da mesma.

II – A imediata realização das licitações não viola o direito constitucional ao patrocínio judiciário (art. 20.°, n.° 2 da CRP) nem o princípio da igualdade das partes (art. 3.°-A do CPC)." *(Acórdão da Relação de Lisboa, de 09.01.2001, Colectânea de Jurisprudência, 2001, Tomo I, pág. 77)*

NOTAS PESSOAIS:

ARTIGO 1371.°
(Como se faz a licitação)

1. A licitação tem a estrutura de uma arrematação a que somente são admitidos os herdeiros e o cônjuge meeiro, salvos os casos especiais em que, nos termos dos artigos anteriores, deva ser admitido o donatário ou o legatário.

2. Cada verba é licitada de per si, salvo se todos concordarem na formação de lotes para este efeito, ou se houver algumas que não possam separar-se, sem inconveniente

3. Podem diversos interessados, por acordo, licitar na mesma verba ou lote para lhes ser adjudicado em comum na partilha.

HISTÓRICO:

Preceito não alterado.

REMISSÕES:

Partilha do casal – art. 1689.° CC; herdeiros legítimos – art. 2133.° CC; legatário admitido a licitar – art. 1368.°, 2, *b)*, CPC; preenchimento dos quinhões – art. 1374.° CPC; excesso de bens doados, legados ou licitados – art. 1376.° CPC; opções concedidas aos interessados – art. 1377.° CPC.

ANOTAÇÕES:

1. Parece incorrecta a referência feita no n.° 1 ao cônjuge sobrevivo, dado que ele é herdeiro legitimário, ao lado dos descendentes e ascendentes. E, mais do que isso, é um herdeiro privilegiado, dado que, concorrendo com descendentes sucede em, pelo menos, um quarto da legítima (e quota disponível ou seu remanescente); e, quando concorre com ascendentes, recebe sempre duas terças partes (arts. 2159.° e 2161.°, ambos do Cód. Civil). No entanto, não devemos esquecer-

-nos que este regime só é aplicável às heranças abertas após 1 de Abril de 1978, por força do disposto no art. 176.° do DL 496/77, de 25-11.

Efectivamente, antes daquela data, o cônjuge sobrevivo era apenas herdeiro legítimo do autor da sucessão, quando não concorressem descendentes, ascendentes e irmãos ou seus descendentes. Nesta hipótese, no entanto, o cônjuge sobrevivo era também interessado na partilha, quando o regime de bens do casamento tivesse sido o da comunhão (geral ou de adquiridos), por aplicação do disposto no art. 1689.° do Cód. Civil.

Para maiores desenvolvimento sobre esta matéria, consulte-se o nosso trabalho *"A posição do cônjuge sobrevivo no actual direito sucessório português"* Coimbra, 1994.

2. QUEM PODE LICITAR:

"... são excluídos dela os credores e outros interessados na herança.

No teor do preceito a regra sofre duas excepções e talvez fosse preferível formular o princípio doutra maneira, isto é, significando-se que à generalidade dos bens hereditários só os herdeiros e cônjuge meeiro do inventariado eram admitidos a licitar." *(J. A. Lopes Cardoso, Partilhas Judiciais, Vol. II, 4.ª ed., Coimbra, 1990, pág. 288)*

3. DONATÁRIO:

Em caso de doação inoficiosa, se a redução exceder metade do valor do bem, abre-se licitação entre o donatário e os herdeiros legitimários, se a coisa for indivisível, pois se a redução for inferior a metade, o donatário fica obrigado a repor o excesso.

4. LEGATÁRIO:

Quando o legado seja inoficioso e a coisa legada indivisível, é-lhe lícito requerer a licitação nessa coisa na hipótese de a redução poder ser feita em substância.

5. USUFRUTUÁRIO:

O problema só se coloca quando o usufruto recaia sobre parte indeterminada da herança, caso em que o usufrutuário é um interessado que pode ser equiparado ao herdeiro. É que ao usufrutuário não é indiferente saber sobre que bens recai o seu direito, pelo que esta questão deverá ser resolvida na conferência de interessados, devendo reunir a unanimidade dos votos, o que, não se conseguindo, cumprirá ao juiz decidir

6. RENDIMENTO DOS BENS LICITADOS:

"Pela licitação o licitante adquire o direito de ver preenchido o seu quinhão com os bens licitados e apenas isso. A transferência do domínio do cabeça-de-casal para o licitante apenas se dá com a sentença homologatória da partilha, devidamente transitada. A herança considera-se indivisa até esse momento. Os rendimentos dos bens licitados entre o momento da licitação e a data do trânsito em julgado da sentença homologatória da partilha pertencem à herança e não ao licitante, devendo entrar na prestação das contas do cabeça-de-casal." *(Carvalho de Sá, Do Inventário, 3.ª ed., 1998, pág. 154, cit. por Abílio Neto, Cód. Proc. Civil Anotado, 15.ª ed., Set./1999, pág. 1353)*

7. NOÇÃO DE LICITAÇÃO:

"A licitação, com se diz no preceito em análise, tem a estrutura de uma arrematação. É *uma arrematação 'sui generis'* dado não se tratar de uma verdadeira venda judicial. Por um lado é *restrita* apenas aos herdeiros e meeiro da inventariado e, por outro lado, *não é certo que os bens licitados venham a ser adjudicados* na totalidade ao licitante, atenta a faculdade conferida aos preenchidos a menos de virem requerer a composição do seu quinhão em bens. Por outro lado, *o próprio preço encontrado*, através do mecanismo das licitações, *pode não ser aquele* pelo qual os bens venham a ser adjudicados. Basta pensar no caso de avaliação de bens, em que o preço da adjudicação será o da avaliação, se for superior." *(Carvalho de Sá, Do Inventário, Almedina, 4.ª ed., pág. 154)*

JURISPRUDÊNCIA:

DIREITOS DO CÔNJUGE DO HERDEIRO:

"**I** – Os direitos do cônjuge do herdeiro são os que resultam do seu casamento sob o regime de comunhão de bens, tendo por isso comunhão de bens herdados pelo outro cônjuge e não direitos sucessórios, pois herdeiro legítimo é só o cônjuge parente e não o outro.

II – Em face do disposto no art. 1788.° do Cód. Civil de 1867, no caso de por testamento se ter deixado o usufruto da totalidade da herança, o direito de escolha reconhecido aos herdeiros legitimários entre cumprir o legado ou entregar ao legatário a quota disponível pertence aos herdeiros, e não ao cônjuge do herdeiro.

III – E o exercício desse direito de escolha é um mero acto de administração.

IV – Pelo disposto no art. 1371.°, n.° 1 do Cód. Proc. Civil, o cônjuge meeiro do herdeiro não pode licitar no processo de inventário." *(Acórdão da Relação do Porto, de 15.03.68, Jurisprudência das Relações, 14.°, pág. 342)*

LICITAÇÃO EM EXCESSO DA QUOTA:

"Enquanto o herdeiro, licitando, preenche o seu quinhão, adquire por sucessão, quando excede a massa de bens a que tem direito, faz uma aquisição a titulo oneroso." *(Acórdão do Supremo Tribunal de Justiça, de 16.04.74, Boletim do Ministério da Justiça 236.°, pág. 101)*

LICITAÇÕES – NATUREZA:

"(...)

II – As licitações, embora tenham a estrutura formal de uma arrematação judicial não tem a mesma natureza, não visam o mesmo fim, pois nelas não há uma venda judicial, mas apenas a partilha dos bens da herança, tendo essa partilha como efeito considerar cada um dos herdeiros, desde a abertura da herança, sucessor único dos bens que lhe foram atribuídos – art. 2119.° do Cód. Civil.

III – Consequentemente, as licitações em inventário não se podem esquadrar na figura jurídica de «arrematação e adjudicação judicial de quotas», a quc se refere o art. 42.°, n.° 3 da Lei das Sociedades por Quotas (Lei de 11 de Abril de 1901)." *(Acórdão do Supremo Tribunal de Justiça, de 19.12.78, Boletim do Ministério da Justiça 282.°, pág. 146)*

PRAZO PARA DEPÓSITO DE TORNAS:

"**I** – O prazo para o depósito de tornas depende de fixação do juiz e é, por isso, prorrogável.

II – Visando o prazo para depósito das tornas o cumprimento de uma obrigação, o seu decurso sem que a prestação se mostre efectuada fixa o momento em que, para efeitos da sua realização coactiva, o crédito não satisfeito voluntariamente se torna exigível.

III – Na medida em que a licitação reveste a estrutura de uma arrematação e o processo de obter o pagamento de crédito por tornas constitui uma forma especial de cumprimento coercivo da obrigação do licitante relapso, nada impede que, enquanto não houver adjudicação, possa o interessado licitante evitá-la depositando as tornas em dívida." *(Acórdão do Supremo Tribunal de Justiça, de 19.04.79, Boletim do Ministério da Justiça 286.°, pág. 210)*

PARTILHA DO VALOR DAS TORNAS:

"**I** – Segundo o actual Cód. Proc. Civil, a licitação tem a natureza de uma arrematação, a que, salvo casos especiais, só são admitidos os herdeiros e o cônjuge meeiro.

II – Assim, na partilha dos bens por virtude de divórcio, o cônjuge culpado só tem direito à partilha do valor das tornas que o casal teve que pagar, em inventário por óbito de um ascendente do cônjuge não culpado, e não ao bem que este aí licitara, pagando tornas." *(Acórdão da Relação do Porto, de 01.07.82, Colectânea de Jurisprudência, 1982, Tomo IV, pág. 196)*

LICITAÇÃO EM COMUM:

"Tendo dois herdeiros licitado, em comum, em todos os bens imóveis, constituem-se ambos devedores, na mesma proporção, aos dois credores das tornas, por a obrigação ser conjunta, quer pelo lado passivo, quer pelo lado activo." *(Acórdão da Relação do Porto, de 05.01.88, Boletim do Ministério da Justiça 373.°, pág. 601)*

LICITAÇÃO – ACTO DE ADMINISTRAÇÃO:

"**I** – O herdeiro capaz, casado no regime da comunhão geral de bens, pode licitar, desacompanhado do seu cônjuge, no inventário instaurado por óbito dos seus ascendentes.

II – A licitação, ainda quando aquisitiva dos bens, há-de considerar-se como acto de administração – por contraposição a acto de disposição – pois se limita a concretizar em certos e determinados bens o quinhão hereditário do licitante." *(Acórdão da Relação do Porto, de 11.07.89, Boletim do Ministério da Justiça 339.°, pág. 649)*

CONLUIO:

"**I** – Sendo um prédio, descrito sob determinada verba, omisso na matriz, e fazendo parte de outro sob verba diferente e a que a descrição actual corresponde à da altura da licitação, o facto de, pela caderneta predial urbana, quanto ao omisso, constar a descrição de prédio com quatro fogos, não mostra que tenha havido conluio, já que, licitando os interessados na descrição de bens, fizeram-no em prédios aí identificados nas verbas correspondentes.

II – Tendo o interessado, que suscitou a questão de conluio, a receber em tornas certa quantia, não pode, requerendo a composição do seu quinhão, indicar bens concretos, mas antes em abstracto, não visando a verba de um só dos licitantes." *(Acórdão da Relação do Porto, de 26.02.96, Colectânea de Jurisprudência, 1996, Tomo I, pág. 226)*

DIREITO DE ESCOLHA DO LICITANTE:

"**I** – Concorrendo no inventário dois interessados a duas únicas verbas de imóveis, tendo um deles licitado em ambas, pode o outro requerer a composição do quinhão, se uma das verbas exceder a quota a que cada um tem direito.

II – Por virtude do direito de escolha do licitante, não pode transformar-se o credor de tornas em devedor, nem tão-pouco forçar a compropriedade para se conseguir o maior equilíbrio dos lotes." *(Acórdão da Relação do Porto, de 08.07.97, Boletim do Ministério da Justiça 469.°, pág. 654)*

EXERCÍCIO DO DIREITO DE ESCOLHA:

"**I** – Embora a lei refira que a licitação em inventário tem a estrutura de uma arrematação, esta não é uma venda judicial, mas antes uma arrematação *sui generis* que se destina à correcção de valores e escolha de bens.

II – No caso de vários interessados em inventário licitarem em comum determinados bens, e depois se vier a verificar excesso dos bens licitados sobra as suas quotas, não lhes é lícito exercerem posteriormente o direito de escolha individualmente, optando por uma concreta verba antes licitada em grupo para se colocarem a coberto da pretensão de outro interessado não licitante à composição do seu quinhão com essa verba.

III – Se bem que o que licitou em excesso tenha o direito de escolher de entre as verbas licitadas as necessárias para preencher a sua quota se o credor de tronas pretender a composição de quinhões, o direito do licitante é limitado pela necessidade de conseguir uma equilibrada composição de quinhões de todos os interessados.

IV – Essa escolha até pode ser rejeitada por abuso de direito de escolha e pela prevalência, na colisão entre o direito do licitante e o do credor de tornas, do direito superior, que é o do preenchido a menos." *(Acórdão do Supremo Tribunal de Justiça, de 25.03.99, Colectânea de Jurisprudência, Acórdãos do Supremo Tribunal de Justiça, 1999, Tomo II, pág. 35)*

NOTAS PESSOAIS:

ARTIGO 1372.°
(Anulação da licitação)

1. Se o Ministério Público entender que o representante de algum incapaz não defendeu devidamente, na licitação, os direitos e interesses do seu representado, requererá imediatamente, ou dentro do prazo de cinco dias, a contar da licitação, que o acto seja anulado na parte respectiva, especificando claramente os fundamentos da sua arguição.

2. Ouvido o arguido, conhecer-se-á da arguição e, sendo procedente, decretar-se-á a anulação, mandando-se repetir o acto e cometendo-se ao Ministério Público a representação do incapaz.

3. No final da licitação de cada dia pode o Ministério Público declarar que não requererá a anulação do que nesse dia se tenha feito.

HISTÓRICO:

Redacção do art. 2.° do DL 227/94, de 08.09.

Corresponde, com alterações, ao art. 1372.° do CPC, na redacção anterior, que se transcreve:

Artigo 1372.° *(Anulação da partilha)*

1. Se o Ministério Público entender que o representante de algum menor ou equiparado não defende ou não defendeu devidamente, na licitação, os direitos e os interesses do seu representado, requererá imediatamente, ou dentro do prazo de cinco dias, a contar da licitação, que o acto seja anulado na parte respectiva, especificando claramente os fundamentos da sua arguição.

Ouvido o arguido, conhecer-se-á da arguição e, sendo procedente, decretar-se-á anulação, mandando-se repetir o acto e cometendo-se ao Ministério Público a representação do menor ou equiparado.

2. No final da licitação de cada dia pode o Ministério Público declarar que não requererá a anulação do que nesse dia se tenha feito.

3. O conselho de família, quando intervenha no inventário, assiste sempre à licitação e é ouvido sobre se os interesses dos menores ou equiparados são devidamente defendidos.

REMISSÕES:

1. Incapacidades: menoridade – arts. 122.° e segs. CC; interdições – arts. 138.° e segs. CC; inabilitações – arts. 152.° e segs. CC; abertura das licitações – art. 1363.° CPC.

2. Anulabilidade – art. 287.° CC.

ANOTAÇÕES:

1. CASOS GERAIS DE ANULAÇÃO:

"Em princípio, a licitação poderá ser anulada nos casos em que a lei possibilita a anulação da venda judicial. (...)

Daqui decorre o afastamento das alíneas *a)* e *b)* do art. 909.° do Cód. Proc. Civil, de exclusiva pertinência no procedimento executivo; e também o da sua alínea *d)*, dado que a lei sujeita a regime próprio a partilha de bens não pertencentes à herança (Cód. Civ., art. 2123.°).

Já no que toca ao fundamento da sua alínea *c)* parece não haver motivo algum para o não considerar aplicável, entendimento que está na melhor corrente doutrinária e jurisprudencial.

A omissão de um acto ou formalidade que a lei prescreve produz nulidade quando esta o declare ou quando a irregularidade cometida possa influir no exame ou decisão da causa (Cód. Proc. Civil, art. 201.°). Daí que seja lícito requerer a anulação da licitação quando feita com preterição de formalidades legais, nulidade a invocar no próprio inventário com sujeição à disciplina estabelecida nos arts. 203.° e 205.° daquele diploma. (...)

Não obstante o carácter taxativo das regras dos arts. 908.° e 909.°, vem sendo geralmente aceite a sua aplicação, por extensão, às causas gerais de direito substantivo que fundamentam a anulação dos negócios ou actos jurídicos.

Princípios que, pela afinidade já atrás referenciada, são inteiramente de aplicar às licitações, donde poder peticionar-se a respectiva anulação quando ocorram essas causas." *(J. A. Lopes Cardoso, Partilhas Judiciais, Vol. II, 4.ª ed., 1990, págs. 312 e segs.)*

2. ANULAÇÃO PELO MINISTÉRIO PÚBLICO:

Ensinou-nos Alberto dos Reis (Breve Estudo, pág. 170) que a aplicação prática deste preceito faz-se da forma seguinte:

a) O Ministério Público nota a conduta irregular do representante do incapaz no próprio acto da licitação e a anulação promove-se no próprio acto e, se o juiz deferir, volta-se ao princípio e o incapaz é representado pelo Ministério Público;

b) O Ministério Público é informado ou reconhece que o representante deixou de zelar os interesses do incapaz depois de feita a licitação, tem cinco dias para requerer a anulação, designando-se novo dia para a licitação.

3. ANULAÇÃO DA LICITAÇÃO:

"*Pela licitação o licitante adquire o direito de ver preenchido o seu quinhão com os bens licitados e apenas isso.* A transferência do domínio do cabeça-de-casal para o licitante apenas se dá com a sentença homologatória da partilha, devidamente transitada. A herança considera-se indivisa até esse momento. O rendimento dos bens licitados entre o momento da licitação e a data do trânsito em julgado da sentença homologatória da partilha pertencem à herança e não ao licitante, devendo entrar na prestação de contas do cabeça-de-casal.

Como é sabido, é permitido ao requerente do inventário em que não estejam em causa interessados incapazes, ausentes em parte incerta ou pessoa colectiva, desistir dele, nos termos gerais do artigo 293.°, n.° 1 do Código de Processo Civil: 'O autor pode, em qualquer altura, desistir de todo o pedido ou de parte dele, como o réu pode confessar todo ou parte do pedido'.

É claro que, actualmente, se houver interessados incapazes, ou equiparados, a desistência do inventário só é possível com a concordância do Ministério Público.

Só que, se o próprio requerente do inventário resolve desistir dele depois de ter licitado sobre alguns bens da herança, tal desistência não é válida, por implicar a extinção de uma obrigação conscientemente assumida por ele." *(Carvalho de Sá, Do Inventário, Almedina, 4.ª ed., pág. 157)*

JURISPRUDÊNCIA:

PARTILHAS NULAS:

"**I** – Não faz sentido que na conferência de interessados as partes acordem sobre o valor de uma verba e depois licitem sobre ela.

II – Em inventário, as licitações conduzem a uma compra e venda, na medida em que se adquire um bem a partilhar em medida superior à quota ideal que nele detém.

III – Por isso são nulas se o seu objecto é indeterminável." *(Acórdão da Relação de Évora, de 25.01.96, Colectânea de Jurisprudência, 1996, Tomo I, pág. 279)*

NA SEQUÊNCIA DE DIVÓRCIO; POR ÓBITO DOS PAIS DO EX-MARIDO SUSPENSÃO DA INSTÂNCIA:

"**I** – Adquirido, por força do caso julgado formal, o direito de a requerente Intervir na partilha dos bens por morte dos ex-sogros, falecidos na pendência da acção de divórcio proposta contra o ex-marido, deve ser suspensa a Instância neste Inventário, por via do conflito de Interesses entre ela requerente e o ex-marido, decorrente de as licitações redundarem num total esvaziamento do direito daquela.

II – A necessária partilha do património colectivo dos ex-cônjuges, em que se Inserem os bens que venham a ser adjudicados no Inventário por óbito dos pais do ex-marido, justificam o pedido de suspensão deste por forma a que se possa definir no Inventário respectivo o conteúdo da meação a que tem jus a requerente." *(Acórdão da Relação de Coimbra, de 24.05.2005, Colectânea de Jurisprudência, 2005, Tomo III, pág. 23)*

NOTAS PESSOAIS:

SECÇÃO VI
Da partilha

ARTIGO 1373.°
(Despacho sobre a forma da partilha)

1. Cumprido o que fica disposto nos artigos anteriores, são ouvidos sobre a forma da partilha os advogados dos interessados e o Ministério Público, nos termos aplicáveis do artigo 1348.°.

2. Nos dez dias seguintes proferir-se-á despacho determinativo do modo como deve ser organizada a partilha Neste despacho são resolvidas todas as questões que ainda o não tenham sido e que seja necessário decidir para a organização do mapa da partilha, podendo mandar-se proceder à produção da prova que se julgue necessária. Mas se houver questões de facto que exijam larga instrução, serão os interessados remetidos nessa parte para os meios comuns.

3. O despacho determinativo da forma da partilha só pode ser impugnado na apelação interposta da sentença da partilha.

HISTÓRICO:

O n.° 1 é redacção do art. 2.° do DL 227/94, de 08.09.

O referido n.° 1 tinha a seguinte redacção:

1. Cumprido o que fica disposto nos artigos anteriores, são ouvidos sobre a forma da partilha os interessados e o Ministério Público, nos termos dos n.ºs 1 e 2 do artigo 1340.°.

REMISSÕES:

Reclamação contra a relação de bens – art. 1348.° CPC; organização do mapa de partilha – arts. 1376.°, 1379.° e 1381.° CPC.

ANOTAÇÕES:

1. INTERESSADOS:

"Naquela acepção de «interessados» abrangem-se também os legatários e donatários, até porque lhes pode interessar, e em muito, o exame dos autos, designadamente nos casos em que a forma à partilha possa reflectir-se sobre a legítima, além de que ele visa somente o apontamento dela, senão também a própria correcção da relação de bens (arts. 1373.°, n.° 1 e 1340.°-2, ambos do Cód. Proc. Civil)." *(J. A. Lopes Cardoso, Partilhas Judiciais, Vol. II, 4.ª ed., 1990, pág. 335)*

2. DÍVIDAS PASSIVAS:

No despacho determinativo, terão, nos termos do n.° 2 do art. 1373.° do CPC, de ser resolvidas todas as questões que ainda o não tenham sido e que seja necessário decidir para a organização do mapa da partilha (cit. art. 1404.°, n.° 3 do CPC).

O Juiz não se pronunciou sobre as dívidas passivas que haviam sido relacionadas.

Donde se segue que tratando-se de questão que era necessário resolver para a organização do mapa da partilha, o Juiz *a quo,* antes de ordenar o modo como devia ser organizada a partilha, teria de conhecer da existência das referidas dívidas se os elementos constantes do processo – exame dos documentos apresentados – permitiam com segurança resolver essa questão (cfr. arts. 1355.° e 1356.° do CPC), podendo mandar proceder à produção, que julgasse necessária, de prova (cfr. art. 1373.°).

O despacho determinativo corresponde precisamente à sentença a proferir nas acções declarativas (cfr. A. dos Reis, *Comentário ao CPC,* vol. III, pág. 277).

Donde decorre que nele devem ser resolvidas todas as questões suscitadas pelos interessados e de que dependa a organização do mapa da partilha.

Por isso, entende-se que o Juiz deverá convidar as partes para apresentar as provas que desejarem produzir para a solução da questão das dívidas passivas, ainda em discussão e não aprovadas na conferência de interessados e só depois de resolvida é que deverá ordenar a partilha. *(Acórdão da Relação de Lisboa, de 29.03.93, citado infra)*

3. CONCLUSÕES A EXTRAIR:

Face aos termos do disposto no artigo em anotação, podem tirar-se as seguintes conclusões:

a) Podem, e devem, ser resolvidas todas as questões de direito que seja necessário apreciar e decidir para a organização do mapa da partilha;

b) quando possam apreciar-se em face dos documentos produzidos ou requisitados;

c) ... desde que a apreciação e resolução delas se compadeça com a instrução sumária deste processo;

d) Com vista à apreciação e decisão das questões de facto referidas em *b)* e *c),* pode, e deve, o juiz mandar proceder à produção da prova que julgue necessária e seja compatível com a natureza do processo de inventário (instrução sumária);

e) Relativamente às questões de facto que demandem a produção de prova incompatível com a instrução sumária do processo de inventário, o juiz, pode, e deve:

I – ou remeter as partes para os meios comuns;

II – ou decidir provisoriamente a respeito delas, deixando salvo o direito às acções competentes;

f) Em relação a todas as questões, pode, e deve, o juiz apreciar e resolver antes do despacho determinativo da partilha as que for necessário deixar solucionadas para o andamento regular do inventário;

g) O juiz pode, e deve, apreciar e resolver no despacho determinativo da partilha as que ainda o não hajam sido, e seja mister solucionar para a organização do mapa da partilha;

h) As questões que tenham sido resolvidas por forma definitiva anteriormente ao despacho determinativo não podem neste, ou em outro qualquer despacho, ser objecto de nova apreciação e resolução;

i) As questões que sejam decididas no inventário – seja qual for a altura – consideram-se definitivamente resolvidas, tanto em relação ao cabeça-de-casal e às pessoas citadas na qualidade de herdeiros, como em relação àqueles que intervenham na solução, salvo se for expressamente ressalvado o direito às acções competentes, entendendo-se que intervieram na solução delas as pessoas que as suscitaram ou sobre elas se pronunciaram, e ainda as que foram ouvidas, embora não tenham dado resposta;

j) Decididas provisoriamente as questões no processo de inventário, elas podem ser objecto de resolução diversa desde que, ressalvado ali o direito às acções competentes, nestas venha a decidir-se ao arrepio do que no inventário foi julgado a titulo provisório. *(J. A. Lopes Cardoso, Partilhas Judiciais, Vol. II, 4.ª ed., 1990, págs. 358 e segs.)*

4. FORMA À PARTILHA:

"O Dr. Lopes Cardoso, in Partilhas Judiciais, 4.ª edição, pág. 337, cita Eça e Leyva a propósito: "advirtam os delegados, que este é um dos seus maiores e mais melindrosos trabalhos e que não têm portanto remédio senão aplicar-se muito seriamente a este importantíssimo ramo da sua ocupação e emprego para responderem sempre com acerto, e evitarem ao menos a grande responsabilidade".

Neste, como nos demais domínios da sua actuação, o Magistrado do M. P. deverá actuar com a maior imparcialidade, não obstante ser o representante legal dos menores, incapazes e ausentes, devendo atender fundamentalmente às seguintes peças do processo: declarações do cabeça-de-casal (iniciais e complementares); relação de bens e suas correcções e acta ou actas da conferência de interessados. Não poderá dispensar também a leitura atenta de todos os documentos juntos, designadamente certidões de escrituras de doação e de testamentos.

O modo mais correcto de 'dar' a forma à partilha é fazê-la preceder de um relatório onde se enunciam, pela forma mais completa e sintética possível, as circunstâncias concretas, de facto e de direito, que a rodeiam.

Pode dizer-se que todas as palavras constantes da promoção sobre a forma da partilha devem ser consideradas imprescindíveis, isto é, não deve haver palavras a menos, nem palavras a mais." *(Carvalho de Sá, Do Inventário, Almedina, 4.ª edição, pág. 159)*

JURISPRUDÊNCIA:

IMPUGNAÇÃO DO DESPACHO NA APELAÇÃO:

"**I** – O art. 1373.°, n.° 3 do Cód. Proc. Civil, só veda o recurso autónomo do despacho determinativo da forma da partilha, permitindo que este se empregue na apelação.

II – Proferido, porém, despacho posterior ao despacho determinativo da forma à partilha, em reclamação deduzida contra o mapa, tal despacho incide sobre questões que nada têm que ver propriamente com a forma da partilha, pelo que não lhe é aplicável o disposto no art. 1373.°, n.° 3 do Cód. Proc. Civil.

III – Assim, o vencido, para reagir contra tal decisão, tem de interpor recurso de agravo desse despacho, sob pena do mesmo transitar em julgado." *(Acórdão da Relação do Porto, de 03.04.70, Jurisprudência das Relações 16.°, pág. 347)*

QUESTÕES A RESOLVER NO DESPACHO DETERMINATIVO:

"**I** – No despacho determinativo do modo como deve ser organizada a partilha, apenas são resolvidas as questões que ainda o não tenham sido e que seja necessário decidir para a organização do mapa respectivo – art. 1373.°, n.° 2, do Cód. Proc. Civil.

II – Discutida, após as declarações do cabeça-de-casal, a validade do primeiro casamento do autor da herança, celebrado no estrangeiro, e, em consequência, a legitimidade dos filhos nascidos na constância do matrimónio da mãe, a decisão seguidamente proferida é definitiva no processo e transita em julgado se não for desde logo impugnada por via de recurso." *(Acórdão da Relação de Coimbra, de 06.01.71, Boletim do Ministério da Justiça 203.°, pág. 221)*

NOTIFICAÇÃO DO DESPACHO – INEXIGÊNCIA:

"**I** – O art. 1373.°, n.° 3, do Cód. Proc. Civil, conjugado com as disposições subsequentes, não exige a notificação do despacho determinativo da partilha, que só pode ser impugnado por via de apelação de sentença homologatória.

II – O art. 1379.° do Cód. Proc. Civil, pela mesma razão, não permite reclamações que visem o despacho determinativo de partilha em si (...)." *(Acórdão da Relação de Coimbra, de 23.06.76, Colectânea de Jurisprudência, 1976, Tomo II, pág. 310)*

DESPACHO:

"**I** – O Cód. Proc. Civil de 1961 possibilita que, em conferência de interessados, estes componham e distribuam quinhões.

II – O despacho determinativo da partilha tem o relevo próprio de sentença.

III – Sempre haverá que cumprir o acordo a que se tenha chegado na conferência anterior a esse despacho e a que este se reporta, mesmo que, antes da homologação do mapa consequente, faleça um interessado." *(Acórdão da Relação de Évora, de 08.10.78, Colectânea de Jurisprudência, 1978, Tomo IV, pág. 1336)*

DESPACHO SOBRE A EXISTÊNCIA DE PASSIVO:

"**I** – O despacho, em processo de inventário, sobre a existência do passivo de herança, não aprovado por algum interessado na conferência de interessados, deve ser dado na acta desta conferência, quando a questão puder ser resolvida pelo exame dos documentos apresentados – art. 1355.° do Cód. Proc. Civil.

II – A mesma questão tem de ser resolvida no despacho determinativo de partilha, quando deva mandar-se proceder à produção de prova, que se julgue necessária – art. 1373.°, n.° 2 do mesmo diploma." *(Acórdão da Relação de Évora, de 27.11.79, Boletim do Ministério da Justiça 294.°, pág. 413)*

IMPUGNAÇÃO DO DESPACHO:

"Dispõe o art. 1373.°, n.° 3, do Cód. Proc. Civil, que o despacho determinativo da forma à partilha só pode ser impugnado na alegação interposta da sentença de partilha. Segundo pensamos, esta disposição visa impedir que se recorra autonomamente daquele despacho. Portanto, a falta de recurso desse despacho não envolve concordância com o mesmo, nem conduz à perda do direito de recorrer." *(Acórdão da Relação do Porto, de 02.06.82, Boletim do Ministério da Justiça 319.°, pág. 342)*

PEDIDO DE EXCLUSÃO DE BENS:

"Antes do despacho determinativo da partilha é lícito apreciar todas as questões que possam influir no seguimento do inventário (e, portanto, também, apreciar o pedido de exclusão de bens)." *(Acórdão da Relação de Coimbra, de 08.10.91, Boletim do Ministério da Justiça 410.°, pág. 893)*

QUESTÕES A RESOLVER NO DESPACHO:

"**I** – O processo de inventário é, na sua essência, uma medida de protecção que se destina a evitar prejuízos e a distribuir, equitativamente, um património.

(...)

IV – Enquanto não se efectuar a liquidação e partilha dos bens que constituem a comunhão matrimonial, o que sucede só após o trânsito em julgado da sentença homologatória, tais bens pertencem à comunhão e não aos licitantes.

V – A licitação, desde que legalmente efectuada, estabiliza-se e só pode ser anulada por causa que a afecte.

VI – No despacho determinativo da partilha terão de ser resolvidas as questões que se mostrem necessárias à organização do mapa e que o não tenham sido até aí." *(Acórdão da Relação de Lisboa, de 29.03.93, Colectânea de Jurisprudência, 1993, Tomo II, pág. 130)*

NOTAS PESSOAIS:

ARTIGO 1374.º
(Preenchimento dos quinhões)

No preenchimento dos quinhões observar-se-ão as seguintes regras:

***a)* Os bens licitados são adjudicados ao respectivo licitante, tal como os bens doados ou legados são adjudicados ao respectivo donatário ou legatário;**

***b)* Aos não conferentes ou não licitantes são atribuídos, quando possível, bens da mesma espécie e natureza dos doados e licitados. Não sendo isto possível, os não conferentes ou não licitantes são inteirados em outros bens da herança, mas se estes forem de natureza diferente da dos bens doados ou licitados, podem exigir a composição em dinheiro, vendendo-se judicialmente os bens necessários para obter as devidas quantias.**

O mesmo se observará em benefício dos co-herdeiros não legatários, quando alguns dos herdeiros tenham sido contemplados com legados;

***c)* Os bens restantes, se os houver, são repartidos à sorte entre os interessados, por lotes iguais;**

***d)* Os créditos que sejam litigiosos ou que não estejam suficientemente comprovados e os bens que não tenham valor são distribuídos proporcionalmente pelos interessados.**

HISTÓRICO:

A al. *b)* é redacção do art. 1.º do DL 329-A/95, de 12.12, cuja redacção anterior vai transcrita:

b) Aos não conferentes ou não licitantes são atribuídos, quando possível, bens da mesma espécie e natureza dos doados e licitados. Não sendo isto possível, os não conferentes ou não licitantes são inteirados em outros bens da herança, mas se estes forem de natureza diferente da dos bens doados ou licitados, podem exigir a composição em dinheiro, vendendo-se em hasta pública os bens necessários para obter as devidas quantias.

O mesmo se observará em benefício dos co-herdeiros não legatários, quando alguns dos herdeiros tenham sido contemplados com legados.

As restantes alíneas mantiveram a redacção original.

REMISSÕES:

Doação – arts. 940.° e segs. CC; legatário – art. 2030.°, n.° 1, CC; mapa da partilha – art. 1375.° CPC; excesso de bens doados – art. 1376.° CPC; tornas: opções dadas aos interessados – art. 1377.°.

ANOTAÇÕES:

1. PREENCHIMENTO DAS QUOTAS:

"O preenchimento faz-se por certeza no respeitante aos licitantes, donatários e legatários, adjudicando-se-lhes, respectivamente, os bens licitados, doados ou legados (art. 1374.°-*a)*).

Relativamente aos não conferentes ou não licitantes – e só quanto a eles, pois a regra do art. 1374.°-*b)* não comporta a interpretação segundo a qual determinada verba não licitada seja adjudicada a interessados que licitaram em outras verbas e com isto já excederam o valor dos respectivos quinhões – a lei ateve-se ao respeito por um «princípio igualitário que visa fazer participar cada um dos interessados em tudo quanto constitui o acervo do património indiviso, sejam bens valiosos e de venda fácil, ou bens de valor duvidoso».

A existência de bens da mesma espécie e natureza dos doados e licitados e a possibilidade da atribuição deles aos não licitantes dita, então, o procedimento a seguir." *(J. A. Lopes Cardoso, Partilhas Judiciais, Vol. II, 4.ª ed., 1990, págs. 464 e seg.)*

2. COMPOSIÇÃO EM DINHEIRO:

Se não existem bens da mesma espécie e natureza, podem exigir os não conferentes ou licitantes a composição em dinheiro, vendendo-se em hasta os bens necessários para obter as devidas quantias.

Este direito é restringido, de certa forma, pelo Acórdão da Relação de Lisboa, de 26.07.72 (BMJ 219.°, pág. 255), onde se decidiu que "se após a organização do mapa informativo da partilha, o interessado não licitante a quem, por isso, nos termos da 2.ª parte da alínea *b)* do artigo 1374.° do Código de Processo Civil, foi atribuído um imóvel urbano na cidade de Lisboa não licitado com obrigação de tornas no valor de Esc. $00, vier requerer a venda do mesmo imóvel para composição do seu direito em dinheiro, nos termos do mesmo preceito, deverá o juiz indeferir tal venda e ordenar que aos credores das tornas seja atribuída uma fracção correspondente do mesmo imóvel de modo a evitar, por um lado, tornas avultadas e, por outro, a venda desse imóvel, ainda que, porventura, tais credores insistam ou optem pelas tornas.

O aresto citado não funda raízes no preceito, mas resulta dos princípios que dominam o processo de inventário. Mas, não repugna que, por determinação judicial, se estabeleça compropriedade entre os interessados, designadamente no caso de não ser possível doutra forma obter-se a composição de quinhões.

3. CO-HERDEIROS NÃO LEGATÁRIOS:

O que fica dito em 1. e 2. aplica-se igualmente em benefício dos co-herdeiros não legatários, quando alguns dos herdeiros tenham sido contemplados com legados (art. 1374.°, al. *b)*, parte final).

"A adjudicação e inteiramento a que vem de aludir-se constituem, por assim dizer, duas operações distintas mas visando um objectivo comum. Aquela respeita a vontade dos interessados livremente manifestada em acto que a lei considera como uma arrematação (licitação) ou dá acatamento ao determinado pelo autor da herança (doação e testamento); esta tem em vista a igualação da partilha operada através da atribuição de bens da mesma espécie e natureza a todos os interessados, sendo isso possível." *(J. A. Lopes Cardoso, Partilhas Judiciais, Vol. II, 4.ª ed., 1990, págs. 467 e seg.)*

4. ALÍNEA B):

"Note-se que a possibilidade da composição do quinhão em dinheiro estabelecida na alínea *b)* do preceito através da venda judicial de bens, para o efeito, só é possível quando os bens não doados, nem legados, nem licitados forem de natureza e não de espécie diferente dos doados, legados ou licitados.

No dizer de Rabindranath Capelo de Sousa, *in* «Lições de Direito das Sucessões», 1980/82, II volume, pág. 255, tal norma constitui um dique às atribuições judiciais que, por maior margem na determinação dos bens a atribuir, não satisfaçam os partilhantes não conferentes ou não licitantes.

Segundo este autor, no caso de ser exercido este direito pelos interessados, deverão ser vendidos em primeiro lugar os bens não licitados/ou não objecto de conferência, mas, se o valor arrecadado não chegar, terão os requerentes direito a tornas, isto é, não se avança para a venda dos licitados por preço situado dentro do valor do quinhão a que tem direito o licitante." *(Carvalho de Sá, Do Inventário, 3.ª ed., 1998, págs. 234 e seg.)*

5. ALÍNEA C):

"Decorre da alínea *c)* do preceito que pode haver necessidade de proceder ao sorteio por lotes iguais. Claro que a possibilidade do sorteio só subsiste no caso de sobrarem várias verbas, para além das licitadas, doadas e legadas e ainda após serem inteirados os não conferentes, não legatários e não licitantes de bens da mesma natureza dos primeiros, sendo tais verbas em número suficiente para distribuir por todos os interessados. Por isso só rarissimas vezes se assiste a um sorteio de verbas distribuídas em lotes iguais, sendo o mais comum a distribuição dos bens restantes por todos os interessados na proporção do que cada um tem direito a receber.

No caso de ter de haver sorteio, a secretaria organizará primeiro os lotes, tanto quanto possível de forma igual, que serão identificados por letras, e depois proceder-se-á ao sorteio presidido pelo juiz.

Neste caso, serão organizados vários mapas, tantos quantas as divisões e subdivisões a que se tenha de proceder para se chegar ao valor do quinhão individual de cada um dos interessados, e, de cada um dos mapas, poderão os interessados reclamar nos termos definidos no art. 1379.°." *(Carvalho de Sá, ob. cit., pág. 235)*

6. DOAÇÃO – INOFICIOSIDADE – CADUCIDADE:

"(...) No caso do donatário ser herdeiro legitimário do doador, os princípios da salvaguarda da legítima – art. 2169.° do CC – e do respeito pela vontade normal do doador impõem que, nas doações feitas por conta da quota disponível, a parte que exceda esta quota deva ser inputada na legítima do donatário e, somente no caso da doação exceder aquelas duas indicadas quotas, deverá então proceder-se à sua redução por inoficiosidade – vide art. 1374.°, al. *a)* do CPC, 'Direito das Sucessões' do Prof. Pereira Coelho, pág. 295 e vol. e obra citados do Prof. Capelo de Sousa, pág. 315 e notas (1092) e (1093).

Por outro lado, e já no que respeita às doações feitas a terceiros que não sejam herdeiros, a inexistência da necessidade de recomposição de qualquer quinhão legitimário do respectivo donatário, conduz a que o beneficiário da liberalidade, em caso de redução da mesma, se possa ver confrontado com a perda de parte ou da totalidade do bem sobre o qual aquela incidiu, conforme a natureza divisível ou indivisível do mesmo – art. 2174.°.

Ora, uma vez que, nesta última situação, a eficácia da referida doação, no caso de ser inoficiosa – art. 2168.° –, sempre fica dependente do eventual exercício do direito à sua redução, por parte de qualquer herdeiro legitimário – art. 2169.° –, seria manifestamente ofensiva dos princípios da certeza e da segurança jurídicas, a manutenção *ad aeternum*, relativamente ao donatário, da aludida situação de incerteza e dependência, nomeadamente tendo em consideração que sempre lhe está vedada a faculdade de exigir a partilha dos bens hereditários do doador – arts. 2101.°, n.° 1 e 1327.°, este do CPC.

Temos, portanto, que, para obviar à indefinição do donatário, quanto à definitiva titularidade dos bens que lhe hajam sido doados, por conta da quota disponível do respectivo doador, deve ser estabelecido um prazo durante o qual deva ser exercido o aludido direito de redução da liberalidade, exigência esta porém que já se não impõe quando o donatário seja também herdeiro legitimário, uma vez que, dada a necessária imputação do excesso da doação na sua quota legitimaria, só em casos muito raros poderá ter de haver lugar à aludida redução." *(Acórdão da Relação do Porto, de 08.11.2001, in www.dgsi.pt)*

7. DOAÇÃO INOFICIOSA:

"Se recair sobre prédio divisível abre-se licitação sobre a parte a repor, não sendo admitido o donatário.

Se recair sobre coisa indivisível abre-se licitação sobre ela entre os herdeiros legitimários, no caso de a redução exceder metade do seu valor. O mapa da partilha será elaborado de acordo com a forma dada à partilha e o art. 1374.°.

Se a secretaria verificar que os bens doados, legados ou licitados excedem a quota do respectivo interessado ou a parte disponível do inventariado, lançará uma informação.

Se houver doações inoficiosas, o juiz ordena a notificação dos interessados para requererem a sua redução nos termos da lei civil, podendo o legatário ou donatário escolher, entre os bens doados, os necessários a preencher o valor que tenha direito a receber.

Vemos do que se deixa transcrito que, quando alguém tem herdeiros legitimários, tem limitado o poder de dispor gratuitamente de parte dos seus bens, no interesse desses herdeiros.

Uma quota-parte do seu património pode ser disponibilizada sem restrições, é o que se chama quota disponível.

A outra quota-parte não pode ser disponibilizada gratuitamente, é o que se chama legítima. Sendo-o, é ineficaz em relação aos herdeiros legitimários.

Qualquer disposição gratuita que exceda a quota disponível pode ser, a pedido dos legitimários, reduzida do excesso.

A vontade de redução pode ser feita em processo de inventário pela declaração de licitação nos bens cedidos gratuitamente e relacionados.

A vontade de redução pode ser expressa por qualquer forma, mesmo sem pedido de licitação, basta que estejam de acordo com o valor dado aos bens." *(Acórdão do Supremo Tribunal de Justiça, de 09.04.2002, www.dgsi.pt)*

JURISPRUDÊNCIA:

PRINCÍPIO IGUALITÁRIO – CATEGORIAS DE BENS:

"**I** – As disposições legais que se referem ao preenchimento dos quinhões dos interessados no processo de inventário, designadamente a alínea *b)* do art. 1374.°, do Cód. Proc. Civil, são inspiradas num princípio igualitário que visa fazer participar cada um dos interessados em tudo quanto constitui o acervo do património indiviso, sejam bens valiosos e de venda fácil, ou bens de valor duvidoso.

II – Assim, para se saber se os bens a atribuir aos não conferentes ou não licitantes são ou não da mesma espécie e natureza dos doados ou licitados, há que atender às categorias de bens que resultam das próprias disposições relativas ao inventário, ou sejam, as de prédios, móveis de pouco valor, outros móveis, direitos de crédito, papéis de crédito, direitos e acções, dinheiro, moedas estrangeiras, objectos de ouro, prata e pedras preciosas e semelhantes, estabelecimentos comerciais ou industriais, acções e partes ou quotas em sociedades." *(Acórdão da Relação de Lisboa, de 14.03.69, Jurisprudência das Relações 15.°, pág. 288)*

VENDA DE IMÓVEL NÃO LICITADO:

"Se após a organização do mapa informativo da partilha o interessado não licitante a quem, por isso, nos termos da 2.ª parte da al. *b)* do art. 1374.° do Cód. Proc. Civil, foi atribuído um imóvel urbano ... não licitado com obrigação de tornas no valor de..., vier a requerer a venda do mesmo imóvel para composição do seu direito em dinheiro, nos termos do mesmo preceito, deverá o juiz indeferir tal venda e ordenar que aos credores das tornas seja atribuída a fracção correspondente do mesmo imóvel de modo a evitar, por um lado, tornas avultadas e, por outro, a venda desse imóvel ainda que, porventura, tais credores insistam ou optem pelas tornas." *(Acórdão da Relação de Lisboa, de 26.07.72, Boletim do Ministério da Justiça 219.°, pág. 255)*

COLAÇÃO:

"**I** – Tanto pela lei actual, como pela anterior (arts. 2107.°, do Cód. de 1867 e 2008.° do actual), a regra é a de que a colação se faz em valor, isto é, imputando-se o valor da doação na quota do donatário, de forma a que este venha a receber da herança apenas a diferença entre o valor dos bens doados e o da sua quota hereditária.

II – Só excepcionalmente, se todos os interessados assim acordarem, será a colação feita em substância, caso em que o donatário ficará privado da propriedade dos bens doados, que reverterão para a massa da herança. (...)" *(Acórdão da Relação do Porto, de 15.06.79, Colectânea de Jurisprudência, 1979, Tomo III, pág. 984)*

LICITAÇÃO:

"**I** – O ex-cônjuge do herdeiro não pode licitar já que apenas comunga no quinhão que é atribuído ao herdeiro.

II – O acto de licitação é de mera administração e esta cabe ao herdeiro quanto aos bens próprios e comuns que lhe advierem gratuitamente depois do casamento." *(Acórdão do Supremo Tribunal de Justiça, de 04.10.84, Boletim do Ministério da Justiça 340.°, pág. 316)*

ADJUDICAÇÃO A LICITANTE JÁ PREENCHIDO OU EM EXCESSO:

"**I** – Face ao disposto no art. 1377.°, n.° 2 do Cód. Proc. Civil, o interessado credor de tornas pode requerer a adjudicação de verbas em excesso até ao limite do seu quinhão.

II – Ainda que o quinhão de um interessado licitante já se encontre preenchido, e até em excesso, em virtude do direito de escolha previsto no art. 1377.°, n.° 3, a ele devem ser adjudicados, em obediência ao preceituado na alínea *a)* do art. 1374.°, ambos do Cód. Proc. Civil, os demais bens em que tenha licitado, se cada um deles, dado o valor atribuído na licitação, exceder o limite do quinhão do interessado não licitante que requereu a composição do seu quinhão." *(Acórdão do Supremo Tribunal de Justiça, de 08.11.84, Boletim do Ministério da Justiça 341.°, pág. 442)*

CREDOR DE TORNAS:

"**I** – O credor de tornas pode pedir a composição do seu quinhão, mas apenas em abstracto (e não indicando as verbas que hão-de preenchê-lo, pois o direito de escolha pertence ao licitante).

II – Neste caso, não pode o juiz adjudicar em comum ao requerente e ao licitante as verbas em causa." *(Acórdão da Relação de Coimbra, de 06.10.87, Boletim do Ministério da Justiça 370.°, pág. 627)*

COMPROPRIEDADE:

"Tendo a partilha por finalidade pôr termo à comunhão hereditária, não pode na mesma atribuir-se bens em compropriedade se tal solução não obtiver o acordo dos interessados." *(Acórdão da Relação de Coimbra, de 13.12.88, Boletim do Ministério da Justiça 382.°, pág. 541)*

ADJUDICAÇÃO DOS BENS:

"**I** – Os bens licitados são adjudicados ao licitante, ainda que excedendo o seu quinhão.

II – Os bens não licitados serão atribuídos ao não licitante para, tanto quanto possível, o igualar e inteirar em bens do acervo a partilhar.

III – Se este último, ainda assim, não atinge o valor da sua meação ficam-lhe a caber tornas." *(Acórdão da Relação de Coimbra, de 14.02.90, Colectânea de Jurisprudência, 1990, Tomo I, pág. 98)*

PREFERÊNCIA DO LICITANTE PERANTE O CREDOR DE TORNAS:

"(...)

II – Havendo licitações em inventário e sendo requerida a composição dos quinhões, ao licitante apenas cabe o direito de escolher, entre as verbas em que licitou, as necessárias a preencher a sua quota.

III – Só depois desta escolha os credores de tornas podem usar o direito de fazer a sua escolha sobre as restantes.

IV – No caso de o licitante e os credores de tornas escolherem determinada verba que exceda as quotas respectivas, essa verba deverá ser adjudicada ao licitante, por força do disposto no art. 1374.°, al. *a)* do Cód. Proc. Civil, para se evitar a situação de indivisão-compropriedade." *(Acórdão da Relação de Coimbra, de 11.06.91, Colectânea de Jurisprudência, 1991, Tomo III, pág. 87)*

ATRIBUIÇÃO DE VERBA AO LICITANTE:

"**I** – É reconhecível que, pela sucessão, os herdeiros têm direito a bens da herança em primeiro lugar e só depois ao seu valor em dinheiro e que a licitação, instrumento discutível daquela concretização, a afecta pondo-a ao serviço dos mais dotados financeiramente.

II – O não licitante, em princípio, tem direito a bens determináveis ou em abstracção, supondo isso prévia escolha do licitante.

III – Não podendo a verba ser adjudicada ao não licitante por excesso, terá de o ser ao licitante, cabendo genericamente aos que o não são e a coberto da alínea *b)* do art. 1374.° do Cód. Proc. Civil bens da mesma espécie, havendo-os.

IV – A intervenção equitativa do juiz, prevista no art. 1377.°, n.° 4, do Cód. Proc. Civil, só existe havendo desacordo entre os adjudicatários e não entre o licitante com escolha e os adjudicatários." *(Acórdão do Supremo Tribunal de Justiça, de 28.01.92, Boletim do Ministério da Justiça 413.°, pág. 469)*

COMPOSIÇÃO DOS QUINHÕES – ESTABELECIMENTO COMERCIAL:

"**I** – Para efeitos de igualação da partilha, e saber se os bens são da mesma ou diferente natureza, nos termos do art. 1374.°, *b*) do C. P. Civil, são as categorias de bens incluídas nos arts. 1337.° e 1338.° que traçam a sua natureza.

II – Para esse efeito, o estabelecimento comercial não é bem da mesma espécie e natureza que as acções, obrigações, depósitos em dinheiro e «restantes coisas móveis».

III – Por uma questão de justiça e igualação da partilha, a divisão pode ter de levar em conta, não apenas a espécie e natureza dos bens que compõem os lotes, como a depreciabilidade desses bens." *(Acórdão da Relação de Coimbra, de 12.12.95, Colectânea de Jurisprudência, 1995, Tomo V, pág. 55)*

BENS DA MESMA NATUREZA:

"**I** – Para efeitos do que se dispõe no art. 1374.° do Cód. Proc. Civil os bens, em princípio, são da mesma natureza quando se integram numa das categorias contempladas pelos arts. 1377.° e ss., tendo ainda que atender-se às características essenciais e concretas dos bens, de forma a possibilitar uma partilha justa e igualitária.

II – Um estabelecimento comercial e coisas materiais, móveis e imóveis, não devem considerar-se, para aquele efeito, como bens da mesma natureza." *(Acórdão do Supremo Tribunal de Justiça, de 12.11.96, Colectânea de Jurisprudência, Acórdãos do Supremo Tribunal de Justiça, 1996, Tomo III, pág. 86)*

COMPOSIÇÃO DO QUINHÃO:

"**I** – Concorrendo no inventário dois interessados a duas únicas verbas de imóveis, tendo um deles licitado em ambas, pode o outro requerer a composição do quinhão, se uma das verbas exceder a quota a que cada um tem direito.

II – Por virtude do direito de escolha do licitante, não pode transformar-se o credor de tornas em devedor, nem tão-pouco forçar a compropriedade para se conseguir o maior equilíbrio dos lotes." *(Acórdão da Relação do Porto, de 08.07.97, Boletim do Ministério da Justiça 469.°, pág. 654)*

IDEM:

"**I** – Tendo vários herdeiros licitado em conjunto determinados bens, na proporção da suas quotas de licitantes, cada um deles só pode fazer valer a composição do seu quinhão com a quota-parte em que licitou.

II – A composição do quinhão dos interessados não licitantes pode ser feita à custa de quotas-partes indivisas das verbas licitadas por quem já tem o seu quinhão totalmente preenchido por bens doados, ainda que daí resulte o afastamento deste interessado." *(Acórdão da Relação do Porto, de 16.12.97, Boletim do Ministério da Justiça 472.°, pág. 564)*

COMPOSIÇÃO DO QUINHÃO – LICITAÇÕES:

"**I** – O direito de escolher, de entre as verbas licitadas em processo de inventário, as necessárias para preencher a sua quota, é exclusivo do licitante; o não licitante deverá, em princípio, requerer a composição do seu quinhão em abstracto e, se requerer a composição com verbas em concreto, essa escolha não vinculará o licitante.

II – A inovação do art. 1377.°, introduzida no CPC pela reforma de 1961, permitindo que os interessados que tenham direito a tornas possam optar pela composição dos seus quinhões em bens pelo valor da licitação, pretendeu corrigir o excesso desta, especialmente em casos de desigualdade económica entre os interessados, assim se tentando o equilíbrio entre a partilha justa e o direito de escolha, procurando evitar, até onde for possível, o pagamento de tornas, uma vez que o dinheiro tende a desvalorizar-se.

III – Daí que o art. 1374.°, al. *b)*, do CPC procure a harmonia entre quinhões, estipulando que aos não licitantes serão, em princípio, atribuídos bens.

IV – O direito de composição dos quinhões dos não licitantes pode ser feito através da adjudicação de uma fracção de qualquer das verbas, desde que observada a preferência já referida." *(Acórdão do Supremo Tribunal de Justiça, de 15.05.2001, Colectânea de Jurisprudência, Acórdãos do Supremo Tribunal de Justiça, 2001, Tomo II, pág. 87)*

NOTAS PESSOAIS:

ARTIGO 1375.°
(Mapa da partilha)

1. Recebido o processo com o despacho sobre a forma da partilha, a secretaria, dentro de 10 dias, organiza o mapa da partilha, em harmonia com o mesmo despacho e com o disposto no artigo anterior

2. Para a formação do mapa acha-se, em primeiro lugar, a importância total do activo, somando-se os valores de cada espécie de bens conforme as avaliações e licitações efectuadas e deduzindo-se as dívidas, legados e encargos que devam ser abatidos; em seguida, determina-se o montante da quota de cada interessado e a parte que lhe cabe em cada espécie de bens; por fim, faz-se o preenchimento de cada quota com referência aos números das verbas da descrição.

3. Os lotes que devam ser sorteados são designados por letras.

4. Os valores são indicados somente por algarismos. Os números das verbas da descrição serão indicados por algarismos e por extenso e quando forem seguidos apontam-se só os limites entre os quais fica compreendida a numeração. Se aos co-herdeiros couberem fracções de verbas, tem de mencionar-se a fracção.

5. Em cada lote deve sempre indicar-se a espécie de bens que o constituem.

HISTÓRICO:

Preceito não alterado.

ANOTAÇÕES:

1. DÍVIDAS A DEDUZIR; LEGADOS E ENCARGOS A ABATER:

"As *dívidas* a deduzir são todas as que foram aprovadas por unanimidade pelos interessados na conferência e ainda todas as que foram judicialmente reconhecidas, não tendo o funcionário poderes para decidir se determinada dívida deve ou não ser abatida, embora, se for caso disso, possa submeter à apreciação do juiz qualquer dúvida que lhe surja.

No que toca aos *legados* a abater, são os instituídos em testamento válido, ao passo que os *encargos*, também a abater, são os que oneravam os bens pertencentes ao inventariado e aqueles que ele próprio estabeleceu para serem suportados pelos sucessores." *(Abílio Neto, Cód. Proc. Civil Anotado, 15.ª ed., Set./1999, pág. 1359)*

2. MAPA DE PARTILHA:

"O mapa de partilha não é despacho e, como tal, não é recorrível (se despacho fosse, a espécie de recurso que caberia seria a de agravo e não a apelação). É reclamável (CPC – art. 1379.°, 1) e o despacho determinado da forma da partilha em que aquele assente só pode ser impugnado na interpelação da sentença da partilha (CPC – 1373.°, 3)." *(Acórdão do Supremo Tribunal de Justiça, de 05.11.2002, in www.dgsi.pt)*

JURISPRUDÊNCIA:

PAGAMENTO DO PASSIVO:

"**I** – As dívidas que devem ser abatidas são as que no despacho determinativo da partilha se mandarem deduzir e as que por disposição expressa da lei substantiva tenham de o ser, como no caso do art. 2100.°, n.° 1 do Cód. Civil.

II – Quando o passivo deva ser pago por todos os interessados, ou quando os legados e encargos ficarem a cargo também de todos na proporção do que recebam, o respectivo montante não deve ser abatido ao activo." *(Acórdão da Relação de Lisboa, de 16.05.78, Colectânea de Jurisprudência, 1978, Tomo III, pág. 938)*

CÔNJUGE ÚNICO OU PRINCIPAL CULPADO:

"**I** – Para a aplicação dos artigos 1784.° (na redacção primitiva) ou 1790.° (na redacção actual) do Cód. Civil, deve previamente apurar-se perante o condicionalismo do caso concreto, qual o resultado menos favorável para o cônjuge tido como o único ou principal culpado, se o que advém do regime matrimonial, se o proveniente do regime de comunhão de adquiridos.

II – Nesses cálculos, os valores dos bens serão considerados não só com base nas avaliações, como também com a correcção proveniente das licitações.

III – Encontrado, assim, o regime matrimonial informativo da partilha, a ele deverá atender-se quanto a ambos os cônjuges." *(Acórdão da Relação de Lisboa, de 06.03.81, Colectânea de Jurisprudência, 1981, Tomo II, pág. 160)*

TRANSACÇÃO ANTES DA CONFERÊNCIA:

"Se os interessados no inventário vêm antes de realizada a conferência celebrar transacção na qual consignaram o acordo obtido quanto à partilha e ao preenchimento dos quinhões nem por isso podem deixar de ter lugar o despacho determinativo da partilha e a elaboração do respectivo mapa." *(Acórdão da Relação de Coimbra, de 08.03.88, BMJ 375.°, pág. 461)*

REQUERIMENTO PARA MOVIMENTAÇÃO DOS AUTOS:

"A apresentação de requerimento em que um dos interessados no inventário pede se providencie no sentido de os autos – em que está ultrapassado o prazo de elaboração do mapa da partilha – serem adequadamente movimentados não integra um incidente anómalo tributável." *(Acórdão da Relação de Coimbra, de 08.02.89, Boletim do Ministério da Justiça 384.°, pág. 670)*

DEPÓSITO DE TORNAS:

"O mapa de partilha não tem que contemplar qualquer indemnização, ainda que moratória, pelo tardio depósito de tornas." *(Acórdão da Relação de Lisboa, de 03.10.96, Colectânea de Jurisprudência, 1996, Tomo IV, pág. 120)*

NOTAS PESSOAIS:

ARTIGO 1376.°
(Excesso de bens doados, legados ou licitados)

1. Se a secretaria verificar, no acto da organização do mapa, que os bens doados, legados ou licitados excedem a quota do respectivo interessado ou a parte disponível do inventariado, lançará no processo uma informação, sob a forma de mapa, indicando o montante do excesso.

2. Se houver legados ou doações inoficiosas, o juiz ordena a notificação dos interessados para requererem a sua redução nos termos da lei civil, podendo o legatário ou donatário escolher, entre os bens legados ou doados, os necessários a preencher o valor que tenha direito a receber.

HISTÓRICO:

O n.° 2 é redacção do art. 2.° do DL 227/94, de 08.09, cuja redacção anterior era a seguinte:

2. Se houver legados ou doações inoficiosas, serão reduzidas nos termos da lei civil, podendo o legatário ou donatário escolher entre os bens legados ou doados os necessários para preencher o valor que tenha direito a receber.

REMISSÕES:

1. Doação – arts. 940.° e segs. CC; legados – arts. 2249.° e segs. CC; licitações – art. 1363.° CPC.

2. Redução de liberalidades inoficiosas – arts. 2168.° e segs. CC.

LEGISLAÇÃO SUBSIDIÁRIA:

REDUÇÃO DE LIBERALIDADES – ARTIGOS 2168.° A 2178.° DO CÓDIGO CIVIL:

Artigo 2168.° ***(Liberalidades inoficiosas)***

Dizem-se inoficiosas as liberalidades, entre vivos ou por morte, que ofendam a legítima dos herdeiros legitimários.

Artigo 2169.° ***(Redução)***

As liberalidades inoficiosas são redutíveis, a requerimento dos herdeiros legitimários ou dos seus sucessores, em tanto quanto for necessário para que a legitima seja preenchida.

Artigo 2170.° ***(Proibição da renúncia)***

Não é permitida em vida do autor da sucessão a renúncia ao direito de reduzir as liberalidades.

Artigo 2171.° ***(Ordem da redução)***

A redução abrange em primeiro lugar as disposições testamentárias a título de herança, em segundo lugar os legados, e por último as liberalidades que hajam sido feitas em vida do autor da sucessão.

Artigo 2172.° ***(Redução das disposições testamentárias)***

1. Se bastar a redução das disposições testamentárias, será feita proporcionalmente, tanto no caso de deixas a título de herança como a título de legado.

2. No caso, porém, de o testador ter declarado que determinadas disposições devem produzir efeito de preferência a outras, as primeiras só serão reduzidas se o valor integral das restantes não for suficiente para o preenchimento da legítima.

3. Gozam de igual preferência as deixas remuneratórias.

Artigo 2173.° ***(Redução de liberalidades feitas em vida)***

1. Se for necessário recorrer às liberalidades feitas em vida, começar-se-á pela última, no todo ou em parte; se isso não bastar, passar-se-á à imediata; e assim sucessivamente.

2. Havendo diversas liberalidades feitas no mesmo acto ou na mesma data, a redução será feita entre elas rateadamente, salvo se alguma delas for remuneratória, porque a essa é aplicável o disposto no n.° 3 do artigo anterior.

Artigo 2174.° ***(Termos em que se efectua a redução)***

1. Quando os bens legados ou doados são divisíveis, a redução faz-se separando deles a parte necessária para preencher a legítima.

2. Sendo os bens indivisíveis, se a importância da redução exceder metade do valor dos bens, estes pertencem integralmente ao herdeiro legitimário, e o legatário ou donatário haverá o resto em dinheiro; no caso contrário, os bens pertencem integralmente ao legatário ou donatário, tendo este de pagar em dinheiro ao herdeiro legitimário a importância da redução.

3. A reposição daquilo que se despendeu gratuitamente a favor dos herdeiros legitimários, em consequência da redução, é feita igualmente em dinheiro.

Artigo 2175.° ***(Perecimento ou alienação dos bens doados)***

Se os bens doados tiverem perecido por qualquer causa ou tiverem sido alienados ou onerados, o donatário ou os seus sucessores são responsáveis pelo preenchimento da legítima em dinheiro, até ao valor desses bens.

Artigo 2176.° *(Insolvência do responsável)*

Nos casos previstos no artigo anterior e no n.° 3 do artigo 2174.°, a insolvência daqueles que, segundo a ordem estabelecida, devem suportar o encargo da redução não determina a responsabilidade dos outros.

Artigo 2177.° *(Frutos e benfeitorias)*

O donatário é considerado, quanto a frutos e benfeitorias, possuidor de boa fé até à data do pedido de redução.

Artigo 2178.° *(Prazo para a redução)*

A acção de redução de liberalidades inoficiosas caduca dentro de dois anos, a contar da aceitação da herança pelo herdeiro legitimário.

ANOTAÇÕES:

1. CÁLCULO DA LEGÍTIMA:

"A legítima é de metade, dois terços ou um terço – **de quê**?

A questão está resolvida no art. 2162.°, segundo o qual, 'para o cálculo da legítima, deve atender-se ao valor dos bens existentes no património do autor da sucessão à data da sua morte, ao valor dos bens doados, às despesas sujeitas à colação e às dívidas da herança'.

A legítima é pois de metade, dois terços ou um terço de uma massa de cálculo assim obtida.

O cálculo da legítima, a que se procede segundo o art. 2162.°, desdobra-se em quatro operações distintas:

***a)* 1.ª operação: avaliação dos bens deixados**

Nos termos do art. 2162.°, n.° 1, deve atender-se ao valor dos bens existentes no património do autor da sucessão à data da sua morte.

***b)* 2.ª operação: dedução das dívidas da herança**

A operação aparece referida em último lugar no art. 2162.°, mas este não deve ter tido o propósito de enunciar a *ordem* das operações mas só os *elementos* de que se forma a *massa de cálculo*. Como quer que seja, a dedução das dívidas deve fazer-se logo em 2.° lugar, ou seja, deve fazer-se *dos bens deixados e só deles*. Não deve fazer-se *da soma dos bens deixados com os doados*, pois os credores hereditários não podem pagar-se sobre estes últimos. A questão tem interesse no caso de herança *deficitária*, em que, a ser de outro modo, poderiam os herdeiros legitimários ficar sem legítima ainda que, embora o passivo da herança fosse superior ao activo, o *de cuius* tivesse feito porventura largas liberalidades. Neste caso a legítima calcular-se-á, portanto, apenas sobre os bens doados.

***c)* 3.ª operação: restituição fictícia dos bens doados e das despesas sujeitas a colação**

A *herança*, para efeitos de sucessão legitimária, é pois constituída pelos *relicta* e pelos *donata*, não só pelos bens deixados mas também pelos bens *doados*.

A restituição fictícia não abrange, porém, o valor dos bens que tenham perecido em vida do autor da sucessão por facto não imputável ao donatário, e por isso não são objecto de colação (arts. 2112.° e 2162.°, n.° 2). Por outro lado, também fica excluída a restituição das despesas que não estejam sujeitas a colação nos termos do art. 2110.°, n.° 2.

d) **4.ª operação: imputação das liberalidades feitas por conta da legítima**

Efectuadas as três operações anteriores, fica calculada a legítima a que cada herdeiro *abstractamente* tem direito. Para se saber, porém, que parte dos bens *deixados* pode *concretamente* exigir cada herdeiro legitimário, tem este de *imputar* previamente na sua legítima as liberalidades com que o autor da sucessão o tenha beneficiado, e só poderá exigir o excesso, se excesso houver.

Quanto ao critério geral de *imputação* das liberalidades feitas a herdeiros legitimários, valem em princípio as regras da colação. Mas deve ter-se em conta o art. 2114.°, n.° 2: a doação feita ao repudiante é imputada na quota indisponível, embora não tenha de ser conferida nesse caso." *(Pereira Coelho, Direito das Sucessões, Coimbra, 1992, págs. 317 e segs.)*

2. REDUÇÃO POR INOFICIOSIDADE:

"Os arts. 2171.° e 2173.° [do Cód. Civil] dizem por que ordem devem ser reduzidas as liberalidades: em primeiro lugar reduzem-se as disposições testamentárias a título de herança, em segundo lugar os legados e, em terceiro lugar, as liberalidades feitas em vida.

Se bastar a redução das disposições testamentárias, a redução é feita proporcionalmente (tanto no caso de deixa a título de herança como a título de legado), excepto se o testador tiver declarado que certas disposições devem produzir efeito de preferência a outras ou se tratar de legados remuneratórios.

Se for necessário recorrer às liberalidades em vida, começa-se pela última, se for preciso passa-se à imediata, e assim sucessivamente; caso haja várias liberalidades feitas no mesmo acto ou na mesma data, a redução é feita rateadamente entre elas, salvo se alguma for remuneratória." *(Pereira Coelho, Direito das Sucessões, Coimbra, 1980, pág. 325)*

3. COMO SE EFECTUA A REDUÇÃO: EM VALOR OU EM ESPÉCIE:

"O art. 2174.° faz uma distinção, conforme os bens deixados ou doados forem divisíveis ou indivisíveis.

Se forem divisíveis, a redução faz-se separando deles a parte necessária para preencher a legítima.

Se forem indivisíveis, há ainda que distinguir: se a importância da redução exceder metade do valor dos bens, estes pertencem integralmente ao herdeiro legitimário, e o legatário ou donatário haverá o resto em dinheiro; no caso contrário, os bens pertencem integralmente ao legatário ou donatário, tendo este de pagar em dinheiro ao herdeiro legitimário a importância da redução.

A reposição, em consequência da redução, do que se tenha despendido gratuitamente a favor dos herdeiros legitimários é feita igualmente em dinheiro." *(Pereira Coelho, Direito das Sucessões, Coimbra, 1980, pág. 326)*

4. EXCESSO DE BENS DOADOS OU LEGADOS:

"A existência de herdeiros legitimários – sejam o cônjuge, descendentes ou ascendentes – implica para o autor da sucessão o respeito pelas respectivas legítimas. (...)

É com vista à obtenção deste desígnio que o art. 1376.°, n.° 1 do Cód. Proc. Civil dispõe que se a secretaria verificar, no acto da organização do mapa, que os bens doados ou legados excedem a quota do respectivo interessado ou a parte disponível do inventariado, lançará no processo uma informação, sob a forma de mapa, indicando o montante do excesso.

Do preceito alcança-se a sua pertinência a todas e quaisquer liberalidades, tanto a estranhos como a herdeiros; ali pode haver excesso da parte disponível do inventariado, aqui excesso da quota do respectivo interessado.

Mas, claro está, se se trata de doações ou legados a estranhos a imputação deles haverá que fazer-se na quota disponível do doador ou testador; tratando-se de deixas a favor de herdeiros legitimários haverá de atender-se à vontade manifestada pelo autor delas, esta expressa no próprio título, na certeza de que, havendo lugar à colação, a imputação faz-se na legítima (Cód. Civil, art. 2108.°) e, sendo o donatário dispensado dela, a doação é imputada na quota disponível (*idem*, arts. 2113.°-1 e 2114.°-1), presumindo-se sempre dispensada a colação nas doações manuais e nas doações remuneratórias (*ibidem*, arts. 2113.°-2 e 941.°).

Averiguado que são inoficiosas as liberalidades, cumprirá ordenar que se proceda à respectiva redução ou revogação, se o despacho da partilha não a tiver já determinado." *(J. A. Lopes Cardoso, Partilhas Judiciais, Vol. II, 4.ª ed., 1990, págs. 403 e segs.)*

5. EXCESSO DE BENS LICITADOS:

"Todas as vezes que algum interessado recebe bens em valor superior ao que legitimamente lhe pertence, isto é, superior à sua quota da herança, fica obrigado ao pagamento de tornas.

O interessado que recebe a mais tornas ao que recebeu a menos a importância que a este compete e deve ser atribuída.

E tornas haverá sempre que alguém licite em mais bens do que tem direito, ou quando, por virtude da composição dos lotes, haja excesso da aludida quota.

Todavia, o art. 1376.°, n.° 1 do Cód. Proc. Civil faz somente referência às tornas provenientes de excesso dos bens licitados.

Assim, se a secretaria verificar, no acto da organização do mapa, que os bens licitados excedem a quota do respectivo interessado, lançará no processo uma informação, sob a forma de mapa, indicando o montante do excesso.

Em seguida, os interessados a quem hajam de caber tornas são notificados, sem precedência de despacho, ou mediante despacho, para requererem a composição dos seus quinhões ou reclamar o pagamento das tornas." *(J. A. Lopes Cardoso, Partilhas Judiciais, Vol. II, 4.ª ed., 1990, págs. 413 e segs.)*

"Tal excesso pode dever-se ao facto de os interessados terem licitado em bens de valor superior ao dos seus quinhões, ou, quanto aos donatários e legatários, ao facto de essas doações ou legados serem inoficiosos. Também há lugar a tornas, como é óbvio, no caso de haver excesso derivado do acordo sobre a composição dos lotes. Por isso, embora a lei não o diga expressamente, também neste caso haverá lugar a mapa informativo." *(Carvalho de Sá, Do Inventário – Descrever, Avaliar e Partir, 3.ª ed., 1998, pág. 229)*

6. IDEM:

"*Tal excesso pode dever-se ao facto de os interessados terem licitado* em bens de valor superior ao dos seus quinhões, ou, quanto aos donatários e legatários, *ao facto de essas doações ou legados serem inoficiosos.* Também há lugar a tornas, como é óbvio, *no caso de haver excesso derivado do acordo sobre a composição dos lotes.* Por isso, *embora a lei não o diga expressamente, também neste caso haverá lugar a mapa informativo.* No artigo 1020.° do Anteprojecto do Código de Processo Civil, consagrou-se igualmente o sistema do mapa informativo, não tendo havido o cuidado de esclarecer este ponto. No entanto, da análise conjunta dos diversos preceitos não se pode deixar de concluir que o escrivão não poderá organizar o mapa definitivo da partilha sem ter, primeiramente, dado oportunidade aos credores de tornas, seja qual for a origem dessas tornas, para se pronunciarem quanto ao seu crédito e o modo de se pagarem.

Portanto, no caso de haver credor de tornas, há que cumprir o disposto no artigo 1377.° do Código de Processo Civil." *(Carvalho de Sá, Do Inventário, Almedina, 4.ª ed., pág. 231)*

JURISPRUDÊNCIA:

DIREITO DE ESCOLHA DO LICITANTE:

"O direito de escolha do licitante, no caso de ter licitado em mais verbas do que as necessárias para preencher a sua quota, está sujeito aos seguintes objectos e materiais: 1.° – terá que escolher, de entre as verbas em que licitou, as necessárias e só as necessárias para o preenchimento da sua quota; 2.° – no caso de indivisibilidade dos bens licitados, o seu direito de escolha está condicionado ao regime de redução de liberalidades por inoficiosidade estatuída no n.° 2 do art. 2174.° do Cód. Civil, atenta a remissão do n.° 3 do art. 1377.° para o n.° 2 do art. 1376.°, ambos do Cód. Proc. Civil – por equiparação da figura de herdeiro legitimário à de interessado credor de tornas – (vale dizer que não pode escolher um bem indivisível, objecto de licitação, cuja metade do valor seja inferior ao numerário que tem de repor de tornas)." *(Acórdão da Relação de Évora, de 22.05.80, Boletim do Ministério da Justiça 300.°, pág. 470)*

OMISSÃO – NULIDADE:

"**I** – O herdeiro, mesmo que nada receba do inventário, não deixa de ser sucessor do «de cuius» naquela esfera de relações jurídicas que integram a herança, vindo ocupar em tal esfera a posição daquele.

II – A omissão da notificação do mapa informativo e da escolha feita pelos legatários, nos termos do art. 1376.° n.° 2, do Cód. Proc. Civil, bem como da posição assumida pelo cabeça-de-casal constitui omissão que produz nulidade, porque tal irregularidade pode influir na decisão da causa." *(Acórdão da Relação do Porto, de 14.02.84, Boletim do Ministério da Justiça 334.°, pág. 534)*

BENS DOADOS:

"Os bens doados, ainda que com dispensa de colação, tem de ser descritos em inventário, para efeito de cálculo da legítima, ainda que o cônjuge sobrevivo seja interessado na doação." *(Acórdão da Relação de Lisboa, de 21.04.88, Colectânea de Jurisprudência, 1988, Tomo II, pág. 141)*

ORDEM DE REDUÇÃO DAS LIBERALIDADES:

"**I** – O disposto no art. 2173.°, n.° 1, do Cód. Civil tem de ser entendido e interpretado em conjugação com o disposto no art. 1376.°, n.os 1 e 2, do Cód. Proc. Civil.

II – A ordem de redução das liberalidades estabelecida no art. 2173.°, n.° 1 do Cód. Civil, em face da conjugação desse normativo com o art. 1376.°, n.° 2 do Cód. Proc. Civil, só opera no caso de não ter havido escolha voluntária e suficiente por parte do respectivo interessado.

III – A escolha dos bens prevista no art. 1376.°, n.° 2, do Cód. Proc. Civil pode ser efectuada entre todos os bens doados." *(Acórdão do Supremo Tribunal de Justiça, de 16.10.90, Boletim do Ministério da Justiça 400.°, pág. 667)*

EXCESSO DE BENS LICITADOS:

"Não é lícito, após o exercício do direito de escolha pelo licitante em excesso das verbas que passam a preencher o seu quinhão, segundo uma determinada ordem de preferência, que essa escolha fique condicionada à necessidade de uma rigorosa igualação de quinhões, implicando a adjudicação em comum das verbas escolhidas entre devedor e credor de tornas." *(Acórdão da Relação de Coimbra, de 24.06.97, Boletim do Ministério da Justiça 468.°, pág. 488)*

ACEITAÇÃO TÁCITA DA HERANÇA – REDUÇÃO DE DOAÇÕES INOFICIOSAS – PROCESSO PRÓPRIO – CADUCIDADE:

"**I** – O recebimento pelos herdeiros das rendas respeitantes a um imóvel da herança constitui manifestação (tácita) de aceitação da herança.

II – No caso de instauração de inventário é em tal processo e não através de acção comum, que deve fazer-se a redução das doações inoficiosas, independentemente do donatário ser ou não herdeiro.

III – Do mesmo passo, terá de ser neste processo que deve ser suscitada a eventual caducidade do direito de redução das doações inoficiosas.

IV – A caducidade do prazo de redução destas liberalidades apenas pode ser invocada por parte do donatário que não fosse herdeiro do doador, já que sendo o mesmo herdeiro a todo o tempo pode ter lugar a redução." (*Acórdão da Relação do Porto, de 08.11.2001, Colectânea de Jurisprudência, 2001, Tomo V, pág. 177*)

NOTAS PESSOAIS:

ARTIGO 1377.°
(Opções concedidas aos interessados)

1. Os interessados a quem hajam de caber tornas são notificados para requerer a composição dos seus quinhões ou reclamar o pagamento das tornas.

2. Se algum interessado tiver licitado em mais verbas do que as necessárias para preencher a sua quota, a qualquer dos notificados é permitido requerer que as verbas em excesso ou algumas lhe sejam adjudicadas pelo valor resultante da licitação, até ao limite do seu quinhão.

3. O licitante pode escolher, de entre as verbas em que licitou, as necessárias para preencher a sua quota, e será notificado para exercer esse direito, nos termos aplicáveis do n.° 2 do artigo anterior.

4. Sendo o requerimento feito por mais de um interessado e não havendo acordo entre eles sobre a adjudicação, decide o juiz, por forma a conseguir o maior equilíbrio dos lotes, podendo mandar proceder a sorteio ou autorizar a adjudicação em comum na proporção que indicar.

HISTÓRICO:

Preceito não alterado.

ANOTAÇÕES:

1. DIREITO ALTERNATIVO:

"Da disjuntiva «ou», empregada no n.° 1 do art. 1377.°, parece inferir-se que se trata de exercício de um direito em alternativa, não podendo, pois, cumular-se um com o outro, isto é, requerer-se simultaneamente a composição do quinhão até um certo limite e exigir-se, para além desse limite, o pagamento de tornas.

Que os diversos números daquele artigo têm de ser harmonizados é conclusão que ressalta líquida do respectivo cotejo, mas que essa harmonia tem de ser obtida afrontando as realidades é líquido por igual." *(J. A. Lopes Cardoso, Partilhas Judiciais, Vol. II, 4.ª ed., 1990, pág. 415)*

2. COMPOSIÇÃO DOS QUINHÕES DOS PREENCHIDOS A MENOS:

"O exercício do direito pressupõe ainda que o débito das tornas promana de licitação excessiva, não de sorteio, pois só àquelas se reportam as regras contidas nos n.os 2, 3 e 4 do dito art. 1377.°, além de que é conferido para corrigir a própria licitação.

E pressupõe ainda que o devedor delas licitou numa pluralidade de verbas, e não só numa verba, ainda que de valor excedente ao seu quinhão, conclusão que resulta da gramática dos preceitos, na certeza de que só a pluralidade permite a escolha a que alude o seu terceiro número.

A composição permitida pelo preceito é não só a total como também a parcial, «o que, aliás, se contém no princípio geral de que quem pode o mais pode o menos».

No requerimento em que tal pretensão seja deduzida, e sem prescindir do que precede, o credor das tornas deverá limitar-se a formular tal pedido, isto é, requerer a composição do seu quinhão em abstracto, tomando boa nota de que não poderá aí escolher, de entre os bens licitados pelo devedor delas, os que o hão-de constituir.

O direito de escolha é privativo deste, que assim o determina o n.° 3 do mencionado art. 1377.° e unanimemente o sufragou a jurisprudência." *(J. A. Lopes Cardoso, Partilhas Judiciais, Vol. II, 4.ª ed., 1990, págs. 421 e seg.)*

3. PROCESSO DE COMPOSIÇÃO DE QUINHÕES:

"... O processo de composição de quinhões tem por fundamento a necessidade, que se considerou de primácia justiça, de corrigir a licitação, de acautelar os interesses dos menos afortunados, pondo-os a coberto da própria desvalorização da moeda. Este direito sobreleva, em parte, ao do licitante e na conciliação entre ambos só é possível admitir uma escolha que, afinal de contas, se não traduza num desapontamento.

É com subordinação a este critério que a escolha se exerce, tendo sempre presente que o escopo legal reside na atribuição ao licitante de verbas que preencham quantitativamente a sua quota, ou, não sendo possível – como raras vezes o será –, as que com menos diferença a excedam, pois as outras deixam de lhe pertencer para se adjudicarem aos que, por preenchidos a menos, requereram a composição quantitativa dos seus quinhões no uso de um inquestionável e justificado direito.

Daqui vem que não pode o licitante escolher verbas que excedam em muito o seu quinhão como também lhe fica defesa a escolha restrita a verbas que o não preencham, que no justo equilíbrio das quotas é que está a realidade que a lei protege e não o seria nem num nem noutro dos casos. Ali, subsistiria desrespeito dele enquanto continuava o licitante a chamar a si a maior porção de bens do que legitimamente poderia atribuir-se; aqui, ficariam constituídos os requerentes da composição na obrigação de pagar tornas em dinheiro, o que não seria curial, justo, ou sequer possível. Pois se eles não afrontaram a licitação, ou por entenderem que o preço era excessivo ou porque não estavam habilitados à competição, como admitir prática que, afinal de contas, se traduziria na assunção de uma atitude a que procuraram furtar-se?

Conciliam-se, pois, os interesses de uns e outros, permitindo que o licitante escolha pela forma que a própria licitação lhe garantia mas com o limite da medida do seu quinhão, ou com escasso excesso dele, mas sempre por forma a que da escolha não resulte para os que exercerem o direito conferido pelo art. 1377.°-2 a obrigação de tornarem por sua vez." *(J. A. Lopes Cardoso, Partilhas Judiciais, Vol. II, 4.ª ed., 1990, págs. 423 e seg.)*

4. INTERPRETAÇÃO DO PRECEITO:

"Dada a redacção do n.° 1 deste preceito, parece que o credor de tornas só poderá exercer uma das faculdades que lhe são propostas em alternativa: ou requer a composição do seu quinhão em bens; ou reclama o pagamento das tornas.

Acontece que, se assim fosse, praticamente sairia inutilizado um instituto que foi introduzido no actual Cód. Proc. Civil como forma de tentar minorar os malefícios das licitações.

É que rarissimos seriam os casos em que o valor das tornas corresponderiam exactamente ao valor das verbas ou da verba licitada a mais. Parece, por isso, que os credores de tornas poderão requerer que o seu quinhão seja parcialmente preenchido por bens, tendo a haver a parte que eventualmente restar em tornas.

O que parece não ser admissível é o credor de tornas pedir a composição do seu quinhão em bens, desde que qualquer um dos licitados tenha valor tal que venha a exceder o valor das tornas, obrigando, consequentemente, o credor a pagá-las, por seu turno.

O credor de tornas, no caso de ter optado pela composição do seu quinhão em bens, deverá formular um pedido genérico, nesse sentido. Claro que não está impedido de, logo aí, vir indicar os bens com que gostaria de ver integrado o seu quinhão. Só que esta indicação não deixa de ter mero valor de sugestão, pois a escolha pertence em primeira linha ao devedor das tornas. Além disso, é bom de ver que só poderá exercer esse direito o credor de tornas que não tenha prescindido dele.

Como é um processo criado para corrigir as más consequências do sistema das licitações parece que apenas poderá ser usado no caso das tornas derivarem do excesso de bens licitados e nunca do caso de composição de quinhões ou de sorteio.

Portanto, o licitante, no caso apontado, tem o direito de escolher, de entre as verbas em que licitou, as necessárias para preencher o seu quinhão. Dado o fundamento do instituto, não poderá o licitante escolher verbas cujo valor exceda em muito o valor do seu quinhão. Por outro lado, também não poderá escolher verbas que não cheguem para preencher completamente o seu quinhão, obrigando o credor de tornas a dar-lhes tornas. No caso de serem indivisíveis os bens licitados terá de subordinar o seu direito de escolha ao facto de, com a sua escolha, a sua quota não ficar excedida em mais de metade do seu valor, dado que no art. 1377.°, n.° 3, se manda aplicar o n.° 2 do artigo anterior e este, por sua vez, manda aplicar as regras decorrentes do art. 2174.° do Cód. Civil.

Em conclusão, o devedor de tornas terá de escolher de entre as verbas em que licitou aquela ou aquelas cujo valor mais se aproxima do valor total da sua quota ou que mais ligeiramente o ultrapasse." *(Carvalho de Sá, Do Inventário – Descrever, Avaliar e Partir, 3.ª ed., págs. 229 e seg.)*

JURISPRUDÊNCIA:

VERBAS EM EXCESSO:

"**I** – Quando o art. 1377.° do Cód. Proc. Civil fala em «verbas em excesso» está a subentender o valor que elas representam, e não os artigos ou unidades que as identificam.

II – O facto de o referido artigo falar em verbas não significa que uma parte de qualquer destas não possa integrar uma quota: se qualquer prédio pode ser adjudicado em comum a vários interessados, se aos interessados podem caber fracções de verbas, não se vê razão para que o direito de composição a que se refere o art. 1377.° não se possa fazer por meio da adjudicação de uma fracção de qualquer verba que esteja nas condições pressupostas neste artigo." *(Acórdão da Relação de Lisboa, de 14.02.75, Boletim do Ministério da Justiça 244.°, pág. 311)*

IDEM:

"**I** – O interessado credor de tornas só pode requerer a adjudicação de verbas em excesso até ao limite do seu quinhão.

II – O herdeiro não licitante não tem direito a ver integrado o seu quinhão com uma parte indeterminada de uma verba indivisível licitada." *(Acórdão do Supremo Tribunal de Justiça, de 06.01.76, Boletim do Ministério da Justiça 263.°, pág. 180)*

VERBAS:

"O interessado que requerer a composição do seu quinhão, não pode pedir a adjudicação de parte indeterminada duma verba indivisível, licitada por outro; tem de o fazer em relação a verbas quantitativamente definidas em si mesmas." *(Acórdão da Relação de Lisboa, de 12.03.76, Colectânea de Jurisprudência, 1976, Tomo II, pág. 445)*

HERDEIRO NÃO RESIDENTE NA COMARCA:

"**I** – Não residindo os herdeiros e o meeiro na área da comarca, nem tendo escolhido domicílio nem mandatário na sua sede, não têm de ser notificados para requerer a composição dos seus quinhões ou reclamar o pagamento de tornas.

II – Na convocação das pessoas para a conferência de interessados há que fazer-se menção ao objecto da conferência." *(Acórdão da Relação de Coimbra, de 13.10.76, Colectânea de Jurisprudência, 1976, Tomo III, pág. 569)*

REGRAS DO PRECEITO:

"**I** – Da leitura atenta das regras dos n.os 2 e 3 do art. 1377.° do Cód. Proc. Civil conclui-se: **a)** A composição dos quinhões só pode ter lugar em relação a todas ou algumas das «verbas em excesso»; **b)** e a escolha do interessado licitante recairá sobre as verbas «necessárias para preencher a sua quota».

II – Criou-se, assim, um processo novo de corrigir o excesso de licitações pretendendo-se estabelecer o equilíbrio de quinhões de igual modo expresso na al. *b)* do art. 1374.° do cit. Código.

III – Assim, para que se atinja o escopo da lei, o licitante não se pode alargar na escolha, provocando ao credor de tornas a adjudicação além das «verbas em excesso».

IV – Permitir-se o contrário seria iludir o processo legal de equilíbrio de interesses entre os partilhantes, com mais fáceis prejuízos para os de menor poder económico." *(Acórdão da Relação de Coimbra, de 10.03.78, Colectânea de Jurisprudência, 1978, Tomo II, pág. 719)*

VERBAS EM EXCESSO:

"Requerendo o credor de tornas o preenchimento do seu quinhão com verbas licitadas em excesso, os respectivos licitantes não podem deixar para esse efeito verbas que ultrapassem o quinhão do requerente." *(Acórdão da Relação do Porto, de 20.02.79, Colectânea de Jurisprudência, 1979, Tomo I, pág. 317)*

DIREITO DE ESCOLHA:

"O direito de escolha dos bens licitados, para preenchimento da quota do credor de tornas pertence ao licitante em mais de uma verba cabendo ao credor delas requerer, em abstracto, a composição do seu quinhão o qual se concretizará com verbas licitadas em excesso apenas, e na medida do possível, até ao seu limite." *(Acórdão da Relação de Coimbra, de 27.11.79, Colectânea de Jurisprudência, 1979, Tomo V, pág. 1421)*

LICITAÇÃO NUMA SÓ VERBA:

"**I** – Se o devedor de tornas tiver licitado numa única verba, os outros interessados não têm o direito de requerer o preenchimento do seu quinhão por essa verba.

II – Na sequência lógica desse entendimento, o licitante, no uso da faculdade conferida pelo n.° 3 do artigo 1377.° do Cód. Proc. Civil, poderá escolher, de entre as verbas que licitou, uma única que tenha valor superior ao do seu quinhão, pois, neste caso, fica em situação equivalente à do licitante em uma única verba." *(Acórdão da Relação de Évora, de 23.10.80, Boletim do Ministério da Justiça 303.°, pág. 286)*

NOTIFICAÇÃO DOS INTERESSADOS:

"A notificação dos interessados prescrita no art. 1377.°, n.° 1, do Cód. Proc. Civil só tem de ser feita quando eles residam na localidade onde está a sede do tribunal ou aí escolheram domicílio." *(Acórdão da Relação de Coimbra, de 02.02.82, Boletim do Ministério da Justiça 316.°, pág. 281)*

NÃO LICITANTES OU LICITANTES A MENOS:

"**I** – Os não licitantes, ou preenchidos a menos, têm o direito a verem integrados os seus quinhões em bens licitados por outros interessados a mais e pelo valor da licitação, tendo os não licitantes o direito de escolher os bens que hajam de lhes ser adjudicados.

II – Contudo, dessa escolha não há que resultar para os não licitantes a obrigação de pagar tornas, contra sua vontade." *(Acórdão da Relação de Évora, de 25.02.82, Colectânea de Jurisprudência, 1982, Tomo I, pág. 366)*

FACULDADE DE ESCOLHA:

"**I** – A faculdade de escolha, prevista no n.° 3 do artigo 1377.° do Cód. Proc. Civil, não é ilimitada, antes deve restringir-se à verba ou verbas indispensáveis para o preenchimento do quinhão do licitante.

II – Na hipótese do n.° 4 do mesmo artigo, pode o juiz determinar a adjudicação em comum e na proporção das respectivas verbas a partilhar com vista ao maior equilíbrio dos lotes." *(Acórdão da Relação do Porto, de 20.07.82, Colectânea de Jurisprudência, 1982, Tomo IV, pág. 216)*

LICITAÇÃO EM EXCESSO:

"O licitante de bens em excesso pode escolher para preenchimento do seu quinhão hereditário a verba de mais valor que licitou e superior ao valor do seu próprio quinhão – prescindindo de outra de valor inferior, que é insuficiente para integral composição da quota do interes-sado reclamante (artigo 1377.°, n.ºs 2 e 3, do Código de Processo Civil) – o qual não pode pretender a adjudicação de bens cujo valor excede a sua quota." *(Acórdão da Relação do Porto, de 11.11.82, Boletim do Ministério da Justiça 321.°, pág. 440)*

IDEM:

"**I** – O licitante em excesso não tem o direito de escolher os bens que hão-de integrar os quinhões dos herdeiros credores de tornas, nem o de impor uma situação de compropriedade com outros herdeiros indicando parte indivisa de um prédio para compor a própria quota.

II – Nada impede que os bens destinados a integrar os quinhões dos herdeiros credores de tornas lhes sejam adjudicados em comum, se for essa a sua vontade." *(Acórdão da Relação do Porto, de 03.03.83, Colectânea de Jurisprudência, 1983, Tomo II, pág. 218)*

IDEM:

"O licitante em excesso, ao usar da faculdade que lhe concede o n.° 3 do art. 1377.° do Cód. Proc. Civil, não pode fazer a escolha de entre as verbas em que licitou, de modo a constituir-se, entre ele e o não licitante, ou licitante em verba de valor inferior ao do seu quinhão, compropriedade em alguma ou algumas dessas verbas, sem o acordo deste interessado." *(Acórdão do Supremo Tribunal de Justiça, de 18.10.83, Boletim do Ministério da Justiça 330.°, pág. 472)*

CREDORES DE TORNAS:

"**I** – Se os credores de tornas usaram da faculdade concedida pelo n.° 2 do art. 1377.° do Cód. Proc. Civil, requerendo que duas das verbas licitadas por outro interessado lhes fossem adjudicadas em comum e partes iguais, havia que dar cumprimento ao disposto no n.° 3 da citada disposição, isto é, notificar o licitante para escolher as verbas necessárias ao preenchimento do seu quinhão.

II – A escolha do licitante apenas tem os limites fixados no n.° 2 do art. 1376.° do mesmo Código, isto é, os credores de tornas só podem aceitar todos ou parte dos bens que o licitante não escolher para preencher a sua quota.

III – Os credores de tornas devem requerer a composição dos seus lotes não em bens especificados e individualizados, mas genericamente naqueles que o licitante não escolher para si." *(Acórdão do Supremo Tribunal de Justiça, de 03.04.84, Boletim do Ministério da Justiça 336.°, pág. 378)*

VERBAS EM EXCESSO:

"**I** – Face ao disposto no art. 1377.°, n.° 2 do Cód. Proc. Civil, o interessado credor de tornas só pode requerer a adjudicação de verbas em excesso até ao limite do seu quinhão.

II – Ainda que o quinhão de um interessado licitante já se encontre preenchido, e até em excesso, em virtude do direito de escolha previsto no art. 1377.°, n.° 3, a ele devem ser adjudicados, em obediência ao preceituado na al. *a)* do art. 1374.°, ambos do Cód. Proc. Civil, os demais bens em que tenha licitado, se cada um deles, dado o valor atribuído na licitação, exceder o limite do quinhão do interessado não licitante que requereu a composição do seu quinhão." *(Acórdão do Supremo Tribunal de Justiça, de 08.11.84, Boletim do Ministério da Justiça 341.°, pág. 442)*

COMPOSIÇÃO DE QUINHÕES – RECLAMAÇÃO DE TORNAS:

"**I** – A irrevogabilidade de opção dada pelo art. 1377.° do Cód. Proc. Civil (requerer a composição de seus quinhões ou reclamar o pagamento de tornas) só se verifica com o decurso do prazo legal.

II – Pode o credor de tornas, que fez um primeiro requerimento a reclamar o pagamento daquelas, fazer, desde que dentro do prazo legal, um segundo, em que peça a composição do seu quinhão." *(Acórdão da Relação de Lisboa, de 22.11.84, Colectânea de Jurisprudência, 1984, Tomo V, pág. 151)*

COMPOSIÇÃO DE INTERESSADO NÃO LICITANTE:

"Face ao disposto no art. 1377.° do Cód. Proc. Civil, o interessado não licitante não pode ser composto com a adjudicação em comum de verba licitada por outro interessado e que exceda o quinhão deste no caso de não haver acordo dos interessados nesse sentido." *(Acórdão do Supremo Tribunal de Justiça, de 09.05.85, Boletim do Ministério da Justiça 347.°, pág. 336)*

DEVEDOR DE TORNAS; PREENCHIMENTO DO QUINHÃO DE CREDOR DE TORNAS:

"**I** – O n.° 2 do art. 1377.° do Cód. Proc. Civil pressupõe, como condição do exercício da faculdade que confere, que o devedor das tornas tenha licitado em mais do que uma verba.

II – Na falta de acordo, o preenchimento de quinhão de credor de tornas não pode ser efectuado mediante a atribuição, em comum com o respectivo devedor, das verbas necessárias, ainda que só dessa forma se consiga tal preenchimento." *(Acórdão da Relação de Évora, de 10.04.86, Boletim do Ministério da Justiça 358.°, pág. 625)*

LITÍGIOS NA ADJUDICAÇÃO DE BENS AOS INTERESSADOS:

"**I** – O artigo 1377.° do Cód. Proc. Civil propõe-se resolver eventuais litígios entre os interessados quanto à adjudicação dos bens a partilhar.

II – No caso de separação de meações, não há litígio que importe resolver mediante recurso às normas daquele preceito.

III – A norma aplicável à situação é a contida no artigo 1406.° do mesmo diploma, sendo, por isso, correcta a atribuição ao cônjuge do executado dos bens por ele escolhidos pelo valor da segunda avaliação." *(Acórdão da Relação do Porto, de 19.03.87, Colectânea de Jurisprudência, 1987, Tomo II, pág. 219)*

COMPOSIÇÃO DA QUOTA – LICITAÇÃO DE UMA SÓ VERBA:

"A atribuição pelo art. 1377.°, n.° 2, do Cód. Proc. Civil, da faculdade de qualquer interessado, quando outro tiver licitado «em mais verbas» do que as necessárias para preencher a sua quota, requerer para si a composição da sua com «as verbas em excesso» ou «algumas delas», não ocorre quando a licitação posta em causa compreenda uma só verba." *(Acórdão da Relação do Porto, de 09.06.87, Boletim do Ministério da Justiça 368.°, pág. 611)*

DIREITO DE ESCOLHA:

"**I** – Quando os interessados licitam para além do valor do seu quinhão hereditário, poderão escolher de entre os bens licitados os que, quantitativamente, melhor preencham aquele seu quinhão.

II – O não licitante poderá escolher de entre os bens licitados e que excedam o quinhão do licitante, aqueles que melhor convierem e mais se aproximem do valor do seu quinhão, ainda que excedam este, devendo nessa altura repor o excesso em tornas." *(Acórdão da Relação de Lisboa, de 18.02.88, Colectânea de Jurisprudência, 1988, Tomo I, pág. 131)*

DIREITO DE ESCOLHA:

"**I** – Havendo licitações e sendo requerida a composição de quinhões, ao licitante apenas cabe o direito de escolher entre as verbas que licitou, as necessárias a preencher a sua quota.

II – Aos credores de tornas apenas é lícito – prescindindo de tornas – usar do direito de fazer a sua escolha, de entre as verbas onde não tenha incidido a escolha do licitante.

III – O uso do sorteio ou a autorização para comunhão apenas pode observar-se entre os interessados credores e não também entre eles e o licitante.

IV – Não é lícito usar da faculdade de requerer a composição de quinhões, quando a licitação tenha incidido sobre uma única verba." *(Acórdão da Relação de Coimbra, de 28.06.88, Colectânea de Jurisprudência, 1988, Tomo III, pág. 94)*

COLIGAÇÃO ENTRE INTERESSADOS:

"Na falta de acordo dos restantes, um interessado licitante não pode coligar-se com outro que não haja licitado, para através do exercício do direito conferido pelo n.° 3 do art. 1377.° do Cód. Proc. Civil, as suas quotas ficarem preenchidas por verbas que lhes ficarão a pertencer em comum." *(Acórdão da Relação de Évora, de 29.11.88, Colectânea de Jurisprudência, 1988, Tomo V, pág. 269)*

DIREITO DE ESCOLHA:

"**I** – Do n.° 3 do artigo 1377.° do Cód. Proc. Civil resulta que o licitante pode escolher, de entre as verbas em que licitou, e não tenha a faculdade de optar entre ficar com todos os bens a partilhar ou ficar com o direito a tornas.

II – Assim, face ao citado preceito legal, o licitante tem o direito de escolha de entre os bens ou verbas em que licitou, aqueles que mais lhe interessam para preencher o seu quinhão." *(Acórdão do Supremo Tribunal de Justiça, de 07.11.89, A. J., 1989, Tomo III, pág. 11)*

IDEM:

"**I** – Só depois da escolha por parte do licitante das verbas necessárias para preencher a sua quota, é que o não licitante pode exercer o direito consignado no n.° 2 do art. 1377.° do Cód. Proc. Civil.

II – O credor de tronas deve requerer em abstracto a composição do seu quinhão, mas nada obsta a que indique antecipadamente as verbas que pretenderá, se bem que tal indicação não vincula o licitante, a quem cabe o direito de escolha.

III – Ao licitante fica defeso a escolha restrita a verbas que não preencham o seu quinhão.

IV – A razão de ser da lei reside no propósito de se evitar que o credor de tornas passe a devedor delas." *(Acórdão da Relação de Coimbra, de 19.12.89, Colectânea de Jurisprudência, 1989, Tomo V, pág. 66)*

COMPOSIÇÃO DO QUINHÃO:

"**I** – O credor de tornas pode pedir, em abstracto, a composição do seu quinhão.

II – Mas se indicar, em concreto, a(s) verba(s) que pretende receber, essa indicação não pode prevalecer sobre o direito de escolha do licitante." *(Acórdão da Relação de Coimbra, de 11.06.91, Boletim do Ministério da Justiça 408.°, pág. 662)*

DIREITO DE ESCOLHA:

"**I** – O art. 1377.° do Cód. Proc. Civil permite que os interessados a quem hajam de caber tornas, optem pela composição dos seus quinhões com as verbas ou algumas das verbas que o devedor das tornas licitou em excesso.

II – O exercício de tal direito pressupõe que o devedor das tornas tenha licitado em mais do que uma verba.

III – Usada que seja a faculdade do citado art. 1377.°, o licitante ao escolher as verbas necessárias para preencher a sua quota, há-de comportar-se de forma a não frustrar o objectivo da lei, deixando intacto o direito do não licitante a ver o seu quinhão composto com bens da mesma natureza.

IV – Sendo os bens indivisíveis, dificilmente será possível, na prática, uma composição acabada; de modo que, nesta hipótese, há-de o licitante ficar para si com as verbas que em menor medida excedam o seu quinhão, largando mão das restantes, por forma a que o não licitante veja o seu quinhão preenchido o mais possível com bens." *(Acórdão da Relação de Coimbra, de 25.06.91, Colectânea de Jurisprudência, 1991, Tomo III, pág. 96)*

COMPOSIÇÃO DE QUINHÕES:

"Qualquer interessado com direito a tornas (mesmo que tenha licitado em bens de valor inferior ao seu quinhão) pode requerer a composição do seu quinhão em bens ou reclamar o pagamento daquelas." *(Acórdão da Relação de Coimbra, de 17.09.91, Boletim do Ministério da Justiça 409.°, pág. 885)*

DESACORDO ENTRE OS ADJUDICATÁRIOS:

"**I** – É reconhecível que, pela sucessão, os herdeiros têm direito a bens da herança em primeiro lugar e só depois do valor em dinheiro e que a licitação, instrumento discutível daquela concretização, a afecta, pondo-a ao serviço dos mais dotados financeiramente.

II – O não licitante, em princípio, tem direito a bens determináveis ou em abstracção, supondo isso a prévia escolha do licitante.

III – Não podendo a verba ser adjudicada ao não licitante por excesso, terá de o ser ao licitante, cabendo genericamente aos que o não são e a coberto da alínea *b)* do artigo 1374.° do Código de Processo Civil, bens da mesma espécie, havendo-os.

IV – A intervenção equitativa do juiz, prevista no artigo 1377.°, n.° 4, do Código de Processo Civil, só existe havendo desacordo entre os adjudicatários e não entre o licitante com escolha e os adjudicatários." *(Acórdão do Supremo Tribunal de Justiça, de 28.01.92, Boletim do Ministério da Justiça 413.°, pág. 469)*

PRAZO DE RECLAMAÇÃO DE TORNAS:
"A reclamação do pagamento de tornas pode ser deduzida mesmo depois de decorrido o prazo fixado pelo art. 1377.° do C.P.C." *(Acórdão da Relação de Évora, de 05.11.92, Colectânea de Jurisprudência, 1992, Tomo V, pág. 275)*

LICITAÇÃO EM EXCESSO:
"**I** – Havendo vários interessados num inventário e tendo alguns deles licitado em verbas que excedem o valor das suas quotas, os credores de tornas querendo a composição dos seus quinhões, devem fazer o seu pedido em abstracto e não dirigido às verbas de um só dos licitantes.

II – Aquele que licitou em excesso, havendo outros que também o fizeram, tem o direito de escolher, de entre as verbas licitadas, as necessárias para preencher a sua quota, se o credor de tornas pretender a composição apenas com verbas daquele." *(Acórdão do Supremo Tribunal de Justiça, de 29.06.93, Colectânea de Jurisprudência, Acórdãos do Supremo Tribunal de Justiça, 1993, Tomo II, pág. 167)*

PENHORA DE HERANÇA ILÍQUIDA E INDIVISA:
"**I** – Tendo sido penhorado e adjudicado a terceiros o direito e acção que os executados tinham numa herança ilíquida e indivisa e vindo, em inventário requerido posteriormente à penhora em que aqueles não intervieram, tal herança a ser partilhada com preenchimento da quota dos executados através de tornas, essa partilha é ineficaz em relação a eles.

II – Essa ineficácia não permite, porém, que os terceiros requeiram novo inventário para partilha do mesmo acervo patrimonial.

III – A lei admite outras vias de defesa do direito daqueles terceiros, quer através de acção de anulação da partilha, se se mostrar que houve dolo dos outros interessados, quer do incidente de composição da quota do herdeiro preterido, a requerer e processar nos autos de inventário." *(Acórdão da Relação do Porto, de 30.05.95, Colectânea de Jurisprudência, 1995, Tomo III, pág. 232)*

PREENCHIMENTO DOS QUINHÕES; DIREITO DE ESCOLHA:
"**I** – Face ao disposto no art. 1377.° do Cód. Proc. Civil, o quinhão do interessado não licitante não pode ser composto em comum por verba licitada por outro interessado e que exceda a quota deste, se não houver acordo dos interessados quanto a isso.

II – O direito de escolha pelos licitantes em comum dos bens licitados que hão-de integrar os seus quinhões deverá ser exercido por todos eles, após prévio acordo entre si, considerando a comunhão nos bens licitados e a soma dos respectivos quinhões.

III – Nada impede, se todos os interessados em comum estiverem de acordo, que tal escolha seja feita por um representante por todos eles nomeado." *(Acórdão da Relação de Lisboa, de 28.05.96, Colectânea de Jurisprudência, 1996, Tomo III, pág. 99)*

ADJUDICAÇÃO DE VERBAS EM EXCESSO:

"Face à letra expressa do n.° 2 e à diferente redacção do n.° 3, ambos do art. 1377.° do Cód. Proc. Civil, o credor de tornas só pode requerer a adjudicação de verbas em excesso até ao limite do seu quinhão." *(Acórdão do Supremo Tribunal de Justiça, de 04.12.96, Boletim do Ministério da Justiça 462.°, pág. 356)*

CREDOR DE TORNAS:

"**I** – O interessado credor de tornas pode requerer a composição do seu quinhão ou reclamar o pagamento de tornas.

II – Mas, só se pode requerer a adjudicação de verbas em excesso até ao limite do seu quinhão ou as necessárias para preencher a sua quota.

III – O que não consente que um credor de tornas passe a devedor delas." *(Acórdão do Supremo Tribunal de Justiça, de 04.12.96, Colectânea de Jurisprudência, Acórdãos do Supremo Tribunal de Justiça, 1996, Tomo III, pág. 121)*

LICITAÇÃO EM EXCESSO; EXERCÍCIO DO DIREITO DE ESCOLHA:

"**I** – Se um grupo de interessados licitou em verbas para que lhes fossem adjudicadas em comum na partilha, no caso de licitação em excesso é ao grupo que pertence exercer o direito de escolha para compor a sua quota.

II – Exercido esse direito, não está vedado ao grupo voltar a exercê-lo, se da primeira escolha adveio um impasse.

III – Mas este segundo exercício está sujeito aos limites fixados pelo tribunal para evitar a eternização do impasse.

IV – A primeira escolha exerce-se sobre todas as verbas licitadas pelo grupo, só podendo ser escolhidas as necessárias para o preenchimento da quota, não devendo manter-se ou agravar-se a situação anterior, ou inverter-se, transformando-se o grupo em credor de tornas." *(Acórdão do Supremo Tribunal de Justiça, de 05.06.97, Colectânea de Jurisprudência, Acórdãos do Supremo Tribunal de Justiça, 1997, Tomo II, pág. 115)*

LICITAÇÃO EM EXCESSO; COMPOSIÇÃO DOS QUINHÕES:

"Não é lícito, após o exercício do direito de escolha pelo licitante em excesso das verbas que passam a preencher o seu quinhão, segundo uma determinada ordem de preferência, que essa escolha fique condicionada à necessidade de uma rigorosa igualação dos quinhões, implicando a adjudicação em comum das verbas escolhidas entre devedor e credor de tornas." *(Acórdão da Relação de Coimbra, de 24.06.97, Boletim do Ministério da Justiça 468.°, pág. 488)*

CREDOR DE TORNAS:

"O art. 1377.°, n.° 2, do Cód. Proc. Civil não admite o não licitante, credor de tornas, a pretender a adjudicação de verba cujo valor exceda o do seu quinhão, tornando-se ele próprio devedor de tornas." *(Acórdão do Supremo Tribunal de Justiça, de 18.11.97, Boletim do Ministério da Justiça 471.°, pág. 401)*

RECURSO DE SENTENÇA HOMOLOGATÓRIA DE PARTILHA; SEU ÂMBITO:

"Devendo entender-se que o despacho a que se refere o n.° 4 do art. 1377.° do Cód. Proc. Civil não decorre directamente do despacho determinativo da partilha, pois não é consequência necessária desse despacho mas das licitações operadas antes, consequência é que a reacção contra o mesmo depende da interposição de recurso específico, já que o interposto da sentença homologatória da partilha não tem por objecto, face ao exposto, tal matéria." *(Acórdão do Supremo Tribunal de Justiça, de 22.10.98, Colectânea de Jurisprudência, Acórdãos do Supremo Tribunal de Justiça, 1998, Tomo III, pág. 82)*

DIREITO DE ESCOLHA:

"**I** – O direito de escolha, previsto no art. 1377.°, n.° 3, do Cód. Proc. Civil, é privativo do interessado licitante e supõe a prévia verificação do sistema das licitações.

II – Assim, no caso de adjudicação consensual de verbas ou de composição de quinhões, não tem que se proceder à notificação dos interessados para exercer o direito de escolha previsto no art. 1377.°, n.° 3, do Cód. Proc. Civil." *(Acórdão da Relação de Coimbra, de 17.11.98, Colectânea de Jurisprudência, 1998, Tomo V, pág. 12)*

COMPOSIÇÃO DO QUINHÃO – LICITAÇÕES:

"**I** – O direito de escolher, de entre as verbas licitadas em processo de inventário, as necessárias para preencher a sua quota, é exclusivo do licitante; o não licitante deverá, em princípio, requerer a composição do seu quinhão em abstracto e, se requerer a composição com verbas em concreto, essa escolha não vinculará o licitante.

II – A inovação do art. 1377.°, introduzida no CPC pela reforma de 1961, permitindo que os interessados que tenham direito a tornas possam optar pela composição dos seus quinhões em bens pelo valor da licitação, pretendeu corrigir o excesso desta, especialmente em casos de desigualdade económica entre os interessados, assim se tentando o equilíbrio entre a partilha justa e o direito de escolha, procurando evitar, até onde for possível, o pagamento de tornas, uma vez que o dinheiro tende a desvalorizar-se.

III – Daí que o art. 1374.°, al. *b)*, do CPC procure a harmonia entre quinhões, estipulando que aos não licitantes serão, em princípio, atribuídos bens.

IV – O direito de composição dos quinhões dos não licitantes pode ser feito através da adjudicação de uma fracção de qualquer das verbas, desde que observada a preferência já referida." *(Acórdão do Supremo Tribunal de Justiça, de 15.05.2001, Colectânea de Jurisprudência, Acórdãos do Supremo Tribunal de Justiça, 2001, Tomo II, pág. 87)*

COMPOSIÇÃO DE QUINHÕES DIREITO DE ESCOLHA; SORTEIO OU ADJUDICAÇÃO EM COMUM:

"**I** – O direito de escolha conferido ao interessado que licitou em excesso, pelo art. 1377.°, n.° 3, do CPC, apenas incide, sobre os bens por si licitados, de modo que as respectivas verbas se aproximem da sua quota.

II – No caso do licitante continuar a optar por bens que continuam a ultrapassar o valor do seu quinhão, deve restringir-se essa escolha aos bens cujo valor possam integrar a sua quota e no caso de se tratar de um bem indivisível que ainda ultrapasse esse valor, prevalece esse seu direito de escolha, cabendo aos não licitantes ficar com os restantes.

III – Havendo vários interessados a requerer a composição de quinhões e não havendo acordo entre eles, deverá o juiz ordenar o sorteio ou a adjudicação em comum dos bens que restam entre os não licitantes." *(Acórdão da Relação de Guimarães, de 31.05.2006, Colectânea de Jurisprudência, 2006, Tomo III, pág. 283)*

LICITAÇÕES; COMPOSIÇÃO DE QUINHÕES; ADJUDICAÇÃO EM COMUM; COMPROPRIEDADE:

"O quinhão de interessado não licitado não pode ser composto com a adjudicação em comum de verba licitada por outro interessado em excesso, sem que exista acordo desses interessados nesse sentido." *(Acórdão do Supremo Tribunal de Justiça, de 05.12.2006, Colectânea de Jurisprudência, Acórdãos do Supremo Tribunal de Justiça, 2006, Tomo III, pág. 152)*

NOTAS PESSOAIS:

ARTIGO 1378.°
(Pagamento ou depósito das tornas)

1. Reclamado o pagamento das tornas, é notificado o interessado que haja de as pagar, para as depositar.

2. Não sendo efectuado o depósito, podem os requerentes pedir que as verbas destinadas ao devedor lhes sejam adjudicadas, pelo valor constante da informação prevista no artigo 1376.°, as que escolherem e sejam necessárias para preenchimento das suas quotas, contanto que depositem imediatamente a importância das tornas que, por virtude da adjudicação, tenham de pagar. É aplicável neste caso o disposto no n.° 4 do artigo anterior.

3. Podem também os requerentes pedir que, transitada em julgado a sentença, se proceda no mesmo processo à venda dos bens adjudicados ao devedor até onde seja necessário para o pagamento das tornas.

4. Não sendo reclamado o pagamento, as tornas vencem os juros legais desde a data da sentença de partilhas e os credores podem registar hipoteca legal sobre os bens adjudicados ao devedor ou, quando essa garantia se mostre insuficiente, requerer que sejam tomadas, quanto aos móveis, as cautelas prescritas no artigo 1384.°.

HISTÓRICO:

Preceito não alterado.

ANOTAÇÕES:

1. DEPÓSITO DAS TORNAS:

"... O pagamento das tornas é feito em dinheiro..., quer o excesso provenha da vontade do interessado que recebeu a mais *(licitação),* quer seja independente dessa vontade *(igualação de lotes).*

Mas as situações não são iguais, bastando considerar que, no primeiro caso o licitante sabe antecipadamente com o que conta, conhece as suas disponibilidades, e se vai licitar em bens superiores à sua quota é porque está em condições económicas que lho permitam; no segundo caso, não. Aquele que, por virtude da igualação dos lotes fica preenchido a mais, pode não ter disponibilidades que lhe permitam pagar as tornas devidas e é de ponderar que em nada contribuiu para ficar obrigado a este encargo." *(J. A. Lopes Cardoso, Partilhas Judiciais; Vol. II, 4.ª ed., 1990, pág. 436)*

2. FALTA DE DEPÓSITO DAS TORNAS:

"Os credores das tornas podem optar por um dos seguintes procedimentos:

a) Ou pedir que das verbas destinadas ao devedor lhes sejam adjudicadas, pelo valor constante da informação prevista no art. 1376.°, as que escolherem e sejam necessárias para preenchimento das suas quotas, contanto que depositem imediatamente a importância das tornas que, por virtude da adjudicação tenham de pagar;

b) ou pedir que, transitada em julgado a sentença, se proceda no mesmo processo à venda dos bens adjudicados ao devedor até onde seja necessário para o pagamento das tornas.

(...)

Para a assunção de qualquer destas pretensões não manda a lei notificar os que reclamaram o pagamento de tornas, nem lhes fixa prazo para o efeito. Nem tinha que mandar notificar ou estabelecer. O prazo para o depósito escoou-se no próprio momento em que se completaram os dias fixados para ser efectuado e, assim, aqueles interessados não carecem de que se lhes dê notícia do que não poderão ignorar. Portanto, ultrapassado sem que haja sido feito, o processo aguardará por cinco dias que os mesmos interessados definam o que pretendem, se adjudicação, se oportuna venda. É este o prazo supletivamente fixado na lei para o exercício de qualquer direito processual (Cód. Proc. Civil, art. 153.°), e do teor dos n.os 2 e 3 do art. 1378.° alcança-se que tudo quanto respeita a apuramento de tornas tem de arrumar-se antes de elaborado o definitivo mapa de partilha, pois que tem implicação, e decisiva, na sua organização.

Se, no decurso dele, nada é requerido, tudo irá passar-se como se o pagamento não tivesse sido reclamado e apenas com a diferença de que, então, as tornas vencerão juros a partir da expiração do prazo do depósito." *(J. A. Lopes Cardoso, Partilhas Judiciais, Vol. II, 4.ª ed., 1990, págs. 448 e seg.)*

3. ADJUDICAÇÃO DE VERBAS:

"A adjudicação de verbas referida no n.° 2 do art. 1378.° só pode ser pedida pelos credores de tornas que oportunamente reclamarem o pagamento não satisfeito.

Deste facto deriva para eles o direito a escolher, de entre as verbas destinadas ao devedor (licitante remisso), as necessárias para preenchimento das suas quotas. (...)

O valor em que as verbas são adjudicadas é o constante da informação prevista no art. 1376.° do Cód. Proc. Civil (art. 1378.°-2).

Como contrapartida da faculdade outorgada ao credor das tornas, a lei impõe-lhe que deposite imediatamente o excesso por sua parte, se o houver, e nesta forma de dizer expressa-se a determinação de solicitar a passagem da respectiva guia no próprio requerimento em que a exercite.

Este depósito, porém, só deve ser efectuado depois de proferido despacho que defira a adjudicação, pois esta não resulta de simples requerimento do credor, antes tem de ser objecto de apreciação por parte daquele a quem a vai «pedir» e poderá ser indeferida quando não subsistam os pressupostos respectivos.

Mas, deferida que seja, então será imediatamente efectuado, pois, se o não for, o processo seguirá seus termos, as verbas licitadas ficarão pertencendo ao licitante e este apenas estará constituído na obrigação de pagar juros de tornas nos termos já indicados.

Justamente porque é assim, o aludido despacho não deve ser proferido sem audição prévia do devedor das tornas (licitante remisso), isto para lhe possibilitar tomar posição quanto à própria escolha e, até, quanto à dispensa do depósito das tornas de que, mercê dela, venha a ser credor." *(J. A. LOPES CARDOSO, Partilhas Judiciais, Vol. II, 4.ª ed., 1990, págs. 449 e segs.)*

4. DEPÓSITO DAS TORNAS:

O prazo para o depósito das tornas não resulta da lei. É fixado pelo juiz, que pode suspendê-lo ou prorrogá-lo.

O depósito é feito na Caixa Geral de Depósitos, através de guia própria.

No caso de as tornas serem devidas a menores, incapazes ou ausentes em parte incerta não sofre dúvida, hoje em dia, de que é ao Magistrado do Ministério Público que cabe pronunciar-se sobre a dispensa do seu depósito e, apesar de se considerar que já não se encontra em vigor o Decreto n.° 6007, de 07.08.1919, que determinava a obrigatoriedade de tal depósito, mesmo que fosse em sentido contrário o parecer do Magistrado do Ministério Público, entendemos que tal dispensa apenas deverá ser concedida em casos contados, nos casos em que as tornas sejam de valor insignificante e economicamente mais prejudicial do que útil para os interesses dos incapazes aquele depósito.

Por regra, portanto, não deverá ser dispensado, devendo atender-se, sempre que possível, a que o mesmo deve ser efectuado a prazo de um ano e um dia, com juros a capitalizar, desde que o permitam os regulamentos da Caixa Geral de Depósitos em vigor.

No entanto, pode também o Ministério Público optar por requerer, em lugar da reclamação do pagamento das tornas, que o quinhão do menor, incapaz ou ausente em parte incerta seja preenchido com os bens licitados a mais pelos licitantes." *(CARVALHO DE SÁ, Do Inventário – Descrever, Avaliar e Partir, 3.ª ed., 1998, pág. 232)*

5. RECLAMAÇÃO PARA DEPÓSITO DE TORNAS:

"*Aqueles a quem hajam de caber tornas, em lugar de requererem a composição do seu quinhão em bens, podem vir reclamar o depósito das tornas*, nos termos do artigo 1378.° do Código de Processo Civil.

(...)

O prazo para o depósito das tornas não resulta da lei. É fixado pelo juiz, que pode suspendê-lo ou prorrogá-lo.

O depósito é feito na Caixa Geral de Depósitos, através de guia própria.

No caso de as tornas serem devidas a menores, incapazes ou ausentes em parte incerta não sofre dúvida, hoje em dia, de que é *ao Magistrado do Ministério Público que cabe pronunciar-se sobre a dispensa do seu depósito* e, apesar de considerar que já não se encontra em vigor o Decreto n.° 6007, de 07.08.1919, que determinava a obrigatoriedade de tal depósito, mesmo que fosse em sentido contrário o parecer do Ministério Público, *entendemos que tal dispensa apenas deverá ser concedida em casos contados*, nos casos em que as tornas sejam de valor insignificante e economicamente mais prejudicial do que útil para os interesses dos incapazes aquele depósito.

Por regra, portanto, não deverá ser dispensado, devendo atender-se, sempre que possível, a que o mesmo *deve ser efectuado a prazo de um ano e um dia, com juros a capitalizar*, desde que o permitam os regulamentos da Caixa Geral de Depósitos, em vigor." *(Carvalho de Sá, Do Inventário, Almedina, 4.ª ed., págs. 233 e seg.)*

JURISPRUDÊNCIA:

ESCOLHA DE VERBAS:

"**I** – A caducidade das disposições testamentárias regula-se pela lei vigente ao tempo da abertura da sucessão. Assim, falecendo a autora da herança em 1969, subsistirá uma disposição testamentária de 1966, se o instituído lhe não sobreviveu, mas houver representação sucessória (art. 2317.°, al. *a)* do Cód. Civil).

II – Visando o art. 1378.°-2 do Cód. Proc. Civil dar imediato pagamento ao credor das tornas e evitar a subsequente execução, a escolha para preenchimento da sua quota tanto pode incidir sobre verbas por inteiro como sobre fracções delas." *(Acórdão do Supremo Tribunal de Justiça, de 04.01.74, Boletim do Ministério da Justiça 233.°, pág. 208)*

PRAZO PARA DEPÓSITO DE TORNAS:

"**I** – O processo de inventário tem uma fisionomia muito especial, comportando matérias de jurisdição contenciosa, quando surgem litígios entre os interessados, e matérias de jurisdição voluntária, quando o juiz se limita a exercer uma acção disciplinadora do processo com vista à sua finalidade, que é a de evitar prejuízos e distribuir fiel e equitativamente todo o património de uma herança.

II – Nas fases contenciosas o processo deve submeter-se a regras de ordem formal, que têm de ser rigorosamente observadas; nas fases não contenciosas o juiz regula os termos do processo, usando do seu prudente arbítrio, podendo fixar prazos para a prática dos vários actos processuais quando não estejam directamente fixados na lei, e prorrogá-los quando houver circunstâncias que o justifiquem.

III – Quando fixa o prazo para os devedores das tornas efectuarem o seu depósito não está o juiz a decidir qualquer litígio, mas apenas a ordenar a prática de um acto normal do processo, podendo então usar o seu prudente arbítrio, inclusivamente prorrogar o prazo inicialmente concedido, se forem invocadas razões especiais que o justifiquem; a isto não obsta o disposto nos artigos 147.° e 153.° do Código de Processo Civil, que apenas se referem aos casos em que o prazo tem de ser marcado pela lei, directa ou indirectamente." *(Acórdão da Relação de Lisboa, de 30.06.78, Boletim do Ministério da Justiça 280.°, pág. 381)*

DEPÓSITO DE TORNAS:

"**I** – O depósito de tornas devidas em processo de inventário deve ser feito no prazo geral de cinco (artigo 153.° do Código de Processo Civil), excepto se outro tiver sido designado pelo juiz.

II – A notificação para efectivação do depósito das tornas não tem de ser pessoal, podendo ser feita ao respectivo mandatário." *(Acórdão da Relação de Lisboa, de 18.04.79, Boletim do Ministério da Justiça 290.°, pág. 458)*

NOTIFICAÇÃO PARA O DEPÓSITO DE TORNAS:

"**I** – A notificação para o depósito de tornas em inventário não tem que ser pessoal, por ser acto que pode ser praticado por mandatário.

II – O princípio da legitimidade para a acção vale para todas as questões nela suscitadas." *(Acórdão do Supremo Tribunal de Justiça, de 22.01.80, Boletim do Ministério da Justiça 293.°, pág. 244)*

DEPÓSITO DE TORNAS EM PARTILHA ADICIONAL:

"**I** – A partilha adicional pressupõe uma partilha judicial anterior homologada por sentença com trânsito em julgado, que tenha havido omissão de bens nessa partilha e subsista o motivo que conduziu à instauração do inventário.

II – O depósito de tornas devidas pelo facto de partilha adicional não está dependente do depósito devido pelo facto de partilha inicial." *(Acórdão da Relação de Lisboa, de 29.04.82, Colectânea de Jurisprudência, 1982, Tomo II, pág. 194)*

EXECUÇÃO PARA PAGAMENTO DE TORNAS:

"Instaurada uma execução para pagamento de tornas apuradas em inventário, é lícito fazer registar posteriormente hipoteca legal sobre qualquer dos bens adjudicados ao devedor das tornas." *(Acórdão do Supremo Tribunal de Justiça, de 12.01.84, Boletim do Ministério da Justiça 333.°, pág. 366)*

JUROS DE MORA:

"**I** – Representando os juros a contraprestação pela disponibilidade dos bens e, existindo, na prática, o direito de entrar na posse dos bens desde a data da sentença, deve entender-se que, nos termos do artigo 1378.°, n.° 4, do Código de Processo Civil, são devidos juros de mora sobre as tornas desde a data da sentença e não do seu trânsito em julgado.

II – Pretendendo o devedor efectuar apenas uma parte da prestação – pagamento das tornas sem juros – e recusando-se o credor a recebê-la, não há mora do credor, mas do devedor quanto a toda a prestação e não apenas quanto à parte que se propunha não pagar." *(Acórdão da Relação do Porto, de 05.03.92, Boletim do Ministério da Justiça 415.°, pág. 723)*

DEPÓSITO DE TORNAS PELO LICITANTE:

"O depósito de tornas feito pelo licitante, depois de decorrido o prazo fixado para esse efeito pelo juiz, é válido e faz extinguir a obrigação se, entretanto, não tiver sido proferido despacho de adjudicação dos bens licitados ao credor das tornas." *(Acórdão da Relação do Porto, de 23.04.92, Boletim do Ministério da Justiça 416.°, pág. 712)*

CREDOR DE TORNAS:

"**I** – O credor de tornas dispõe, nos termos do art. 1378.° do Cód. Proc. Civil, do direito de requerer a adjudicação de verbas que eram destinadas ao devedor das tornas ou a venda em hasta pública dos bens, transitada que seja a sentença homologatória da partilha.

II – Constituindo esta venda uma forma simplificada de execução, é-lhe aplicável por analogia o disposto no art. 916.° do mesmo Código, nos termos do qual se admite que o executado pode, em qualquer altura, fazer sustar a execução, pagando a quantia exequenda." *(Acórdão da Relação de Lisboa, de 22.06.92, Boletim do Ministério da Justiça 418.°, pág. 859)*

TORNAS DEVIDAS A MENORES:

"**I** – O depósito de tornas devidas aos menores interessados por parte do pai dos mesmos (cônjuge sobrevivo) não é limitativo da qualidade de administrador deste último, uma vez que a administração dos bens dos menores só ocorre depois de findar o inventário e as tornas que lhes são devidas só lhes podem ser aplicadas se forem depositadas.

II – O Ministério Público, ao reclamar o depósito de tornas devidas a menores, não está obrigado a apresentar qualquer justificação para o mesmo, já que o direito de reclamar o depósito de tornas é um direito dos interessados que não carece de justificação." *(Acórdão da Relação de Évora, de 25.11.93, Boletim do Ministério da Justiça 431.°, pág. 585)*

DISPENSA DO DEPÓSITO DE TORNAS:

"**I** – Compete ao Ministério Público, em última análise, requerer o depósito de tornas devidas a menores, incapazes ou ausentes em parte incerta, ou pronunciar-se sobre a sua dispensa.

II – Mesmo quando os devedores sejam os pais, só excepcionalmente – quando o tribunal julgue ser essa a solução mais adequada aos interesses do menor – deve ser dispensado o depósito das tornas." *(Acórdão da Relação do Porto, de 08.05.97, Colectânea de Jurisprudência, 1997, Tomo II, pág. 181)*

JUROS RELATIVOS A TORNAS:

"**I** – Os juros relativos a tornas contam-se desde a data da sentença de partilhas, se não tiver sido reclamado o respectivo pagamento no momento do art. 1377.° do Cód. Proc. Civil, e contar-se-ão logo a partir do fim do prazo para efectuar o seu depósito, no caso de o pagamento ter sido reclamado mas não realizado.

II – O depósito tardio de tornas, desacompanhado de depósito dos juros que forem devidos, não tem a eficácia liberatória prevista no artigo 916.° do Cód. Proc. Civil.

III – O processo especial previsto no n.° 3 do art. 1378.° do Cód. Proc. Civil é o meio processual adequado para exigir o pagamento coercivo dos juros relativos a tornas." *(Acórdão do Supremo Tribunal de Justiça, de 08.07.97, Boletim do Ministério da Justiça 469.°, pág. 388)*

TORNAS - VENCIMENTO DE JUROS:

"**I** – Não resulta do n.° 4 do art. 1378.° do Cód. Proc. Civil, que a circunstância de serem reclamadas tornas afasta a hipótese de estas vencerem juros. O que daí resulta é que, mesmo quando não reclamadas, são devidos juros desde a sentença de partilhas.

II – Porém, se forem reclamadas tornas, então a dívida vence juros moratórios, à taxa legal, desde a data em que expira o prazo fixado pelo juiz para o devedor proceder ao seu depósito e pelo tempo que decorrer até que o faça ou, por qualquer modo, pague ao credor delas." *(Acórdão da Relação de Coimbra, de 31.03.98, Colectânea de Jurisprudência, 1998, Tomo II, pág. 36)*

DEPÓSITO DE TORNAS:

"**I** – Embora a lei refira que a licitação em inventário tem a estrutura de uma arrematação, esta não é uma venda judicial, mas antes uma arrematação *sui generis* que se destina à correcção de valores e escolha de bens.

II – No caso de vários interessados em inventário licitarem em comum determinados bens, e depois se vier a verificar excesso dos bens licitados sobre as suas quotas, não lhes é lícito exercerem posteriormente o direito de escolha individualmente, optando por uma concreta verba antes licitada em grupo para se colocarem a coberto da pretensão de outro interessado não licitante à composição do seu quinhão com essa verba.

III – Se bem que o que licitou em excesso tenha o direito de escolher de entre as verbas licitadas as necessárias para preencher a sua quota se o credor de tornas pretender a composição de quinhões, o direito do licitante é limitado pela necessidade de conseguir uma equilibrada composição de quinhões de todos os interessados.

IV – Essa escolha até pode ser rejeitada por abuso de direito de escolha e pela prevalência, na colisão entre o direito do licitante e o do credor de tornas, do direito superior, que é o do preenchido a menos." *(Acórdão do Supremo Tribunal de Justiça, de 25.03.99, Colectânea de Jurisprudência, Acórdãos do Supremo Tribunal de Justiça, 1999, Tomo II, pág. 35)*

SEPARAÇÃO DE MEAÇÕES – VENDA DOS BENS DO DEVEDOR DAS TORNAS:

"**I** – O credor exequente, transitada em julgado a sentença homologatória da separação de meações, proferida no inventário respectivo, pode pedir a venda dos bens adjudicados ao cônjuge do executado, devedor das tornas, para pagamento do seu crédito.

II – Instaurada a execução que determinou o inventário para separação de meações, o cônjuge devedor das tornas fica na posição de fiel depositário, não se exonerando pelo pagamento das tornas ao cônjuge credor delas." *(Acórdão da Relação de Coimbra, de 13.11.2001, Colectânea de Jurisprudência, Tomo V, pág. 17)*

EXECUÇÃO POR TORNAS DEVIDAS EM INVENTÁRIO – SUSPENSÃO DA EXECUÇÃO:

"**I** – Se o credor de tornas em inventário se limitou a reclamar o seu pagamento e, face ao não pagamento, a venda dos bens adjudicados ao devedor é suficiente para a sustação da venda e remessa dos autos à conta para apuramento da exacta responsabilidade do devedor, o depósito das tornas devidas.

II – O despacho que, na sequência desse depósito, remete os autos à conta não tem a virtualidade de definir o exacto valor da dívida, a apurar em posteriores operações de liquidação." *(Acórdão da Relação de Évora, de 07.11.2002, Colectânea de Jurisprudência, 2002, Tomo V, pág. 233)*

NOTAS PESSOAIS:

ARTIGO 1379.°
(Reclamações contra o mapa)

1. Organizado o mapa, o juiz, rubricando todas as folhas e confirmando a ressalva das emendas, rasuras ou entrelinhas, pô-lo-á em reclamação.

2. Os interessados podem requerer qualquer rectificação ou reclamar contra qualquer irregularidade e nomeadamente contra a desigualdade dos lotes ou contra a falta de observância do despacho que determinou a partilha.

Em seguida dá-se vista ao Ministério Público para o mesmo fim, se tiver intervenção principal no inventário.

3. Concluído o sorteio, os interessados podem trocar entre si os lotes que lhes tenham cabido.

4. Para a troca de lotes pertencentes a menores e equiparados é necessária autorização judicial, ouvido o Ministério Público; tratando-se de inabilitado, a troca não pode fazer-se sem anuência do curador.

HISTÓRICO:

O n.° 2 é redacção do art. 2.° do DL 227/94, de 08-09.

A redacção anterior do referido n.° 2 era a seguinte:

2. Os interessados podem requerer qualquer rectificação ou reclamação contra qualquer irregularidade e nomeadamente contra a desigualdade dos lotes ou contra a falta de observância do despacho que determinou a partilha.

Em seguida dá-se vista ao Ministério Público para o mesmo fim, se o inventário for obrigatório.

Os restantes n.^{os} do preceito correspondem à redacção inicial.

REMISSÕES:

Intervenção principal do MP – art. 1327.°, n.° 1, al. *b)* e n.° 3, CPC.

ANOTAÇÕES:

1. ALTERAÇÃO NA REDACÇÃO DO N.° 2:

O legislador limitou-se a alterar a redacção do n.° 2 do preceito em análise, eliminando a referência a «inventário obrigatório», atento o desaparecimento da distinção entre as duas formas processuais: inventário facultativo e inventário obrigatório.

Tendo sido requerida, por qualquer interessado, rectificação ou reclamação contra irregularidade, continua a dar-se vista ao Ministério Público, nos casos em que este tenha intervenção principal no processo, ou seja, quando entre os interessados directos haja incapazes, ausentes em parte incerta ou pessoas colectivas (art. 1327.°, n.° 1, al. *b)*), ou ainda quando esteja em causa a defesa de interesses da Fazenda Pública (n.° 4).

2. VISTA AO MINISTÉRIO PÚBLICO:

"É no prazo de três dias [hoje, 10 dias] que este Magistrado promoverá o que tiver por conveniente quanto ao que vem exposto por quem haja reclamado, emitindo a tal respeito a sua opinião, como também é no decurso do mesmo prazo que tomará a iniciativa da reclamação (Cód. Proc. Civil, art. 160.°). Aqui, como ali, constituem fundamentos dela os que a lei estabelece no art. 1379.°-2 do Cód. Proc. Civil, e aqui como ali entende-se que, não reclamando em tempo o Ministério Público, é de concluir pelo seu assentimento, circunstância que o não impedirá de fazer constar, e expressamente, a sua concordância com a elaboração do mapa da partilha." *(J. A. Lopes Cardoso, Partilhas Judiciais, Vol. II, 4.ª ed., 1990, pág. 477)*

3. NOVA EMENDA:

"Contra o mapa da partilha não há novas reclamações, salvo tratando-se unicamente de corrigir as indicações não conformes às resoluções dos interessados ou às decisões do juiz, pelo que não há notificação aos interessados nem vista ao Ministério Público.

O mapa organizado conforme o despacho determinativo da partilha e não reclamado só pode ser emendado em apelação da sentença." *(J. A. Lopes Cardoso, Partilhas Judiciais, Vol. II, 4.ª ed., 1990, pág. 479)*

4. NOÇÃO DE INTERESSADOS:

"Tal como Lopes Cardoso (*Partilhas*, I, 3.ª ed. pág. 506), já expendia em relação ao regime pretérito ao DL n.° 227/94, de 8 de Setembro – mas que para o aspecto em análise nenhuma alteração de relevo protagonizou –, na técnica do diploma '*distingue-se entre «pessoas directamente interessadas na partilha» e simples «interessados». Naquela expressão* – prossegue o mesmo Autor – *compreende a lei os herdeiros, o meeiro, usufrutuário de parte da herança sem determinação de valor ou de objecto e neste vocábulo* ***não só aqueles*** *como ainda os legatários e credores." "Assim, pois* – acrescenta mais à frente –, *quando a lei se* *reporta a 'interessados', quer abranger todos os que citados foram para o inventário e isto quer seja directo quer indirecto o seu interesse na partilha."* E conclui: *"Abrange, portanto (a expressão 'interessados'), todos os citados, isto é, também os legatários, donatários (...) e* ***credores*** *do autor da herança."*

Nestes termos, havendo que considerar a categoria ou grupo dos credores, na economia do diploma, como susceptível de enquadramento na enfocada expressão "interessados", logo há que concluir que – em divergência com o Mm.° Juiz, da letra daquele n.° 2 do art. 1379.°, uma ilação é possível retirar no sentido de que o requerimento de rectificação ou a reclamação do mapa da partilha, em tal dispositivo contemplados, apenas serem consentidos em conferência às pessoas directamente interessadas ("in casu" os ex-cônjuges) e não – entre outros intervenientes – aos credores. E logo, de a notificação do despacho tendente à realização desses procedimentos, apenas dever ter lugar no concernente a tais pessoas e não em relação a estes últimos. *(Acórdão da Relação de Coimbra, de 06.10.2001, Colectânea de Jurisprudência, 2001, Tomo V, pág. 9)*

JURISPRUDÊNCIA:

RECLAMAÇÕES NÃO ADMITIDAS:

"**I** – O art. 1373.°, n.° 3, do Cód. Proc. Civil, conjugado com as disposições subsequentes, não exige a notificação ou despacho determinativo de partilha, que só pode ser impugnado por via de apelação de sentença homologatória.

II – O art. 1379.° do Cód. Proc. Civil, pela mesma razão, não permite reclamações que visem o despacho determinativo de partilha em si. (...)." *(Acórdão da Relação de Coimbra, de 23.06.76, Colectânea de Jurisprudência, 1976, Tomo II, pág. 310)*

INVENTÁRIO PARA SEPARAÇÃO DE MEAÇÕES – NOTIFICAÇÃO AOS CREDORES DO DESPACHO QUE ORDENA EXAME DO MAPA DA PARTILHA:

"Em processo de inventário judicial, para separação de meações, os credores devem também ser notificados do despacho que ordena o exame do mapa da partilha, e nomeadamente para efeitos de eventual reclamação." *(Acórdão da Relação de Coimbra, de 06.10.2001, Colectânea de Jurisprudência, 2001, Tomo V, pág. 8)*

NOTAS PESSOAIS:

ARTIGO 1380.°
(Sorteio dos lotes)

1. Em seguida procede-se ao sorteio dos lotes, se a ele houver lugar, entrando numa urna tantos papéis quantos os lotes que devem ser sorteados, depois de se ter escrito em cada papel a letra correspondente ao lote que representa; na extracção dos papéis dá-se o primeiro lugar ao meeiro do inventariado; quanto aos co-herdeiros, regula a ordem alfabética dos seus nomes.

2. O juiz tira as sortes pelos interessados que não compareçam; e, à medida que se for efectuando o sorteio, averba por cota no processo o nome do interessado a quem caiba cada lote

3. Concluído o sorteio, os interessados podem trocar entre si os lotes que lhes tenham cabido.

4. Para a troca de lotes pertencentes a menores e equiparados é necessária autorização judicial, ouvido o Ministério Público; tratando-se de inabilitado, a troca não pode fazer-se sem anuência do curador.

HISTÓRICO:

Preceito não alterado.

REMISSÕES:

4. Ausência – arts. 89.° e segs. CC; menoridade – arts. 122.° e segs. CC; interdições – arts.138.° e segs. CC; inabilitações – arts. 152.° e segs. CC, especialmente, art. 154.°.

LEGISLAÇÃO SUBSIDIÁRIA:

AUTORIZAÇÃO OU CONFIRMAÇÃO DE CERTOS ACTOS – ARTIGOS 1439.° A 1441.° DO CÓDIGO DE PROCESSO CIVIL

Artigo 1439.° *(Autorização judicial)*

1. Quando for necessário praticar actos cuja validade dependa de autorização judicial, esta será pedida pelo representante legal do incapaz.

2. Será citado para contestar, além do Ministério Público, o parente mais próximo do incapaz ou, havendo vários parentes do mesmo grau, o que for considerado mais idóneo.

3. Haja ou não contestação, o juiz só decide depois de produzidas as provas que admitir e de concluídas outras diligências necessárias, ouvindo o conselho de família, quando o seu parecer for obrigatório.

4. O pedido é dependência do processo de inventário, quando o haja, ou do processo de interdição.

5. É sempre admissível a cumulação dos pedidos de autorização para aceitar a herança deferida a incapaz, quando necessária, e de autorização para outorgar na respectiva partilha extrajudicial, em representação daquele; neste caso, o pedido de nomeação de curador especial, quando o representante legal concorra à sucessão com o seu representado, é dependência do processo de autorização.

Artigo 1440.° ***(Aceitação ou rejeição de liberalidades em favor de incapazes)***

1. No requerimento em que se peça a notificação do representante legal para providenciar acerca da aceitação ou rejeição de liberalidade a favor de incapaz, o requerente, se for o próprio incapaz, algum seu parente, o Ministério Público ou o doador, justificará a conveniência da aceitação ou rejeição, podendo oferecer provas.

2. O despacho que ordenar a notificação marcará prazo para o cumprimento.

3. Se quiser pedir autorização para aceitar a liberalidade, o notificado deve formular o pedido no próprio processo da notificação, observando-se aí o disposto no artigo anterior e, obtida a autorização, no mesmo processo declarará aceitar a liberalidade.

4. Se, dentro do prazo marcado, o notificado não pedir a autorização ou não aceitar a liberalidade, o juiz, depois de produzidas as provas necessárias, declará-la-á aceita ou rejeitada, de harmonia com as conveniências do incapaz.

5. É aplicável a este caso o disposto no n.° 4 do artigo anterior.

Artigo 1441.° ***(Alienação ou oneração dos bens do ausente ou confirmação de actos praticados pelo representante do incapaz)***

1. O disposto no artigo 1439.° é também aplicável, com as necessárias adaptações:

a) À alienação ou oneração de bens do ausente, quando tenha sido deferida a curadoria provisória ou definitiva;

b) À confirmação judicial de actos praticados pelo representante legal do incapaz sem a necessária autorização.

2. No caso da alínea *a)* do número anterior, o pedido é dependência do processo de curadoria; no caso da alínea *b)*, é dependência do processo em que o representante legal tenha sido nomeado.

ANOTAÇÕES:

1. Trata-se de um preceito meramente descritivo das operações a efectuar quando se procede ao sorteio de lotes, numa fase já terminal do processo de inventário, e que não justifica comentários profundos de índole jurídica.

2. O n.° 4 merece, no entanto, uma análise mais detalhada.

O preceito estabelece dois princípios: *autorização judicial*, ouvido o Ministério Público, tratando-se de troca de lotes pertencentes a menores ou equiparados; *anuência do curador*, quando se trate de inabilitados.

Relativamente ao primeiro dos princípios, deve dizer-se que com a expressão «equiparados», o legislador tem em vista, desde logo, os interditos. Isso resulta, não só do disposto no art. 144.° do Código Civil, que manda aplicar à interdição as disposições relativas ao exercício do poder paternal, quando a tutela recaia sobre o pai ou sobre a mãe do incapaz; por outro lado, a al. *a)* do n.° 1 do art. 1938.° impõe a autorização do tribunal para que o tutor pratique qualquer um dos actos que dependem de igual autorização, relativamente aos menores, ou seja, aqueles que vêm enumerados no n.° 1 do art. 18890.° ambos do mesmo Código.

Tal exigência de autorização judicial para a troca de lotes vem, aliás, na sequência da sua imposição aos pais e ao tutor para alienar ou onerar bens do menor ou interdito (arts. 1889.°, n.° 1, al. *a*), directamente e *ex vi* art. 1938.°, n.° 1 al. *a)*, ambos do Cód. Civil).

Mas será que o legislador quis abranger naquela fórmula também os *ausentes em parte incerta?* Parece que sim. Na verdade, estes são equiparados aos menores, por um lado, quanto à intervenção principal do Ministério Público (art. 1327.°, n.° 1, al. *b)* do CPC) e, por outro, são igualmente representados no inventário por um curador especial (art. 1329.°, n.° 2 do mesmo Código), caso não esteja instituída a curadoria, pois, nesta hipótese foi já nomeado um curador (art. 89.° do Cód. Civil).

Quanto à necessidade de anuência do curador, vem na sequência do estabelecido no n.° 1 do art. 153.° do Cód. Civil, segundo o qual "os inabilitados são assistidos por um curador, a cuja autorização estão sujeitos os actos de disposição de bens entre vivos", e ninguém duvida que a troca é um acto de disposição *inter vivos*, e a título oneroso (nomeadamente, sujeito a tributação de sisa, quando haja diferença de valores entre o que se entrega e o que se recebe).

NOTAS PESSOAIS:

ARTIGO 1381.°
(Segundo e terceiro mapas)

1. Quando haja cônjuge meeiro, o mapa consta de dois montes; e determinado que seja o do inventariado, organiza-se segundo mapa para a divisão dele pelos seus herdeiros.

Se os quinhões destes forem desiguais, por haver alguns que sucedam por direito de representação, forma-se terceiro mapa para a divisão dela pelos representantes.

Se algum herdeiro houver de ser contemplado com maior porção de bens, formar-se-ão, sendo possível, os lotes necessários para que o sorteio se efectue entre lotes iguais.

2. Quando o segundo mapa não puder ser organizado e sorteado no acto do sorteio dos lotes do primeiro e quando o terceiro também o não possa ser no acto do sorteio dos lotes do segundo, observar-se-ão, não só quanto à organização mas também quanto ao exame e sorteio do segundo e terceiro mapas, as regras que ficam estabelecidas relativamente ao primeiro.

HISTÓRICO:

Preceito não alterado.

REMISSÕES:

1. Regimes de bens do casamento – arts. 1717.° e segs. CC; direito de representação – arts. 2039.° e segs. CC.

NOTAS PESSOAIS:

ARTIGO 1382.°
(Sentença homologatória da partilha)

1. O processo é concluso ao juiz para, no prazo de cinco dias, proferir sentença homologando a partilha constante do mapa e as operações de sorteio.

2. Da sentença homologatória da partilha cabe recurso de apelação, com efeito meramente devolutivo.

HISTÓRICO:

Preceito não alterado.

REMISSÕES:

1. Mapa da partilha – art. 1375.° CPC; operações de sorteio – art. 1380.° CPC.

2. Apelação – arts. 691.° e segs. CPC; declaração do efeito devolutivo – art. 692.° CPC.

LEGISLAÇÃO SUBSIDIÁRIA:

APELAÇÃO: CÓDIGO DE PROCESSO CIVIL, ARTIGOS 691.° A 720.°

SECÇÃO II – Apelação

SUBSECÇÃO I – Interposição e efeitos do recurso

Artigo 691.° ***(De que decisões pode apelar-se)***

1. Da decisão do tribunal de 1.ª instância que ponha termo ao processo cabe recurso de apelação.

2. Cabe ainda recurso de apelação das seguintes decisões do tribunal de 1.ª instância:

a) Decisão que aprecie o impedimento do juiz;

b) Decisão que aprecie a competência do tribunal;

c) Decisão que aplique multa;

d) Decisão que condene no cumprimento de obrigação pecuniária;

e) Decisão que ordene o cancelamento de qualquer registo;

f) Decisão que ordene a suspensão da instância;

g) Decisão proferida depois da decisão final;

h) Despacho saneador que, sem pôr termo ao processo, decida do mérito da causa;

i) Despacho de admissão ou rejeição de meios de prova;

j) Despacho que não admita o incidente ou que lhe ponha termo;

l) Despacho que se pronuncie quanto à concessão da providência cautelar, determine o seu levantamento ou indefira liminarmente o respectivo requerimento;

m) Decisões cuja impugnação com o recurso da decisão final seria absolutamente inútil;

n) Nos demais casos expressamente previstos na lei.

3. As restantes decisões proferidas pelo tribunal de 1.ª instância podem ser impugnadas no recurso que venha a ser interposto da decisão final ou do despacho previsto na alínea *l)* do n.° 2.

4. Se não houver recurso da decisão final, as decisões interlocutórias que tenham interesse para o apelante independentemente daquela decisão podem ser impugnadas num recurso único, a interpor após o trânsito da referida decisão.

5. Nos casos previstos nas alíneas *a)* a *g)* e *i)* a *n)* do n.° 2, bem como no n.° 4 e nos processos urgentes, o prazo para interposição de recurso e apresentação de alegações é reduzido para 15 dias.

Artigo 691.°-A ***(Modo de subida)***

1. Sobem nos próprios autos as apelações interpostas:

a) Das decisões que ponham termo ao processo;

b) Das decisões que suspendam a instância;

c) Das decisões que indefiram o incidente processado por apenso;

d) Das decisões que indefiram liminarmente ou não ordenem a providência cautelar.

2. Sobem em separado as apelações não compreendidas no número anterior.

3. Formam um único processo as apelações que subam conjuntamente, em separado dos autos principais.

Artigo 691.°-B ***(Instrução do recurso com subida em separado)***

1. Na apelação com subida em separado, as partes indicam, após as conclusões das alegações, as peças do processo de que pretendem certidão para instruir o recurso.

2. No caso previsto no número anterior, os mandatários procedem ao exame do processo através de página informática de acesso público do Ministério da Justiça, nos termos definidos na portaria prevista no n.° 1 do artigo 138.°-A, devendo a secretaria facultar, durante o prazo de cinco dias, as peças processuais, documentos e demais elementos que não estiverem disponíveis na referida página informática.

3. As peças do processo disponibilizadas por via electrónica valem como certidão para efeitos de instrução do recurso.

Artigo 692.° ***(Efeito da apelação)***

1. A apelação tem efeito meramente devolutivo, excepto nos casos previstos nos números seguintes.

2. A apelação tem efeito suspensivo do processo nos casos previstos na lei.

3. Tem efeito suspensivo da decisão a apelação:

a) Da decisão que ponha termo ao processo em acções sobre o estado das pessoas;

b) Da decisão que ponha termo ao processo nas acções referidas no n.° 3 do artigo 678.° e nas que respeitem à posse ou à propriedade de casa de habitação;

c) Do despacho de indeferimento do incidente processado por apenso;

d) Do despacho que indefira liminarmente ou não ordene a providência cautelar;

e) Das decisões previstas nas alíneas *c)*, *d)* e *e)* do n.° 2 do artigo 691.°;

f) Nos demais casos previstos por lei.

4. Fora dos casos previstos no número anterior, o recorrente pode requerer, ao interpor o recurso, que a apelação tenha efeito suspensivo quando a execução da decisão lhe cause prejuízo considerável e se ofereça para prestar caução, ficando a atribuição desse efeito condicionada à efectiva prestação da caução no prazo fixado pelo tribunal e ao disposto no n.° 3 do artigo 818.°.

Artigo 692.°-A ***(Termos a seguir no pedido de atribuição do efeito suspensivo)***

1. No caso previsto no n.° 4 do artigo anterior, a atribuição do efeito suspensivo extingue-se se o recurso estiver parado durante mais de 30 dias por negligência do apelante.

2. Ao pedido de atribuição de efeito suspensivo pode o apelado responder na sua alegação.

Artigo 693.° ***(Traslado e exigência de caução)***

1. O apelado pode requerer a todo o tempo extracção de traslado, com indicação das peças que, além da sentença, ele deva abranger.

2. Não querendo, ou não podendo, obter execução provisória da sentença, o apelado que não esteja já garantido por hipoteca judicial pode requerer, na alegação, que o apelante preste caução.

Artigo 693.°-A ***(Caução)***

1. Se houver dificuldade na fixação da caução a que se refere o n.° 4 do artigo 692.° e o n.° 2 do artigo 693.°, calcula-se o seu valor mediante avaliação feita por um único perito nomeado pelo juiz.

2. Se a caução não for prestada no prazo de 10 dias após o despacho previsto no artigo 685.°-C, extrai-se traslado, com a sentença e outras peças que o juiz considere indispensáveis para se processar o incidente, seguindo a apelação os seus termos.

Artigo 693.°-B ***(Junção de documentos)***

As partes apenas podem juntar documentos às alegações nas situações excepcionais a que se refere o artigo 524.°, no caso de a junção se ter tornado necessária em virtude do julgamento proferido na 1.ª instância e nos casos previstos nas alíneas *a)* a *g)* e *i)* a *n)* do n.° 2 do artigo 691.°.

Artigo 694.° (Termos a seguir na declaração do efeito suspensivo)

(Revogado)

Artigo 695.° (Apelações interpostas de decisões parciais)

(Revogado)

Artigo 696.° (Avaliação para fixação da caução)

(Revogado)

Artigo 697.° (Traslado para se processar o incidente da caução)

(Revogado)

Artigo 698.° (Deferimento do recurso e prazo para as alegações)

(Revogado)

Artigo 699.° (Expedição do recurso)

(Revogado)

Subsecção III – Julgamento do recurso

Artigo 700.° ***(Função do relator)***

1. O juiz a quem o processo for distribuído fica a ser o relator, incumbindo-lhe deferir todos os termos do recurso até final, designadamente:

a) Corrigir o efeito atribuído ao recurso e o respectivo modo de subida, ou convidar as partes a aperfeiçoar as conclusões das respectivas alegações, nos termos do n.° 3 do artigo 685.°-A;

b) Verificar se alguma circunstância obsta ao conhecimento do recurso;

c) Julgar sumariamente o objecto do recurso, nos termos previstos no artigo 705.°;

d) Ordenar as diligências que considere necessárias;

e) Autorizar ou recusar a junção de documentos e pareceres;

f) Julgar os incidentes suscitados;

g) Declarar a suspensão da instância;

h) Julgar extinta a instância por causa diversa do julgamento ou julgar findo o recurso, por não haver que conhecer do seu objecto.

2. Na decisão do objecto do recurso e das questões a apreciar em conferência intervêm, pela ordem de antiguidade no tribunal, os juízes seguintes ao relator.

3. Salvo o disposto no artigo 688.°, quando a parte se considere prejudicada por qualquer despacho do relator, que não seja de mero expediente, pode requerer que sobre a matéria do despacho recaia um acórdão; o relator deve submeter o caso à conferência, depois de ouvida a parte contrária.

4. A reclamação deduzida é decidida no acórdão que julga o recurso, salvo quando a natureza das questões suscitadas impuser decisão imediata, sendo, neste caso, aplicável, com as necessárias adaptações, o disposto nos n.os 2 a 4 do artigo 707.°.

5. Do acórdão da conferência pode a parte que se considere prejudicada recorrer nos termos previstos na segunda parte do n.° 4 do artigo 721.°.

Artigo 701.° (Exame preliminar do relator)

(Revogado)

Artigo 702.° ***(Erro no modo de subida do recurso)***

1. Se o recurso tiver subido em separado, quando devesse subir nos próprios autos, requisitam-se estes ao tribunal recorrido.

2. Decidindo o relator, inversamente, que o recurso que subiu nos próprios autos deveria ter subido em separado, o tribunal notifica as partes para indicarem as peças necessárias à instrução do recurso, as quais são autuadas com o requerimento de interposição do recurso e com as alegações, baixando, em seguida, os autos principais à 1.ª instância.

Artigo 703.° ***(Erro quanto ao efeito do recurso)***

1. Se o relator entender que deve alterar-se o efeito do recurso, deve ouvir as partes, antes de decidir, no prazo de cinco dias.

2. Se a questão tiver sido suscitada por alguma das partes na sua alegação, o relator apenas ouve a parte contrária que não tenha tido oportunidade de responder.

3. Decidindo-se que à apelação, recebida no efeito meramente devolutivo, deve atribuir-se efeito suspensivo, expedir-se-á ofício, se o apelante o requerer, para ser suspensa a execução. O ofício conterá unicamente a identificação da sentença cuja execução deve ser suspensa.

4. Quando, ao invés, se julgue que a apelação, recebida nos dois efeitos, devia sê-lo no efeito meramente devolutivo, o relator mandará passar traslado, se o apelado o requerer: o traslado, que baixa à 1.ª instância, conterá somente o acórdão e a sentença recorrida, salvo se o apelado requerer que abranja outras peças do processo.

Artigo 704.° ***(Não conhecimento do objecto do recurso)***

1. Se entender que não pode conhecer-se do objecto do recurso, o relator, antes de proferir decisão, ouvirá cada uma das partes, pelo prazo de 10 dias.

2. Sendo a questão suscitada pelo apelado, na sua alegação, é aplicável o disposto no n.° 2 do artigo 703.°.

Artigo 705.° ***(Decisão liminar do objecto do recurso)***

Quando o relator entender que a questão a decidir é simples, designadamente por ter já sido jurisdicionalmente apreciada, de modo uniforme e reiterado, ou que o recurso é manifestamente infundado, profere decisão sumária, que pode consistir em simples remissão para as precedentes decisões, de que se juntará cópia.

Artigo 706.° (Junção de documentos)
(Revogado)

Artigo 707.° ***(Preparação da decisão)***

1. Decididas as questões que devam ser apreciadas antes do julgamento do objecto do recurso, se não se verificar o caso previsto no artigo 705.°, o relator elabora o projecto de acórdão no prazo de 30 dias.

2. Na sessão anterior ao julgamento do recurso, o processo, acompanhado com o projecto de acórdão, vai com vista simultânea, por meios electrónicos, aos dois juízes-adjuntos, pelo prazo de cinco dias, ou, quando tal não for tecnicamente possível, o relator ordena a extracção de cópias do projecto de acórdão e das peças processuais relevantes para a apreciação do objecto da apelação.

3. Se o volume das peças processuais relevantes tornar excessivamente morosa a extracção de cópias, o processo vai com vista aos dois juízes-adjuntos, pelo prazo de cinco dias a cada um.

4. Quando a natureza das questões a decidir ou a necessidade de celeridade no julgamento do recurso o aconselhem, pode o relator, com a concordância dos adjuntos, dispensar os vistos.

Artigo 708.° ***(Sugestões dos adjuntos)***

1. Se qualquer dos actos compreendidos nas atribuições do relator for sugerido por algum dos adjuntos, cabe ao relator ordenar a sua prática, se com ela concordar, ou submetê-la à conferência, no caso contrário.

2. Realizada a diligência, podem os adjuntos ter nova vista, sempre que necessário, para examinar o seu resultado.

Artigo 709.° ***(Julgamento do objecto do recurso)***

1. O processo é inscrito em tabela logo que se mostre decorrido o prazo para o relator elaborar o projecto de acórdão.

2. *(Revogado)*

3. No dia do julgamento, o relator faz sucinta apresentação do projecto de acórdão e, de seguida, dão o seu voto os juízes-adjuntos, pela ordem da sua intervenção no processo.

4. *(Revogado)*

5. A decisão é tomada por maioria, sendo a discussão dirigida pelo presidente, que desempata quando não possa formar-se maioria.

Artigo 710.° (Julgamento dos agravos que sobem com a apelação)
(Revogado)

Artigo 711.° ***(Falta ou impedimento dos juízes)***

1. O relator é substituído pelo primeiro adjunto nas faltas ou impedimentos que não justifiquem segunda distribuição e enquanto esta se não efectuar.

2. Se a falta ou impedimento respeitar a um dos juízes-adjuntos, a substituição cabe ao juiz seguinte ao último deles.

Artigo 712.° ***(Modificabilidade da decisão de facto)***

1. A decisão do tribunal de 1.ª instância sobre a matéria de facto pode ser alterada pela Relação:

a) Se do processo constarem todos os elementos de prova que serviram de base à decisão sobre os pontos da matéria de facto em causa ou se, tendo ocorrido gravação dos depoimentos prestados, tiver sido impugnada, nos termos do artigo 685.°-B, a decisão com base neles proferida;

b) Se os elementos fornecidos pelo processo impuserem decisão diversa, insusceptível de ser destruída por quaisquer outras provas;

c) Se o recorrente apresentar documento novo superveniente e que, por si só, seja suficiente para destruir a prova em que a decisão assentou.

2. No caso a que se refere a segunda parte da alínea *a)* do número anterior, a Relação reaprecia as provas em que assentou a parte impugnada da decisão, tendo em atenção o conteúdo das alegações de recorrente e recorrido, sem prejuízo de oficiosamente atender a quaisquer outros elementos probatórios que hajam servido de fundamento à decisão sobre os pontos da matéria de facto impugnados.

3. A Relação pode determinar a renovação dos meios de prova produzidos em 1.ª instância que se mostrem absolutamente indispensáveis ao apuramento da verdade, quanto à matéria de facto impugnada, aplicando-se às diligências ordenadas, com as necessárias adaptações, o preceituado quanto à instrução, discussão e julgamento na 1.ª instância e podendo o relator determinar a comparência pessoal dos depoentes.

4. Se não constarem do processo todos os elementos probatórios que, nos termos da alínea *a)* do n.° 1, permitam a reapreciação da matéria de facto, pode a Relação anular, mesmo oficiosamente, a decisão proferida na 1.ª instância, quando repute deficiente, obscura ou contraditória a decisão sobre pontos determinados da matéria de facto ou quando considere indispensável a ampliação desta; a repetição do julgamento não abrange a parte da decisão que não esteja viciada, podendo, no entanto, o tribunal ampliar o julgamento de modo a apreciar outros pontos da matéria de facto, com o fim exclusivo de evitar contradições na decisão.

5. Se a decisão proferida sobre algum facto essencial para o julgamento da causa não estiver devidamente fundamentada, pode a Relação, a requerimento da parte, determinar que o tribunal de 1.ª instância a fundamente, tendo em conta os depoimentos gravados ou registados ou repetindo a produção da prova, quando necessário; sendo impossível obter a fundamentação com os mesmos juízes ou repetir a produção da prova, o juiz da causa limitar-se-á a justificar a razão da impossibilidade.

6. Das decisões da Relação previstas nos números anteriores não cabe recurso para o Supremo Tribunal de Justiça.

Artigo 713.° ***(Elaboração do acórdão)***

1. O acórdão definitivo é lavrado de harmonia com a orientação que tenha prevalecido, devendo o vencido, quanto à decisão ou quanto aos simples fundamentos, assinar em último lugar, com a sucinta menção das razões de discordância.

2. O acórdão principia pelo relatório, em que se enunciam sucintamente as questões a decidir no recurso, exporá de seguida os fundamentos e concluirá pela decisão, observando-se, na parte aplicável, o preceituado nos artigos 659.° a 665.°.

3. Quando o relator fique vencido relativamente à decisão ou a todos os fundamentos desta, é o acórdão lavrado pelo primeiro adjunto vencedor, o qual deferirá ainda aos termos que se seguirem, para integração, aclaração ou reforma do acórdão.

4. Se o relator for apenas vencido quanto a algum dos fundamentos ou relativamente a qualquer questão acessória, é o acórdão lavrado pelo juiz que o presidente designar.

5. Quando a Relação entender que a questão a decidir é simples, pode o acórdão limitar-se à parte decisória, precedida da fundamentação sumária do julgado, ou, quando a questão já tenha sido jurisdicionalmente apreciada, remeter para precedente acórdão, de que junte cópia.

6. Quando não tenha sido impugnada, nem haja lugar a qualquer alteração da matéria de facto, o acórdão limitar-se-á a remeter para os termos da decisão da 1.ª instância que decidiu aquela matéria.

7. O juiz que lavrar o acórdão deve sumariá-lo.

Artigo 714.° ***(Publicação do resultado da votação)***

1. Se não for possível lavrar imediatamente o acórdão, é o resultado do que se decidir publicado, depois de registado num livro de lembranças, que os juízes assinarão.

2. O juiz a quem competir a elaboração do acórdão fica com o processo e apresentará o acórdão na primeira sessão.

3. O acórdão tem a data da sessão em que for assinado.

Artigo 715.° ***(Regra da substituição ao tribunal recorrido)***

1. Ainda que declare nula a decisão que põe termo ao processo, o tribunal de recurso deve conhecer do objecto da apelação.

2. Se o tribunal recorrido tiver deixado de conhecer certas questões, designadamente por as considerar prejudicadas pela solução dada ao litígio, a Relação, se entender que a apelação procede e nada obsta à apreciação daquelas, delas conhecerá no mesmo acórdão em que revogar a decisão recorrida, sempre que disponha dos elementos necessários.

3. O relator, antes de ser proferida decisão, ouvirá cada uma das partes, pelo prazo de 10 dias.

Artigo 716.° ***(Vícios e reforma do acórdão)***

1. É aplicável à 2.ª instância o que se acha disposto nos artigos 666.° a 670.°, mas o acórdão é ainda nulo quando for lavrado contra o vencido ou sem o necessário vencimento.

2. A rectificação, aclaração ou reforma do acórdão, bem como a arguição de nulidade, são decididas em conferência.

Artigo 717.° ***(Acórdão lavrado contra o vencido)***

Considera-se lavrado contra o vencido o acórdão proferido em sentido diferente do que estiver registado no livro de lembranças.

Artigo 718.° ***(Reforma do acórdão)***

1. Se o Supremo Tribunal de Justiça anular o acórdão e o mandar reformar, intervirão na reforma, sempre que possível, os mesmos juízes.

2. O acórdão será reformado nos precisos termos que o Supremo tiver fixado.

Artigo 719.° ***(Baixa do processo)***

Se do acórdão não for interposto recurso, o processo baixa à 1.ª instância, sem ficar na Relação traslado algum.

Artigo 720.° ***(Defesa contra as demoras abusivas)***

1. Se ao relator parecer manifesto que a parte pretende, com determinado requerimento, obstar ao cumprimento do julgado ou à baixa do processo ou à sua remessa para o tribunal competente, levará o requerimento à conferência, podendo esta ordenar, sem prejuízo do disposto no artigo 456.°, que o respectivo incidente se processe em separado.

2. O disposto no número anterior é também aplicável aos casos em que a parte procure obstar ao trânsito em julgado da decisão, através da suscitação de incidentes, a ela posteriores, manifestamente infundados.

3. A decisão da conferência que qualifique como manifestamente infundado o incidente suscitado determina a imediata extracção de traslado, prosseguindo os autos os seus termos no tribunal recorrido.

4. No caso previsto no número anterior, apenas é proferida a decisão no traslado depois de, contadas as custas a final, o requerente as ter pago, bem como todas as multas e indemnizações que hajam sido fixadas pelo tribunal.

5. A decisão impugnada através de incidente manifestamente infundado considera-se, para todos os efeitos, transitada em julgado.

6. Sendo o processado anulado em consequência de provimento na decisão a proferir no traslado, não se aplica o disposto no número anterior.

ANOTAÇÕES:

1. FUNÇÃO DA SENTENÇA:

"A sentença com que, normalmente, culmina o inventário não tem a amplitude de cognoscibilidade da sentença proferida em processo comum. Conforme resulta dos artigos 1354.°, n.° 1, 1382.° e 1383.° do C.P.Civil, ela serve apenas para homologar a partilha e ordenar o pagamento do passivo.

Nem, por outro lado, o respectivo trânsito em julgado tem a força do da sentença comum, pois que a partilha pode ser emendada e anulada depois desse trânsito, nos termos dos artigos 1386.° e seguintes do C.P.Civil.

Como se lê no Acórdão da Relação de Lisboa de 27.03.2001 (...), embora desta sentença caiba recurso de apelação (artigo 1382.° do CPC), 'é evidente que do âmbito de tal recurso – em regra limitado às questões atinentes à forma da partilha, *maxime* do despacho determinativo da mesma (*cfr.* art. 1373.°, n.° 3 do CPC) – se encontram excluídas quaisquer outras questões decididas por despacho anterior autónomo e recorrível (mormente quando, como *in casu*, tenha sido de facto interposto recurso)." *(Acórdão do Supremo Tribunal de Justiça, de 21.11.2002, in www.dgsi.pt)*

2. SENTENÇA HOMOLOGATÓRIA:

"Como esta sentença é apenas homologatória e de estrutura *muito simples*, o prazo para a proferir é muito curto. No Anteprojecto do Código de Processo Civil esse prazo é aumentado para sete dias. Compreende-se tal alteração se atentarmos no facto de, no sistema daquele anteprojecto, algumas vezes a sentença não ser apenas homologatória, isto é, todas as vezes em que foi dispensada a elaboração do mapa, nos moldes já referidos, casos em que será proferida simultaneamente com o despacho sobre a forma da partilha.

Serve para *autenticar as partilhas, condenar os interessados no pagamento das custas e ordenar o pagamento do passivo* que tenha sido aprovado ou reconhecido." *(Carvalho de Sá, Do Inventário, Almedina, 4.ª ed., pág. 238)*

3. PRAZO PARA INTERPOSIÇÃO DE RECURSO:

"Salvos os casos de pedido de aclaração, rectificação ou reforma da sentença, *o prazo para interposição de recurso, através de requerimento, em que se indica a espécie, o efeito e o regime de subida, é de 10 dias*, contados da notificação da decisão.

Cabe recurso de apelação da sentença homologatória da partilha, com efeito meramente devolutivo.

Cabe ainda recurso de apelação da sentença que julgue a nova partilha, nos termos do artigo 1386.° do Código de Processo Civil e das sentenças proferidas em todas aquelas causas que são como que enxertadas no processo de inventário e correm por dependência.

Cabe recurso de revista do acórdão da Relação proferido em recurso de apelação e em que se conheça do mérito da causa – artigo 721.°, n.° 1 do Código de Processo Civil." *(Carvalho de Sá, Do Inventário, Almedina, 4.ª ed., pág. 243)*

4. NATUREZA E EFEITOS DA PARTILHA:

"São *três as teses* em confronto quanto à natureza e efeitos da partilha:

a) A maioria da jurisprudência e a maior parte da doutrina, na qual se destacam o Dr. Paulo Cunha, in 'Direito das Sucessões', pág. 325, Cunha Gonçalves, in Tratado, XI, 83 e Rabindranath Capelo de Sousa, in 'Lições de Direito das Sucessões', II vol., pág. 357 e segs., considera que a partilha tem *natureza declarativa e não atributiva*, pelo que os *efeitos dela são retroactivos*. Cada herdeiro, depois da partilha, é considerado o único sucessor do inventariado nos bens que lhe vierem a caber. O direito do sucessor não é diferente do direito do inventariado a esses bens. Reflexos da retroactividade da partilha no nosso direito civil actual encontram-se na proibição da hipoteca sobre a quota de herança indivisa – artigo 690.°; as regras de alienação da quota de herança – artigos 2124.° e 2130.° e as regras relativas à evicção – artigo 2123.°, todos do Código Civil. Como consequência desta tese, *o acto de partilhas, por si só, não é considerado justo título para efeitos de usucapião.*

Também não é possível a resolução da partilha com base no incumprimento do dever de pagamento de tornas.

b) Directamente em confronto com esta primeira tese está aquela dos que defendem o *carácter translativo e os efeitos constitutivos da partilha*, tais como Manuel Flamino Martins dos Santos, in Inventário Orfanológico, vol. II, pág. 328--624 e segs.. A obra em questão é escrita na vigência do Código Civil de Seabra e o seu autor defende a dita tese com base essencialmente no artigo 2159.° daquele Código: 'Os co-herdeiros são reciprocamente obrigados a indemnizar-se, em caso de evicção, dos objectos repartidos'. Esta obrigação de indemnização apenas cessa se a evicção acontecer por culpa do evicto ou por causa posterior à partilha.

Dizia ele que, se a partilha tivesse efeito retroactivo, só o evicto teria de suportar os efeitos da evicção por causa anterior à partilha. E acrescenta que: 'Pode dizer-se que pelas operações da partilha, especialmente pelas licitações e pelo sorteio, tudo se passa, como *se cada interessado vendesse aos outros o seu direito nos bens em que não licitou ou não lhe foram sorteados, e se lhes comprasse os respectivos direitos* sobre os bens que licitou ou lhes couberam em sorte'.

Extrai ainda do facto de os rendimentos da herança serem comuns, desde a data da morte do inventariado e até à partilha mais um argumento no sentido de que a mesma não tem efeitos retroactivos.

Acontece, porém, que as regras da evicção, que actualmente estão previstas no artigo 2123.° do Código Civil apenas determinam a ineficácia parcial da partilha e não a sua resolução.

É certo que no próprio artigo 2119.° do actual Código Civil, em que se proclama que 'feita a partilha, cada um dos herdeiros é considerado, desde a abertura da herança, sucessor único dos bens que lhe foram atribuídos', se ressalva o disposto quanto a frutos, mas isso só vem confirmar que o regime específico dos rendimentos dos bens da herança é apenas uma restrição aos efeitos retroactivos da partilha.

c) A terceira tese, defendida na doutrina, entre outros, por Gomes da Silva, in 'Direito das Sucessões'. 1961/62, pág. 342 e Oliveira Ascensão, in 'Direito das Sucessões', 1981, págs. 501 e segs. *considera a partilha um acto modificativo de direitos*: cada herdeiro não adquire nada aos outros. Apenas é modificado pela partilha um direito que já existia na titularidade do inventariado. Relativamente a esta tese, diz Rabindranath Capelo de Sousa, na obra citada, pág. 359, nota 1153: '*essa é outra questão*, na qual se não subsume a questão principal de saber do carácter declarativo ou constitutivo dos efeitos da partilha em matéria de determinação do modo e do tempo da transferência da titularidade, v.g., de propriedade de cada um dos bens hereditários, ou seja, de saber se o acto de partilha é ou não título translativo de propriedade'." *(Carvalho de Sá, Do Inventário, Almedina, 4.ª ed., págs. 250 e seg.)*

5. EXECUÇÃO DA SENTENÇA DE PARTILHAS:

"Logo que transitada a sentença homologatória de partilhas, se o cabeça-de-casal ou o detentor dos bens não os entregam aos *interessados* a quem foram atribuídos, podem estes *executar tal sentença*, já que esta é abrangida pela alínea *a)* do artigo 46.° do Código de Processo Civil, que define as espécies de títulos executivos. Na verdade, *tal sentença é condenatória*, embora não possa ser considerada sentença proferida em acção de condenação. Tratar-se-á, então, de execução especial para entrega de coisa certa.

Poderá também o credor abrangido nessa sentença executá-la contra o interessado ou interessados condenados ao pagamento do passivo, tratando-se, então, de execução sumária para pagamento de quantia certa. Estas execuções *correm por apenso* ao processo de inventário." *(Carvalho de Sá, Do Inventário, Almedina, 4.ª ed., págs. 251 e seg.)*

JURISPRUDÊNCIA:

VALOR DA CAUSA PARA EFEITO DE CUSTAS:

"**I** – Na determinação do valor da causa para efeito de custas em processo de inventariação não é de atender ao valor dos bens doados em vida do autor da herança, ainda que o herdeiro ou filho seu, por conta da quota disponível, a não ser que exceda o limite desta e nessa precisa medida.

II – É que tais bens não são bens a partilhar, no sentido do art. 8.°-1 do Código das Custas, dado o efeito normal de tais doações.

III – O donatário também não será responsável pelas custas do inventário, dentro do mesmo critério e limite.

IV – Com efeito, a redacção do art. 1382.° do Cód. Proc. Civil teve o propósito de esclarecer as dúvidas a que o preceito equivalente do Código de 1939 dava lugar." *(Acórdão da Relação de Lisboa, de 06.07.73, Boletim do Ministério da Justiça 229.°, pág. 224)*

APROVAÇÃO DO PASSIVO ANTES DA SENTENÇA:

"**I** – No despacho determinativo de partilha deve tomar-se posição quanto à aprovação ou não de dívida não aprovada pelos interessados.

II – A não pronúncia sobre a sua aprovação ou não constitui nulidade do despacho determinativo da partilha, a ser impugnada na apelação interposta da sentença da partilha.

III – Não tendo sido objecto do recurso interposto do despacho determinativo da partilha, porque na sentença homologatória da partilha já não há lugar à aprovação do passivo, o seu não conhecimento não constitui qualquer omissão e consequentemente nulidade." *(Acórdão da Relação de Évora, de 27.11.79, Colectânea de Jurisprudência, 1979, Tomo V, pág. 1555)*

RECURSO INTERPOSTO PELO MP:

"Como defensor da legalidade e do interesse público, o Ministério Público pode interpor recurso da sentença homologatória da partilha, para impugnar o despacho determinativo dessa partilha, proferido de harmonia com a forma apontada pelo recorrente." *(Acórdão da Relação do Porto, de 26.11.81, Colectânea de Jurisprudência, 1981, Tomo V, pág. 265)*

BENS NÃO PERTENCENTES AOS INVENTARIADOS:

"**I** – Não é admissível num inventário acordar-se sobre a partilha de bens que não pertençam aos inventariados.

II – A mera integração desse acordo na conferência de interessados não lhe confere a virtualidade de determinar a partilha dos bens a que se reporta, nem é abrangido pela sentença homologatória da partilha, visto que esta só respeita aos bens descritos e incluídos no mapa de partilha. Vale apenas como contrato-promessa a futura partilha desses bens." *(Acórdão da Relação de Lisboa, de 05.12.85, Colectânea de Jurisprudência, 1985, Tomo V, pág. 97)*

TERMO DO CARGO DE CABEÇA-DE-CASAL:

"Terminando o exercício do cargo de cabeça-de-casal com o trânsito em julgado da sentença homologatória da partilha, não pode ser responsabilizado, nessa qualidade, como detentor ou administrador dos bens da herança a partir daquela data." *(Acórdão da Relação de Coimbra, de 08.03.88, Colectânea de Jurisprudência, 1988, Tomo II, pág. 128)*

RECURSO – EMENDA OU ANULAÇÃO DA PARTILHA:

"O recurso da sentença homologatória da partilha destina-se apenas a impugnar o modo como foi organizada a partilha, não sendo meio idóneo para se proceder à emenda da partilha, com o processo previsto no art. 1386.° do Cód. Proc. Civil, nem para se anular a partilha por preterição de herdeiro, cujos trâmites são os do art. 1388.° do mesmo diploma legal." *(Acórdão da Relação do Porto, de 14.05.91, Boletim do Ministério da Justiça 407.°, pág. 626)*

FALTA OU NULIDADE DA CITAÇÃO:

"**I** – Notificada da sentença homologatória da partilha, a interessada, que intervém no processo de inventário para dela recorrer, deve arguir logo a falta ou a nulidade da sua citação.

II – As nulidades de processo, que não de sentença, devem ser arguidas perante o tribunal onde foram cometidas.

III – Considera-se citada a interessada residente no estrangeiro, quando o aviso de recepção é devolvido assinado na parte destinada à assinatura do funcionário dos Correios e não é arguida de falsa tal assinatura." *(Acórdão do Supremo Tribunal de Justiça, de 04.11.93, Colectânea de Jurisprudência, 1993, Tomo III, pág. 101)*

INEFICÁCIA DE NEGÓCIO JURÍDICO:

"**I** – Uma vez julgado procedente o recurso de revisão da sentença homologatória da partilha, a disposição que o herdeiro havia feito dos bens que lhe foram adjudicados passa a ser *a non domino* e, portanto, ineficazes em relação à herança.

II – Não é de petição de herança e, por isso, não se lhe aplica o disposto nos arts. 2075.° e 2076.° do Código Civil, a acção em que se invoca a existência de herança indivisa e a disposição por um herdeiro de bens que a integravam e se pede a declaração da ineficácia deste acto relativamente à referida herança.

III – O disposto no art. 291.° do Código Civil aplica-se aos casos de nulidade ou de anulação, com efeitos apenas entre o alienante e o adquirente, e não aos casos de ineficácia; também, correspectivamente, esta fica fora do âmbito do art. 17.°, n.° 2 do Código Civil." *(Acórdão da Relação de Coimbra, de 20.06.95, Colectânea de Jurisprudência, 1995, Tomo III, pág. 44)*

REPRESENTAÇÃO DE INTERESSADO:

"Levantando-se questão relacionada com a representação de um interessado em licitações no processo de inventário, a decisão que sobre ela recair constitui caso julgado, não podendo ser apreciada em recurso de apelação interposto da sentença homologatória do mapa da partilha." *(Acórdão da Relação do Porto, de 18.06.98, Boletim do Ministério da Justiça 478.°, pág. 455)*

IMÓVEL (ARRENDADO) LICITADO – RENDAS VENCIDAS ENTRE A LICITAÇÃO E A SENTENÇA HOMOLOGATÓRIA DA PARTILHA:

"Licitado um imóvel (que se encontra arrendado) na conferência de interessados, as rendas que se forem vencendo até ao trânsito da sentença homologatória da partilha fazem parte da herança (não pertencendo ao licitante); é que, salienta-se, a transferência da propriedade apenas se dá com a sentença homologatória da partilha, devidamente transitada." *(Acórdão da Relação de Coimbra, de 24.09.2002, Colectânea de Jurisprudência, 2002, Tomo IV, pág. 13)*

NOTAS PESSOAIS:

ARTIGO 1383.°
(Responsabilidade pelas custas)

1. As custas do inventário são pagas pelos herdeiros, pelo meeiro e pelo usufrutuário de toda a herança ou de parte dela, na proporção do que recebam, respondendo os bens legados subsidiariamente pelo pagamento; se a herança for toda distribuída em legados, as custas são pagas pelos legatários na mesma proporção.

2. Às custas dos incidentes e recursos é aplicável o disposto nos artigos 446.° e seguintes.

HISTÓRICO:

Preceito não alterado.

REMISSÕES:

1. Usufruto – arts. 1439.° e segs. CC; herdeiro e legatário – art. 2030.°, n.° 2 CC; o usufrutuário de quota ou totalidade da herança é havido como legatário – art. 2030.°, n.° 4 CC.

LEGISLAÇÃO SUBSIDIÁRIA:

CUSTAS – ARTIGOS 446.° A 455.° DO CÓDIGO DE PROCESSO CIVIL:

Artigo 446.° ***(Regra geral em matéria de custas)***

1. A decisão que julgue a acção ou algum dos seus incidentes ou recursos condenará em custas a parte que a elas houver dado causa ou, não havendo vencimento da acção, quem do processo tirou proveito.

2. Entende-se que dá causa às custas do processo a parte vencida, na proporção em que o for.

3. Tendo ficado vencidos vários autores ou vários réus, respondem pelas custas em partes iguais, salvo se houver diferença sensível quanto à participação de cada um deles na acção, porque nesse caso as custas serão distribuídas segundo a medida da sua participação; no caso de condenação por obrigação solidária, a solidariedade estende-se às custas.

Artigo 447.° ***(Impossibilidade ou inutilidade da lide)***

Quando a instância se extinguir por impossibilidade ou inutilidade da lide, as custas ficam a cargo do autor, salvo se a impossibilidade ou inutilidade resultar de facto imputável ao réu, que neste caso as pagará.

Artigo 448.° ***(Actos e diligências que não entram na regra geral das custas)***

1. A responsabilidade do vencido no tocante às custas não abrange os actos e incidentes supérfluos, nem as diligências e actos que houverem de repetir-se por culpa de algum funcionário judicial, nem as despesas a que der causa o adiamento de acto judicial por falta não justificada de pessoa que devia comparecer.

2. Devem reputar-se supérfluos os actos e incidentes desnecessários para a declaração ou defesa do direito. As custas destes actos ficam à conta de quem os requereu; as custas dos outros actos a que se refere o n.° 1 são pagas pelo funcionário ou pela pessoa respectiva.

3. O funcionário que der causa à anulação de actos do processo responde pelo prejuízo que resulte da anulação.

Artigo 449.° ***(Responsabilidade do autor pelas custas)***

1. Quando o réu não tenha dado causa à acção e a não conteste, são as custas pagas pelo autor.

2. Entende-se que o réu não deu causa à acção:

a) Quando o autor se proponha exercer um mero direito potestativo, que não tenha origem em qualquer facto ilícito praticado pelo réu;

b) Quando a obrigação do réu só se vencer com a citação ou depois de proposta a acção;

c) Quando o autor, munido de um título com manifesta força executiva, use sem necessidade do processo de declaração.

3. Ainda que o autor se proponha exercer um mero direito potestativo, as custas são pagas pelo réu vencido, quando seja de protecção a este a finalidade legal da acção.

Artigo 450.° ***(Repartição do encargo das custas)***

Se a oposição do réu era fundada no momento em que foi deduzida e deixou de o ser por circunstâncias supervenientes, cada uma das partes paga as custas relativas aos actos praticados durante o período em que exerceu no processo uma actividade injustificada.

Artigo 451.° ***(Custas no caso de confissão, desistência ou transacção)***

1. Quando a causa termine por desistência ou confissão, as custas são pagas pela parte que desistir ou confessar; e, se a desistência ou confissão for parcial, a responsabilidade pelas custas é proporcional à parte de que se desistiu ou que se confessou.

2. No caso de transacção, as custas são pagas a meio, salvo acordo em contrário, mas quando a transacção se faça entre uma parte isenta ou dispensada do pagamento de custas e outra não isenta nem dispensada, o juiz, ouvido o Ministério Público, determinará a proporção em que as custas devem ser pagas.

Artigo 452.° ***(Responsabilidade do assistente pelas custas)***

Aquele que tiver intervindo na causa como assistente será condenado, se o assistido decair, numa quota-parte das custas a cargo deste, em proporção com a actividade que tiver exercido no processo, mas nunca superior a um décimo.

Artigo 453.° ***(Custas dos procedimentos cautelares, da habilitação e das notificações)***

1. As custas dos procedimentos cautelares e as do incidente da habilitação são pagas pelo requerente, quando não haja oposição, mas são atendidas na acção respectiva; havendo oposição, observar-se-á o disposto nos artigos 446.° e 447.°.

2. As custas da produção de prova que tenha lugar antes de proposta a acção serão pagas pelo requerente e atendidas na acção que se propuser.

3. As custas das notificações avulsas são pagas pelo requerente.

Artigo 454.° ***(Pagamento dos honorários pelas custas)***

1. Os mandatários judiciais e técnicos da parte vencedora podem requerer que o seu crédito por honorários, despesas e adiantamentos seja, total ou parcialmente, satisfeito pelas custas que o seu constituinte tem direito a receber da parte vencida. Se assim o requererem, é ouvida a parte vencedora é em seguida se decidirá.

2. Se a parte vencedora impugnar o quantitativo do crédito do mandatário, só é satisfeita a parte não impugnada.

Artigo 455.° ***(Garantia da execução das custas)***

As custas da execução saem precípuas do produto dos bens penhorados.

VALOR DA CAUSA: CÓDIGO DAS CUSTAS JUDICIAIS, ARTIGOS 5.°, 6.° E 11.°

Artigo 5.° ***(Regra geral)***

(...)

5. A redução do valor dos bens em inventário, por deliberação dos interessados, é irrelevante para efeito de custas.

Artigo 6.° ***(Regras especiais)***

1. Nos casos a seguir enunciados considera-se como valor, para efeito de custas:

(...)

g) Nos inventários, ainda que haja cumulação, o da soma dos bens a partilhar, sem dedução de legados nem de dívidas;

h) Nos inventários em que não chegue a ser determinado o valor dos bens, o da relação apresentada na repartição de finanças ou o resultante de avaliação que o juiz entenda necessária;

i) Nos incidentes do inventário posteriores à partilha, o dos quinhões das pessoas neles interessadas, a não ser que por sua natureza tenham valor diferente e do processo constem os elementos necessários para o determinar; (...)

Artigo 11.° ***(Valor da causa nos recursos)***

1. Nos recursos, o valor é o da sucumbência quando esta for determinável, devendo o recorrente indicar o seu valor no requerimento de interposição do recurso.

2. Se o valor da sucumbência não for determinável ou na falta da sua indicação, o valor do recurso é igual ao valor da acção.

TAXA DE JUSTIÇA: CÓDIGO DAS CUSTAS JUDICIAIS, ARTIGOS 13.°, 14.° E 20.°

Artigo 13.° ***(Base de cálculo da taxa de justiça)***

1. Sem prejuízo do disposto nos artigos seguintes, a taxa de justiça é, para cada parte, a constante da tabela do anexo I, sendo calculada sobre o valor das acções, incidentes com a estrutura de acções, procedimentos cautelares ou recursos.

2. A taxa de justiça do processo corresponde ao somatório das taxas de justiça inicial e subsequente de cada parte.

3. Em caso de pluralidade activa ou passiva de sujeitos processuais, cada conjunto composto por mais de um autor, requerente ou recorrente ou mais de um réu, requerido ou recorrido, é considerado, mesmo quando lhes correspondem petições, oposições ou articulados distintos, como uma única parte para efeitos do disposto nos números anteriores.

4. Havendo, nos termos do número anterior, pluralidade subjectiva, os respectivos sujeitos processuais são solidariamente responsáveis pelo pagamento de totalidade da taxa de justiça da parte que integram.

Artigo 14.° ***(Redução a metade da taxa de justiça)***

1. A taxa de justiça é reduzida a metade, não sendo devida taxa de justiça subsequente, nos seguintes casos:

(...)

e) Inventários em que não haja operações de partilha ou que terminem antes da fase da conferência de interessados;

(...)

i) Oposições ao inventário;

Artigo 20.° ***(Abrangência da tributação no inventário)***

1. O inventário compreende, para efeito de custas, todos os incidentes processados no seu decurso quando, pelas regras da condenação, as custas devessem ficar a cargo de todos os interessados a elas sujeitos ou quando, devendo ficar apenas a cargo de algum, foram causadas no interesse de todos.

2. Contado o processo de inventário, na partilha adicional é devida a taxa de justiça correspondente ao valor integral da herança, deduzindo-se a liquidada na primitiva conta.

JURISPRUDÊNCIA:

ISENÇÃO DE CUSTAS DO ESTADO:

"Em inventário [obrigatório], não são devidas custas pelo Estado, sendo interessado em razão da sua qualidade de herdeiro testamentário." *(Acórdão da Relação de Lisboa, de 09.12.82, Boletim do Ministério da Justiça 328.°, pág. 628)*

EXECUÇÃO POR CUSTAS:

"A execução pelas custas do processo de inventário deve ser instaurada também contra os interessados que pagaram a sua parte a estes, sendo devedores de tornas, não as depositarem por conta da responsabilidade dos outros executados." *(Acórdão da Relação de Coimbra, de 10.11.87, Boletim do Ministério da Justiça 371.°, pág. 558)*

NOTAS PESSOAIS:

ARTIGO 1384.°
(Entrega de bens antes de a sentença passar em julgado)

1. Se algum dos interessados quiser receber os bens que lhe tenham cabido em partilha, antes de a sentença passar em julgado, observar-se-á o seguinte:

***a)* No título que se passe para o registo e posse dos bens imóveis declarar-se-á que a sentença não passou em julgado, não podendo o conservador registar a transmissão sem mencionar essa circunstância;**

***b)* Os papéis de crédito sujeitos a averbamento são averbados pela entidade competente com a declaração de que o interessado não pode dispor deles enquanto a sentença não passar em julgado;**

***c)* Quaisquer outros bens só são entregues se o interessado prestar caução, que não compreende os rendimentos, juros e dividendos.**

2. Se o inventário prosseguir quanto a alguns bens por se reconhecer desde logo que devem ser relacionados, mas subsistirem dúvidas quanto à falta de bens a conferir, o conferente não recebe os que lhe couberem em partilha sem prestar caução ao valor daqueles a que não terá direito se a questão vier a ser decidida contra ele.

3. As declarações feitas no registo ou no averbamento produzem o mesmo efeito que o registo das acções. Este efeito subsiste enquanto, por despacho judicial, não for declarado extinto.

HISTÓRICO:

O n.° 2 é redacção do art. 2.° do DL 227/94, de 08.09, que tinha a seguinte redacção:

2. As cautelas prescritas neste artigo devem ser igualmente observadas no caso de estar pendente acção de filiação, de anulação de testamento ou outra que possa ter como consequência a modificação da partilha, na medida em que a decisão da causa seja susceptível de alterar o que se ache estabelecido.

REMISSÕES:

Trânsito em julgado – art. 677.° CPC.

LEGISLAÇÃO SUBSIDIÁRIA:

TRÂNSITO EM JULGADO: ARTIGO 677.° DO CÓDIGO DE PROCESSO CIVIL

Artigo 677.° ***(Noção de trânsito em julgado)***

A decisão considera-se passada ou transitada em julgado, logo que não seja susceptível de recurso ordinário ou de reclamação, nos termos dos artigos 668.° e 669.°.

Nota: – Decisões que admitem recurso ordinário – art. 678.°,
– Causas de nulidade da sentença – art. 668.°.
– Esclarecimento ou reforma da sentença – art. 669.°.

ANOTAÇÕES:

ENTREGA DOS BENS:

"Pode proceder-se a esta entrega antes do trânsito em julgado desde que se tomem as cautelas necessárias para evitar que a demora na decisão do recurso interposto venha a causar sérios prejuízos àqueles que têm direito a receber bens da herança.

Neste sentido o art. 1384.° do Cód. Proc. Civil determinou que se algum dos interessados quiser receber os bens que lhe tenham cabido em partilha antes de a sentença passar em julgado, observar-se-á o seguinte:

a) No título que se passe para o registo e posse dos bens imóveis declarar-se-á que a sentença não passou em julgado, não podendo o Conservador registar a transmissão sem mencionar essa circunstância;

b) Os papéis de crédito sujeitos a averbamento são averbados pela entidade competente com a declaração de que o interessado não pode dispor deles enquanto a sentença não passar em julgado;

c) Quaisquer outros bens só são entregues se o interessado prestar caução, que não compreende os rendimentos, juros e dividendos.(...)

As declarações feitas no registo ou no averbamento produzem o mesmo efeito que o registo das acções. Este efeito subsiste enquanto, por despacho judicial, não for declarado extinto." *(J. A. Lopes Cardoso, Partilhas Judiciais, Vol. II, 4.ª ed., 1990, pág. 542)*

JURISPRUDÊNCIA:

RAZÃO DE SER DO PRECEITO:

"**I** – A al. *c)* do n.° 1 do artigo 1384.° do Cód. Proc. Civil abrange, tanto na sua letra, como no seu espírito, as tornas depositadas. Isto porque feito o respectivo depósito as tornas passam a revestir a natureza dos bens a partilhar, pois vieram substituir os bens licitados acima dos quinhões dos licitantes.

II – As tornas são assim bens que se recebem por causa das partilhas.

III – Interpretação contrária teria o carácter de interpretação restritiva, que nada justifica, uma vez que a razão de ser do art. 1384.° é a mesma, quer se trate da entrega de bens descritos, quer se trate de tornas." *(Acórdão do Supremo Tribunal de Justiça, de 25.09.91, Boletim do Ministério da Justiça 409.°, pág. 725)*

INAPLICABILIDADE DO PRECEITO:

"**I** – Tendo alguns interessados pedido a exclusão de verbas da relação de bens alegando que eram suas e não da herança, sobre que recaiu despacho a ordenar a descrição de tais verbas mas sem se pronunciar sobre a sua titularidade, deve a instância ser suspensa em consequência de aqueles interessados terem proposto acção pedindo se declare que as ditas verbas lhes pertencem.

II – O art. 1384.°, n.° 2 do Cód. Proc. Civil não é aplicável no caso de titularidade de bens." *(Acórdão do Supremo Tribunal de Justiça, de 09.10.97, Colectânea de Jurisprudência, Acórdãos do Supremo Tribunal de Justiça, 1997, Tomo III, pág. 54)*

FACULDADE ATRIBUÍDA PELO PRECEITO:

"**I** – Os autores são parte ilegítima na acção na qual pedem se declare a caducidade do contrato de arrendamento de prédio urbano e a condenação dos réus a entregarem-lho, onde apenas alegaram que o contrato foi efectuado pelo cabeça-de-casal da herança em que o prédio se integra, licitaram nele no processo de inventário, e por isso cessaram os poderes de administração do cabeça-de-casal, se a sentença homologatória da partilha não foi proferida.

II – O art. 1384.° do Cód. Proc. Civil permite que os interessados recebam os bens antes da sentença transitar em julgado mas não antes de a sentença ser proferida." *(Acórdão da Relação do Porto, de 01.06.98, Colectânea de Jurisprudência, 1998, Tomo III, pág. 187)*

NOTAS PESSOAIS:

ARTIGO 1385.°
(Nova partilha)

1. Tendo de proceder-se a nova partilha por efeito da decisão do recurso ou da causa, o cabeça-de-casal entra imediatamente na posse dos bens que deixaram de pertencer ao interessado que os recebeu.

2. O inventário só é reformado na parte estritamente necessária para que a decisão seja cumprida, subsistindo sempre a avaliação e a descrição, ainda que haja completa substituição de herdeiros.

3. Na sentença que julgue a nova partilha, ou por despacho, quando não tenha de proceder-se a nova partilha, serão mandados cancelar os registos ou averbamentos que devam caducar.

4. Se o interessado deixar de restituir os bens móveis que recebeu, será executado por eles no mesmo processo, bem como pelos rendimentos que deva restituir, prestando contas como se fosse cabeça-de-casal; a execução segue por apenso.

HISTÓRICO:

Preceito não alterado.

REMISSÕES:

1. Posse – arts. 1251.° e segs. CC.

2. Avaliação dos bens no inventário – arts. 1365.° e segs. CPC.

4. Prestação de contas pelo cabeça-de-casal – art. 2093.° CC; processo de prestação de contas – arts. 1014.° e segs. CPC.

NOTAS PESSOAIS:

SECÇÃO VII
Emenda e anulação da partilha

ARTIGO 1386.°
(Emenda por acordo)

1. A partilha, ainda que depois de passar em julgado a sentença, pode ser emendada no mesmo inventário por acordo de todos os interessados ou dos seus representantes, se tiver havido erro de facto na descrição ou qualificação dos bens ou qualquer outro erro susceptível de viciar a vontade das partes.

2. O disposto neste artigo não obsta à aplicação do artigo 667.°.

HISTÓRICO:

1. A emenda e anulação da partilha passou a constituir a Secção VII do Capítulo XVI, relativo ao Inventário, que anteriormente era a Secção VI, muito embora tal rectificação não tenha sido feita no corpo do DL 227/94.

2. O art. 1386.°, em análise, não foi alterado.

REMISSÕES:

1. Erro de cálculo ou de escrita – art. 249.° CC; erro na transmissão da declaração – art. 250.° CC; erro sobre a pessoa ou sobre o objecto do negócio – art. 251.° CC; erro sobre os motivos – art. 251.° CC.

LEGISLAÇÃO SUBSIDIÁRIA:

RECTIFICAÇÃO DE ERROS MATERIAIS – ARTIGO 667.° DO CÓDIGO DE PROCESSO CIVIL:

Artigo 667.° ***(Rectificação de erros materiais)***

1. Se a sentença omitir o nome das partes, for omissa quanto a custas, ou contiver erros de escrita ou de cálculo ou quaisquer inexactidões devidas a outra omissão ou lapso manifesto, pode ser corrigida por simples despacho, a requerimento de qualquer das partes ou por iniciativa do juiz.

2. Em caso de recurso, a rectificação só pode ter lugar antes de ele subir, podendo as partes alegar perante o tribunal superior o que entendam de seu direito no tocante à rectificação.

Se nenhuma das partes recorrer, a rectificação pode ter lugar a todo o tempo, cabendo agravo do despacho que a fizer.

ANOTAÇÕES:

1. CAUSAS DA EMENDA:

"Não pode, em rigor, reputar-se taxativa a enumeração das causas da emenda da partilha, nem essa conclusão é autorizada por as terminantes regras do art. 1386.°-1, preceito que, por excepcional, não admite interpretação extensiva.

Esta opinião é abonada pelo facto de o artigo em causa não dispor, por forma expressa, que a partilha somente pode ser emendada nos casos indicados. Se a emenda da partilha fosse unicamente permitida para eles, o emprego do advérbio torna-se indispensável por deixar sem contestação a natureza taxativa da norma.

Que a interpretação exposta é a única consentida resulta ainda dos próprios termos em que se encontra redigido o preceito, pois, a par do erro de facto na descrição ou qualificação dos bens, faz-se referência a «qualquer outro erro susceptível de viciar a vontade das partes». A expressão é singularmente genérica e vaga, imprópria de norma taxativa pela vastidão que comporta e bem significativa quanto ao seu conteúdo." *(J. A. Lopes Cardoso, Partilhas Judiciais, Vol. II, 4.ª ed., 1990, pág. 547)*

2. ERRO DE FACTO:

"Como erro de facto na descrição considera-se toda a descrição que não corresponda à verdade, designadamente a descrição dum prédio urbano por rústico, um móvel por um imóvel ou, dentro de cada uma destas categorias, quando tenha sido descrito como de três andares um prédio de um andar único, ou uma quinta por um terreno centeeiro, ou vícios ocultos da coisa ou falta de conteúdo ou extensão.

Erro de qualificação existe na hipótese de se considerar como livre um prédio sujeito a cláusula fideicomissária, ou na de se mencionarem como pedras preciosas simples bagatelas, etc. ...

Estes erros operam por si mesmos...

Já não assim nos demais erros de facto (v.g., estar o requerente na ignorância da extensão, natureza e características e valor dos bens inventariados), erros que recaem sobre a qualidade dos mesmos bens e assim sujeitos à regra do art. 1386.°-1, *in fine*, neste caso torna-se mister alegar e provar os requisitos gerais e especiais desse erro, nos precisos termos dos arts. 247.° e segs. do Cód. Civil." *(J. A. Lopes Cardoso, Partilhas Judiciais, Vol. II, 4.ª ed., 1990, págs. 548 e seg.)*

3. ERRO DE DIREITO:

"Tal erro, para relevar, há-de recair sobre a vontade dos interessados por forma a viciá-la, induzindo-os em engano e de modo a influenciar a manifestação dos que intervieram no inventário e vêm a ser vítimas desse erro.

Erro de direito susceptível de viciar a vontade das partes pode consistir no convencimento de que determinados bens pertencem a uma herança quando, julgado o inventário por sentença, vem a reconhecer-se que, efectivamente, dela não fazem parte." *(J. A. Lopes Cardoso, Partilhas Judiciais, Vol. II, 1980, pág. 551)*

4. ERRO CAUSAL:

Sobre a questão de saber se e quando o erro causal é relevante, cfr. *Lopes Cardoso, ob. supra cit., págs. 551 e segs.*

JURISPRUDÊNCIA:

COLAÇÃO – REDUÇÃO DE DOAÇÃO:

"**I** – Deverão descrever-se e partilhar-se, no inventário instaurado por óbito do cônjuge casado em regime de comunhão geral com a inventariante, os bens que a esta foram doados para casamento sem dispensa de colação.

II – Por se não ter estabelecido cláusula em contrário, não houve incomunicabilidade e os bens doados ficaram, portanto, a pertencer ao casal (artigos 1108.° e 1109.°, n.° 2, do Código Civil de 1867 e artigos 1732.° e 1733.°-1, alínea *a*), do Código Civil vigente).

III – Isso não obsta, porém, a que sobre os imóveis doados incida o ónus real da colação a que se referem os artigos 2098.° e 2107.°, § 7.°, do Código Civil de 1867 e os artigos 2104.° e 2118.° do Código Civil actual, e, ainda, a que, no futuro, por necessidade de redução, possa proceder-se à emenda da partilha nos termos do artigo 1386.° do Código de Processo Civil." *(Acórdão da Relação do Porto, de 04.03.70, Boletim do Ministério da Justiça 195.°, pág. 258)*

DESCONHECIMENTO QUANTO AOS BENS A PARTILHAR:

"É susceptível de viciar a vontade dos interessados numa partilha operada em processo de inventário [obrigatório] e fundamentar, por erro, o pedido de emenda da mesma nos termos dos artigos 1386.°, n.° 1 do Cód. Proc. Civil e 251.° do Cód. Civil, o desconhecimento por completo da extensão, natureza, características e valor dos bens da herança que se teria partilhado na convicção errada de equilíbrio de valores na composição de cada um dos quinhões adjudicados." *(Acórdão do Supremo Tribunal de Justiça, de 02.01.73, Boletim do Ministério da Justiça 223.°, pág. 181)*

ERRO QUANTO AO VALOR:

"**I** – A emenda da partilha está condicionada à prévia verificação da existência de um erro.

II – O erro de facto na descrição ou qualificação dos bens, designadamente, quanto ao seu valor, opera de pleno, independentemente de outros requisitos enquanto que qualquer outro erro susceptível de viciar a vontade das partes terá que obedecer aos requisitos gerais e especiais da relevância do erro." *(Acórdão da Relação de Coimbra, de 28.02.79, Colectânea de Jurisprudência, 1979, Tomo I, pág. 69)*

ERRADA RELACIONAÇÃO:

"**I** – A declaração feita na conferência de interessados de que se encontra constituída, por destinação do pai de família, uma servidão sobre um prédio da herança, a favor de outro prédio da mesma herança, não constitui fundamento para emenda à partilha, se tal facto não constava da relação de bens.

II – A conferência de interessados não tem competência para declarar constituída a propriedade horizontal.

III – Constitui fundamento da emenda à partilha o facto de se terem relacionado como prédios distintos o rés-do-chão e o primeiro andar do mesmo imóvel sem se encontrar constituída a propriedade horizontal." *(Acórdão da Relação do Porto, de 10.05.79, Colectânea de Jurisprudência, 1979, Tomo III, pág. 944)*

EMENDA POR ACORDO A TODO O TEMPO:

"**I** – Os interessados que se julguem prejudicados com a partilha só têm ao seu alcance, para se ressarcirem do prejuízo e para além do recurso extraordinário de revisão, três meios específicos: *a)* a emenda da partilha por acordo de todos os interessados; *b)* na falta de tal acordo, a acção para emenda da partilha proposta dentro de um ano a contar do conhecimento do erro, e; *c)* a acção para anulação da partilha judicial.

II – A lei não estabelece limite temporal para a emenda da partilha por acordo. (...)" *(Acórdão da Relação de Coimbra, de 11.03.80, Colectânea de Jurisprudência, 1980, Tomo II, pág. 20)*

EMENDA NO PRÓPRIO INVENTÁRIO:

"A partilha efectuada por inventário apenas pode ser emendada no próprio inventário, não o podendo ser por escritura pública." *(Acórdão da Relação de Coimbra, de 24.02.82, Colectânea de Jurisprudência, 1982, Tomo I, pág. 101)*

ERRO NA QUALIFICAÇÃO:

"A invocação de erro na qualificação de bens constantes da descrição, a que se refere o n.° 1 do art. 1386.° do Cód. Proc. Civil, só é invocável se se destinar à emenda da partilha." *(Acórdão da Relação de Lisboa, de 27.03.84, Colectânea de Jurisprudência, 1984, Tomo II, pág. 114)*

EMENDA E ANULAÇÃO DA PARTILHA:

"A emenda e a anulação da partilha são operações de cirurgia jurídica apenas utilizáveis por co-herdeiros (intervenientes no inventário, no caso da emenda, ou preteridos com dolo, no caso de anulação)." *(Acórdão da Relação de Coimbra, de 15.06.94, Boletim do Ministério da Justiça 438.°, pág. 566)*

EMENDA DA PARTILHA:

"**I** – O art. 1386.° do Cód. Proc. Civil insere-se numa linha de preocupação de compatibilização da segurança com o acerto decisório.

II – Erros com base na descrição de bens constantes da sentença proferida em inventário podem dar origem a erros de julgamento.

III – Aquele art. 1386.° aplica-se a erros materiais cuja rectificação dispensa o princípio do contraditório ou a erro de facto na descrição ou qualificação dos bens ou ainda qualquer outro erro fáctico ou jurídico susceptível de viciar a vontade dos interessados. Nestes casos há sempre que observar o princípio do contraditório.

IV – No caso de necessária emenda, ou as partes chegam a acordo ou há que lançar mão do disposto no art. 1387.° do Cód. Proc. Civil." *(Acórdão do Supremo Tribunal de Justiça, de 07.11.95, Colectânea de Jurisprudência, Acórdãos do Supremo Tribunal de Justiça, 1995, Tomo III, pág. 96)*

EMENDA POR ACORDO:

"A emenda da partilha, por acordo, com base em erro susceptível de viciar a vontade dos interessados pressupõe a alegação dos factos constitutivos dessa emenda, sendo insuficiente a vaga e imprecisa invocação de que a sua concordância na adjudicação se deveu a descontrolo provo-cado pela morte do *de cuius*." *(Acórdão da Relação do Porto, de 10.01.98, Boletim do Ministério da justiça 473.°, pág. 562)*

INVENTÁRIO ENTRE MAIORES – TERMO DE TRANSACÇÃO – PASSIVO DA HERANÇA:

"Findo, por transacção homologada por sentença transitada em julgado, inventário para partilha da herança da mãe dos interessados, onde se clausulou que o passivo ficava a cargo da cabeça-de-casal, não tendo sido possível ultrapassar a ambiguidade desta cláusula, desconhecendo os interessados se o passivo relacionado seria o único existente e surgindo posteriormente outra dívida da herança que a cabeça-de-casal pagou, devem os demais interessados entregar a esta a sua parte na dívida, proporcional à respectiva quota na herança." *(Acórdão do Supremo Tribunal de Justiça, de 13.02.2003, Colectânea de Jurisprudência, Acórdãos do Supremo Tribunal de Justiça, 2003, Tomo I, pág. 97)*

RECTIFICAÇÃO DA DESCRIÇÃO; ALTERAÇÃO DA NATUREZA DO PRÉDIO PARTILHADO; ALTERAÇÃO DA COMPOSIÇÃO, ÁREA, DESCRIÇÃO PREDIAL E INSCRIÇÃO MATRICIAL; EMENDA DA PARTILHA:

"**I** – Após o trânsito em julgado da sentença homologatória da partilha não é admissível a "rectificação" da descrição de uma verba, através da qual se pretende alterar a natureza do prédio partilhado, a sua composição e área bem como a sua descrição no registo e respectivas inscrições matriciais.

II – A sanação de tal desconformidade só pode alcançar-se através da emenda à partilha: ou obtido o acordo de todos os interessados ou através da acção própria." *(Acórdão da Relação de Guimarães, de 18.12.2006, Colectânea de Jurisprudência, 2006, Tomo IV, pág. 292)*

NOTAS PESSOAIS:

ARTIGO 1387.°
(Emenda da partilha na falta de acordo)

1. Quando se verifique algum dos casos previstos no artigo anterior e os interessados não estejam de acordo quanto à emenda, pode esta ser pedida em acção proposta dentro de um ano, a contar do conhecimento do erro, contanto que este conhecimento seja posterior à sentença.

2. A acção destinada a obter a emenda segue processo ordinário ou sumário, conforme o valor, e é dependência do processo de inventário.

HISTÓRICO:

Preceito não alterado.

REMISSÕES:

1. Cfr. anot. art. anterior.

2. Processo ordinário – arts. 467.° e segs. CPC; processo sumário – arts. 783.° e segs. CPC; domínio de aplicação das formas de processo – art. 462.°, n.° 1, CPC.

LEGISLAÇÃO SUBSIDIÁRIA:

ALÇADA DOS TRIBUNAIS – LEI N.° 3/99, DE 13 DE JANEIRO (RED. DO DL 303/2007, DE 24.08):

Artigo 24.° *(Alçadas)*

1. Em matéria cível, a alçada dos tribunais da Relação é de € 30 000 e a dos tribunais de 1.ª instância de € 5 000.

(...)

3. A admissibilidade dos recursos por efeito das alçadas é regulada pela lei em vigor ao tempo em que foi instaurada a acção.

ANOTAÇÕES:

1. LEGITIMIDADE:

"A emenda da partilha só pode ser requerida por aquele interessado a quem o erro causou prejuízo (Cód. Proc. Civil, art. 26.°) e não pelos herdeiros de um modo geral ou pelo Ministério Público em quaisquer casos; como réus, são partes legítimas os restantes interessados (*idem*), devendo a acção ser proposta contra todos, dada a subsistência de litisconsórcio necessário (Cód. Proc. Civil, art. 28.°). E não basta pedir a emenda; é preciso articular os factos constitutivos dela.

Doutra forma, a inviabilidade é manifesta e tudo se passa com aplicação do disposto no art. 474.°, 1, *c)* do Cód. Proc. Civil.

Requerida a emenda da partilha, o juiz convocará os interessados a uma conferência para nela se decidir a seu respeito, e, averiguado que há acordo de todos os interessados, procede-se à emenda na forma acordada e no processo de inventário, observando-se as formalidades que forem julgadas necessárias; não havendo acordo, os interessados são relegados para os meios comuns, nos precisos termos do art. 1387.° do Cód. Proc. Civil." *(J. A. Lopes Cardoso, Partilhas Judiciais, Vol. II, 4.ª ed., 1990, págs. 564 e segs.)*

2. LIMITE TEMPORAL:

Convém realçar o facto de "o preceito mencionar a circunstância do conhecimento do erro ser posterior à sentença e não posterior ao trânsito em julgado da mesma, assim se tendo prevenido a hipótese e a definição do meio a utilizar nessas circunstâncias, pois parece que estaria vedado o recurso, no caso de haver necessidade de produzir prova que não fosse exclusivamente documental para demonstração da existência do erro que levou ao pedido de emenda da partilha, prova essa que não podia ser apreciada no tribunal superior." *(Carvalho de Sá, Do Inventário – Descrever, Avaliar e Partir, 1993, pág. 242)*

JURISPRUDÊNCIA:

PROVA DO CONHECIMENTO DO ERRO:

"**I** – Na acção para emenda da partilha, cabe aos AA. provar que o conhecimento do erro é posterior à sentença que a homologou, e compete aos RR. provar que tal acção foi proposta fora do prazo de um ano, a contar do conhecimento do erro.

II – Quando a lei fixa prazo para o exercício de um direito, não o quer tornar dependente da observância desse prazo, mas fazê-lo extinguir se tal prazo não for observado." *(Acórdão da Relação do Porto, de 17.12.85, Colectânea de Jurisprudência, 1985, Tomo V, pág. 191)*

FALECIMENTO DE INTERESSADO:

"Deduzido um incidente ou requerida a emenda da partilha e mostrando-se provado o falecimento de um interessado, não há suspensão da instância mas sim de proceder à habilitação dos seus herdeiros nos termos do art. 1390.° do Cód.

Proc. Civil." *(Acórdão da Relação do Porto, de 26.10.92, Colectânea de Jurisprudência, 1992, Tomo IV, pág. 259)*

EMENDA DA PARTILHA:

"**I** – O art. 1386.° do Cód. Proc. Civil insere-se numa linha de preocupação de compatibilização da segurança com o acerto decisório.

II – Erros com base na descrição de bens constantes da sentença proferida em inventário podem dar origem a erros de julgamento.

III – Aquele art. 1386.° aplica-se a erros materiais cuja rectificação dispensa o princípio do contraditório ou a erro de facto na descrição ou qualificação dos bens ou ainda qualquer outro erro fáctico ou jurídico susceptível de viciar a vontade dos interessados. Nestes casos há sempre que observar o princípio do contraditório.

IV – No caso de necessária emenda, ou as partes chegam a acordo ou há que lançar mão do disposto no art. 1387.° do Cód. Proc. Civil." *(Acórdão do Supremo Tribunal de Justiça, de 07.11.95, Colectânea de Jurisprudência, Acórdãos do Supremo Tribunal de Justiça, 1995, Tomo III, pág. 96)*

ERRO DE DESCRIÇÃO DE BEM:

"**I** – A emenda da partilha não tem lugar em casos de omissão ou indevida inclusão de bens na respectiva descrição.

II – Pelo que a esta hipótese não se aplica o prazo de caducidade de um ano.

III – O processo a adoptar é o declarativo tendente a solucionar aquela omissão ou indevida inclusão de bens, cuja decisão poderá posteriormente fundamentar uma emenda de partilha." *(Acórdão do Supremo Tribunal de Justiça, de 09.07.97, Colectânea de Jurisprudência, Acórdãos do Supremo Tribunal de Justiça, 1997, Tomo II, pág. 160)*

PARTILHA JUDICIAL; ERRO NA PARTILHA; EMENDA DA PARTILHA; PRAZO DE CADUCIDADE; ÓNUS DA PROVA:

"**I** – A emenda de partilha judicial, não estando os interessados de acordo, deve ser pedida em acção comum, no prazo de um ano a contar do conhecimento do erro, desde que este seja posterior à sentença.

II – Incumbe ao R., por se tratar de matéria de excepção peremptória, a prova de que aquele prazo já decorreu.

III – Porém, por se tratar de elemento constitutivo do direito do autor, incumbe a este a prova de que o conhecimento do erro é posterior à sentença homologatória da partilha." *(Acórdão do Supremo Tribunal de Justiça de 23.01.2007, Colectânea de Jurisprudência, 2007, Tomo I, pág. 37)*

NOTAS PESSOAIS:

ARTIGO 1388.°
(Anulação)

1. Salvos os casos de recurso extraordinário, a anulação da partilha judicial confirmada por sentença passada em julgado só pode ser decretada quando tenha havido preterição ou falta de intervenção de algum dos co-herdeiros e se mostre que os outros interessados procederam com dolo ou má-fé, seja quanto à preterição, seja quanto ao modo como a partilha foi preparada.

2. A anulação deve ser pedida por meio de acção à qual é aplicável o disposto no n.° 2 do artigo anterior.

HISTÓRICO:

Preceito não alterado.

REMISSÕES:

1. Dolo – arts. 253.° e seg. CC; conceito de boa fé – art. 291.°, n.° 3 CC; abuso de direito – art. 334.° CC; impugnação da partilha – arts. 2121.° e segs. CC; dever de boa fé processual – art. 266.° CPC; litigância de má fé – art. 456.° CPC; dever de cooperação para a descoberta da verdade – art. 519.° CPC; uso anormal do processo – art. 665.° CPC; recursos extraordinários – art. 676.° CPC; fundamentos do recurso de revisão – art. 771.° CPC; fundamento do recurso de oposição de terceiro e quem é considerado como terceiro – art. 778.° CPC.

2. Cfr. anot. n.° 2 do art. anterior.

LEGISLAÇÃO SUBSIDIÁRIA:

ESPÉCIES DE RECURSOS: CÓDIGO DE PROCESSO CIVIL, ARTIGO 676.°

Artigo 676.° ***(Espécies de recursos)***

1. As decisões judiciais podem ser impugnadas por meio de recursos.

2. Os recursos são ordinários ou extraordinários, sendo ordinários os recursos de apelação e de revista e extraordinários o recurso para uniformização de jurisprudência e a revisão.

RECURSOS EXTRAORDINÁRIOS: CÓDIGO DE PROCESSO CIVIL, ARTIGOS 771.° A 782.°

Secção V – Revisão

Artigo 771.° ***(Fundamentos do recurso)***

A decisão transitada em julgado só pode ser objecto de revisão quando:

a) Outra sentença transitada em julgado tenha dado como provado que a decisão resulta de crime praticado pelo juiz no exercício das suas funções;

b) Se verifique a falsidade de documento ou acto judicial, de depoimento ou das declarações de peritos ou árbitros, que possam, em qualquer dos casos, ter determinado a decisão a rever, não tendo a matéria sido objecto de discussão no processo em que foi proferida;

c) Se apresente documento de que a parte não tivesse conhecimento, ou de que não tivesse podido fazer uso, no processo em que foi proferida a decisão a rever e que, por si só, seja suficiente para modificar a decisão em sentido mais favorável à parte vencida;

d) Se verifique nulidade ou anulabilidade de confissão, desistência ou transacção em que a decisão se fundou;

e) Tendo corrido a acção e a execução à revelia, por falta absoluta de intervenção do réu, se mostre que faltou a citação ou que é nula a citação feita;

f) Seja inconciliável com decisão definitiva de uma instância internacional de recurso vinculativa para o Estado Português;

g) O litígio assente sobre acto simulado das partes e o tribunal não tenha feito uso do poder que lhe confere o artigo 665.°, por se não ter apercebido da fraude.

Artigo 772.° ***(Prazo para a interposição)***

1. O recurso é interposto no tribunal que proferiu a decisão a rever.

2. O recurso não pode ser interposto se tiverem decorrido mais de cinco anos sobre o trânsito em julgado da decisão e o prazo para a interposição é de 60 dias, contados:

a) No caso da alínea *a)* do artigo 771.°, do trânsito em julgado da sentença em que se funda a revisão;

b) No caso da alínea *f)* do artigo 771.°, desde que a decisão em que se funda a revisão se tornou definitiva;

c) No caso da alínea *g)* do artigo 771.°, desde que o recorrente teve conhecimento da sentença;

d) Nos outros casos, desde que o recorrente obteve o documento ou teve conhecimento do facto que serve de base à revisão.

3. Nos casos previstos na segunda parte do n.° 3 do artigo 680.°, o prazo previsto no n.° 2 não finda antes de decorrido um ano sobre a aquisição da capacidade por parte do incapaz ou sobre a mudança do seu representante legal.

4. Se, porém, devido a demora anormal na tramitação da causa em que se funda a revisão existir risco de caducidade, pode o interessado interpor recurso mesmo antes de naquela ser proferida decisão, requerendo logo a suspensão da instância no recurso, até que essa decisão transite em julgado.

5. As decisões proferidas no processo de revisão admitem os recursos ordinários a que estariam originariamente sujeitas no decurso da acção em que foi proferida a sentença a rever.

Artigo 773.° *(Instrução do requerimento)*

1. No requerimento de interposição, que é autuado por apenso, o recorrente alega os factos constitutivos do fundamento do recurso e, no caso da alínea *g)* do artigo 771.°, o prejuízo resultante da simulação processual.

2. Nos casos das alíneas *a)*, *c)*, *f)* e *g)* do artigo 771.°, o recorrente, com o requerimento de interposição, apresenta certidão, consoante os casos, da decisão ou do documento em que se funda o pedido.

Artigo 774.° *(Admissão do recurso)*

1. Sem prejuízo do disposto no n.° 1 do artigo 685.°-C, o tribunal a que for dirigido o requerimento indefere-o quando não tenha sido instruído nos termos do artigo anterior ou quando reconheça de imediato que não há motivo para revisão.

2. Admitido o recurso, notifica-se pessoalmente o recorrido para responder no prazo de 20 dias.

3. O recebimento do recurso não suspende a execução da decisão recorrida.

4. *(Revogado)*

Artigo 775.° *(Julgamento da revisão)*

1. Salvo nos casos das alíneas *b)*, *d)* e *g)* do artigo 771.°, o tribunal, logo em seguida à resposta do recorrido ou ao termo do prazo respectivo, conhece do fundamento da revisão, precedendo as diligências consideradas indispensáveis.

2. Nos casos das alíneas *b)*, *d)* e *g)* do artigo 771.°, segue-se, após a resposta dos recorridos ou o termo do prazo respectivo, os termos do processo sumário.

3. Quando o recurso tenha sido dirigido a algum tribunal superior, pode este requisitar ao tribunal de 1.ª instância, de onde o processo subiu, as diligências que se mostrem necessárias e que naquele não possam ter lugar.

Artigo 776.° *(Termos a seguir quando a revisão é procedente)*

1. Nos casos previstos nas alíneas *a)* a *f)* do artigo 771.°, se o fundamento da revisão for julgado procedente, é revogada a decisão recorrida, observando-se o seguinte:

a) No caso da alínea *e)* do artigo 771.°, anulam-se os termos do processo posteriores à citação do réu ou ao momento em que devia ser feita e ordena-se que o réu seja citado para a causa;

b) Nos casos das alíneas *a)*, *c)* e *f)* do artigo 771.°, profere-se nova decisão, procedendo-se às diligências absolutamente indispensáveis e dando-se a cada uma das partes o prazo de 20 dias para alegar por escrito;

c) Nos casos das alíneas *b)* e *d)* do artigo 771.°, ordena-se que sigam os termos necessários para a causa ser novamente instruída e julgada, aproveitando-se a parte do processo que o fundamento da revisão não tenha prejudicado.

2. No caso da alínea *g)* do artigo 771.°, se o fundamento da revisão for julgado procedente anula-se a decisão recorrida.

Artigo 777.° *(Prestação de caução)*

Se estiver pendente ou for promovida a execução da sentença, não pode o exequente ou qualquer credor ser pago em dinheiro ou em quaisquer bens sem prestar caução.

Artigo 778.° (Fundamento do recurso)

(Revogado)

Artigo 779.° (Instrução do recurso)

(Revogado)

Artigo 780.° (Prazo para a interposição)

(Revogado)

Artigo 781.° (Termos do recurso no caso de seguimento)

(Revogado)

Artigo 782.° (Termos a seguir no recurso dirigido aos tribunais superiores)

(Revogado)

ANOTAÇÕES:

1. CASOS DE ANULAÇÃO DA PARTILHA – PARTILHA EXTRAJUDICIAL:

"No que respeita à anulação da partilha, é preciso distinguir a que foi amigavelmente celebrada (escritura pública) da que foi homologada por decisão com trânsito (inventário).

Aquela, pois que se confina em mero contrato, só é impugnável nos casos em que o sejam os contratos (Cód. Civil, art. 2121.°), e esta norma remete para as regras sobre a nulidade e anulabilidade do negócio jurídico constantes dos arts. 285.° e seguintes do mesmo diploma e não para as regras estabelecidas para qualquer contrato. Assim, como uniformemente vem sendo decidido, não tem aplicação à partilha extrajudicial o disposto no art. 877.° do Código Civil.

De serem aplicáveis aquelas normas, segue-se que o decurso do prazo referenciado no art. 287.°-l faz caducar o direito a propor acção de anulação de partilha com fundamento em erro, circunstância que não obsta a que o prejudicado possa lançar mão da acção de restituição por enriquecimento sem causa.

A acção de anulação da partilha extrajudicial tem de ser posta não só contra todos os que na escritura intervieram como também contra os que, posteriormente, compraram alguns dos bens que dela foram objecto, pois subsiste litisconsórcio necessário passivo cuja preterição será causal de ilegitimidade (Cód. Proc. Civil, art. 28.°-2)." *(J. A. Lopes Cardoso, Partilhas Judiciais, Vol. II, 4.ª ed., 1990, pág. 568)*

2. IDEM – PARTILHA JUDICIAL:

"A partilha judicial, por isso que revestida da autoridade que dimana do caso julgado, só em casos muito restritos poderá anular-se.

É que, note-se bem, nem os casos de anulação de partilha amigável são aplicáveis à anulação da partilha judicial, nem os pertinentes a esta relevam para aquela. Isto resulta líquido dos preceitos que os disciplinam e disciplinaram, pois tanto o art. 2165.° do antigo Cód. Civil, como o actual art. 1388.° do Cód. Proc. Civil, se reportavam, e reportam, a «partilhas judiciais», a «partilha judicial e confirmada por sentença».

Por outro lado, referindo-se à anulação desta partilha, o dito artigo acrescenta que ela deve ter «passado em julgado», que o mesmo vale dizer que haverá de ter força de caso julgado em relação a determinadas pessoas..." *(J. A. Lopes Cardoso, Partilhas Judiciais, Vol. II, 4.ª ed., 1990, págs. 568 e seg.)*

3. CASOS DE ANULAÇÃO DA PARTILHA:

A lei discrimina-os taxativamente no artigo em anotação. São eles o de recurso extraordinário e a preterição ou falta de intervenção de algum dos co-herdeiros mostrando-se que os outros interessados actuaram com dolo ou má-fé.

Recursos extraordinários são a revisão e a oposição de terceiros (art. 676.°, n.° 2 do CPC).

4. PRETERIÇÃO DE HERDEIRO:

"Tanto a preterição como a falta de intervenção, causais da anulação da partilha, têm como pressuposto o dolo ou má fé, cujo conceito o art. 253.° do Código Civil define. Vícios que hão-de ter origem na actuação dos «outros interessados», isto é, no procedimento malicioso com que se houveram no intuito pretendido e alcançado de afastarem do inventário qualquer co-herdeiro que tinha direito a aí intervir e obter o pagamento do seu quinhão hereditário, ou de viciarem o alcance e finalidade da partilha em si mesma.

(...) A preterição de herdeiro, em processo de inventário, dá-se quando o cabeça-de-casal deixa de indicar como tal alguém que tem essa qualidade; verifica-se a falta de intervenção quando, posteriormente as declarações do cabeça-de-casal, alguém adquiriu a qualidade de herdeiro e não chegou a intervir no inventário." *(J. A. Lopes Cardoso, Partilhas Judiciais, Vol. II, 4.ª ed., 1990, págs. 580 e seg.)*

"Assim, tendo um herdeiro, indicado pelo cabeça-de-casal, sido citado editalmente e não vindo ao inventário acompanhando-o no desenvolvimento dos seus termos, fica na situação de revelia, a qual não é equivalente à falta de intervenção.

Mas se a citação edital tiver sido mal empregada por não ser admissível no caso ou por estar eivada de irregularidade, o meio processual para reagir contra a partilha efectuada no processo de inventário é nos termos da al. *f)* do art. 771.°, o recurso de revista, e não a acção de anulação ou rescisão da partilha." *(Abílio Neto, Cód. Proc. Civil Anotado, 15.ª ed., Set./1999, pág. 1374)*

5. ANULAÇÃO E EMENDA DA PARTILHA:

"Ao pretender a anulação da partilha está-se a pedir que, a proceder, ela não se mantenha, seja invalidada; porém, quando de imediato, pede que ela seja emendada contradiz-se pois, a proceder, a partilha mantém-se e é apenas corrigida onde deve ser corrigida.

Na realidade, pela anulação não se emenda a partilha e, *in casu*, torna-se patente, ao acrescentar – 'já que houve erro na valoração dos mesmos', que a pretensão do autor não é poder vir a tornar-se proprietário exclusivo de certos bens mas receber um maior quantitativo de tornas e, caso não sejam prestadas, poder exercer um dos direitos que a lei concede em tal situação. Não é a invalidade mas a emenda que o autor persegue com esta acção.

Depois, ao falar em 'erro na valoração dos mesmos' está a esquecer-se do comando do n.° 2 do art. 1346.° do CPC – 'o valor dos prédios inscritos na matriz é o respectivo valor matricial' – o que evidencia, desde logo, pois esse foi o valor indicado na relação de bens, que 'erro' não podia ter havido. E esquece ainda que, até ao início das licitações (CPC – 1362.°, 1) não foi reclamado outro valor, o que exclui a eventualidade de uma 'avaliação' por ninguém requerida, e tê-lo-ia de ser.

Subjaz ao pedido tal como foi expresso a ideia de 'impor' à ré o 'dever' de licitar pelo valor que o autor entende como sendo o real – aceita que ela efective o direito de compor o seu quinhão com aqueles bens, que ela os escolha para esse efeito (uma das funções da licitação), mas entende que a correcção dos valores (outra das funções da licitação) deva incidir não sobre o valor indicado na relação mas sim sobre o resultante de avaliação (a que não havia lugar) visando a actualização do valor (utopia e desconhecimento da vida real) e o equilíbrio de valores de igualação dos quinhões.

Estes considerandos são suficientes, dispensando que se continue a objectivamente escalpelizar o pedido principal, para se concluir que, tal como foi formulado, exprime confusão entre duas figuras jurídicas diferentes – a anulação e a emenda da partilha – e que, interpretando, em si, o pedido foi esta última que o autor realmente peticionou." *(Acórdão do Supremo Tribunal de Justiça, de 03.06.2003, in www.dgsi.pt)*

6. ANULAÇÃO DA PARTILHA:

"Quanto ao caso de ter havido preterição de herdeiro convém ainda reter que mesmo que tenha havido o dolo e a má fé previstos na norma em questão, nem por isso, se procede automaticamente à anulação da partilha, pois pode o preterido preferir que o seu quinhão seja preenchido por dinheiro, o que significa que, nesse caso, haverá lugar apenas à emenda da partilha, nos termos do artigo 1389.°.

Para que a preterição ou falta de intervenção de co-herdeiros conduza à anulação da partilha é necessário que haja *dolo e má-fé* dos demais interessados. Esse conceito está definido no artigo 253.° do Código Civil.

(...)

Este dolo tem que presidir à actuação de todos os demais interessados, isto é, tem de se pressentir *ter havido um conluio entre todos eles* para afastar um dos herdeiros.

A lei distingue entre *preterição e falta de intervenção*, podendo afirmar-se que existe a primeira quando se deixa de indicar como herdeiro alguém que já o é no momento em que o inventário é instaurado e existe a segunda quando, posteriormente à instauração do inventário, alguém adquire a qualidade de herdeiro e, não obstante, não é indicado no processo." *(Carvalho de Sá, Do Inventário, Almedina, 4.ª ed., págs. 259 e seg.)*

JURISPRUDÊNCIA:

CASOS DE ANULAÇÃO DA PARTILHA:

"**I** – Salvo caso de recurso extraordinário, só *pode* ser decretada a anulação *da* partilha judicial confirmada por sentença transitada em julgado quando tenha havido preterição ou falta de intervenção de algum dos herdeiros e se mostre que os outros interessados procederam com dolo ou má fé, quer quanto à preterição, quer quanto ao modo como foi preparada a partilha, de harmonia com o disposto pelo n.° 1 do art. 1388.° do Cód. Proc. Civil.

II – A anulação da partilha depende, pois da prova de dolo ou má fé com que os interessados procederam, pelo que a acção não pode ser julgada no despacho saneador, tendo de prosseguir até final.

III – Não se verificando os requisitos exigidos pelo citado art. 1388.°, tem lugar a composição da quota ao herdeiro preterido, de harmonia com o art. 1388.° do referido Código." *(Acórdão da Relação do Porto, de 05.02.75, Boletim do Ministério da Justiça 246.°, pág. 183)*

CONLUIO:

"Pedida a anulação da sentença transitada que homologou a partilha – sentença essa ineficaz relativamente ao autor que não interveio no inventário – e alegados factos destinados a provar a existência de dolo e má fé no comportamento da cabeça-de-casal que teria agido conluiada com credores exequentes e com um arrematante, a disposição aplicável é a do art. 1388.° do Cód. Proc. Civil." *(Acórdão do Supremo Tribunal de Justiça, de 25.07.75, Boletim do Ministério da Justiça 249.°, pág. 454)*

PRETERIÇÃO DE HERDEIRO:

"**I** – Se, num inventário [obrigatório], o cabeça-de-casal impugna a validade do testamento em que o inventariado institui herdeiro da sua quota disponível um neto, e o juiz, por decisão transitada, entende que a questão, pela sua complexidade, não pode ser resolvida no inventário e relega-a para o meio comum, o neto instituído não pode intervir no inventário como herdeiro, nem como tal ser citado.

II – A decisão do juiz, uma vez que fez trânsito, ficou tendo força obrigatória dentro do processo e, como tal, passados anos, não pode ser, de novo, suscitada pelo neto instituído.

III – O rumo a seguir pelo neto preterido do inventário é o indicado no art. 1388.° do Cód. Proc. Civil." *(Acórdão da Relação de Lisboa, de 28.01.76, Boletim do Ministério da Justiça 255.°, pág. 294)*

PRETERIÇÃO OU FALTA DE INTERVENÇÃO DE CO-HERDEIRO:

"**I** – A expressão 'preterição ou falta de intervenção de co herdeiro', usada no art. 1388.° do Cód. Proc. Civil correspondente ao art. 1427.° do pré-vigente, envolve apenas situações de não presença física de co-herdeiro.

II – O meio próprio para pedir anulação de sentença homologatória de partilha em inventário, por intervenção de co-herdeiro que, por sentença o julgou interdito já nessa data é o recurso extraordinário de revisão." *(Acórdão da Relação de Coimbra, de 28.01.76, Colectânea de Jurisprudência, 1976, Tomo I, pág. 15)*

LEGITIMIDADE ACTIVA:

"Para a acção de anulação de partilha judicial tem legitimidade activa o co-herdeiro que não interveio no inventário, devendo ser demandados todos os restantes co-herdeiros." *(Acórdão da Relação de Coimbra, de 04.10.83, Boletim do Ministério da Justiça 331.°, pág. 608)*

IDEM:

"**I** – A legitimidade activa para a anulação da partilha judicial, nos termos do art. 1388.°, n.° 1 do Cód. Proc. Civil, cabe apenas ao co-herdeiro preterido ou não interveniente no inventário, não podendo figurar como demandante um co-herdeiro no processo.

II – A demanda anulatória deve ser instaurada contra todos os herdeiros não preteridos e intervenientes no inventário (litisconsórcio necessário passivo), pelo que basta a falta de um deles para desencadear a ilegitimidade passiva (art. 28.°, n.° 1 do Cód. Proc. Civil).

III – Essa ilegitimidade passiva não é de considerar sanada pelo facto de o co-herdeiro não demandado ter figurado como co-demandante, não sendo aplicável a esta hipótese o disposto no art. 269.° do Cód. Proc. Civil." *(Acórdão do Supremo Tribunal de Justiça, de 27.03.84, Boletim do Ministério da Justiça 335.°, pág. 265)*

REQUISITOS DE RELEVÂNCIA DO ERRO:

"**I** – Os demais erros susceptíveis de viciar a vontade das partes previstos no art. 1388.° (para além do erro de facto na descrição ou qualificação) hão-de obedecer aos requisitos gerais de relevância do erro.

II – Alegando o autor ter acordado na partilha só por estar convencido que duas das verbas constituíam um só prédio por estarem numa zona rural com a mesma designação há a convicção de erro sobre o objecto do negócio." *(Acórdão da Relação de Coimbra, de 09.01.90, Colectânea de Jurisprudência, 1990, Tomo I, pág. 84)*

NÃO ANULAÇÃO AUTOMÁTICA DA PARTILHA:

"Homologada por sentença transitada em julgado a partilha em que se clausulou a venda dos bens a terceiro e que a recusa de uma das partes na outorga dessa venda tornava a partilha sem efeito não deve tal partilha considerar-se automaticamente anulada com a simples alegação de que uma das partes recusou outorgar na prometida escritura." *(Acórdão da Relação de Coimbra, de 04.12.90, Colectânea de Jurisprudência, 1990, Tomo V, pág. 65)*

INTERPRETAÇÃO DO PRECEITO:

"O art. 1388.°, n.° 1 do Cód. Proc. Civil deve ser interpretado no sentido de que a partilha pode ser anulada não só quando forem preteridos alguns herdeiros, mas também quando for preterido algum interessado, nomeadamente o cônjuge meeiro." *(Acórdão da Relação do Porto, de 05.12.91, Boletim do Ministério da Justiça 412.°, pág. 555)*

PRETERIÇÃO E FALTA DE INTERVENÇÃO DE HERDEIRO:

"Existe preterição de herdeiro quando o cabeça-de-casal, nas suas declarações, deixa de indicar alguém que tem essa qualidade; há falta de intervenção quando, posteriormente a essas declarações, alguém adquiriu a qualidade de herdeiro e não chegou a intervir no inventário." *(Acórdão da Relação de Coimbra, de 07.04.92, Boletim do Ministério da Justiça 416.°, pág. 725)*

ANULAÇÃO DA PARTILHA - LEGITITIIDADE - LICITAÇÃO NÃO SÉRIA:

"**I** – São requisitos cumulativos da anulação da partilha: *a)* preterição ou falta de intervenção de algum co-herdeiro; *b)* os outros tenham procedido com dolo ou má-fé quanto à preterição da partilha.

II – Têm legitimidade activa para anulação da partilha judicial o co-herdeiro que interveio no processo.

III – Não tem aplicação o princípio do enriquecimento sem causa à atribuição de bens pelo mecanismo legal do inventário, mediante licitações, pelos quais os adjudicatários se tornaram devedores de tomas.

IV – Tratando-se de co-herdeiro, o meio para alterar o resultado da licitação não séria, além do facultado ao juiz pelo artigo 655.°, é o do artigo 1388.°, ambos do Código de Processo Civil, em que se mostre que os interessados procederam com dolo ou má-fé quanto ao modo como a partilha foi preparada." *(Acórdão do Supremo Tribunal de Justiça, de 04.05.93, Colectânea de Jurisprudência, Acórdãos do Supremo Tribunal de Justiça, 1993, Tomo II, pág. 76)*

LEGITIMIDADE PASSIVA:

"A acção de anulação de partilha judicial deve ser proposta contra os herdeiros que intervieram no inventário (se houver outro herdeiro preterido, poderá associar-se ao autor)." *(Acórdão da Relação de Coimbra, de 26.04.94, Boletim do Ministério da Justiça 436.°, pág. 448)*

ACÇÃO DE ANULAÇÃO DE PARTILHA JUDICIAL:

"**I** – Tendo a mãe do inventariado, como sua herdeira, requerido inventário para a partilha da herança, para o que concedeu poderes a uma filha que logo os substabeleceu em advogado, não é válida a intervenção deste na conferência de interessados para composição dos quinhões, já que o mandato se encontrava extinto por a mãe do inventariado ter falecido há mais de dois meses, como era do perfeito conhecimento da filha que substabelecera a procuração.

II – Cumpria à outra herdeira, cabeça-de-casal, provar que ignorava, sem culpa, a extinção da procuração devido à morte da sogra.

III – Se os herdeiros deste não chegaram a ser citados para os termos do inventário, quase todos intervieram depois em conferência de interessados onde pretenderam por termo ao processo mas, apesar disso, se homologou por sentença a partilha cujo mapa foi elaborado com base na aludida composição de quinhões, tal partilha é nula." *(Acórdão do Supremo Tribunal de Justiça, de 07.03.95, Colectânea de Jurisprudência, Acórdãos do Supremo Tribunal de Justiça, 1995, Tomo I, pág. 114)*

ANULAÇÃO DA PARTILHA - RECURSO EXTRAORDINÁRIO DE REVISÃO:

"**I** – Não constitui fundamento de anulação da partilha (art. 1388.° CPC) o facto de o requerente do inventário, herdeiro testamentário, dar outros interessados como residentes em parte incerta, apesar de saber onde residiam, logrando, deste modo, que o inventário prosseguisse até final à revelia deles.

II – Nestas circunstâncias, o interessado lesado poderá requerer recurso extraordinário de revisão, nos termos do art. 771.°-*f)* do CPC.

III – O reconhecimento da falta de litisconsórcio necessário activo, na acção de anulação, não obsta a que esta seja julgada improcedente (princípio da prevalência da decisão de mérito – art. 288.°-3 do CPC)." *(Acórdão da Relação de Lisboa, de 30.01.2003, Colectânea de Jurisprudência, 2003, Tomo I, pág. 92)*

NOTAS PESSOAIS:

ARTIGO 1389.°
(Composição da quota ao herdeiro preterido)

1. Não se verificando os requisitos do artigo anterior ou preferindo o herdeiro preterido que a sua quota lhe seja composta em dinheiro, requererá ele no processo de inventário que seja convocada a conferência de interessados para se determinar o montante da sua quota.

2. Se os interessados não chegarem a acordo, consigna-se no auto quais os bens sobre cujo valor há divergência; esses bens são avaliados novamente e sobre eles pode ser requerida segunda avaliação. Fixar-se-á depois a importância a que o herdeiro tem direito.

3. É organizado novo mapa de partilha para fixação das alterações que sofre o primitivo mapa em consequência dos pagamentos necessários para o preenchimento do quinhão do preterido.

4. Feita a composição da quota, o herdeiro pode requerer que os devedores sejam notificados para efectuar o pagamento, sob pena de ficarem obrigados a compor-lhe em bens a parte respectiva, sem prejuízo, porém, das alienações já efectuadas.

5. Se não for exigido o pagamento, é aplicável o disposto no n.° 4 do artigo 1378.°.

HISTÓRICO:

Preceito não alterado.

REMISSÕES:

1. Conferência de interessados – arts. 1352.° e segs. CPC.

3. Mapa de partilha – art. 1375.° CPC.

4. Inoponibilidade da nulidade ou anulação a terceiro de boa fé – art. 291.° CC.

JURISPRUDÊNCIA:

HERDEIRO CONDICIONAL:

"**I** – A uma partilha extrajudicial homologada por sentença não é aplicável o disposto no artigo 1388.° do Cód. Proc. Civil, mas o artigo 2163.° do Código Civil de 1867.

II – Não há fundamento para rescisão de partilha por falta de intervenção de um herdeiro condicional, uma vez que não foi devida a qualquer artifício fraudulento dos restantes herdeiros, nem a uma atitude passiva destes capaz de conduzir ao mesmo resultado, e antes o problema da intervenção do herdeiro condicional foi suscitado e decidido no inventário.

III – Não caracteriza o dolo a circunstância de, no próprio dia em que foi efectuada a escritura de partilhas, a viúva ter doado aos filhos os bens que ficaram a compor a sua meação, pois não só o acto de doar é lícito, como ainda, nessa data, era muito hipotética a chamada à sucessão do herdeiro condicional.

IV – Efectuada, por escritura, a partilha dos bens de uma herança, a posse precária que os herdeiros detinham sobre esses bens converteu-se em posse em nome próprio relativamente aos bens que a cada um foram adjudicados. (...)" *(Acórdão do Supremo Tribunal de Justiça, de 20.02.70, Boletim do Ministério da Justiça 194.°, pág. 226)*

FALTA DE INTERVENÇÃO DO MEEIRO DO INVENTARIADO:

"**I** – Nem o sentido corrente, nem o significado legal da expressão «herdeiros», nem tão-pouco a razão de ser da providência excepcional do art. 1389.° do Cód. Proc. Civil justificam a sua aplicabilidade à falta de intervenção do meeiro do inventariado na partilha dos bens do casal.

II – Deste modo, não deve considerar-se como «herdeiro preterido», a que alude o dito preceito legal, o meeiro do inventariado que não interveio nas partilhas judiciais." *(Acórdão da Relação do Porto, de 08.02.74, Boletim do Ministério da Justiça 234.°, pág. 346)*

ÂMBITO DE APLICAÇÃO:

"**I** – Salvo caso de recurso extraordinário, só pode ser decretada a anulação da partilha judicial confirmada por sentença transitada em julgado quando tenha havido preterição ou falta de intervenção de algum dos herdeiros e se mostre que os outros interessados procederam como dolo ou má fé, quer quanto à preterição, quer quanto ao modo como foi preparada a partilha, de harmonia com o disposto pelo n.° 1 do art. 1388.° do Cód. Proc. Civil.

II – A anulação da partilha depende, pois, da prova de dolo ou má fé com que os interessados procederam, pelo que a acção não pode ser julgada no despacho saneador, tendo de prosseguir até final.

III – Não se verificando os requisitos exigidos pelo citado art. 1388.°, tem lugar a composição da quota ao herdeiro preterido, de harmonia com o art. 1389.°

do referido Código." *(Acórdão da Relação do Porto, de 05.02.75, Boletim do Ministério da Justiça 246.°, pág. 183)*

HERDEIRO PRETERIDO – CONCEITO:

"É herdeiro preterido, para efeitos da faculdade do art. 1389.° do Cód. Proc. Civil, tanto o que já estava reconhecido à data da instauração do inventário, como aquele que apenas posteriormente veio a ser habilitado, a obter esse reconhecimento." *(Acórdão da Relação de Coimbra, de 21.07.76, Colectânea de Jurisprudência, 1976, Tomo II, pág. 339)*

IDEM:

"Há que considerar a expressão «herdeiro preterido» do art. 1389.° como sendo o «omitido, esquecido, desprezado», tanto em referência ao momento da partilha como ao momento em que foi adquirida a qualidade de herdeiro, mesmo que essa aquisição seja posterior ao trânsito da sentença que homologou essa partilha." *(Acórdão da Relação de Coimbra, supra citado, pág. 341)*

COMPOSIÇÃO DA QUOTA EM DINHEIRO:

"**I** – O mapa informativo de partilha não tem razão de ser na fase do inventário para composição da quota em dinheiro do herdeiro preterido.

II – O preenchimento da quota do herdeiro é da responsabilidade de todos os herdeiros que entraram na partilha da herança, na proporção da quota que a cada um cabe na mesma.

III – O novo mapa de partilha deve tão somente indicar a quota do herdeiro preterido e o modo do seu preenchimento, ou seja, o seu pagamento pelos demais herdeiros na proporção da quota que a cada um cabe na partilha." *(Acórdão da Relação do Porto, de 22.01.91, Colectânea de Jurisprudência, 1991, Tomo I, pág. 235)*

NOTAS PESSOAIS:

ARTIGO 1390.°
(Habilitação dos sucessores dos interessados falecidos)

1. Se falecer o meeiro ou algum herdeiro antes de concluído o inventário, o cabeça-de-casal indicará os herdeiros do falecido, notificando-se a indicação aos outros interessados e citando-se para o inventário as pessoas indicadas.

A legitimidade dos herdeiros pode ser impugnada por parte dos citados ou notificados, nos termos do artigo 1332.°.

Na falta de impugnação, têm-se como habilitadas as pessoas indicadas, sem prejuízo do disposto no artigo 1334.°.

2. Se falecer algum legatário ou credor que tenha sido citado para o inventário, podem os seus herdeiros fazer-se admitir no processo usando do meio estabelecido no artigo 1334.°.

HISTÓRICO:

Revogado pelo art. 3.° do DL 227/94, de 08.09.

ARTIGO 1391.°
(Novo inventário)

Se depois de feita a partilha falecer algum interessado que não deixe outros bens além dos que lhe foram adjudicados, o inventário a que haja de proceder-se tem lugar no mesmo processo, deferindo-se o juramento de cabeça-de-casal a quem competir e seguindo-se os mais termos.

HISTÓRICO:

Revogado pelo art. 3.° do DL 227/94, de 08.09.

SECÇÃO VIII
Partilha Adicional e Recursos

ARTIGO 1392.°
(Inventário do cônjuge supérstite)

Quando o inventário do cônjuge supérstite haja de correr no tribunal em que se procedeu a inventário por óbito do cônjuge predefunto, os termos necessários para a segunda partilha são lavrados no processo da primeira.

HISTÓRICO:

Corresponde ao n.° 1 do mesmo preceito, que foi mantido em vigor pelo art. 3.° do DL 227/94, de 08.09.

O preceito tinha um n.° 2, que foi revogado pelo citado art. 3.° do DL 227/94, e que tinha a seguinte redacção:

2. Se houver outros bens a partilhar além dos que foram aformalados ao falecido no inventário anterior, são esses bens descritos com os números de ordem que se seguirem ao da última verba do primeiro inventário.

ANOTAÇÕES:

TRIBUNAL COMPETENTE:

"Nos termos do n.° 3 do art. 77.° [do Cód. Proc. Civil], «o tribunal onde se tenha procedido a inventário por óbito de um dos cônjuges é o competente para o inventário a que tiver de proceder-se por óbito do outro, excepto se o casamento foi contraído segundo o regime da separação; quando se tenha procedido a inventário por óbito de dois ou mais cônjuges do autor da herança, a competência à determinada pelo último destes inventários, desde que o regime de bens não seja o da separação».

Assim, a regra fixada neste art. 1392.° está em consonância com a 2.ª parte daquele art. 77.°; o inventário do cônjuge supérstite correrá no tribunal em que se procedeu a inventário por óbito do cônjuge predefunto quando o regime de bens não fosse o da separação, e isto por uma razão de economia processual: no primeiro inventário, por óbito do cônjuge predefunto, foram descritos bens que, no todo ou em parte, foram adjudicados ao cônjuge supérstite, e, daí, que nele devam correr os termos do inventário a que haja lugar por óbito deste último, incorporando-se naquele, sem necessidade de distribuição." *(Abílio Neto, Cód. Proc. Civil Anotado, 15.ª ed., Set./1999, pág. 1377)*

JURISPRUDÊNCIA:

DESISTÊNCIA DO INVENTÁRIO POR PARTILHA EXTRAJUDICIAL:

"**I** – Se determinado processo de inventário veio a terminar por desistência de todos os interessados após realização de partilha extrajudicial em escritura notarial não pode, mais tarde, tal processo prosseguir para eventual partilha de bens omitidos nessa escritura, antes haverá que instaurar processo autónomo.

II – Com efeito, os arts. 2122.° do Cód. Civil e 1395.° e 1392.° do Cód. Proc. Civil pressupõem a prévia existência de partilha judicial para que outros bens possam ser adicionalmente partilhados." *(Acórdão da Relação de Lisboa, de 11.04.73, Boletim do Ministério da Justiça 226.°, pág. 266)*

NOTAS PESSOAIS:

ARTIGO 1393.°
(Aproveitamento da avaliação ou da descrição feitas noutro inventário)

1. Os bens que já tenham sido avaliados noutro inventário não são objecto de nova avaliação, salvo se houver razões para crer que o seu valor se alterou.

2. A descrição já feita no processo pode ser aproveitada para a segunda partilha

---

HISTÓRICO:

Revogado pelo art. 3.° do DL 227/94, 08.09.

ARTIGO 1394.°
(Cumulação de inventários)

1. É permitida a cumulação de inventários para a partilha de heranças diversas:

a) Quando sejam as mesmas as pessoas pelas quais hajam de ser repartidos os bens;

b) Quando se trate de heranças deixadas pelos dois cônjuges;

c) Quando uma das partilhas esteja dependente da outra ou das outras. Se a dependência for total, por não haver, numa das partilhas, outros bens a adjudicar além dos que ao inventariado hajam de ser atribuídos na outra partilha, não pode deixar de ser admitida a cumulação. Se a dependência for parcial, por haver outros bens, é autorizada ou não a cumulação conforme pareça conveniente ou inconveniente, tendo-se em atenção os interesses das partes e a boa ordem do processo.

2. Não obsta à cumulação a incompetência relativa do tribunal para algum dos inventários nem o facto de só num haver herdeiros incapazes.

HISTÓRICO:

Revogado pelo art. 3.° do DL 227/94, de 08.09.

ARTIGO 1395.°
(Partilha adicional)

1. Quando se reconheça, depois de feita a partilha judicial, que houve omissão de alguns bens, proceder-se-á no mesmo processo a partilha adicional, com observância, na parte aplicável, do que se acha disposto nesta secção e nas anteriores.

2. No inventário a que se proceda por óbito do cônjuge supérstite serão descritos e partilhados os bens omitidos no inventário do cônjuge predefunto, quando a omissão só venha a descobrir-se por ocasião daquele inventário.

HISTÓRICO:

Redacção inalterada.

ANOTAÇÕES:

1. QUANDO TEM LUGAR:

"A partilha adicional, ou o suplemento da partilha, só tem lugar quando, depois de feita a partilha judicial, se reconhecer que houve omissão de alguns bens (Cód. Proc. Civil, art. 1395.°-1).

De maneira que, se esse reconhecimento se obtém no decurso do inventário, seja qual for a altura em que ele se encontre, não se procede a partilha adicional mas acusa-se a falta de descrição de bens com fundamento no art. 1340.°-3 do Cód. Proc. Civil.

Quer dizer, enquanto há possibilidades de incluir na primeira partilha bens cujo conhecimento surge no decurso do próprio inventário, muito embora esse conhecimento aí advenha depois da fase da descrição – v.g., licitações –, devem procurar partilhar-se nesse inventário os aludidos bens, suspendendo-se, inclusivamente, as licitações ou os ulteriores termos do inventário para aí serem contemplados, estimados, licitados e partilhados conjuntamente com os restantes." *(J. A. Lopes Cardoso, Partilhas Judiciais, Vol. II, 4.ª ed., 1990, pág. 583)*

2. ÂMBITO DO PRECEITO:

"A partilha adicional só é consentida no caso de omissão em «partilha judicial», ou seja, não é admissível quando a omissão se deu não em processo de inventário mas em partilha extra-judicial.

E não pode, nem deve, empregar-se a partilha adicional para distribuição daqueles bens que foram adjudicados em comum a vários herdeiros no inventário a que se procedeu por óbito do autor da herança. A partilha judicial não é o meio idóneo para fazer cessar compropriedade assim gerada, visto que pressupõe omissão de bens à partilha e conhecimento deles ulteriormente ao trânsito da sentença que a homologou. Ora, se os bens foram descritos no inventário e aí adjudicados em comum, é fora de dúvida que não foram omitidos. Em tal caso procederá apenas, para divisão entre os comproprietários, o meio processual consignado nos arts. 1052.° e 1059.° e segs. do Cód. Proc. Civil.

Bem entendido que só pode permitir-se a partilha adicional quanto aos bens da herança do inventariado que deixaram de se descrever e partilhar rigorosamente e não quanto àqueles que, tendo sido nele descritos, foram excluídos da partilha por despacho com trânsito em julgado." *(J. A. Lopes Cardoso, Partilhas Judiciais, Vol. II, 4.ª ed., 1990, págs. 584 e seg.)*

JURISPRUDÊNCIA:

DESISTÊNCIA DO INVENTÁRIO – IMPOSSIBILIDADE DE PROSSECUÇÃO:

"**I** – Se determinado processo de inventário veio a terminar por desistência de todos os interessados após realização de partilha extrajudicial em escritura notarial não pode mais tarde tal processo prosseguir para eventual partilha de bens omitidos nessa escritura, antes haverá que instaurar processo autónomo.

II – Com efeito, os arts. 2122.° do Cód. Civil, 1395.° e 1392.° do Cód. Proc. Civil pressupõem a prévia existência de partilha judicial para que outros bens possam ser adicionalmente partilhados." *(Acórdão da Relação de Lisboa, de 11.04.73, Boletim do Ministério da Justiça 226.°, pás. 266)*

OMISSÃO EM PARTILHA JUDICIAL:

"Só pode proceder-se a parti-lha adicional pelo processo do n.° 1 do art. 1395.° do Cód. Proc. Civil quando a omissão de bens se tenha verificado em partilha judicial." *(Acórdão do Supremo Tribunal de Justiça, de 13.11.73, Boletim do Ministério da Justiça 231.°, pág. 109)*

REQUERIMENTO PELOS INTERESSADOS:

"Os interessados não estão impedidos de requerer a partilha adicional dos bens omitidos, ainda que, conhecedores da sua existência, não hajam acusado, oportunamente, a falta da sua relacionação ou descrição." *(Acórdão da*

Relação de Coimbra, de 05.02.80, Colectânea de Jurisprudência, 1980, Tomo I, pág. 124)

PRESSUPOSTO – PARTILHA JUDICIAL ANTERIOR:

"**I** – A partilha adicional pressupõe urna partilha judicial anterior homologada por sentença com trânsito em julgado; que tenha havido omissão de bens nessa partilha e subsiste o motivo que conduziu à instauração do inventário.

II – O depósito de tornas devidas pelo facto de partilha adicional não está dependente do depósito devido pelo facto de partilha inicial." *(Acórdão da Relação de Lisboa, de 29.04.82, Colectânea de Jurisprudência, 1982, Tomo II, pág. 194)*

PARTILHA ADICIONAL:

"Não obstante a partilha adicional ter que se processar no mesmo inventário onde se efectuou a partilha judicial, ela apresenta-se como uma nova partilha, com objecto próprio, sujeita ao formalismo do inventário, havendo lugar, por isso, à apresentação da relação de bens por parte de quem tem o encargo de a elaborar – o cabeça-de-casal – e ao cumprimento do disposto no art. 1340.° do Cód. Proc. Civil." *(Acórdão da Relação do Porto, de 08.01.91, Boletim do Ministério da Justiça 403.°, pág. 485)*

PARTILHA ADICIONAL:

"**I** – Em inventário, uma partilha adicional de bens depende sempre da circunstância de existirem bens que não foram objecto de qualquer partilha.

II – No caso de partilha de bens do casal, a partilha adicional só terá lugar e dado o que dispõe o art. 1395.°, n.° 2, do Código de Processo Civil, se os bens não forem partilhados nem no inventário do cônjuge predefunto, nem no inventário do cônjuge supérstite." *(Acórdão da Relação de Coimbra, de 26.01.99, Boletim do Ministério da Justiça 483.°, pág. 283)*

INVENTÁRIO; PARTILHA ADICIONAL:

"**I** – As benfeitorias feitas por co-herdeiro e cabeça de casal em bens comuns e partíveis possuídos por ele devem ser descritas em inventário como dívidas possíveis da herança para ser avaliado o seu valor e serem pagas por todos os herdeiros.

II – Não tendo elas sido descritas no inventário, não existe erro de facto na descrição de bens susceptíveis de viciar a vontade das partes, mas tão só uma omissão.

III – Se quem procedeu às benfeitorias propuser uma acção de enriquecimento sem causa, verifica-se erro na forma de processo, inaproveitável e insuprível, que dá lugar a absolvição da instância.

IV – Assim, no caso referido não deve proceder-se a uma emenda da partilha, mas antes a uma partilha adicional, nos termos previstos no n.° 1 do art. 1395.° do CPC, mas antes do inventário a que se procedeu." *(Acórdão da Relação de Évora, de 10.03.2005, Colectânea de Jurisprudência, 2005, Tomo II, pág. 247)*

NOTAS PESSOAIS:

ARTIGO 1396.°
(Regime dos recursos)

1. Nos inventários de valor superior à alçada da Relação, o regime dos recursos é o do processo ordinário, subindo, porém, conjuntamente ao tribunal superior, em separado dos autos principais e no momento em que se convoque a conferência de interessados, os agravos interpostos até esse momento.

2. Nos inventários cujo valor não exceda a alçada da Relação o regime de recursos é o do processo sumário.

HISTÓRICO:

O n.° 1 foi alterado pelo art. 2.° do DL 227/94, de 08.09, cuja redacção anterior era a seguinte:

1. Nos inventários de valor superior á alçada da Relação o regime dos recursos é o do processo ordinário, com as seguintes especialidades:

a) Quando esteja finda a descrição, sobem conjuntamente ao tribunal superior, em separado dos autos principais, os agravos interpostos até esse momento;

b) O recurso da decisão que ponha termo a algum dos incidentes regulados nos artigos 1399.° e seguintes sobe imediatamente e em separado, com ele subindo os agravos que estejam interpostos de despachos proferidos no inventário.

O preceito continha um n.° 3, entretanto revogado, que tinha a seguinte redacção:

3. Os recursos interpostos em tribunal municipal têm o regime de processo sumaríssimo, mas se o inventário tiver de ser remetido ao tribunal de comarca para lá prosseguir, este tribunal conhecerá deles logo que receba o processo.

REMISSÕES:

Valor dos inventários – arts. 308.°, n.° 3 e 315.° CPC; quem pode recorrer – art. 680.° CPC.

Cfr. *supra*, anotações ao art. 1387.°, sobre alçadas e formas de processo ordinário e sumário, em remissões e legislação subsidiária.

LEGISLAÇÃO SUBSIDIÁRIA:

PROCESSO DE DECLARAÇÃO – CÓDIGO DE PROCESSO CIVIL, ARTIGO 462.°

Artigo 462.° ***(Domínio de aplicação do processo ordinário, sumário e sumaríssimo)***

Se o valor da causa exceder a alçada da Relação, empregar-se-á o processo ordinário; se a não exceder, empregar-se-á o processo sumário, excepto se não ultrapassar o valor fixado para a alçada do tribunal de comarca e a acção se destinar ao cumprimento de obrigações pecuniárias, à indemnização por dano e à entrega de coisas móveis, porque nestes casos, não havendo procedimento especial, o processo adequado é o sumaríssimo.

ALÇADA DOS TRIBUNAIS – LEI N.° 3/99, DE 13 DE JANEIRO, ART. 24.°: em anot. ao art. 1387.°

ANOTAÇÕES:

1. RECURSO ABSOLUTAMENTE INÚTIL:

"Mas quando é que se pode considerar que um recurso se torna absolutamente inútil?

A jurisprudência vai no sentido de que a absoluta inutilidade do recurso de agravo retido deve corresponder a situações em que da sua retenção resulte a inexistência no processo de qualquer eficácia, na hipótese do seu provimento, ou seja, em situações em que ainda que a decisão do tribunal superior seja favorável ao agravante, não possa este aproveitar-se dessa decisão, aqui se incluindo os casos em que a retenção produza um resultado irreversivelmente oposto ao efeito jurídico que o recorrente quis alcançar com a interposição do agravo, não se abarcando, por outro lado e consequentemente os casos em que o provimento do recurso possa conduzir à inutilização ou reformulação dos actos entretanto praticados (v., entre outros, os acs. do Supremo, de 07.02.91, AJ 15.°/16.°, 28, da RP, de 18.03.91, BMJ 405.°, 535 e desta Relação, de 28.03.94, BMJ 435.°, 916 e de 11.03.98, BMJ 475.°, 786).

Esta orientação é também – diga-se – partilhada pela generalidade da doutrina." *(Acórdão da Relação de Coimbra, de 14.01.2003, Colectânea de Jurisprudência, 2003, Tomo I, pág. 10)*

JURISPRUDÊNCIA:

VALOR DOS BENS DOADOS:

"**I** – O regime dos recursos em processo de inventário está fundamentalmente regulado no art. 1396.° do Cód. Proc. Civil, havendo, segundo este preceito, que distinguir entre processos cujo valor excede a alçada da Relação e processos cujo valor se encontre dentro desta alçada, para seguirem, no primeiro caso, o regime de recurso do processo ordinário, (...) e, no segundo, o do processo sumário.

II – Assim, tendo-se atribuído ao processo, na petição inicial, o valor de 1.000$00, e tendo-se certificado que o valor dos bens doados era de 61.000$00, sem ter ainda sido apresentada a relação de bens pelo cabeça-de-casal, tem de aceitar-se este último valor como sendo o do inventário, visto o processo não fornecer quaisquer elementos seguros que permitam, por enquanto, atribuir-lhe outro e o regime do agravo será, portanto, o do processo sumário (...)." *(Acórdão da Relação do Porto, de 17.11.72, Boletim do Ministério da Justiça 221.°, pág. 275)*

RECURSO DESERTO:

"Em processo de inventário, subindo um recurso de agravo com o recurso de apelação interposto da sentença homologatória da partilha, se a apelação for julgada deserta por falta de alegação fica sem efeito o agravo." *(Acórdão da Relação de Coimbra, de 07.02.84, Boletim do Ministério da Justiça 334.°, pág. 543)*

PROCESSO DE INVENTÁRIO – INADMISSIBILIDADE DE TRANSACÇÃO:

"**I** – Só após a decisão que julgue procedente o recurso de revisão da sentença homologatória de partilha é permitido o reexame da causa.

II – Enquanto subsistir essa sentença não é admissível transacção.

III – No entanto, nada obsta a que a transacção efectuada valha como documento particular relativamente ao reconhecimento de que o aviso de recepção respeitante a carta registada remetida para citação de um dos interessados não foi assinado pela pessoa que, de acordo com regulamento postal vigente no país para onde foi enviada, poderia fazê-lo." *(Acórdão da Relação de Lisboa, de 28.02.2002, Colectânea de Jurisprudência, 2002, Tomo I, pág. 128)*

RECURSO DE REVISÃO:

"**I** – O n.° 2 do art. 772.° do CPC deve ser interpretado restritivamente de modo a que o termo *a quo* nele indicado se não aplique aos casos em que os recorrentes são vítimas de violação do disposto no art. 6.°, n.° 1 CEDH.

II – Se em conferência de interessados em processo de inventário houve transacção mais tarde declarada anulada por sentença transitada em julgado, proferida após a sentença homologatória naquele, a qual foi lavrada 8 anos após a propositura da respectiva acção – propositura inclusivamente anterior ao termo do inventário, é tempestivo o recurso de revisão da sentença homologatória interposto menos de 60 dias após o trânsito da que anulou a transacção." *(Acórdão do Supremo Tribunal de Justiça, de 30.04.2002, in www.dgsi.pt)*

RECURSO INÚTIL:

"**I** – Um recurso torna-se absolutamente inútil nos casos em que, a ser provido, o recorrente não pode aproveitar-se da decisão, produzindo a retenção um resultado irreversivelmente oposto ao efeito que se quis alcançar.

II – Tendo a inventariada feito legados em substituição da legítima, isso não retira ao inventário a natureza de divisório face a um eventual remanescente da quota disponível e relacionação dos bens objecto da sucessão.

III – Sendo nomeado cabeça de casal um legatário, filho mais velho, contra a vontade dum herdeiro, não legatário, essa nomeação não torna absolutamente inútil o recurso interposto desse despacho, se não subir imediatamente." *(Acórdão da Relação de Coimbra, de 14.01.2003, Colectânea de Jurisprudência, 2003, Tomo I, pág. 10)*

NOTAS PESSOAIS:

ARTIGO 1397.°
(Questões definitivamente resolvidas no inventário)

1. As questões que sejam decididas no inventário consideram-se definitivamente resolvidas, tanto em relação ao cabeça-de-casal e às pessoas citadas na qualidade de herdeiros, como em relação àqueles que intervenham na solução, salvo se for expressamente ressalvado o direito às soluções competentes.

A ressalva não é admissível quando se trate de questões de direito ou de questões de facto que possam ser resolvidas em face dos documentos produzidos ou requisitados. Quanto às questões de facto que demandem a produção de outras provas, só devem remeter-se as partes para os meios comuns, ou decidir-se provisoriamente, deixando salvo o direito às acções competentes, quando a resolução definitiva se não compadeça com a instrução sumária do processo de inventário.

2. Entende-se que intervieram na solução de uma questão as pessoas que a suscitaram ou sobre ela se pronunciaram, e ainda as que foram ouvidas, embora não tenham dado resposta.

HISTÓRICO:

Revogado pelo art. 3.° do DL 227/94, de 08.09.

ARTIGO 1398.°
(Regime do inventário para descrição e avaliação)

Ao inventário que tenha unicamente por fim a descrição e avaliação de bens ou a verificação de que não há disposições inoficiosas são aplicáveis as disposições deste capítulo, na parte em que o puderem e deverem ser.

HISTÓRICO:

Revogado pelo art. 3.° do DL 227/94, de 08.09.

ARTIGO 1399.°

(Remoção do cabeça-de-casal)

1. Requerida a remoção do cabeça-de-casal, este será notificado para responder, sendo aplicável ao incidente o disposto nos artigos 302.° a 304.°.

2. Removido o cabeça-de-casal, será nomeado outro, nos termos da lei civil.

3. Se a remoção tiver por causa a falta da prática de um acto para que tenha sido notificado, o cabeça-de-casal incorre na pena correspondente ao crime de desobediência qualificada, devendo entregar-se ao Ministério Público a certidão do facto, para que promova o respectivo procedimento criminal.

4. Ocorrendo a remoção depois das licitações, os licitantes podem requerer que lhes sejam entregues os bens em que licitaram; quanto aos bens que receber, o licitante tem a posição de cabeça-de-casal.

HISTÓRICO:

Os n.os 2 a 4 foram revogados pelo art. 3.° do DL 227/94, de 08.09, que apenas manteve em vigor o n.° 1.

O n.° 1 foi igualmente revogado pelo art. 3.° do DL 329-A/95, de 12.12.

ARTIGO 1400.°
(Escusa ou exoneração dos cargos da tutela, curatela ou curadoria provisória dos bens do ausente)

1. No requerimento em que se peça a escusa ou a exoneração de algum cargo da tutela, curatela ou curadoria provisória dos bens do ausente, deve o interessado alegar os fundamentos do pedido, oferecendo logo as provas.

2. A decisão será proferida depois de ouvidos os outros interessados, se for necessário, e de serem colhidas as informações convenientes.

HISTÓRICO:

Revogado pelo art. 3.° do DL 227/94, de 08.09.

ARTIGO 1401.°
(Escusa do cargo de cabeça-de-casal)

O disposto no artigo anterior é aplicável ao processo de escusa do cabeça-de-casal.

HISTÓRICO:

Revogado pelo art. 3.° do DL 227/94, de 08.09.

ARTIGO 1402.°
(Remoção de cargos de tutela, curatela ou curadoria provisória dos bens do ausente)

Requerida a remoção da pessoa investida em algum cargo da tutela, curatela ou curadoria provisória dos bens do ausente, com a especificação dos fundamentos do pedido, o arguido será notificado para responder, sendo aplicável ao incidente o disposto nos artigos 302.° a 304.°.

HISTÓRICO:

Revogado pelo art. 3.° do DL 227/94, de 08.09.

ARTIGO 1403.°
(Audiência obrigatória)

O conselho de família e o inabilitado serão sempre ouvidos sobre a remoção, a qual pode ser pedida pelo inabilitado.

HISTÓRICO:

Revogado pelo art. 3.° do DL 227/94, de 08.09.

SECÇÃO IX
Partilha de bens em alguns casos especiais

ARTIGO 1404.°
(Inventário em consequência de separação, divórcio, declaração de nulidade ou anulação de casamento)

1. Decretada a separação judicial de pessoas e bens ou o divórcio, ou declarado nulo ou anulado o casamento, qualquer dos cônjuges pode requerer inventário para partilha dos bens, salvo se o regime de bens do casamento for o de separação.

2. As funções de cabeça-de-casal incumbem ao cônjuge mais velho.

3. O inventário corre por apenso ao processo de separação, divórcio, declaração de nulidade ou anulação e segue os termos prescritos nas secções anteriores.

HISTÓRICO:

Preceito não alterado.

REMISSÕES:

Partilha do casal – art. 1689.° CC; casamento putativo – arts. 1647.° e segs. CC; partilha em caso de divórcio litigioso – art. 1790.° CC.

1. Separação judicial de pessoas e bens – arts. 1794.° e segs. CC; divórcio por mútuo consentimento – arts. 1775.° e segs. CC; divórcio litigioso – arts. 1779.° e segs. CC; nulidade do casamento católico – arts. 1625.° e seg. CC; anulabilidade do casamento civil – arts. 1631.° e segs. CC; regime da separação de bens – arts. 1735.° e seg. CC.

2. Administração da herança; cabeça-de-casal – arts. 2079.° e segs. CC.

LEGISLAÇÃO SUBSIDIÁRIA:

DIVÓRCIO E SEPARAÇÃO LITIGIOSOS – ARTIGOS 1407.° E SEGUINTE DO CÓDIGO DE PROCESSO CIVIL:

Artigo 1407.° ***(Tentativa de conciliação)***

1. Apresentada a petição, se a acção estiver em condições de prosseguir, o juiz designará dia para a tentativa de conciliação, sendo o autor notificado e o réu citado para comparecerem pessoalmente ou, no caso de estarem ausentes do continente ou da ilha onde correr o processo, se fazerem representar por mandatário com poderes especiais, sob pena de multa.

2. Estando presentes ambas as partes e não sendo possível a sua conciliação, e não tendo resultado a tentativa do juiz no sentido de obter o acordo dos cônjuges para o divórcio ou a separação por mútuo consentimento, procurará o juiz obter o acordo dos cônjuges quanto aos alimentos e quanto à regulação do exercício do poder paternal dos filhos. Procurará ainda obter o acordo dos cônjuges quanto à utilização da casa de morada de família durante o período de pendência do processo, se for caso disso.

3. Na tentativa de conciliação, ou em qualquer outra altura do processo, as partes poderão acordar no divórcio ou separação de pessoas e bens por mútuo consentimento, quando se verifiquem os necessários pressupostos.

4. Estabelecido o acordo referido no número anterior, seguir-se-ão no próprio processo, com as necessárias adaptações, os termos dos artigos 1419.° e seguintes; sendo decretado o divórcio ou a separação definitivos por mútuo consentimento, as custas em dívida serão pagas, em partes iguais, por ambos os cônjuges, salvo convenção em contrário.

5. Faltando alguma ou ambas as partes, ou não sendo possível a sua conciliação nem a hipótese a que aludem os n.os 3 e 4, o juiz ordenará a notificação do réu para contestar no prazo de trinta dias; no acto da notificação, a fazer imediatamente, entregar-se-á ao réu o duplicado da petição inicial.

6. No caso de o réu se encontrar ausente em parte incerta, uma vez cumprido o disposto no artigo 244.°, a designação de dia para a tentativa de conciliação ficará sem efeito, sendo ordenada a citação edital daquele para contestar.

7. Em qualquer altura do processo, o juiz, por iniciativa própria ou a requerimento de alguma das partes, e se o considerar conveniente, poderá fixar um regime provisório quanto a alimentos, quanto à regulação do exercício do poder paternal dos filhos e quanto à utilização da casa de morada; para tanto poderá o juiz, previamente, ordenar a realização das diligências que considerar necessárias.

Artigo 1408.° ***(Julgamento)***

1. Havendo contestação, seguir-se-ão os termos do processo ordinário.

2. Na falta de contestação, o autor será notificado para, em dez dias, apresentar o rol de testemunhas, que não poderão exceder o número de oito, e requerer quaisquer outras provas.

3. O juiz designa logo a data da audiência final, ponderada a duração provável das diligências a realizar antes dela.

4. Encerrada a discussão, o tribunal colectivo, quando perante ele decorra o julgamento, conhecerá da matéria de facto e da matéria de direito e a decisão, tomada por maioria, será ditada para a acta pelo respectivo presidente, descrevendo os factos considerados provados e não provados.

5. O presidente, bem como qualquer dos outros juizes, podem formular voto de vencido.

SEPARAÇÃO OU DIVÓRCIO POR MÚTUO CONSENTIMENTO – ARTIGOS 1419.° A 1424.° DO CÓDIGO DE PROCESSO CIVIL:

Artigo 1419.° ***(Requerimento)***

1. O requerimento para a separação judicial de pessoas e bens ou para o divórcio por mútuo consentimento será assinado por ambos os cônjuges ou pelos seus procuradores e instruído com os seguintes documentos:

a) Certidão de narrativa completa do registo de casamento;

b) Relação especificada dos bens comuns, com indicação dos respectivos valores;

c) Acordo que hajam celebrado sobre o exercício do poder paternal relativamente aos filhos menores, se os houver;

d) Acordo sobre a prestação de alimentos ao cônjuge que careça deles;

e) Certidão da convenção antenupcial e do seu registo, se os houver;

f) Acordo sobre o destino da casa de morada da família.

2. Caso outra coisa não resulte dos documentos apresentados, entende-se que os acordos se destinam tanto ao período da pendência do processo como ao período posterior.

Artigo 1420.° ***(Convocação da conferência)***

1. Não havendo fundamento para indeferimento liminar, o juiz fixará o dia da conferência a que se refere o artigo 1776.° do Código Civil, podendo para ela convocar parentes ou afins dos cônjuges ou quaisquer pessoas em cuja presença veja utilidade.

2. O cônjuge que esteja ausente do continente ou da ilha em que tiver lugar a conferência ou que se encontre impossibilitado de comparecer poderá fazer-se representar por procurador com poderes especiais.

3. A conferência poderá ser adiada por um período não superior a trinta dias quando haja fundado motivo para presumir que a impossibilidade de comparência referida no número anterior cessará dentro desse prazo.

Artigo 1421.° ***(Conferência)***

1. Se a conferência a que se refere o artigo 1176.° do Código Civil terminar por desistência do pedido por parte de ambos os cônjuges ou um deles, o juiz fá-la-á consignar na acta e homologá-la-á.

2. No caso contrário, será exarado em acta o acordo dos cônjuges quanto à separação ou divórcio, bem como as decisões tomadas quanto aos acordos a que se refere o artigo 1775.° do Código Civil.

Artigo 1422.° *(Suspensão ou adiamento da conferência)*

1. A conferência já iniciada pode ser suspensa por período não superior a trinta dias, se houver fundada razão para crer que a suspensão facilitará a desistência do pedido.

2. Quando algum dos cônjuges falte à conferência, o processo aguardará que seja requerida a designação de novo dia.

Artigo 1423.° (Nova conferência. Separação ou divórcio definitivos)

(Revogado)

Artigo 1423.°-A *(Renovação da instância)*

1. Tendo o processo de divórcio ou separação por mútuo consentimento resultado da conversão de divórcio ou separação litigiosa, nos termos do n.° 3 do artigo 1407.°, se não vier a ser decretado o divórcio ou a separação por qualquer motivo, que não seja a reconciliação dos cônjuges, pode qualquer das partes da primitiva acção pedir a renovação desta instância.

2. O requerimento deverá ser feito dentro dos trinta dias subsequentes à data da conferência em que se tenha verificado o motivo para não decretar o divórcio ou separação por mútuo consentimento.

Artigo 1424.° *(Irrecorribilidade do convite à alteração dos acordos)*

Não cabe recurso do convite à alteração dos acordos previstos nos artigos 1776.° e 1777.° do Código Civil.

ANOTAÇÕES:

1. CESSAÇÃO DAS RELAÇÕES PATRIMONIAIS:

"Nos termos do artigo 1688.° do Código Civil, as relações patrimoniais entre os cônjuges cessam pelo divórcio, assim como pela separação judicial de pessoas e bens, pela simples separação de bens, anulação ou declaração de nulidade do casamento, no caso de dissolução do casamento rato e não consumado ou por morte de um dos cônjuges; finalmente, nos casos de falência ou insolvência (para já não falar no caso de declaração de morte presumida em que se procede à entrega dos bens aos sucessores do ausente – artigo 117.° do Código Civil).

Assim, qualquer dos ex-cônjuges (ou dos cônjuges, se se tratar de separação judicial de pessoas e bens) pode requerer a partilha dos bens comuns do casal, partilha que pode ser feita por escritura pública, por auto lavrado no processo em que se proferiu a sentença de divórcio ou ainda por inventário, que corre por apenso ao processo de divórcio seguindo-se os mesmos termos do inventário a instaurar no caso de morte de um dos cônjuges." *(J. A. França Pitão, Sobre o Divórcio, Coimbra, 1986, pág. 178)*

2. REGIME DO ART. 1790.° DO CÓDIGO CIVIL:

"O regime estabelecido no preceito [art. 1790.° do CC] é uma excepção à norma já referida do artigo 1688.° (assim como dos artigos seguintes). É que, nos termos do artigo 1787.°, o juiz deverá declarar a culpa de cada um dos cônjuges e o único ou principal culpado não poderá receber nesta partilha, mais do que receberia se o casamento tivesse sido celebrado segundo o regime da comunhão de adquiridos.

Face a estes princípios podemos delimitar o âmbito de aplicação do artigo em anotação. Desde já, podemos afirmar que ele só é aplicável nos casos de divórcio litigioso. É que, sendo o divórcio por mútuo consentimento, não há revelação da causa (artigo 1775.°, n.° 2) e, consequentemente, não há declaração de culpas.

Por outro lado, se o regime de bens adoptado pelos cônjuges (ou legalmente imposto – veja-se artigo 1720.°) for o da separação de bens, também não há razão para recorrer a este preceito.

É que, no regime de separação, quando muito, há bens em compropriedade, pelo que se houver algo a dividir, o processo correcto será uma acção de divisão de coisa comum, nos termos dos artigos 1059.° e seguintes do Código de Processo Civil (a este propósito, veja-se Pereira Coelho, *Curso de Direito da Família,* I, Direito Matrimonial, Tomo 2, Coimbra, 1970, pág. 351 e id., *Curso de Direito da Família,* Coimbra, 1981, págs. 488 e seg.).

Assim sendo, este artigo fica com o seu âmbito de aplicação reduzido aos regimes de comunhão de bens. Mas, mesmo assim, podemos afirmar que esta norma do artigo 1790.° só tem aplicação efectiva quando se verifiquem, cumulativamente, os seguintes dois pressupostos:

a) ter sido o casamento celebrado segundo o regime de comunhão geral de bens;

b) ser o cônjuge culpado aquele que menos bens trouxe para o casamento." *(J. A. França Pitão, Sobre o Divórcio, Coimbra, 1986, pág. 179)*

JURISPRUDÊNCIA:

EXTINÇÃO DA INSTÂNCIA:

"**I** – Deve ser considerada extinta a instância por inutilidade superveniente, no inventário consequente do divórcio quando no seu decurso falecer um dos interessados.

II – Se o falecido deixar herdeiros que imponham a necessidade de pôr termo à comunhão hereditária, dado esta diferente causa de pedir, há que instaurar novo e autónomo processo de inventário." *(Acórdão da Relação de Lisboa, de 20.06.80, Colectânea de Jurisprudência, 1980, Tomo III, pág. 198)*

CONFLITO DE COMPETÊNCIA:

"**I** – Conflito entre um Tribunal de Família e um Juízo Cível é de Jurisdição.

II – É o Juízo Cível que tem jurisdição para o inventário, a que alude o art. 1404.°, n.° 3 do Cód. Proc. Civil, consequente do divórcio de ex-cônjuges, decretado por um Tribunal de Família." *(Acórdão do Supremo Tribunal de Justiça, de 10.03.80, Boletim do Ministério da Justiça 295.°, pág. 295)*

NÃO SUSPENSÃO DE INVENTÁRIO:

"Não há que suspender o inventário subsequente ao divórcio, destinado a por termo à comunhão de bens entre os cônjuges, até que se ultime a partilha das heranças deixadas pelos pais de um destes (cônjuges), a que concorre com um irmão, e que vai operar-se em inventário [facultativo] já instaurado, tendo-se em vista a determinação ou concretização dos bens que por essa via ingressaram no património comum do casal." *(Acórdão da Relação de Lisboa, de 20.01.83, Boletim do Ministério da Justiça 329.°, pág. 612)*

EXTINÇÃO DA INSTÂNCIA:

"Falecido um dos cônjuges ou ex-cônjuges, nem por isso o inventário já requerido nos termos do art. 1404.° do Cód. Proc. Civil deixará de prosseguir com os representantes daquele, que, aliás, nem carecem de legitimidade para o instaurar." *(Acórdão da Relação de Coimbra, de 26.05.83, Boletim do Ministério da Justiça 329.°, pág. 637)*

DIREITO AO ARRENDAMENTO DA CASA DE MORADA:

"**I** – O direito ao arrendamento da casa de morada de família, que foi atribuído a um dos cônjuges na acção de divórcio, não tem que ser relacionado no inventário subsequente.

II – O acordo subscrito pelos mandatários dos cônjuges quanto ao destino de bens móveis na acção de divórcio, é válido e obriga-os, pelo que esses bens não podem ser relacionados e partilhados no inventário subsequente.

III – Havendo no acervo dos bens do casal um direito a uma herança ilíquida e indivisa, que é objecto de um inventário, para o qual foram citados, é suspenso o inventário subsequente ao divórcio até ao termo daquele." *(Acórdão da Relação do Porto, de 26.05.88, Colectânea de Jurisprudência, 1988, Tomo III, pág. 228)*

CESSÃO DO DIREITO À MEAÇÃO:

"**I** – A cessão do direito à meação dos bens do casal no processo de inventário para partilha de bens, requerido nos termos do art. 1404.° do Cód. Proc. Civil, se não for seguida de habilitação do cessionário nos autos, ainda que haja um único bem a partilhar, não impede que o cedente prossiga no inventário até final e justifica que o conservador do registo predial recuse o registo, com base no art. 69.°, n.° 1, alínea *b)* do Cód. Reg. Predial.

II – Assim, é o cedente quem licita e se obriga a pagar as tornas que forem devidas pelo que, na medida do licitado, o quinhão a si atribuído excede o objecto da cessão.

III – Só após licitação pode o cessionário licitar, de outro modo não tendo os eventuais interessados conhecimento da cessão para, se o entenderem conveniente, exercerem o respectivo direito de preferência." *(Acórdão do Supremo Tribunal de Justiça, de 27.10.88, Boletim do Ministério da Justiça 380.°, pág. 451)*

LICITAÇÃO OU ADJUDICAÇÃO:

"Nos termos do art. 1790.° do Cód. Civil o cônjuge culpado do divórcio não pode receber, em valor, mais do que aquilo que receberia se o casamento tivesse sido celebrado segundo o regime de comunhão de adquiridos. Mas nada impede que os bens doados a um dos cônjuges ou por ele levados para o casamento sejam licitados ou adjudicados ao outro." *(Acórdão da Relação Coimbra, 16.01.90, Colectânea de Jurisprudência, 1990, Tomo I, pág. 86)*

TRIBUNAL COMPETENTE:

"Face às disposições conjugadas do art. 60.°, al. *c)* da Lei 38/87, de 23 de Dezembro (Lei Orgânica dos Tribunais Judiciais) e o n.° 3 do art. 1404.° do Cód. Proc. Civil, é competente para conhecer do processo de inventário para a partilha de bens que foram do casal, o Tribunal de Família onde correu o correspondente processo de divórcio." *(Acórdão da Relação de Lisboa, de 01.03.90, Boletim do Ministério da Justiça 395.°, pág. 649)*

ATRIBUIÇÃO DA CASA DE MORADA:

"Saber-se em que medida a atribuição da casa de morada de família ao marido, que se decretou no processo de divórcio, faz caso julgado no processo de inventário dos cônjuges e se concilia com a respectiva sentença homologatória da partilha, é questão de fundo de recurso, diz respeito ao seu mérito, não podendo por isso apreciar-se em sede de questão prévia." *(Acórdão da Relação do Porto, de 05.06.90, Boletim do Ministério da Justiça 398.°, pág. 580)*

CREDORES DO CASAL:

"No processo de inventário subsequente ao divórcio apenas têm que ser indicados os credores do casal (e não os credores de qualquer dos ex-cônjuges por dívidas da sua exclusiva responsabilidade)." *(Acórdão da Relação de Coimbra, de 03.07.90, Boletim do Ministério da Justiça 399.°, pág. 590)*

FUNÇÃO DO INVENTÁRIO:

"**I** – O inventário dos bens do casal dissolvido por divórcio não se destina apenas a dividir os bens comuns dos cônjuges, mas a liquidar as responsabilidades mútuas e, bem assim, as dívidas do casal, quer as comunicáveis, quer as incomunicáveis – o que supõe, em qualquer dos casos, a relacionação dos bens próprios de cada um dos cônjuges. Por isso:

II – Devem ser relacionados todos os bens do casal – comuns ou próprios de qualquer um dos cônjuges – visto que o inventário se destina também à liquidação efectiva das responsabilidades entre os cônjuges e destes para com terceiros." *(Acórdão do Supremo Tribunal de Justiça, de 05.07.90, Boletim do Ministério da Justiça 399.°, pág. 512)*

SONEGAÇÃO DE BENS:

"A sanção de natureza civil por sonegação de bens estabelecida no art. 2096.°, n.° 1, do Cód. Civil, é aplicável, por força de interpretação extensiva, ao cabeça-de-casal de inventário requerido na sequência do divórcio, ao abrigo do disposto no art. 1404.° do Cód. Proc. Civil." *(Acórdão do Supremo Tribunal de Justiça, de 09.04.92, Boletim do Ministério da Justiça 416.°, pág. 551)*

CONTRATO-PROMESSA DE PARTILHA:

"**I** – É admissível, em princípio, o contrato-promessa de partilha dos bens comuns do casal, no pressuposto da dissolução futura do casamento.

II – A validade desse contrato não é afectada pelo facto de o mesmo ser celebrado na constância do matrimónio." *(Acórdão da Relação de Coimbra, de 19.10.93, Colectânea de Jurisprudência, 1993, Tomo IV, pág. 66)*

VALOR DAS BENFEITORIAS:

"**I** – Tendo sido construído por ambos os cônjuges, na constância do matrimónio, um prédio em terreno que é bem próprio de um deles, não se verifica a acessão, mas um benefício para o terreno, que constitui benfeitoria útil.

II – O valor das benfeitorias constitui um bem a partilhar, que não pode ser dissociado do terreno em que se integram.

III – Sendo o terreno bem próprio de um dos cônjuges, as benfeitorias não são susceptíveis de licitação." *(Acórdão da Relação do Porto, de 21.10.93, Boletim do Ministério da Justiça 430.°, pág. 515)*

SEPARAÇÃO DE MEAÇÕES:

"**I** – Admite a nossa lei, como modo de alteração do regime de bens do casamento, ao lado da separação judicial de bens fundada na má administração de um dos cônjuges, outros casos de separação de bens na vigência da sociedade conjugal como consequência de outros procedimentos judiciais.

II – Um desses casos é o requerimento para separação de meações que ao cônjuge é permitido deduzir quando, em execução, são penhorados bens comuns do casal.

III – E o meio competente para essa separação é o processo de inventário previsto pelo art. 1404.° do Cód. Proc. Civil, findo o qual e feita a partilha das meações, passa a vigorar entre os cônjuges o regime da separação de bens, sem necessidade de, para o efeito, ser intentada uma acção judicial de simples separação de bens." *(Acórdão da Relação do Porto, de 18.04.95, Colectânea de Jurisprudência, 1995, Tomo II, pág. 208)*

NORMA DE COMPETÊNCIA E NORMA DE CONEXÃO:

"**I** – A norma constante do n.° 3 do art. 1404.° do Cód. Proc. Civil não é uma regra de competência mas de conexão ou dependência.

II – Cabe ao tribunal singular de competência genérica proceder ao inventário em consequência do divórcio dos cônjuges e requisitar para apensação até ao trânsito em julgado desse processo a acção de divórcio ao tribunal onde este foi julgado." *(Acórdão da Relação do Porto, de 08.05.95, Colectânea de Jurisprudência, 1995, Tomo III, pág. 204)*

INEXISTÊNCIA DE BENS A PARTILHAR; INUTILIDADE SUPERVENIENTE DA LIDE:

"**I** – A falta de tempestiva oposição ao inventário não inibe qualquer interessado de, em momento posterior, pedir se ponha termo ao processo, invocando causa legal justificativa, como a inexistência de bens a partilhar.

II – Correndo execução entre ex-marido e ex-mulher, cujo divórcio fora declarado por sentença, a adjudicação a um deles de direito que o outro tinha à meação nos bens comuns, inexistindo outros bens do executado, provoca inutilidade superveniente da lide no inventário para partilha subsequente a divórcio, por subsequente falta de bens a partilhar." *(Acórdão do Supremo Tribunal de Justiça, de 11.05.95, Colectânea de Jurisprudência, Acórdãos do Supremo Tribunal de Justiça, 1995, Tomo II, pág. 83)*

DECLARAÇÃO DE INEXISTÊNCIA DE BENS:

"Pode proceder-se a inventário nos casos de divórcio em que nos autos de dissolução do matrimónio se tenha declarado não existirem bens." *(Acórdão da Relação de Évora, de 06.07.95, Boletim do Ministério da Justiça 449.°, pág. 465)*

TRIBUNAL COMPETENTE:

"O tribunal de família é competente para o inventário tendente à partilha dos bens comuns do casal consequente ao divórcio e da herança de um dos cônjuges, entretanto falecido, pelos herdeiros legitimários e testamentários." *(Acórdão do Supremo Tribunal de Justiça, de 18.01.96, Boletim do Ministério da Justiça 453.°, pág. 491)*

IDEM:

"O tribunal competente para o inventário [facultativo] subsequente ao divórcio é o tribunal da comarca e não o tribunal de círculo por onde correu o processo de divórcio, a tal não obstando o disposto no art. 1404.°, n.° 3, do Cód. Proc. Civil, que não interfere com as normas da Lei Orgânica dos Tribunais Judiciais que definem a competência funcional dos tribunais." *(Acórdão da Relação do Porto, de 23.05.96, Boletim do Ministério da Justiça 457.°, pág. 446)*

FIXAÇÃO DA DATA DO FIM DA COABITAÇÃO:

"**I** – Não é possível, após ter sido decretado divórcio por mútuo consentimento, fixar a data em que cessou a coabitação entre os cônjuges no subsequente processo de inventário para separação de meações.

II – Tal data só pode ser fixada na sentença que decretar divórcio litigioso.

III – Pelo que não o pode ser, posteriormente, por via incidental." *(Acórdão do Supremo Tribunal de Justiça, de 22.01.97, Colectânea de Jurisprudência, Acórdãos do Supremo Tribunal de Justiça, 1997, Tomo I, pág. 63)*

DIVÓRCIO NO ESTRANGEIRO – TRIBUNAL COMPETENTE:

"O tribunal competente para a partilha dos bens comuns de casal divorciado, cuja sentença de divórcio foi proferida fora de Portugal, é o lugar da situação dos bens a partilhar." *(Acórdão da Relação do Porto, de 02.04.98, Colectânea de Jurisprudência, 1998, Tomo II, pág. 225)*

COMPETÊNCIA MATERIAL:

"É da competência do tribunal de comarca, e não do tribunal de círculo, a tramitação do processo de inventário subsequente a acção de separação judicial de pessoas e bens." *(Acórdão da Relação do Porto, de 14.05.98, Boletim do Ministério da Justiça 477.°, pág. 563)*

DECLARAÇÃO DE CÔNJUGE CULPADO:

"**I** – A circunstância de na acção de divórcio ser declarado um dos cônjuges único ou principal culpado não determina, por si só, a substituição do regime de bens, designadamente do da comunhão geral pelo da comunhão de adquiridos.

II – Aquele regime da comunhão geral continuará a vigorar até à partilha do património conjugal, com a simples diferença de que nessa partilha serão de observar as disposições legais que menos favoreçam aquele cônjuge único ou principal culpado, sendo que, pode até acontecer, seja o regime de comunhão geral o aplicável.

III – A partilha dos bens do casal dissolvido é feita em processo especial próprio (inventário), pre-visto nos arts. 1404.° e 1405.° do Cód. Proc. Civil, e será aí que se decidirá qual o regime de bens aplicável, não podendo essa decisão ser tomada em acção declarativa para o efeito intentada e restrita ao direito a uma herança do progenitor do cônjuge inocente." *(Acórdão da Relação de Évora, de 21.05.98, Boletim do Ministério da Justiça 477.°, pág. 589)*

SEPARAÇÃO DE MEAÇÕES:

"Sendo o cônjuge marido o único culpado no divórcio de casamento celebrado em comunhão geral de bens, tendo a mulher levado para o casal mais bens do que o marido e havendo bens comuns adquiridos na pendência do casamento, deve seguir-se na partilha o regime de comunhão de adquiridos, adjudicando a cada um dos cônjuges os bens levados para o casamento e partilhando os comuns em partes iguais." *(Acórdão do Supremo Tribunal de Justiça, de 23.09.98, Colec-*

tânea de Jurisprudência, Acórdãos do Supremo Tribunal de Justiça, 1998, Tomo III, pág. 30)

TRIBUNAL COMPETENTE:

"O inventário para separação de meações, subsequente a uma acção de divórcio que tenha corrido no tribunal de círculo, corre no tribunal de comarca, devendo ser-lhe apensada a acção de divórcio." *(Acórdão da Relação do Porto, de 03.10.98, Boletim do Ministério da Justiça 480.°, pág. 543)*

REGRA DO ARTIGO 1790.° DO CÓDIGO CIVIL:

"**I** – Em inventário instaurado em consequência de divórcio, em que um dos cônjuges foi declarado único culpado, deve ser relacionado e descrito um imóvel adquirido pelo cônjuge não culpado antes do casamento, que fora celebrado sob o regime de comunhão geral de bens através de convenção antenupcial.

II – A regra do art. 1790.° do Código Civil só adquire razão de ser na fase da partilha, pois só aí é possível concluir quais os valores finais que permitiram concluir pelo regime menos favorável ao cônjuge culpado." *(Acórdão da Relação de Évora, de 13.10.98, Boletim do Ministério da Justiça 480.°, pág. 564)*

CONFLITO NEGATIVO DE COMPETÊNCIA:

"É dos Tribunais Comuns, e não dos Tribunais de Círculo, a competência para a tramitação e julgamento dos processos de inventário instaurados para partilha dos bens do casal, em consequência do decretamento de divórcio." *(Acórdão da Relação de Coimbra, de 23.03.99; Colectânea de Jurisprudência, 1999, Tomo III, pág. 31)*

REGRA DO ARTIGO 1790.° DO CÓDIGO CIVIL:

"**I** – O disposto no art. 1790.° do Código Civil – «o cônjuge declarado único ou principal culpado não pode na partilha receber mais do que receberia se o casamento tivesse sido celebrado segundo o regime da comunhão de adquiridos» – não significa que o regime aplicável à partilha seja necessariamente o da comunhão de adquiridos. «O que importa na correcta aplicação da lei e do pensamento legislativo, é confrontar o resultado que advém para o cônjuge declarado único ou principal culpado da aplicação do regime convencionado ou legalmente fixado com o que se obteria mediante a aplicação do regime da comunhão de adquiridos», «porque só no caso de o primeiro ser mais favorável à sua posição do que o segundo é que a lei manda aplicar este último».

II – A relacionação, descrição e licitação, além dos demais bens a considerar – no inventário para a partilha dos bens comuns do casamento celebrado em regime de comunhão geral e dissolvido por divórcio com culpa exclusiva de um dos cônjuges – do «direito e acção» à herança aberta na pendência do matrimónio por morte de progenitor do cônjuge inocente, mediante decisão judicial que julgou depender da averiguação do valor total dos bens a eventual aplicação do disposto no art. 1790.° do Código Civil, não constitui caso julgado formal mercê do qual deva o aludido direito ser necessariamente partilhado em benefício do cônjuge culpado." *(Acórdão do Supremo Tribunal de Justiça, de 14.04.99, Boletim do Ministério da Justiça 486.°, pág. 312)*

INVENTÁRIO PARA SEPARAÇÃO DE MEAÇÕES - BENS ADQUIRIDOS POR VIRTUDE DE DIREITO PRÓPRIO ANTERIOR - CONTRATO PROMESSA CELEBRADO ANTES DO CASAMENTO:

"**I** – O facto de a aquisição de um imóvel, na constância do casamento, ter sido precedida de um contrato promessa celebrado antes dele, não significa que tal aquisição ocorreu por virtude de direito próprio anterior.

II – Só assim seria se àquele contrato promessa tivesse sido atribuída eficácia real, ou se o promitente comprador tivesse pago, ao celebrar esse contrato, a título de sinal, a totalidade do preço, por ser então de equiparar para este efeito o contrato promessa ao contrato de compra e venda, entendimento que encontra apoio, por analogia, no disposto no artigo 1723.°, al. *c)* do CC." *(Acórdão da Relação de Lisboa, de 08.02.2001, Colectânea de Jurisprudência, 2001, Tomo I, págs. 111 e seg.)*

INCIDENTE DE RECLAMAÇÃO CONTRA A RELAÇÃO DE BENS - BENS EXCEPTUADOS DA COMUNHÃO CONJUGAL:

"**I** – A disciplina do artigo 1723.°, al. *c)* do CC ao exigir que a proveniência do dinheiro ou valores próprios de um dos cônjuges seja mencionada no documento de aquisição deve ser interpretada restritivamente, aplicando-se apenas nas relações dos cônjuges com terceiros.

II – Ingressado um bem na comunhão, qualquer um dos cônjuges pode fazer a prova de que na respectiva aquisição foram empregues valores próprios, tendo direito a ser compensado no momento da dissolução e partilha do património comum.

III – As questões referentes à relação de bens só devem ser objecto de decisão definitiva em processo de inventário, quando seja viável a formulação, a seu respeito, de um juízo com elevado grau de certeza, o que não acontece quando a matéria fáctica subjacente revele grande complexidade e o seu apuramento demande, designadamente, a produção de prova testemunhal." *(Acórdão do Supremo Tribunal de Justiça, de 15.05.2001, Colectânea de Jurisprudência, Acórdãos do Supremo Tribunal de Justiça, 2001, Tomo II, pág. 75)*

SEPARAÇÃO DE MEAÇÕES - CITAÇÃO DO EXEQUENTE:

"O exequente deve, sob pena de nulidade, ser chamado ao inventário para separação de meações originado na respectiva execução, logo *ab initio*, através de citação, e deve ser-lhe dado conhecimento de todos os factos relevantes nesse processo através de notificação, tudo em ordem a que o cônjuge não executado possa livremente escolher os bens que hão-de compor a sua meação ou sujeitar-se ao capricho do sorteio para preenchimento dela." *(Acórdão da Relação de Coimbra, de 03.07.2001, Colectânea de Jurisprudência, 2001, Tomo V, pág. 7)*

DESCRIÇÃO E PARTILHA DE QUOTA EM SOCIEDADE:

"**I** – O art. 8.°, n.° 2 do CSC não impede que, em caso de inventário subsequente a divórcio, a quota social venha a pertencer inteiramente, quer considerando o seu valor económico, quer considerando o aspecto da qualidade de sócio, ao cônjuge que, nas relações com a sociedade, não intervinha como sócio.

II – O que desse conceito resulta é que o cônjuge que fique com a quota passa a ser, nas relações com a sociedade, o sócio, qualidade que não se transmitirá, no domínio dessas relações, a um eventual novo cônjuge que com aquele casa em regime de comunhão geral de bens." *(Acórdão do Supremo Tribunal de Justiça, de 30.10.2001, Colectânea de Jurisprudência, Acórdãos do Supremo Tribunal de Justiça, 2001, Tomo III, pág. 98)*

SEPARAÇÃO DE MEAÇÕES - VENDA DOS BENS DO DEVEDOR DAS TORNAS:

"**I** – O credor exequente, transitada em julgado a sentença homologatória da separação de meações, proferida no inventário respectivo, pode pedir a venda dos bens adjudicados ao cônjuge do executado, devedor das tornas, para pagamento do seu crédito.

II – Instaurada a execução que determinou o inventário para separação de meações, o cônjuge devedor das tornas fica na posição de fiel depositário, não se exonerando pelo pagamento das tornas ao cônjuge credor delas." *(Acórdão da Relação de Coimbra, de 13.11.2001, Colectânea de Jurisprudência, Tomo V, pág. 17)*

PROCESSO DE INVENTÁRIO CONSEQUENTE A DIVÓRCIO - RELAÇÃO DE BENS:

"Não pode ser objecto de relacionação no processo de inventário para a partilha do património comum do casal o direito de crédito constituído depois da instauração da acção de divórcio da titularidade de cada um dos ex-cônjuges em relação ao outro." *(Acórdão da Relação de Lisboa, de 21.02.2002, Colectânea de Jurisprudência, 2002, Tomo I, pág. 109)*

PROCESSO DE INVENTÁRIO PARA PARTILHA DOS BENS DO CASAL - EFEITOS PATRIMONIAIS DO DIVÓRCIO - RELAÇÃO DE BENS - CONTA BANCÁRIA:

"**I** – Questionando-se, no inventário para separação de meações, interposto após ter sido decretado o divórcio, se deve ou não ser relacionada uma quantia em dinheiro (bem comum), que o cônjuge administrador levantou de uma conta bancária e utilizou em seu próprio proveito, devem distinguir-se duas situações: ou o cônjuge administrador alienou, utilizou ou gastou esses bens antes da propositura da acção de divórcio, ou o fez depois.

II – No primeiro caso, não haverá lugar à relacionação desse bem, salvo se tiver sido declarado que os efeitos do divórcio se retroagem à data, anterior àqueles actos, da cessação da coabitação.

III – Porém, o ex-cônjuge que se sinta prejudicado com a alienação, poderá reagir, propondo acção de indemnização por perdas e danos, nos termos enunciados na parte final do n.° 1 do artigo 1681.° do CC.

IV – No segundo caso, haverá lugar à relacionação do bem alienado, ou do seu valor, para integrar o acervo dos bens a partilhar." *(Acórdão da Relação de Évora, de 21.02.2002, Colectânea de Jurisprudência, 2002, Tomo I, pág. 274)*

RELACIONAÇÃO DE FARMÁCIA:

"No inventário para partilha de bens entre ex-cônjuges, um estabelecimento de farmácia, embora o seu alvará de funcionamento esteja atribuído à mulher que é farmacêutica, sendo bem comum do casal, deve ser relacionado." *(Acórdão da Relação do Porto, de 21.03.2002, Colectânea de Jurisprudência, 2002, Tomo II, pág. 205)*

PARTILHA DOS BENS COMUNS DO CASAL - TRANSACÇÃO - ANULAÇÃO:

"**I** – Os ex-cônjuges podem pôr termo por transacção ao processo de inventário judicial para partilha dos bens comuns.

II – Aquela transacção é anulável com fundamento em erro-vício decisivo na formação da vontade de um dos cônjuges." *(Acórdão da Relação de Coimbra, de 09.04.2002, Colectânea de Jurisprudência, 2002, Tomo II, pág. 16)*

PENHORA; SUSPENSÃO DE EXECUÇÃO PROCESSO DE INVENTÁRIO:

"O meio competente para a separação judicial de bens a que alude o art. 825.° do Cód. Proc. Civil é o processo de inventário, com as especialidades dos arts. 1.401.° a 1.408.° do mesmo diploma." *(Acórdão da Relação de Guimarães, de 20.09.2004, Colectânea de Jurisprudência, 2004, pág. 273)*

RELEVÂNCIA DA RELAÇÃO DE BENS APRESENTADA NO PROCESSO DE DIVÓRCIO POR MÚTUO CONSENTIMENTO:

"**I** – A sentença final homologatória dos acordos firmados entre os cônjuges em processo de divórcio por mútuo consentimento deve ser entendida como se reportando apenas aos acordos a que se alude no art. 1775.°, n.os 2 e 3, do CC, ou seja, sobre os alimentos dos cônjuges, sobre a regulação do exercício do poder paternal, no caso de existirem filhos menores, e sobre o destino da casa da morada de família.

II – Muito embora a lei processual também exija que o requerimento de formulação de tal pedido de divórcio seja instruído com "a relação especificada dos bens comuns, com a indicação dos respectivos valores", essa relação não tem por finalidade relacionar os bens da partilha e nem visa este último desiderato, já que é no processo de inventário que se devem apurar os bens a partilhar.

III – Desse modo, a referida sentença homologatória não produz qualquer efeito, e nomeadamente em termos de caso julgado, no processo de inventário subsequente para partilha dos bens comuns do ex-casal." *(Acórdão do Supremo*

Tribunal de Justiça de 11.05.2006, Colectânea de Jurisprudência, Acórdãos do Supremo Tribunal de Justiça, 2006, Tomo II, pág. 83)

ANULAÇÃO DA PARTILHA JUDICIAL; LEGITIMIDADE PARA REQUERER ESSA ANULAÇÃO; INTERESSADO DIRECTO NA PARTILHA; TITULAR DA PENHORA DO DIREITO À MEAÇÃO DO CÔNJUGE EXECUTADO NOS BENS COMUNS DO CASAL:

"**I** – Não tem interesse directo na partilha, não tendo, por isso, legitimidade para intervir em todos os actos e termos do inventário instaurado para separação de meações em consequência de separação judicial de pessoas e bens, o titular da penhora do direito à meação do cônjuge executado nos bens comuns do casal.

II – Ocorrendo a adjudicação deste direito ao exequente depois de efectuada e homologada, por sentença transitada em julgado, a partilha efectuada entre os cônjuges, tal direito passou a ter por objecto os bens que ficaram a caber ao cônjuge executado, pelo que não se vislumbra qualquer possibilidade de atribuir àquele exequente a qualidade de "interessado directo na dita partilha" e de lhe reconhecer legitimidade para requerer a anulação da partilha judicial, nos termos do art. 1388.° do CPC.

III – São requisitos cumulativos desta acção de anulação:

a preterição ou falta de intervenção de algum co-herdeiro ou interessado directo na partilha;

actuação dos demais interessados com dolo ou má fé quanto à preterição ou preparação da partilha." *(Acórdão da Relação de Guimarães, de 01.02.2007, Colectânea de Jurisprudência, 2007, Tomo I, pág. 277)*

DÍVIDA COMUM; PARTILHA DO PATRIMÓNIO COMUM:

"**I** – Um empréstimo contraído na constância do matrimónio no exercício do comércio praticado pela sociedade comercial de que ambos os cônjuges eram os únicos sócios, constitui uma dívida da responsabilidade de ambos os cônjuges.

II – Tendo um dos cônjuges liquidado com meios seus, parte, dessa dívida comum, fica ele credor do outro cônjuge em relação a metade desse valor.

III – Tal crédito, porém, não onera bens do dissolvido casal, mas a meação do cônjuge devedor no património comum, ou, não existindo bens comuns, onerará, então, os bens próprios do cônjuge devedor." *(Acórdão do Supremo Tribunal de Justiça, de 02.02.2007, Colectânea de Jurisprudência, Acórdãos do Supremo Tribunal de Justiça, 2007, Tomo I, pág. 65)*

NOTAS PESSOAIS:

ARTIGO 1405.°
(Responsabilidade pelas custas)

As custas do inventário são pagas pelo cônjuge culpado; se o não houver, são pagas por ambos os cônjuges.

HISTÓRICO:

Preceito não alterado.

REMISSÕES:

Declaração do cônjuge culpado – art. 1787.° CC; efeitos da declaração de culpa: partilha – art. 1790.° CC; benefícios recebidos ou a receber – art. 1791.° CC; reparação de danos não patrimoniais – art. 1792.° CC.

JURISPRUDÊNCIA:

INTERPRETAÇÃO DO PRECEITO:

"O art. 1405.° do Cód. Proc. Civil, ao estabelecer que as custas do inventário são pagas pelo cônjuge culpado, só pode referir-se às custas do processo normal do mesmo inventário e de modo algum pode abranger as custas dos inciden tes (salvo dos contemplados no art. 280.° do Cód. das Custas) e muito menos dos recursos nele interpostos. Assim, tendo o cônjuge inocente interposto recurso da sentença homologatória da partilha e tendo-o deixado deserto é responsável pelo pagamento das respectivas custas." *(Acórdão da Relação do Porto, de 28.06.83, Boletim do Ministério da Justiça 328.°, pág. 639)*

NOTAS PESSOAIS:

ARTIGO 1406.°
(Processo para a separação de bens em casos especiais)

1. Requerendo-se a separação de bens nos termos do artigo 825.°, ou tendo de proceder-se a separação por virtude da insolvência ou da falência de um dos cônjuges, aplicar-se-á o disposto no artigo 1404.°, com as seguintes alterações:

***a)* O exequente, no caso do artigo 825.°, ou algum credor, no caso de insolvência ou falência, tem o direito de promover o andamento do inventário;**

***b)* Não podem ser aprovadas dívidas que não estejam devidamente documentadas;**

***c)* O cônjuge do executado, insolvente ou falido tem o direito de escolher os bens com que há-de ser formada a sua meação; se usar deste direito, serão notificados da escolha os credores, que podem reclamar contra ela, fundamentando a sua queixa.**

2. Se julgar atendível a reclamação, o juiz ordenará segunda avaliação dos bens que lhe pareçam mal avaliados, sendo a diligência feita por três louvados: um nomeado pelo cônjuge do executado, insolvente ou falido, outro pelos credores e o terceiro pelo juiz.

3. Quando a segunda avaliação modifique o valor dos bens escolhidos pelo cônjuge do executado, insolvente ou falido, este pode declarar que desiste da escolha; nesse caso, ou não tendo ele usado do direito de escolha, as meações são adjudicadas por meio de sorteio.

HISTÓRICO:

Preceito não alterado.

REMISSÕES:

Processos Especiais de Recuperação da Empresa e da Falência – cfr. anot. ao art. 1361.°.

LEGISLAÇÃO SUBSIDIÁRIA:

PENHORA DE BENS COMUNS: CÓDIGO DE PROCESSO CIVIL, ARTIGO 825.°

Artigo 825.° ***(Penhora de bens comuns do casal)***

1. Quando, em execução movida contra um só dos cônjuges, sejam penhorados bens comuns do casal, por não se conhecerem bens suficientes próprios do executado, cita-se o cônjuge do executado para, no prazo de que dispõe para a oposição, requerer a separação de bens ou juntar certidão comprovativa da pendência de acção em que a separação já tenha sido requerida.

2. Quando o exequente tenha fundamentadamente alegado que a dívida, constante de título diverso de sentença, é comum, é ainda o cônjuge do executado citado para, em alternativa e no mesmo prazo, declarar se aceita a comunicabilidade da dívida, baseada no fundamento alegado, com a cominação de, se nada disser, a dívida ser considerada comum, para os efeitos da execução e sem prejuízo da oposição que contra ela deduza.

3. Quando a dívida for considerada comum, nos termos do número anterior, a execução prossegue também contra o cônjuge não executado, cujos bens próprios podem nela ser subsidiariamente penhorados; se, antes dos bens comuns, tiverem sido penhorados os seus bens próprios e houver bens comuns suficientes, pode o executado inicial requerer a substituição dos bens penhorados.

4. Tendo o cônjuge recusado a comunicabilidade, mas não tendo requerido a separação de bens nem apresentado certidão de acção pendente, a execução prossegue sobre os bens comuns.

5. Não tendo o exequente invocado a comunicabilidade da dívida, nos termos do n.° 2, pode qualquer dos cônjuges, no prazo da oposição, requerer a separação de bens ou juntar a certidão de acção pendente, sob pena de a execução prosseguir nos bens penhorados.

6. Pode também o executado, no mesmo prazo, alegar fundamentadamente que a dívida, constante de título diverso de sentença, é comum, caso em que o cônjuge não executado, se não tiver requerido a separação de bens, é notificado nos termos e para os efeitos do n.° 2, aplicando-se os n.ºs 3 e 4, se não houver oposição do exequente.

7. Apensado o requerimento em que se pede a separação, ou junta a certidão, a execução fica suspensa até à partilha; se, por esta, os bens penhorados não couberem ao executado, podem ser penhorados outros que lhe tenham cabido, permanecendo a anterior penhora até à nova apreensão.

JURISPRUDÊNCIA:

INTERVENÇÃO DO EXEQUENTE:

"No processo de inventário, para separação de meações apenas são partes os dois cônjuges. E, conforme ressalva do art. 1406.° do Cód. Proc. Civil, o exequente só pode intervir no processo para promover o seu andamento e reclamar contra a escolha de bens feita pelo cônjuge do executado. Sendo assim, o exequente não tem que ser notificado do mapa informativo, nem dos actos subsequentes com ele relacionados se deles dependentes, designadamente do despacho que ordenou a notificação do cônjuge executado nos termos e para os efeitos do n.° 1 do art. 1377.° do referido Código, do requerimento feito por ele quanto ao preenchimento da sua meação e do mapa da partilha." *(Acórdão da Relação do Porto, de 25.05.82, Boletim do Ministério da Justiça 317.°, pág. 297)*

DIREITO DE ESCOLHA:

"**I** – O art. 1377.° do Cód. Proc. Civil propõe-se resolver litígios entre os interessados quanto à adjudicação dos bens a partilhar.

II – No caso de separação de meações, não há litígio que importe resolver mediante recurso às normas daquele preceito.

III – A norma aplicável à situa-ção é a contida no artigo 1406.° do mesmo diploma, sendo, por isso, correcta a atribuição ao cônjuge do executado dos bens por ele escolhidos pelo valor da segunda avaliação." *(Acórdão da Relação do Porto, de 19.03.87, Colectânea de Jurisprudência, 1987, Tomo II, pág. 219)*

SEPARAÇÃO DE MEAÇÕES:

"**I** – O art. 1377.° do Cód. Proc. Civil propõe-se resolver eventuais litígios entre os interessados quanto à adjudicação dos bens a partilhar.

II – No caso de separação de meações, não há litígio que importe resolver mediante recurso às normas daquele preceito.

III – A norma aplicável à situação é a contida no artigo 1406.° do mesmo diploma, sendo, por isso, correcta a atribuição ao cônjuge do executado dos bens por ele escolhidos pelo valor da segunda avaliação." *(Acórdão da Relação do Porto, de 28.02.89, Boletim do Ministério da Justiça 384.°, pág. 659)*

DIREITO DE ESCOLHA:

"O direito de escolha conferido ao cônjuge do executado pelo art. 1406.°, n.° 1, *c)*, do Cód. Proc. Civil, não pode, na sua concretização, conduzir a que àquele fiquem a pertencer todos os bens relacionados, ficando o executado apenas com tornas em dinheiro, uma vez que tal solução poria em causa os direitos do exequente." *(Acórdão da Relação de Coimbra, de 16.11.93, Colectânea de Jurisprudência, 1993, Tomo V, pág. 32)*

DESISTÊNCIA DO PEDIDO:

"O requerente de inventário para separação de meações não pode desistir do pedido, pois não é admissível a renúncia ao direito de partilhar." *(Acórdão do Supremo Tribunal de Justiça, de 26.04.94, Colectânea de Jurisprudência, Acórdãos do Supremo Tribunal de Justiça, 1994, Tomo II, pág. 66)*

MORTE DE UM DOS CÔNJUGES:

"Falecido qualquer dos cônjuges, não pode o cônjuge sobrevivo (ou os herdeiros dele, se entretanto faleceu também) requerer inventário para separação de bens nos termos dos arts. 825.° e 1406.° do Cód. Proc. Civil." *(Acórdão da Relação do Porto, de 09.01.95, Colectânea de Jurisprudência, 1995, Tomo I, pág. 187)*

EXTENSÃO DO CASO JULGADO:

"**I** – O legislador deixou à dou-trina e à jurisprudência a solução dos casos em que o caso julgado devia abranger, além da decisão, os seus fundamentos necessários.

II – Quando a decisão da questão preliminar for tal que seja de considerar como solicitada pela parte a sua decisão, e como tal deva ser entendida pela parte contrária, deve-lhe ser estendida a eficácia do caso julgado.

III – Tendo a ex-mulher pedido a condenação do ex-marido com fundamento em que no inventário para a separação das suas meações o marido escamoteou à partilha dois cheques, acção que procedeu, tal decisão tem eficácia de caso julgado quanto à intenção de sonegação de bens." *(Acórdão do Supremo Tribunal de Justiça, de 30.04.96, Colectânea de Jurisprudência, Acórdãos do Supremo Tribunal de Justiça, 1996, Tomo II, pág. 48)*

INVENTÁRIO PARA SEPARAÇÃO DE BENS DO CASAL:

"O tribunal criminal é o competente para o inventário destinado a separação de bens, em consequência da penhora de bens comuns do casal, em execução de sentença crime, e é por apenso a esta que o mesmo deverá ser processado." *(Acórdão da Relação de Lisboa, de 18.02.97, Colectânea de Jurisprudência, 1997, Tomo I, pág. 163)*

SEPARAÇÃO DE MEAÇÕES:

"No inventário para separação de meações, requerido em consequência de execução, nos termos do art. 825.°, n.° 2, do Cód. Proc. Civil, não há lugar à licitação de bens." *(Acórdão da Relação de Coimbra, de 11.03.97, Colectânea de Jurisprudência, 1997, Tomo II, pág. 27)*

FORMAÇÃO DE LOTES; NOTIFICAÇÃO DO CREDOR:

"Se o cônjuge interessado não executado requerer troca de lotes, mesmo que haja concordância do cônjuge executado, há que notificar o credor, sob pena de nulidade:" *(Acórdão do Supremo Tribunal de Justiça, de 16.04.98, Colectânea de Jurisprudência, Acórdãos do Supremo Tribunal de Justiça, 1998, Tomo II, pág. 35)*

DIREITO DE REQUERER A SEPARAÇÃO DE BENS:

"O direito de requerer a separação de bens ao abrigo do disposto no art. 825.° do Cód. Proc. Civil assume a natureza de um verdadeiro processo de inventário (art. 1406.° do Cód. Proc. Civil). A lei não contempla a possibilidade de convolação de uma separação judicial de pessoas e bens em mera separação de bens face às diferenças estruturais dos dois institutos, o primeiro de natureza pessoal e o segundo de natureza patrimonial." *(Acórdão da Relação de Évora, de 07.05.98, Boletim do Ministério da Justiça 477.°, pág. 587)*

BENFEITORIAS - SEPARAÇÃO DE MEAÇÕES:

"**I** – Constitui benfeitoria e não acessão, a construção, por ambos os cônjuges, de uma casa no terreno de um deles.

II – A lei só atribui ao autor da benfeitoria um direito de crédito contra o dono da coisa benfeitorizada, na impossibilidade de separar a construção do terreno onde está implantada.

III – No inventário para separação de meações não deve relacionar-se o prédio urbano edificado em tal terreno, mas o valor da construção como dívida do cônjuge, proprietário daquele, ao património do casal.

IV – Não pode considerar-se provado que o pai do cabeça--de-casal emprestou certa quantia ao casal, se o juiz fundou a sua decisão nos depoimentos de duas testemunhas que disseram saber do facto, porque o mutuante lhes disse." *(Acórdão da Relação de Coimbra, de 24.11.98, Colectânea de Jurisprudência, 1998, Tomo V, pág. 21)*

BENS ESCOLHIDOS DE VALOR SUPERIOR À MEAÇÃO:

"**I** – Se o cônjuge do executado escolher, para preenchimento da sua meação, bens que se encontravam penhorados para garantia do crédito do exequente e o seu valor exceder o da sua meação, ficará penhorado, por transferência da penhora primitiva, o valor excedente.

II – Nesse caso, não é possível ao outro cônjuge entregar as tornas em mão ao cônjuge executado." *(Acórdão da Relação de Coimbra, de 02.11.99, Colectânea de Jurisprudência, 1999, Tomo V, pág. 14)*

SEPARAÇÃO DE MEAÇÕES; INTERVENÇÃO DO EXEQUENTE:

"**I** O inventário para separação de meações requerido nos termos do n.° 2 do artigo 825.° do CPC decorre só entre os cônjuges.

II – Não obstante isso, o exequente é interessado na partilha dos bens, devendo, por isso, ser citado, para exercer o poder de verificação e satisfação dos seus direitos." *(Acórdão da Relação do Porto, de 08.05.2000, Colectânea de Jurisprudência, 2000, Tomo III, pág. 177)*

NOTAS PESSOAIS:

ANEXO

REGULAMENTAÇÃO DOS TERMOS DA PRESTAÇÃO DO SERVIÇO NO "BALCÃO DAS HERANÇAS" E NO BALCÃO "DIVÓRCIO COM PARTILHA"

PORTARIA N.° 1594/2007, DE 17 DE DEZEMBRO

O Decreto-Lei n.° 324/2007, de 28 de Setembro, alterou o Código do Registo Civil introduzindo diversas medidas de simplificação e desformalização relacionadas com a vida das pessoas, reduzindo obstáculos burocráticos e formalidades dispensáveis nas áreas do registo civil e dos actos notarias conexos.

De entre estas medidas destaca-se a criação de dois serviços de balcão único que constituem o cumprimento de um compromisso assumido pelo XVII Governo Constitucional no âmbito do Programa SIMPLEX. Estes serviços – o «Balcão das Heranças» e o balcão «Divórcio com Partilha» – agregam num atendimento único procedimentos relativos às heranças e ao divórcio.

O «Balcão das Heranças» permite realizar em atendimento único todos os actos e formalidades relacionados com a sucessão hereditária.

Aqui se incluem, por exemplo, a habilitação de herdeiros, a partilha dos bens imóveis, móveis ou participações sociais sujeitos a registo, a liquidação dos impostos que se mostrem devidos e a realização dos registos e pedidos de registo dos bens partilhados.

Por sua vez, o serviço «Divórcio com Partilha» permite que, no âmbito do divórcio e da separação de pessoas e bens por mútuo consentimento tramitados nas conservatórias do registo civil, se possam efectuar todos os actos e formalidades relacionados com este procedimento. É o caso da realização da partilha, da liquidação dos impostos que se mostrem devidos e do registo dos bens imóveis, móveis sujeitos a registo e participações sociais partilhados.

Com a criação destes novos serviços, vários actos e formalidades são dispensados e os que se revelem indispensáveis ficam concentrados num único atendimento, sem necessidade de efectuar diversas deslocações a conservatórias diversas, cartórios notariais e serviços de finanças, com vantagem para os cidadãos.

A presente portaria destina-se a regulamentar os termos da prestação do serviço nestes novos balcões únicos, nomeadamente quanto ao atendimento prévio que neles possa existir, às condições de verificação dos pressupostos da partilha do património conjugal e ao arquivo de documentos.

Assim:

Manda o Governo, pelo Ministro da Justiça, ao abrigo do disposto nos n.os 2 do artigo 210.°-D, 4 do artigo 210.°-E e 5 do artigo 272.°-A do Código do Registo Civil, aprovado pelo Decreto-Lei n.° 131/95, de 6 de Junho, com as alterações introduzidas pelos Decretos-Leis n.os 36/97, de 31 de Janeiro, 120/98, de 8 de Maio, 375-A/99, de 20 de Setembro, 228/2001, de 20 de Agosto, 273/2001, de 13 de Outubro, 323/2001, de 17 de Dezembro, 113/2002, de 20 de Abril, 194/ /2003, de 23 de Agosto, e 53/2004, de 18 de Março, pela Lei n.° 29/2007, de 2 de Agosto, e pelo Decreto-Lei n.° 324/2007, de 28 de Setembro, e do disposto no n.° 5 do artigo 25.° deste último decreto-lei, o seguinte:

SECÇÃO I – Procedimentos simplificados de sucessão hereditária

Artigo 1.° ***(Atendimento prévio)***

No âmbito dos procedimentos simplificados de sucessão hereditária previstos nos artigos 210.°-A a 210.°-R do Código do Registo Civil, o funcionário competente procede a um atendimento prévio do requerente praticando os seguintes actos pela ordem indicada:

a) Efectua uma análise do pedido e dos documentos apresentados pelo requerente;

b) Promove as diligências de instrução do procedimento que devam ser efectuadas por via oficiosa, nos termos do artigo 210.°-E do Código do Registo Civil;

c) Comunica ao requerente quais os documentos que deve apresentar;

d) Marca a data de realização do procedimento, nos termos dos artigos 2.° e 3.°.

Artigo 2.° ***(Marcação prévia e documentos)***

1. A realização do procedimento só pode ser marcada para uma data posterior a sete dias úteis relativamente à data do pedido se esta for a vontade dos interessados.

2. A realização do procedimento referido no número anterior pode ser remarcada para outra data se os documentos que devam ser disponibilizados pelas partes forem entregues menos de cinco dias úteis antes da data marcada para a realização do procedimento e essa remarcação se revelar absolutamente indispensável.

3. O envio em suporte electrónico ou telecópia dos documentos referidos no número anterior equivale à sua disponibilização à conservatória, mas não dispensa a exibição dos originais no momento da realização do procedimento.

Artigo 3.° ***(Marcação prévia em casos especiais)***

1. A marcação da realização do procedimento tem lugar no prazo de 10 dias úteis relativamente à data do pedido nos casos seguintes:

a) Quando a sucessão seja regulada por lei estrangeira;

b) Quando a sucessão se funde, ainda que parcialmente, em testamento ou contrato sucessório ou disposição testamentária contidos em convenção antenupcial;

c) Quando se verifique o repúdio da herança por parte de algum dos herdeiros;

d) Quando se verifique a necessidade de chamamento de bens à colação na partilha;

e) Quando a herança a partilhar integre uma das seguintes situações:

i) Mais de 15 bens ou direitos;

ii) Meações e quinhões hereditários noutros patrimónios indivisos;

iii) Bens futuros e expectativas de aquisição;

iv) Bens ou direitos registados ou localizados no estrangeiro ou a que se aplique lei estrangeira.

2. A marcação da realização do procedimento prevista no número anterior só pode ter lugar numa data posterior a 10 dias úteis relativamente à data do pedido se essa for a vontade dos interessados.

Artigo 4.° *(Tramitação subsequente)*

Após o atendimento prévio, os procedimentos simplificados de sucessão hereditária são tramitados no mesmo dia, em atendimento presencial único, nos termos dos artigos 210.°-F a 210.°-M do Código do Registo Civil.

Secção II – Procedimento de partilha do património conjugal

Artigo 5.° *(Atendimento prévio, marcação prévia e partilha do património conjugal)*

1. Os pressupostos da partilha do património conjugal relativos a bens sujeitos a registo a que se refere o n.° 2 do artigo 272.°-A do Código do Registo Civil são verificados em atendimento prévio, nos termos do artigo 1.°, no momento da apresentação do pedido de separação de pessoas e bens ou de divórcio por mútuo consentimento.

2. A realização da partilha do património conjugal é marcada para a data da conferência prevista no n.° 3 do artigo 14.° do Decreto-Lei n.° 272/2001, de 13 de Outubro, só podendo ser marcada para uma data posterior a cinco dias úteis relativamente à data do pedido se essa for a vontade dos interessados.

3. Nos casos em que seja necessário proceder à notificação dos interessados, a realização da partilha do património conjugal só pode ser marcada para uma data posterior a cinco dias úteis relativamente à data em que a notificação se presume efectuada, se essa for a vontade dos interessados.

4. No caso de ser apresentado acordo sobre o exercício do poder paternal relativo a filhos menores, a marcação da data e as notificações só se verificam depois da recepção da pronúncia favorável do Ministério Público.

5. As marcações referidas nos números anteriores só são asseguradas se os documentos que devam ser disponibilizados pelas partes forem entregues pelo menos dois dias úteis antes da data marcada para a realização do procedimento.

6. O disposto nos números anteriores não prejudica a aplicação dos artigos 1420.° a 1422.° do Código de Processo Civil.

7. A realização da partilha do património conjugal tem lugar imediatamente após a realização da conferência e da decretação da separação judicial de pessoas e bens ou do divórcio previstas no n.° 3 do artigo 14.° do Decreto-Lei n.° 272/ /2001, de 13 de Outubro, desde que as partes tenham renunciado expressamente ao recurso.

8. São aplicáveis os n.os 2 e 3 do artigo 2.°.

Artigo 6.° ***(Marcação prévia em casos especiais)***

1. A marcação da realização do procedimento tem lugar no prazo de sete dias úteis relativamente à data do pedido nos casos seguintes:

a) Quando o regime de bens que vigore no casamento for regulado por lei estrangeira ou por convenção antenupcial atípica;

b) Quando o património conjugal integre uma das seguintes situações:

i) Meações e quinhões hereditários noutros patrimónios indivisos;

ii) Bens futuros e expectativas de aquisição.

2. A marcação da realização do procedimento prevista no número anterior só pode ter lugar numa data posterior a sete dias úteis relativamente à data do pedido, se essa for a vontade dos interessados.

Artigo 7.° ***(Tramitação subsequente)***

Após o atendimento prévio, a partilha do património conjugal é tramitada no mesmo dia, em atendimento presencial único, nos termos do artigo 5.° e do artigo 272.°-B do Código do Registo Civil.

SECÇÃO III – Assinatura, apresentação, certidão permanente e arquivo

Artigo 8.° ***(Assinatura de documentos)***

Os documentos resultantes dos procedimentos simplificados de sucessão hereditária e de partilha do património conjugal são assinados por todos os intervenientes e, sempre que possível, digitalizados, não guardando a conservatória qualquer outro arquivo além do previsto no artigo 11.°.

Artigo 9.° ***(Apresentação de pedidos de registo predial)***

1. No caso de pedidos de registo predial promovidos nos termos do n.° 1 do artigo 19.° do Decreto-Lei n.° 324/2007, de 28 de Setembro, estes são remetidos à conservatória competente por meios electrónicos ou, apenas quando estes não estejam disponíveis, por telecópia, acompanhados da cópia dos documentos caso a conservatória não tenha acesso electrónico aos mesmos.

2. Nos casos referidos no número anterior, a conservatória competente remete aos interessados gratuitamente uma certidão, nos termos da alínea *g)* do n.° 1 do artigo 210.°-F do Código do Registo Civil.

3. Os pedidos de registo apresentados por meios electrónicos ou por telecópia são anotados no diário pela ordem da sua recepção:

a) Imediatamente após a última apresentação pessoal do dia, quando recebidos entre as 0 e as 16 horas;

b) Imediatamente antes da primeira apresentação pessoal do dia seguinte, quando recebidos entre as 16 e as 24 horas.

Artigo 10.° ***(Certidão permanente de registo comercial)***

No caso de serem efectuados registos de participações sociais é disponibilizada gratuitamente por um ano uma certidão permanente de registo comercial.

Artigo 11.° ***(Arquivo)***

1. Ficam arquivados os documentos que serviram de base à realização dos procedimentos simplificados de sucessão hereditária e partilha do património conjugal.

2. O arquivo previsto nos números anteriores é efectuado, sempre que possível, por via electrónica, com dispensa da sua conservação em suporte físico, sendo devolvidos aos interessados os documentos que estes tenham apresentado e que resultem da realização do procedimento.

3. Os documentos arquivados na forma prevista no número anterior, desde que sejam integralmente apreensíveis, têm o mesmo valor probatório dos originais.

Secção IV – Disposições finais e transitórias

Artigo 12.° ***(Período experimental)***

1. O período experimental previsto no artigo 18.° do Decreto-Lei n.° 324/ /2007, de 28 de Setembro, tem início após a entrada em vigor da presente portaria e termina no dia 30 de Maio de 2008.

2. Durante o período experimental, os procedimentos simplificados de sucessão hereditária não podem ser promovidos nos casos seguintes:

a) Quando a sucessão hereditária seja regulada por lei estrangeira;

b) Quando a herança a partilhar integre quotas ou partes sociais em sociedades por quotas, em nome colectivo ou em comandita simples, quando tais sociedades possuam bens imóveis e quando, pela partilha, algum dos herdeiros fique a dispor de, pelo menos, 75 % do capital social ou o número de sócios se reduza a dois, sendo marido e mulher, casados no regime de comunhão geral de bens ou de adquiridos;

c) Quando a partilha da herança determine:

i) O fraccionamento de prédios ou a constituição de propriedade horizontal;

ii) A constituição da compropriedade ou o aumento do número de compartes sobre prédios rústicos.

3. Durante o período experimental, a realização da partilha do património conjugal não pode ser promovida nos casos seguintes:

a) Quando o regime de bens que vigora no casamento for regulado por lei estrangeira;

b) Quando do património conjugal façam parte quotas ou partes sociais em sociedades por quotas, em nome colectivo ou em comandita simples, quando tais sociedades possuam bens imóveis e quando, pela partilha, algum dos herdeiros fique a dispor de, pelo menos, 75% do capital social ou o número de sócios se reduza a dois, sendo marido e mulher, casados no regime de comunhão geral de bens ou de adquiridos;

c) Quando a partilha determine:

i) O fraccionamento de prédios ou a constituição de propriedade horizontal;

ii) A constituição da compropriedade ou o aumento do número de compartes sobre prédios rústicos.

Artigo 13.° ***(Início de vigência)***

1. A presente portaria entra em vigor no dia seguinte ao da sua publicação.

2. Os procedimentos simplificados de sucessão hereditária e de partilha do património conjugal no âmbito de processo de separação judicial de pessoas e bens ou de divórcio por mútuo consentimento previstos nos artigos 210.°-A a 210.°-R e 272.°-A a 272.°-C do Código do Registo Civil, na redacção do Decreto-Lei n.° 324/2007, de 28 de Setembro, entram em funcionamento na data prevista no número anterior.

TABELA DE CORRESPONDÊNCIAS

I

REDACÇÃO ACTUAL ARTIGO	REDACÇÃO ANTERIOR ARTIGO
1326.°	1326.°,1
1327.°	1326.°,2
1328.°	—
1329.°	1331.°
1330.°	1334.°
1331.°	-
1332.°,6	1335.°
1333.°	1336.°
1334.°	—
1335.°	—
1336.°	—
1337.°	1394.°
1338.°	1326.°,1,2
1339.°,1,2	1327.°,1,2
1340.°	1327.°,3,4
1341.°	1329.°,1
1342.°	—
1343.°	1332.°
1344.°	1332.°,2
1345.°	1337.°
1346.°	1338.°
1347.°	1339.°
1348.°	1340.°
1349.°	1342.°
1350.°	—
1351.°	1346.°
1352.°,1	1352.°,1
1353.°	1352.°
1354.°	idem

REDACÇÃO ACTUAL ARTIGO	REDACÇÃO ANTERIOR ARTIGO
1355.°	idem
1356.°	idem
1357.°	idem
1358.°	idem
1359.°	idem
1360.°	idem
1361.°	1361.°
1362.°	1362.°
1363.°,1	1363.°
1364.°	1364.°
1365.°	1365.°
1366.°	1366.°
1367.°	1367.°
1368.°	1368.°
1369.°	—
1370.°	idem
1371.°	idem
1372.°	1372.°
1373.°	1373.°
1374.°	idem
1375.°	idem
1376.°	1376.°
1377.°	idem
1378.°	idem
1379	1379.°
1380.°	idem
1381.°	idem
1382.°	idem
1383.°	idem
1384.°	1384.°
1385.°	idem
1386.°	idem
1387.°	idem
1388.°	idem
1389.°	idem
1390.°	revogado
1391.°	revogado
1392.°	revogado
1393.°	revogado
1394.°	revogado
1395.°	idem
1396.°	1396.°
1397.°	revogado

REDACÇÃO ACTUAL	REDACÇÃO ANTERIOR
ARTIGO	**ARTIGO**
1398.°	revogado
1399.°	revogado
1400.°	revogado
1401.°	revogado
1402.°	revogado
1403.°	revogado
1404.°	idem
1405.°	idem
1406.°	idem

TABELA DE CORRESPONDÊNCIAS

II

REDACÇÃO ANTERIOR	REDACÇÃO ACTUAL
ARTIGO	ARTIGO
1326.°	1326.°,1327.°
1327.°	1339,1,2,1340.°
1328.°	—
1329.°	1341.°
1330.°	—
1331.°	1329.°
1332.°	1343.°,1344.°
1333.°	—
1334.°	1330.°
1335.°	1332.°,6
1336.°	1333.°
1337.°	1345.°
1338.°	1346.°
1339.°	1347.°
1340.°	1348.°
1341.°	—
1342.°	1349.°
1343.°	—
1344.°	—
1345.°	—
1346.°	1351.°
1347.°	—
1348.°	—
1349.°	—
1350.°	—
1351.°	—
1352.°	1352.°,1,1353.°
1353.°	—
1354.°	idem

REDACÇÃO ANTERIOR	REDACÇÃO ACTUAL
ARTIGO	ARTIGO
1355.°	idem
1356.°	idem
1357.°	idem
1358.°	idem
1359.°	idem
1360.°	idem
1361.°	1361.°
1362.°	1362.°
1363.°	1363.°
1364.°	1364.°
1365.°	1365.°
1366.°	1366.°
1367.°	1367.°
1368.°	1368.°
1369.°	—
1370.°	idem
1371.°	idem
1372.°	1372.°
1373.°	1373.°
1374.°	idem
1375.°	idem
1376.°	1376.°
1377.°	idem
1378.°	idem
1379	1379.°
1380.°	idem
1381.°	idem
1382.°	idem
1383.°	idem
1384.°	1384.°
1385.°	idem
1386.°	idem
1387.°	idem
1388.°	idem
1389.°	idem
1390.°	revogado
1391.°	revogado
1392.°	revogado
1393.°	revogado
1394.°	1337.°
1395.°	idem
1396.°	1396.°
1397.°	revogado

REDACÇÃO ANTERIOR	REDACÇÃO ACTUAL
ARTIGO	ARTIGO
1398.°	revogado
1399.°	revogado
1400.°	revogado
1401.°	revogado
1402.°	revogado
1403.°	revogado
1404.°	idem
1405.°	idem
1406.°	idem

ÍNDICE ALFABÉTICO

A

B

C

D

E

F

H

I

L

M

N

O

P

Q

R

S

T

V

ÍNDICE

SECÇÃO II
Das declarações do cabeça-de-casal e oposição dos interessados

SECÇÃO III
Do relacionamento de bens

SECÇÃO IV
Da conferência de interessados

SECÇÃO V
Da avaliação dos bens e licitações

SECÇÃO VI
Da partilha

SECÇÃO VII

Emenda e anulação da partilha

SECÇÃO VIII

Partilha adicional e recursos

SECÇÃO IX
Partilha de bens em alguns casos especiais

ANEXO